LES MÈRES PATRIES

DU MÊME AUTEUR

Aux éditions Grasset :

Essais

PEUT-ON ÊTRE CHRÉTIEN AUJOURD'HUI ? (1966).
Trad. italienne, espagnole, portugaise, allemande, néerlandaise.
VIEILLARDS DE CHRÉTIENTÉ ET CHRÉTIENS DE L'AN 2000 (1967).
Trad. polonaise ; « J'ai lu », 1981.

Romans

THOMAS (1970).
MÈRE ANGOISSE (1973, Prix Populiste).
Trad. polonaise ; « J'ai lu » ; 1981.

Chez d'autres éditeurs :

Essais

QUELLE EST DONC CETTE BONNE NOUVELLE ? ESSAI SUR L'ÉVANGILE (Fayard, 1961).
Trad. anglaise, américaine, italienne, espagnole.
POUR UNE POLITIQUE ÉVANGÉLIQUE (Privat, 1965 ; Le Seuil, Livre de vie, 1966).
Trad. américaine, italienne, espagnole, portugaise.
TAIZÉ ET L'ÉGLISE DE DEMAIN (Fayard, 1967).
Trad. italienne, espagnole, allemande, polonaise.
CONTRÔLE DES NAISSANCES ET THÉOLOGIE, LE DOSSIER DE ROME (Le Seuil, 1967).
Trad. italienne et portugaise.
DE GAULLE EST-IL CHRÉTIEN ? (Robert Laffont, coll. Libertés, 1969).
PÉRIL EN LA DEMEURE (France-Empire, 1979).

Nota : L'auteur souhaite signaler qu'il n'accepte plus, telles quelles, toutes les analyses et positions, ni encore moins l'intention générale, de ses essais datés de 1961 à 1967. Ceux-ci demeurent, pour lui, des témoins et jalons de son évolution, ainsi que des sources documentaires dont, à ce double titre, il maintient la responsabilité.

JEAN-MARIE PAUPERT

LES MÈRES PATRIES

Jérusalem, Athènes et Rome

BERNARD GRASSET
PARIS

Pour Catherine Dimier et Françoise Verny
qui, toutes deux, par la chair et par l'esprit,
ont puisé aux Trois Sources.

INTRODUCTION

UN CONSTAT D'HÉRITAGE

Mon propos n'est pas ici et maintenant de juger, mais de trouver.

Les civilisations sont mortelles

L'homme au bon sens pompeux et aux lapalissades solennelles qu'une république, débile et riche encore, était fière de graver en lettres dorées au fronton de ses monuments aussi laids que périssables, Paul Valéry en un mot, avait remarqué que les civilisations sont mortelles. C'est pourtant vrai ! Une civilisation naît, vit et meurt, il en est cent exemples, de Néanderthal à nos jours en passant par les Mèdes, les Perses, les Assyriens, les Égyptiens, les Mayas et tant d'autres après eux. Mais il s'agit de notre civilisation, celle dans laquelle nous sommes nés, dans laquelle nous vivons encore tant bien que mal, plutôt mal que bien.

Cette civilisation qui fait partie de nous, nous ne la croyons pas mortelle quand elle est peut-être en train de mourir. On ne peut même pas dire qu'elle soit à l'agonie, parce que l'agonie exige, avec son étymologie grecque, une lutte : or, notre civilisation ne lutte plus, elle ne croit plus en elle-même, elle a démissionné.

Ainsi, notre civilisation ne croit plus à sa vie, elle « fait » des « complexes », comme on dit dans la langue affreuse de la psychanalyse à la petite semaine. Elle est prête à s''incliner devant n'importe quelle autre, prête à admirer les Lapons, les Mayas, les Celtes et les Germains, les Dogons et les Bambaras, l'hindouisme et la Papouasie, tout à condition que ce ne soit pas elle-même. Elle se demande pourquoi elle est partie autrefois à la conquête du monde et elle s'en confesse en se frappant la poitrine, en se jetant sur les genoux et en se traînant à plat ventre ; les chrétiens s'accusent d'avoir converti les Jaunes, les Noirs et toutes les nuances de Blancs ; ils jurent qu'ils ne le feront plus, car toutes les autres fois et toutes les autres civilisations valent bien la leur, que dis-je, elles lui sont supérieures.

Pourtant, et comme exemple, ni les Dogons ni les Bambaras n'ont rien apporté à la civilisation. Ni les Dogons ni les Bambaras n'ont rien fait qui justifiât mention dans les domaines de l'art, de la science, de la philosophie, de la théologie. Ni les Dogons ni les Bambaras n'ont contribué à l'astronomie, à la mathématique, à la conquête du globe, à l'astronautique, à l'éthique, à la musique.

Ils ont joué du tam-tam, et copié à satiété sur les murs de leurs cases quelques motifs jolis tant qu'on ne les a pas trop vus. Rien de l'*Hermès* de Praxitèle, rien d'une suite de Bach, rien d'un syndrome de civilisation capable de gagner le monde. Ils étaient demeurés dans une obscurité méritée jusqu'à ce qu'un Occidental fatigué et blasé les découvrît, disant et se disant : « Si l'on changeait un peu ? »

Mais du grand rush vers l'art nègre, de la grande ruée des années 30, que reste-t-il ? De pauvres miséreux, traqués par les agents et qui vendent, sur un bout de tapis dans le Jardin des Tuileries, de gentilles horreurs fabriquées à la chaîne, quelque part entre Prisunic et Tombouctou. Tout cela donc était dérisoire.

Dérisoire mais important.

Toute une génération — et probablement plus d'une — sous le couvert de la sociologie et de la psychologie, de l'ethnologie et de l'anthropologie, du freudisme et de Marx a été éduquée à mépriser sa propre civilisation, la civilisation judéo-gréco-chrétienne qui lui avait fourni, avec les armes du mépris, les instruments de la négligence.

Pourtant, qu'on le veuille ou non, en quelques siècles, trois fleuves, prenant leur source en trois capitales, Jérusalem, Athènes et Rome, se sont jetés dans la Méditerranée — *mare nostrum*. De leur confluence est né un courant d'une force inconnue jusqu'alors.

Quelques autres petits siècles suffirent encore, et ce courant fit table rase de toutes les civilisations qui l'entouraient. Ces civilisations étaient riches. Ces civilisations étaient millénaires. Il n'en reste rien, rien qu'une Connaissance que notre civilisation « victorieuse » range soigneusement sur les étagères de ses bibliothèques.

Tour du monde. L'Occident

Et en effet — s'il faut bien commencer par un bout, l'Amérique — il n'y reste, du sud au nord en passant par le centre, rien ou presque des Indiens, autochtones et aborigènes vivant naguère, dans ses brousses, savanes et forêts vierges ; il n'en reste rien, mais ils n'ont rien laissé, non plus, que quelques pyramides aztèques et autres sujets de savants travaux pour M. Jacques Soustelle et autres experts historiens, ethnologues, anthropologues. Rien au nord, que quelques réserves et villages hollywoodiens, malheureux pièges à touristes imbéciles. Non seulement, ils n'ont rien laissé, mais encore à l'échelle du monde pour et contre le monde, ils n'ont rien fait. Pendant que, durant des siècles, des millénaires peut-être, clos sur eux-mêmes tout simplement ils survivaient, la donne du monde, depuis des siècles, depuis des millénaires, était ailleurs. Ailleurs, le jeu se jouait, ailleurs le monde se faisait, ailleurs l'Histoire s'écrivait.

Encore une fois, c'est sans juger que je le constate : l'Amérique n'est pas indienne.

Et je constate aussi qu'aujourd'hui, le continent américain c'est du nord au sud une ancienne colonie de l'Europe, avec l'héritage de l'Europe, les problèmes de l'Europe, les techniques et les sciences de l'Europe, les idéologies de l'Europe. C'est le christianisme catholique et protestant, c'est le judaïsme ; c'est l'ardeur espagnole, la ténacité portugaise, la flamme de France, le pragmatisme anglais ; ce sont les bateaux, les avions, les machines d'Occident.

L'illustre Tocqueville diagnostiquait comme originale chez l'Américain « une passion plus forte que l'amour de la vie » et qui « l'aiguillonne sans cesse ».

Mais, cet aiguillon qui, l'empêchant de se laisser simplement vivre, pousse l'homme vers les absolus, les infinis et les progrès, cet aiguillon qui stimule les héros et les saints antiques, cet aiguillon est notamment, avec la foi, celui des sciences dont les principes nous viennent de l'Antiquité grecque, avec la romaine praxis pour l'adaptation des techniques, en sorte que — on le voit — l'Amérique : l'Amérique que nous connaissons, l'Amérique qui pèse de son poids de géant dans la balance du monde, l'Amérique qui a su produire — oui c'est vrai — une civilisation et des sociétés américaines, typiques et originales, l'Amérique n'en demeure pas moins une fille des Trois Capitales, Jérusalem, Athènes et Rome, qui sont le fonds de cet essai : c'est le Dieu juif qui la domine, c'est le Christ des Rois Catholiques, de saint Patrick et de Luther qui l'a conquise, c'est sa morale qui la régente, c'est la Loi et la Politique issues de nos traditions qui la règlent et l'organisent, ce sont les sciences et les techniques héritées du logos athénien qui la portent et l'enrichissent, c'est une hérésie judéo-gréco-chrétienne (je le montrerai), le marxisme, qui, surtout dans le sud, la travaille.

Ainsi donc, le premier continent du monde, par sa force et par ses faiblesses, par sa puissance et par ses failles, par ses réserves et ses surprises, n'est le premier que depuis que, voici quelque cinq siècles, il fut conquis pour le meilleur et pour le pire, par les fils et les filles des Trois Capitales.

L'Orient

Or, à l'extrême bout du monde, sur l'autre bord des océans, les empires orientaux ne connaissent guère aujourd'hui d'autre règle. En dépit de sa vieille sagesse ancestrale, en dépit de son bouddhisme pragmatique, en dépit de ses jeux d'enfants avec la poudre noire et la boussole, la Chine, après avoir été, dès le Moyen Age, effleurée par les bures franciscaines et les robes dominicaines, puis visitée déjà par la science des jésuites à l'ère classique, est tombée dans le marxisme presque au même moment où l'atteignait le tourbillon des sciences et des techniques de notre Occident. Ce ne sont pas ses croyances traditionnelles qui lui ont procuré le savoir-faire de la bombe H ni le savoir-haïr des purges politiques ; pas plus qu'elles ne lui avaient enseigné la valeur absolue des petits enfants abandonnés, la grandeur féminine ni la maîtrise de l'économie.

Le schéma, quoique très différent dans les faits, fut un peu le même en esprit pour le Japon. Le shintoïsme originel et la valeur des samouraïs avaient d'abord porté plus loin son empire et ses conquêtes ; mais pas plus qu'il ne sut, lui non plus, se tenir à l'abri de l'expansion missionnaire chrétienne des XVIe et XVIIe siècles, il ne put résister à l'assaut des techniques occidentales qui lui valurent, après une éphémère puissance mondiale, une vigoureuse et redoutable vitalité économique laquelle fait trembler les nations les plus fortement établies.

La Russie

A la charnière de l'Orient et de l'Occident, le cas exemplaire de la Russie est encore plus patent. Convertie au christianisme et cultivée dès les premiers âges par les apôtres grecs Cyrille et Méthode à qui elle doit même son alphabet, elle devait reprendre très tôt des mains défaillantes de Constantinople les rênes de l'Empire et le flambeau de la foi chrétienne orthodoxe.

Ses hésitations pathétiques et tumultueuses entre son identité slave et le recours à l'Occident ne représentent au fond que peu de chose, chacun des deux camps tirant de chacune des Trois Capitales originelles ce qui lui convenait le mieux : Rome léguait au camp slavophile ses valeurs d'enracinement, d'attachement au sol, en concédant à l'adversaire, son sens pratique et son organisation. Athènes fournissait aux uns le sens de la contemplation et de la religion diffuse, aux autres, la soif du savoir et le goût de la dialectique. De Jérusalem enfin, les uns tiraient le messianisme mystique, la foi sacrée et le sens de l'Histoire, les autres le moralisme rituel, le messianisme terrestre.

Querelles intestines. L'Occident, finalement, on le sait, devait au début du siècle l'emporter et l'influence germanique des ingénieurs, puis de Marx. Cependant la résistance slavophile et chrétienne reste intense, et il n'est pas dit heureusement que les martyrs d'aujourd'hui n'auront pas demain le mot de la fin. Quoi qu'il en soit, ce sont des caractères cyrilliques qui ornaient les parois du premier engin balistique capable de s'arracher à l'attraction terrestre, et de tourner autour de la planète. Ce sont des caractères cyrilliques qui marquent les portes des camps du goulag. Ce sont, enfin, des caractères cyrilliques qui portent les messages d'opposition et d'espérance de Soljenitsyne, de Pasternak et du samizdat. La même langue a chanté le los du petit père des peuples Yossip Vissarionovitch Staline, et la gloire liturgique du Christ ressuscité (« en vérité, il est ressuscité »). Partout, en tout, la Russie est terre sainte des Trois Capitales sacrées.

L'Inde et l'islam

Suivant la course du soleil vers nos foyers ancestraux, se rencontrent les terres arrosées des eaux sacrées de l'Indus et du Gange vers quoi se tournent aujourd'hui tant de regards illuminés, tant de pupilles dilatées, tant de démarches alanguies. Nonobstant les suggestives et astucieuses recherches de Georges Dumézil sur les voyages mythologiques entre l'Inde et Rome, nonobstant les furieuses et démentes rêveries de M. Hitler sur la race aryenne (qui ne l'empêchaient pas de faire cramer fort salement ces purs Aryens qu'étaient et que sont les gitans, tribu erratique de l'Inde), il paraît assez évident qu'il y a peu de parenté entre la culture originelle de cette immense péninsule et celle qui m'occupe ici. Pourtant ce n'est pas le Sanatana Dharma qui a procuré à Mme Indira Gandhi sa bombe atomique ni son planning familial ni son opposition communiste. Tout le pays en fait est, pour ce qui est de la technique et de l'économique, en train de se mettre à notre heure.

L'Inde est aussi un grand pays d'islam. Islam, religion et culture que, dans ce bref tour d'horizon, nous ne pouvons guère quitter des yeux.

Sous-jacent déjà avec certains militants noirs en Amérique, puissant en Union soviétique, il règne à présent sur toute cette partie médiane du globe, triomphant en pays arabes, turcs et autres, du Moyen-Orient, en Afrique du Nord (où naguère les Berbères chrétiens avaient su ruiner les Moloch et les Baals puniques), il est prosélyte en Afrique ; et, même en Europe, par-ci et par-là endémique. C'est, à vrai dire, une grande affaire sur quoi il y aurait beaucoup à écrire mais qui n'importe guère ici, puisque l'islam c'est le Coran, et que le Coran est fils bâtard de la Bible et des Évangiles : où pour l'essentiel se retrouvent les Trois Capitales. Et d'autant plus, et d'autant mieux et d'autant pis — qu'en tous ces pays d'islam, bien sûr, l'Occident, l'inévitable Occident, s'est infiltré par ces autres voies insidieuses et redoutables qui sont celles de la technique moderne, toujours elle, fille d'Athènes et de Rome.

L'Afrique

Mais voici, dans sa sauvage majesté mythique, l'Afrique. L'Afrique qui ne se peut réduire ni à sa grosse tête blanche musulmane ni à sa fine pointe, blanche aussi mais chrétienne. L'Afrique noire dans tout son centre, de toute sa peau, l'Afrique enfin de la vraie négritude : mais la négritude et ses valeurs de religion chthonique et d'esthétique artisanale, de philosophie concrète et de morale du clan sont-elles à présent autre chose — même après la décolonisation — que références vaguement symboliques et nuageusement culturelles ? Références d'opposition, bien sûr, à la servitude, à la soumission au monde blanc. Cependant le monde blanc — notre monde, notre civilisation des Trois Capitales — n'a-t-il pas vaincu l'Afrique, à présent dominée par lui ? Pour ne rien dire en effet de l'empreinte musulmane sur la peau noire, encore moins négligeable peut-être que l'infiltration de l'eau baptismale chrétienne sous cette même peau (si admirable qu'elle fait souhaiter qu'Arambourg ait eu raison, qui situait en Afrique noire le berceau primitif d'Adam) : comment vit, ou s'efforce de vivre aujourd'hui l'Afrique, sinon selon les normes et institutions, politiques et économiques, suivant les sciences et les techniques héritées de notre présence d'antan ? Qu'y sont les villes et les lois, les moyens et les buts, sinon celles et ceux que nous ont appris nos ancêtres ? Non pas « nos ancêtres les Gaulois » dont tout un chacun se rigole et gaudriole, mais nos vrais ancêtres les Romains, les Juifs et les Grecs.

L'Europe

Reste l'Europe. Comme toutes les autres contrées du globe, l'Afrique nous ramène à l'Europe et à ses confins. Nous voici donc rendus au cœur : Europe première et dernière, origine et réduit, premier bouton et fleur ultime, vénéneuse et fructifère, des Trois Capitales. Mater Europa, ainsi que dit mon ami très cher, l'écrivain québécois Jean Blais, Mère Europe comme d'autres diraient Mère Courage, ou Sagesse-Mère, maternelle culture.

De tout temps destinée, par sa position géographique centrale au milieu des terres émergées, à remplir les fonctions de carrefour du monde, il n'est pas plus étonnant qu'aléatoire que l'Europe ait détenu, à elle seule, deux sur trois (Athènes et Rome) des capitales qui devaient définitivement marquer de leurs sceaux le destin de la planète, tandis que la première — dans l'ordre de la dignité comme dans celui du temps — Jérusalem, se trouvait à sa proximité immédiate et à elle reliée par la mer Méditerranée.

S'agissant donc de l'Europe, il est à peine besoin de marquer à quel point et dès les premiers siècles de notre ère, elle fut terre de naissance et d'accueil, d'expansion et de fusion des Trois Capitales.

Langues et cultures, lois et droit, sciences et techniques, rites et religions : sur ces sols tout, ou presque, nous vient d'elles. Utérus et vagin du monde, qu'une brutale rupture, en retrait soudain de la sève sacrée d'origine, transformera pour un temps en anus mundi...

Bienheureuse défaite d'Alésia ! disait à peu près Louis Dimier, car sans elle nous serions toujours à mâchonner du jargon en cueillant du gui, comme aussi sans Rome et ses légions nos cousins germains s'abrutiraient à trinquer la cervoise dans les crânes de leurs ennemis. C'est Rome en effet qui a tout, et d'emblée, apporté à l'Europe : la foi judéo-chrétienne, la sagesse grecque (qui devait douze siècles plus tard, nous revenir aussi par les Arabes chrétiens et les chemins d'Espagne); et bien sûr l'ordre romain. « France mère des arts, des armes et des lois », chantait le grand Du Bellay, c'était signifier : France, fille d'Athènes et de Rome; France, dit-on, « fille aînée de l'Église », c'est désigner ainsi la fille de Jérusalem et de Rome.

Ce n'est pas pour rien que le nom même de Rome est maintenant ambigu, désignant aussi bien l'incroyable aventure qui dure de Romulus aux derniers Hadriens, que le centre palpitant et ferme de la chrétienté. Car Rome est enracinement, ouverture, mastication, propagation, ordre et culture. Petits signes, humbles traces, mais Goethe aussi, Shakespeare, notre énorme Rabelais, Racine et Corneille, Sartre et Camus, et d'autres, d'autres encore, presque tous, sont pleins des sujets de l'antique. Nos littératures entières ou à peu près, nos arts et nos philosophies, nos fois et nos lois : tout remonte à ces sources jaillies autrefois de nos terres et de leurs confins.

Nous ! Héritiers des Trois Capitales

L'homme qui est allé dans la Lune, l'homme qui s'apprête à gagner Mars, le système solaire, la galaxie, à voyager entre les astres, c'est l'héritier de la sagesse grecque, de la mystique juive et chrétienne, de l'ordre romain, Athènes, Rome, Jérusalem : on ne peut manquer de les retrouver. Athènes a fourni le logos, elle a brillé des lumières et des feux de la raison raisonnable, elle a engendré le germe de toutes les sciences philosophiques et positives ; toutes nos mathématiques, toutes nos biologies, presque toutes nos philosophies sont écloses de cet œuf aux formes parfaites. Jérusalem, c'est, en contrepoids de ce cerveau, l'âme judéo-chrétienne, c'est l'inspiration mystique, c'est le *sed contra* perpétuel, la contestation permanente, au nom de l'Esprit, de toutes les autorités et de toutes les lois trop rationnelles, c'est l'allègement de toutes les pesanteurs, c'est le souffle divin. Rome, enfin, fusionna le tout, fournit le corps, ordonna les muscles et les nerfs, équilibra les forces, donna l'assise paysanne et la correction juridique.

Qu'est-ce que l'Occident sinon l'enfant un et multiple de ces Trois Capitales ? Qu'est-ce que la science moderne sinon l'héritière d'Athènes ? Qu'est-ce que le marxisme sinon une hérésie judéo-chrétienne passée au feu de la raison grecque ? Que sont les États-Unis d'Amérique, l'Union des Républiques socialistes soviétiques, la Chine populaire enfin sinon, par le catholicisme, le protestantisme, l'orthodoxie, le marxisme, des héritières des Trois Capitales ? Qui a conquis le monde, qui a marché sur la Lune, qui vise Mars sinon les héritiers des Trois Capitales ?

Or, c'est bien aussi cette civilisation extraordinaire qui semble atteinte de la peste, la peste de l'impuissance et de la désespérance, la peste du découragement et de la démission, la peste de la démesure et du déséquilibre.

Bilan

Qu'avons-nous sous les yeux pour en être arrivés là ?

Des troubles

Il y a les conflits limités et sporadiques mais violents, un peu sur tous les points du globe.

Il y a l'affrontement de l'est à l'ouest, mais aussi l'opposition du nord au sud.

Univers aux quatre coins écartelé.

Il y a en permanence au-dessus de nos têtes — flottant, roulant, tanguant, sifflant ou au contraire, on ne sait trop, filant dans le « silence éternel des espaces infinis » devenus plus que jamais effrayants —, il y a des tonnes et des tas de ferrailles suprêmement astucieuses et sophistiquées dont on ne sait trop ce qu'elles font ni feront, sûrement rien de bien fameux ! tandis que, sous nos pieds tapis, gisent en « silos » (ah ! qu'en termes agrestes... !) des mégatonnes d'explosifs thermonucléaires qui ne demandent qu'à péter au premier presse-bouton venu. L'essaim ronflant des forteresses volantes chargées de leurs œufs pourris tourne sans arrêt dans les airs, tandis que l'armada des sous-marins atomiques rôde, prête à cracher ses fusées, dans les profondeurs abyssales ; l'une et l'autre dans l'attente de quelque ordre fou d'un surhomme, je veux dire un petit chef de superpuissance, tourmenté par son foie ou par sa prostate, ou, pis encore, ensauvagé par un abcès d'idées purulentes au cerveau.

Voici des êtres humains qui ne peuvent penser qu'aux moyens de survivre ; en voilà d'autres qui ne savent plus rêver qu'à leurs petits complexes sur canapés, à leurs petites voitures sur autoroute, à leurs petits boulots sur fonds de grands loisirs. Des prisonniers torturés par des dictatures de droite et de gauche, et des hommes réputés libres, réduits au cachot de leurs névroses triturés par la décadence des lois et l'excès de leurs libertarités, et qui se chamaillent, un peu partout — conservatistes, disent-ils, ou progressistes — autour de ce qu'ils appellent une droite, de ce qu'ils appellent une gauche, une droite de plus en plus maladroite et spectrale, une gauche de plus en plus habile, en revanche, et robuste au point qu'elle devient, plus que la droite, adroite et que la tête de l'homme risque d'être sonnée d'un gauche-droite bien placé.

Il y a les religions réparties en Églises, déchirées par les sectes, et qui résistent aussi bien à l'échec et au recul général sur des positions savamment improvisées à l'avance qu'à la zizanie et à l'opposition de plus en plus resserrées. Non seulement l'œcuménisme fut un espoir déçu, qui s'épuise en illusions et se perd en confusions, voire en syncrétismes, mais encore chacune des religions d'origine, chacune des Églises, chacune des sectes se coupe et se recoupe comme à l'infini, à l'instar de cellules pourries par le cancer. Il n'y a plus, en France, par exemple, une Église catholique, une Église orthodoxe, une Église protestante : il y en a trente-six qui s'opposent et se battent entre elles comme des chiffonnières.

Il y a les jungles redoutables et visqueuses des grandes métropoles et les défis anguleux des gigantesques tours qui sont parvenues à oblitérer l'espace. Il y a la gabegie des quatre éléments, la pollution de l'air, le gaspillage de l'eau, la lèpre bétonnière et goudronnière à la surface de la terre et sa trituration en profondeur ; et la dévastation du feu. La nature qui recule, et ses prés et ses bois, ses arbres et ses haies ; les grandes forêts percées, striées et raturées. Les elfes et les fées ont fui, les saintes et les saints se sont perdus ; il n'y a plus que des putes mécaniques au service de l'Homme-Maquereau suprême et qui veut du rendement, toujours plus de rendement ; chaque jour les économistes et les politiques, les chimistes et les physiciens, les informaticiens et autres sous-macs tout-puissants passent relever les compteurs dont les aiguilles s'affolent au rythme des talons aiguilles de la Grande Prostituée babylonienne qu'est devenue la Terre : le film de l'Histoire s'accélère, elle danse une gigue effrénée, exhibant, avec sa toison élimée, des cuisses fanées, striées de varices, gonflées de cellulite et d'abcès.

Il y a, en bref, l'homme brisé, qui ne sait plus ce qu'il est, ni ce qu'il peut, ni ce qu'il doit ni ce qu'il veut. Devant de tels choix, dans une aussi forte inconstance, que peut-il vouloir d'autre que de se laisser porter, charogne, au fil du courant d'Héraclite : *panta rhei*, tout coule, tout passe, tout casse, tout lasse.

Des espoirs

A l'inverse, il y a de prodigieuses merveilles et des chances incalculables. Des saints et des héros, d'abord — oui, en notre siècle de béton, de plastique et d'acier —, des héros et des saints. Les filles de Mère Térésa, qui nichent dans tous les lieux les plus déshérités du globe, pour aider à vivre et à mourir les pauvres d'entre les pauvres, et les petits parmi les petits. Les chrétiens d'Union soviétique et de tous ses États satellites, de Chine et de l'Extrême-Orient, qui, contre vents et marées, malgré lois et tortures nonobstant les emprises et promesses de toutes sortes, maintiennent, en toute humilité, tout héroïsme aussi, la foi.

Et puis, à l'autre extrémité, il y a leurs frères d'Amérique du Sud qui ne reculent devant aucune peur pour défendre les pauvres et les opprimés. Qu'ils soient chrétiens ou non, athées, croyants, agnostiques ou indifférents : je saluerai aussi les militants, les combattants ; qu'ils soient dans le vrai ou le faux : j'aime ceux qui se mouillent la chemise, et qui mettent la main à la pâte. Adversaires ou amis : ils sont de ma famille. Ils le sont parce qu'ils « sont », par ce qu'ils « font ». Ne se laissant pas porter, ils n'abandonnent pas : ils veulent « être ». Être en faisant quelque chose de leurs lèvres et de leur cœur ; de leurs mains et de leurs plumes ; de leur vie. Ce n'est pas ici l'arbre qui nous cache la forêt, c'est la forêt — ou plutôt la broussaille (y compris les intellectuels de broussailles) — qui nous cache les « beaux sujets », comme disait, dans les bois, mon père. Il y en a : moins qu'il n'en faut, plus qu'on ne croit.

Ainsi en France, ainsi dans bien d'autres pays du monde. Dans tous sans doute, si l'on songe qu'au fond, il s'agit, pour tous et pour chacun, d'une œuvre, et que cette œuvre est universelle en son essence, sinon dans son concept ; car là où il n'est pas possible d'entreprendre, ni de travailler, ni de défendre à front découvert ses idées, il est du moins possible de souffrir en silence, d'espérer, de prier pour ce qu'on croit être juste et vrai.

De prier : il faut en effet songer à la masse immense des âmes qui chaque jour, en chaque instant réunies, toutes langues et toutes fois confondues, s'élèvent en silence — ou au contraire à grand ahan et haut fracas — vers un Au-Delà des sens et de l'esprit qu'on nomme Dieu, ou l'Éternel ; vers le Silence ou l'Absolu, le Tout-Autre enfin. Que cela ne se voie, ou qu'on n'y pense pas, n'enlève rien à ce poids sacré qui est grâce et élévation, c'est-à-dire allègement. Aérienne gravité : « Mon amour c'est mon poids », disait le Berbère chrétien Augustin.

Et mon poids dans le monde, c'est ma légèreté d'âme hissant ce monde, avec mille autres, vers l'Infini.

La question

Comment cette civilisation admirable qui a produit tant de merveilles, à laquelle mon cœur et mon esprit restent tendrement attachés et que je voudrais, s'il en est temps encore et si ce n'est pas tâche utopique, voir restaurée pour une nouvelle floraison, comment a-t-elle pu, la même, produire ces forces de mort, cette lassitude, cette chienlit ? De même que les Pères de l'Église parlaient de l'Église, à la fois comme de la toute pure et toute belle, fiancée mystique descendue du ciel, et comme de la grande Prostituée, chargée de tous les péchés, souillée de tous les stupres, couverte de toutes les vomissures, de même ferai-je de notre civilisation : ce sont nos Trois Capitales qui ont produit Eschyle, la Bible, les cathédrales, Rabelais, Pascal et Racine, tous nos saints et tous nos héros, toutes nos sagesses, nos sciences et nos techniques, toutes nos fusées et nos capsules astronautiques ; mais ce sont elles aussi qui ont fait éclater la bombe d'Hiroshima, la bombe concentrationnaire, la bombe collectiviste, la bombe des libertarités, toutes les bombes qui, de nos jours, la font exploser ou la ruinent.

Car c'est bien cela, pour le moment, qui m'importe : non pas, je le répète, de juger mais de constater. Qu'il s'agisse de bien ou de mal, de chancres mous ou de fruits pleins, tout dans notre monde actuel, ou presque tout, vient de chez « nous autres ». Nous autres, comme disent encore aujourd'hui les Juifs les plus fiers. « Nous autres » comme clamaient les Grecs en opposition aux barbares : « nous autres » citoyens romains, disait-on dans l'Empire. « Nous autres chrétiens », enfin, mais là ce qui fut une grande clameur devient un murmure susurré, laissant percer un doute.

Il n'est donc, pour tenter de comprendre et, s'il est possible, porter remède, que de remonter aux sources d'où tout nous est venu ; puis de suivre, en aval, leurs cours bouillonnants ou secrets jusqu'à nous.

C'est pourquoi, après ce vaste et bref tour d'horizon tous azimuts, il nous faut à présent concentrer le regard sur trois petits points du globe.

Trois petites sources qui suintaient d'abord au milieu des Empires...

PREMIÈRE PARTIE

LES TROIS SOURCES PURES VERS LA MARÉE CHRÉTIENNE

Sur Athènes, Rome et Jérusalem, sur leurs vies, leurs histoires, leurs arts, leurs doctrines, leurs influences, il y a des bibliothèques, on s'en doute ; et, pour ne s'en tenir qu'aux manuels et cours divers, à tous les niveaux, des dizaines de milliers de pages furent écrites. Au cours de ma vie studieuse, je n'ai pas tout lu, mais l'essentiel, j'espère, ne m'a pas échappé. Sur toutes sortes de champs, et de toutes fleurs en espèces infinies, comme une abeille butinante, j'ai peu à peu distillé mon miel, sans quoi aujourd'hui je ne puis ni penser ni vivre. Il m'est « consubstantiel », intégré à moi-même, ainsi que dit Montaigne, grand maître de l'essai « consubstantiel à son auteur et membre de sa vie ».

Il s'agit bien ici en effet d'un véritable essai, non pas d'une thèse avec ses notes abondantes et sa croulante bibliographie. Pas de traité d'histoire des doctrines, des religions ou des civilisations que pourrait justifier un tel sujet ; pas de savante érudition mais de simple réflexion, fruit d'une lente maturation.

Quand j'y songe — et je n'ai guère cessé — je dis indifféremment « les » ou « mes » Trois Capitales, car je les crois autant universelles et plurielles que « membres » de ma vie singulière.

Je ne vais donc — sur Jérusalem, Athènes et Rome, sur le judaïsme, l'hellénisme, la romanité et le christianisme — pas tenter l'impossible résumé ni la synthèse illusoire de leur histoire mouvementée et de leurs complexes natures. Je voudrais me risquer en revanche — si ce n'est pas moins ambitieux — à fixer un instant leur essence, ou comme disent joliment les Allemands, leur *Wesen,* leur *essence faite d'avoir été,* leur « spécificité-fruit-d'un-devenir-passé », au sens où l'historien des religions Adolf von Harnack prétendait, sans doute à tort, avoir isolé « l'essence du christianisme », *das Wesen des Christentum's.* L'histoire y aide certes et ses repères, mais non point absolutisés, fixés dans les livres et dates, ou bien figés dans les musées. Il s'agit beaucoup plus d'un esprit, « tel qu'en lui-même... enfin l'éternité le change ».

Je veux un livre suggestif et ne souhaite donc ici rivaliser, ou polémiquer moins encore, avec personne ; quiconque pourra aisément m'objecter tels points, telles lacunes, ou tels partis pris. Je cherche trois sources qui chantent. Et qui depuis des siècles et des millénaires n'ont pas arrêté pour des peuples entiers de chanter. Leurs chants, quant à moi, je n'en ai pris que peu à peu claire conscience : mon oreille intérieure étant tout occupée du puissant grondement de la marée chrétienne qui, depuis le début de notre ère et aujourd'hui encore, en dépit des reflux et des pollutions, recouvre notre univers culturel. Il m'a fallu beaucoup de temps et de réflexion pour distinguer, par là-dessous, le chant des trois petites sources, discerner le cours des grands fleuves que de leurs eaux elles ont nourris et qui, pour le meilleur et pour le pire, sont allés se jeter dans cette mer murmurante, la mer « toujours recommencée ».

CHAPITRE PREMIER

L'ÂME JUIVE
OU : « SI JE T'OUBLIE, JÉRUSALEM »

Humilité : c'est d'origine et d'emblée le premier maître mot de ma quête. Tant il est vrai que toute source vraie est une eau humble, qui sort humblement de la terre. Au début, personne ne s'en aperçoit, il y a de grandes choses qui se passent et qui passent alentour et nul ne songe à s'émouvoir du destin ni de la descendance, comparables pourtant aux sables de la mer, d'un petit homme parti comme tant d'autres, avec toute sa smala, d'Ur en Chaldée pour gagner « au-delà » de l'Euphrate, la petite terre étroite et fertile de Palestine, où il deviendra donc un de ces Mésopotamiens qu'on appelait **Hébreux** c'est-à-dire gens d'au-delà du fleuve. De grands empires déjà sont là qui occupent le devant de la scène : le « mystérieux Hittite », l'Assyrie, l'Égypte, et qui tous se rengorgent, pillent, violent et guerroient, et qui tous croient en leur immortelle importance. Et de fait, ils sont importants, mais non point immortels. Importants, ils laisseront des traces dans l'Histoire et de grandioses monuments. Mais, mortels, ils passent, passent, passeront sans *faire* l'histoire qui ne passe pas et dont encore nous vivons. Là est toute la différence.

Petit homme, grande foi

Le petit père Abram, qui, lui, sans le savoir, fait l'Histoire, avec toutes ses femmes et tous ses dieux, arrive en Palestine, terre minuscule et fertile, sillonnée déjà en tous sens par tous ces seigneurs de l'instant. « Toute la Palestine, note Cecil Roth dans sa remarquable *Histoire du peuple juif,* n'est pas plus grande que la Bretagne ; Juda n'est pas plus étendu que certains départements français et la population aux temps historiques [*où nous ne sommes pas encore rendus !*] n'y dépassait probablement pas 500 000 habitants (contre peut-être trois fois autant dans l'État voisin). Mais dans ce territoire minuscule — berceau du peuple juif et de la religion juive — naquirent des concepts qui, avec ceux d'Athènes et de Rome, furent tout-puissants dans la formation humaine. »

S'il me fallait sans délai citer ce texte, c'était à seule fin de situer d'emblée l'infime proportion du phénomène (en me défendant aussi et par la même occasion, de la prévention de monomanie : je ne suis, on le voit, pas le seul à avoir entendu les sources chanter ni briller les toits de nos Trois Capitales !). Mais nous n'en sommes pas encore là : des siècles couleront depuis le début du second millénaire avant notre ère — en un temps à peu près symétrique de nos temps présents par rapport au point zéro de notre Histoire — jusqu'à ce que naisse dix siècles plus tard *la* Jérusalem avec ses terrasses et ses coupoles dorées, la Jérusalem de tous nos rêves et de toutes nos enfances, la Jérusalem de toutes nos histoires et de tous nos livres de classes, la Jérusalem serve et délivrée, la Jérusalem terrestre et la Jérusalem céleste.

Abram, d'abord, deviendra Abraham, père de tous les peuples (l'ancien séminariste Staline se souvenait-il de son histoire sainte quand dérisoirement il usurpait le titre de petit père des peuples ?). Il devient père de tous les peuples aussitôt et par le seul fait qu'il reconnaît comme Père le seul Dieu ; *Qui est, Qui es, Qui suis, Qui est-celui-qui-est, Qui es-celui-que-tu-es, Qui suis-celui-qui-suis, Qui suis-qui-je-suis :* ne t'inquiète donc pas de mon nom, ô mortel, je suis l'Incommunicable, et l'Imprononçable, et ton Maître et ton Père pourtant, le Seul et l'Unique. Toute la métaphysique et toute la théodicée, avec la mystique entière, sont là en germe et en graine.

Et puis déjà se développent ou s'enveloppent plus encore — et deviennent mystère et théologie, avec la rencontre mystagogique au chêne de Mambré, des trois anges du Seigneur, silhouettes à peine esquissées et pourtant substantielles, en qui les écrivains chrétiens reconnaîtront la

Trinité, si substantielles et si mystérieuses qu'elles peuvent être quoi d'Autre ?

Non pas si Autre cependant, non pas si Terrible, non pas si Mystérieux qu'Il ait empêché Abraham, « le bien-aimé de Dieu », de marchander avec Lui l'impossible salut de Sodome et Gomorrhe, premier témoignage biblique (après celui de la Création, qui avait triomphé du « tohu-bohu » du chaos) d'une Nature plus forte que sa perversion, et d'un Salut plus puissant que la faute. Il faut ici se remettre en mémoire le stupéfiant dialogue qui fait l'esprit frémir : « S'il se trouvait cinquante justes dans la Cité ?... — Je pardonnerai à cause d'eux. — Et quarante ? — Je consens à ne point frapper, dit le Seigneur. — Ne vous indignez pas, je vous en prie, qu'arrivera-t-il s'il n'y en a que trente ? — Je ne ferai rien. — Puisque j'ai commencé une bonne fois, je parlerai à mon Seigneur. S'il ne s'en trouvait que vingt... ? — Je ne tuerai pas, dit le Seigneur. — Je vous supplie enfin, de ne pas vous mettre en colère, si je parle encore une fois, une seule fois. Que déciderez-vous, si vous trouvez dix justes en ce lieu ? »

Alors, on peut prendre le relais de la prodigieuse enluminure imaginée par le génie baroque de l'auteur du *Salut par les Juifs,* Léon Bloy : « Dans le lumineux crépuscule de son oraison de prophète le Patriarche entrevoit sans doute ces étrangers de la fin des fins... S'ils allaient pourtant se rencontrer dans Sodome, cité du mystère !... Le Seigneur serait bien forcé de pardonner ! Et il pardonne, en effet, s'engageant à ne pas détruire la ville si ces dix justes s'y trouvent. Ici finit le dialogue de la Toute-Puissance vengeresse et de la Toute-Puissance suppliante. Le Seigneur, ayant été vaincu *six* fois, s'en va et cesse de parler à Abraham, comme s'il craignait d'être vaincu une septième et de ne plus pouvoir *se reposer* ensuite dans sa justice. »

Élection et défi

C'est ici la première fois qu'apparaît ce mot de justice, central dans la Bible hébraïque, en fait présent depuis l'origine et qui ne cessera de se développer dans la perspective essentiellement *historique* de sa révélation, justice de ceux qui sont dans le vrai et le droit chemin. Mais auparavant « Abraham engendra Isaac, Isaac engendra

Jacob », dit aussi Israël. Avec Jacob, la famille archétype devient archétype tribu par ses douze fils, pères des douze fameuses tribus. Et Jacob, lui, devient le deuxième grand patriarche, le deuxième père de notre Foi, et de notre civilisation, grâce à un douteux plat de lentilles, une duperie en somme préfreudienne, grâce à une trompeuse toison de chevreau et à la complicité maternelle : où la Justice n'est pas juste, c'est-à-dire équitable, mais juste Plan du Dieu, plus Incompréhensible encore que l'inconscient collectif des âmes et des peuples.

Le même Dieu — Élohim — parfait donc et achève, en la troisième syllabe de son surnom, le patronyme de Jacob-Isra*ël*, parce que Jacob fut celui de nos pères qui, au passage obligé du gué du Jabbok, en une bouffée coléreuse et sacrée, osa défier l'Innommable, affronter l'Insondable, tenter de prendre sur Lui l'avantage : la hanche déboîtée, il en resta pour toujours boiteux. Boitant bas du péché d'origine. Ainsi, père à jamais (après Adam) de toutes les révoltes blessantes et ratées, de Prométhée à Nietzsche, d'Auguste Comte à Marx.

Mais père aussi, patriarche, de toutes les Alliances, car il fut, ce même Jacob, l'homme du rêve de l'échelle sur quoi montent et descendent les anges qui relient l'homme à Dieu. Du songe au gué, du gué au songe, quel est le chemin ? L'échelle aussi est un passage, non moins que la bataille et le gué. Et le rêve ? Le rêve aussi. Ce n'est pas Freud, l'homme, non point déboîté à la hanche, mais blessé à la bouche barbichue, non moins trompeuse que le poignet velu de Jacob, qui me prétendra le contraire ? L'un, sous un poil de chèvre, usurpé, comparable à cet animal d'Ésaü, cachait la peau lisse et tendre de notre divine lignée ; l'autre, sous sa barbe, masquait quelque bec-de-lièvre honteux, symbole de toutes nos vilenies. Dans l'un et l'autre cas : bestiaire, mais en sens inverse.

Il est donc aisé de comprendre que les plus grands créateurs — ces grands enfants assoiffés d'absolu qui d'instinct vont aux sources — aient été si souvent séduits par la figure énigmatique de Jacob, patriarche de la démesure et père de l'ambiguïté. Je songe notamment ici à

Paul Claudel méditant sur le combat de l'Ange d'Eugène Delacroix caché dans une chapelle de Saint-Sulpice.

*

Exil et Loi

Jacob autem genuit Joseph et fratres ejus...

Peu importe la vérité « historique » ou ce qui en tient lieu provisoire. Après Abraham, père de la Foi au Dieu Unique, de la Promesse et de la Prière sans limites ; après Jacob, père des détours de l'Histoire, de l'Élection gratuite et de la démesure confiante, vient Joseph, premier père de l'exil et de la diaspora, premier père aussi de l'organisation et de l'échec de la persécution et de la servitude.

Les historiens supputent que ce fut une grande vague pastorale qui amena les Hébreux en Égypte chez les rois pasteurs, Hyksos, avec qui ils avaient de grandes affinités et que ce fut la fin des Hyksos, au XVIe siècle avant J.-C. qui entraîna leur esclavage, leur persécution, leurs malheurs.

Peu importe ; en fait, ce qui compte c'est qu'ici commence solennellement le destin opposant, inaliénable et libre de ceux qui deviendront plus tard les Juifs, et à qui Moïse d'abord, vers le XVe siècle, va conférer, avec la délivrance, la Loi. La voie, on le constate, se trace de plus en plus étroite et précise : la Foi au Dieu Unique d'Abraham, l'Élection et le Défi de Jacob, l'Exil de Joseph, la Loi de Moïse. Ce peuple toujours petit, minuscule pourrait-on dire, et quasiment imperceptible dans la grande Histoire, devient, au milieu des grands empires, de plus en plus singulier en son destin, incomparable en sa vie, inassimilable en son long chemin. Pour la première fois, un culte, déjà unique, devient aussi une morale avec tout un appareil rituel ; pour la première fois, la Thora est proclamée ; pour la première fois, dans l'Histoire passe la Pâque éternelle à jamais, fête de la délivrance, du Passage et de tous les Passages, introduction de l'Histoire dans la Liturgie. Par un curieux retour de cette même Histoire, c'est peut-être au gué du Jabbok, qui avait vu l'affrontement de Jacob et de l'Ange, de l'homme et de Dieu, que, sous la conduite de Josué, les Hébreux retrouvent la terre de Palestine qu'ils vont patiemment reconquérir contre des pléiades de tribus hostiles, puis cultiver. Les bergers nomades deviennent laboureurs sédentaires : le XIIe siècle avant notre ère va dérouler la litanie de ces hommes (Gédéon, Jephté...) et de ces femmes (Déborah, sentinelle du prophétisme avancé) appelés Juges qui, face aux Philistins, Moabites et autres Cananéens, vont organiser la défense et les premières structures du pays.

*

Le sceptre et la lyre

Cela ne devait pas être commode. Les Philistins, qui ont envahi durablement notre propre univers culturel et linguistique, pour désigner l'adversaire ou l'étranger hostile (c'étaient en fait des « Palestiniens : sens étymologique de leur nom), étaient gens habiles, tenaces, agressifs. C'est finalement la *royauté* qui en viendra à bout, au terme d'une longue aventure, scandée en ses débuts par les noms illustres, douloureux et glorieux, des Samuel, Saül, Jonathas ; David surtout, David dont le sanglant reproche au mont Guilboa — ou Gelboé — qui avait vu périr ses deux amis-ennemis, Saül et Jonathas, fut perpétué dans les siècles par la clameur plaintive de l'antienne *Montes Gelboé,* un des sommets de l'art grégorien.

Curieuse monarchie, au demeurant, que celle instituée par ce roi poète, peut-être dans ses Psaumes, le plus grand poète de tous les temps ; monarchie constitutionnelle en quelque sorte, mais sans constitution écrite, intégrant pleinement les réflexes démocratiques des tribus nomades originelles, reposant sur une sorte de consensus tacite, contrainte par l'opinion publique toujours remuante, dominée par la Loi, sanctionnée dans la suite et vigoureusement censurée et fustigée par les Prophètes. Régime suprêmement original au total dont on a pu dire à juste titre qu'il avait été l'un des plus « significatifs dans l'histoire des idées humaines », car, ainsi que l'écrit Cecil Roth, cette bizarre monarchie « étudiée, prise en exemple, et rénovée aux XVIIe et XVIIIe siècles, c'est elle qui est à l'origine de l'idée constitutionnelle dans l'Europe et l'Amérique modernes et qui a joué ainsi un rôle d'une importance incalculable dans les destinées de l'humanité ».

L'appel lancinant des Psaumes, l'illustration exemplaire y compris dans le crime (le meurtre d'Urie nous a valu le cri déchirant du *Miserere*), d'un système politique unique requéraient le tiercé de la gloire pour cet homme génial et sublime, dans l'exaltation comme dans l'humiliation, cet homme à la fois si grand et si misérable, si étrange et si proche de nous, homme des altitudes célestes et des profondeurs chthoniennes : oui, tout cela valait à David un troisième sujet de gloire, et ce fut Jérusalem qu'il fonda et entreprit d'embellir déjà. C'est donc grâce à lui, et depuis le xe siècle avant notre ère, que nous pouvons dire : « Si je t'oublie Jérusalem, que ma langue se dessèche et colle à mon palais... » Oui, si je t'oublie Jérusalem, que ma tête se dérobe à l'esprit qui la fuit, que mes pieds se figent et s'engloutissent dans le méphitique marais, que ma plume s'arrête à jamais : et, pour tout dire d'un mot, qu'à jamais je ne sois plus homme !

*

Martyrs et Prophètes

Après les munificentes splendeurs, proverbiales et prototypiques du fils de David, le roi Salomon ; les dissensions des deux royaumes, du Nord et du Sud (Israël et Juda) ; les tiraillements incessants entre l'Assyrie et l'Égypte qui s'arrachent cette remuante proie, la captivité de Babylone illustrera une fois encore, au vie siècle avant J.-C., l'étrange vocation d'Israël au martyre, à l'exil et au témoignage. (C'est ici que chante en nos cœurs le *Super flumina Babylonis* de notre enfance, *illic sedimus et flevimus*, et que résonne en nos mémoires le *Nabuchodonosor Rex* des solennelles lectures de la Semaine sainte. Il faut plaindre qui n'a pu rêver à ce fabuleux roi Nabuchodonosor ; qui n'a pu, avec les Hébreux captifs suspendant leurs harpes aux saules de la rive, s'asseoir et pleurer.)

Durant toute cette période de la royauté et de l'exil, la vocation d'Israël au témoignage devait être exemplairement illustrée par les **Prophètes**, ces hommes de la parole et du refus, ces voix de la conscience nationale et humaine, ces témoins absolus et intransigeants de la seule grandeur et de la seule volonté du Très-Haut.

Déjà sous les Juges, Déborah avait joué ce rôle essentiel à l'âme juive. Mais ce sont bien sûr les grands noms d'Élie, d'Élisée, d'Amos, d'Osée, de Michée, d'Isaïe, de Nahum, d'Habacuc, de Jérémie, d'Ézéchiel, qui, entre autres, évoquent au plus juste cette fonction sacrée des *Nebiim*, voix imprescriptibles, expressions de l'âme ; témoins de la Loi, du Droit et du Vrai ; défenseurs infatigables des pauvres et des petits, des humiliés et des offensés ; gloires et honneurs de la littérature universelle, mais surtout incessants appelants au dépassement de l'Absolu, contre vents et marées, facilités et embûches, appâts tentateurs et sanglantes persécutions.

*

Aux tournants de l'Histoire : Juifs et Grecs

A partir de là, on pourrait penser que, pour le principal, tout est dit de l'âme et du destin d'Israël. Et ce serait vrai si, comme tant d'autres, ce peuple n'avait vécu qu'une fois, portant sa sève vers des sommets, et, une fois pour toutes, ses fruits à la perfection de la maturité, pour retomber ensuite, comme les autres, sous les vitrines illustres certes mais inertes, du passé glorieux. C'est là toute la différence entre les civilisations stériles, en dépit des montagnes que, durant des siècles ou des décennies, elles ont soulevées mais qui sont retombées en poussières dorées, et puis celles qui n'ont cessé de vivre, et, survivant, de faire vivre l'humanité. Les civilisations, si l'on veut, lapidaires et que Bergson eût nommées closes (sur elles-mêmes) ; et puis, au contraire celles qu'à bon droit il eût pu appeler ouvertes (sur le destin de l'homme), et qu'en souvenir de mes « trois sources » j'aimerais pouvoir qualifier de *fluides*. Car, tel le chaud et rouge sang, telle l'eau fraîche et limpide, telle la sève suintante et exquise, elles irriguent, réchauffent, rafraîchissent, nourrissent indéfiniment les sols, les corps et les tissus qui, sans elles, ne seraient plus qu'os desséchés, couvrant la plaine de la vision d'Ézéchiel, cendre et poudre et bois morts.

C'est pourquoi, en dépit des apparences, il n'y a pas de déclin de la civilisation juive : au long cours bouillonnant de son histoire il faut encore situer quelques points de repère significatifs. Après leur retour de captivité, au ve siècle avant notre ère, alors que la Palestine n'est qu'un tout petit canton de la cinquième des vingt satrapies de l'empire perse des Achéménides, ceux qui, à l'origine, avaient été nommés Hébreux parce qu'ils venaient d'*au-delà* de l'Euphrate, ceux qui aussi s'appelaient ensuite — et jusqu'à nos jours encore — Israélites, du surnom de Jacob (Israël) et du nom de la tribu qui au moment du schisme servit d'emblème au royaume du Nord, prirent pour la première fois leur troisième nom de Juifs, *Yehoudim,* c'est-à-dire — la partie pour le tout —, gens de (la tribu de) Juda. Pour la première fois aussi — non hélas la dernière ! —, il semble que ce nom ait pris, chez les autres, un sens agressif et péjoratif tandis que ceux qui le portaient le revendiquaient fièrement : premières traces de ce qu'on appellera plus tard fort improprement l'antisémitisme. Point qu'il fallait rapidement noter pour mémoire en raison de son importance future, sans que nous en suivions le développement qui échappe à notre propos visant toutes les confluences. J'en retiens seulement ici le signe du grand dérangement que ce peuple, fier et fidèle, exigeant et irréductible, apportait déjà au reste du monde.

Mais avec le retour de captivité coïncide un phénomène autre et non moins durable : c'est, pour beaucoup de Juifs, le non-retour, c'est-à-dire l'établissement stable et définitif hors de l'*eretz Israël.* Nombreux, très nombreux, les plus nombreux peut-être furent ceux qui demeurèrent à Babylone et dans les terres de l'Empire, inaugurant ainsi une féconde greffe qui devait porter de grands fruits.

Certes, ceux qui rentrèrent furent des plus actifs et l'on songe immanquablement au fameux scribe Ezra qui avec ses collègues restaura le culte, inaugura le règne définitif de la Thora sur le peuple, construisit les premières synagogues — prototypes des églises chrétiennes futures et des temples de la Réforme — pour la lecture et la prière, fit adopter l'alphabet dit « assyrien » aujourd'hui encore usité aux lieu et place du phénicien jusqu'alors employé, bref, au dire du bon connaisseur Cecil Roth, laissa les Juifs « très peu différents de ce que seront leurs descendants au Moyen Age ». Certains vont plus loin en estimant même que c'est cette époque qui vit la rédaction définitive du Pentateuque, et la composition d'œuvres majeures telles que les poétiques, Ruth, Cantique des Cantiques, et les sapientiaux, Livre de Job, Ecclésiaste et Proverbes.

C'est, en tout cas, sans nul doute du temps d'Ezra que date la prééminence des maîtres, rabbis jadis, rabbins futurs et d'aujourd'hui, sur les prêtres et les lévites (Lévy et Cohen), tant il est vrai, qu'en climat juif l'esprit doit toujours triompher sur la naissance et sur la race, comme sur la caste fût-elle sacrée.

Mais tout cela qui fut acquis en terre sainte de Palestine n'enlève rien à l'autre richesse de ces mêmes temps du ve au Ier siècle avant Jésus-Christ, qui virent, pour la première fois aussi, se rencontrer et combattre, se fondre et lutter, les deux courants issus de deux des sources originelles : la juive et la grecque. Nous voici en effet rendus à l'époque de l'hégémonie culturelle d'Athènes. Voici que l'empire perse s'écroule sous les coups de boutoir d'Alexandre de Macédoine descendant en trombe sur l'Asie. Voici peu après Ptolémée aux portes de Jérusalem. Un siècle et demi plus tard, c'est Antiochus Épiphane, le « glorieux », la « manifestation de Dieu », je devrais dire du dieu, de la déité diffuse chère aux Grecs. Voici enfin mêlées et emmêlées, et, dans une titanesque partie de rugby, affrontées et mélangées, Athènes et Jérusalem.

« Un vieux philosophe athénien, raconte Cecil Roth, fut dépêché à Jérusalem pour veiller à l'application de l'ordre nouveau. Il plut à sa fantaisie d'identifier le Dieu des Juifs avec Jupiter olympien. Une statue barbue de cette divinité païenne, peut-être à l'image d'Antiochus lui-même, fut placée sur l'autel, et on informa les Juifs que c'était le Dieu du Ciel qu'ils devraient désormais vénérer. Entre eux, ils en parlaient avec un frisson d'horreur comme de l'abomination de la désolation. » En même temps, ne manquaient pas les provocations les plus concrètes, non plus que les coercitions les plus odieuses : copulation des soldats grecs et de leurs maîtresses dans les cours du Temple Très Saint qui voyaient aussi se dérouler les rites païens les plus licencieux ; sacrifices de porcs sur l'autel sacré ; procession d'ivrognes aux fronts ceints de pampre sous l'invocation du dieu Bacchus, à quoi l'on forçait les Juifs de participer ; destructions et souillures sacrilèges des rouleaux très précieux de la Loi ; on n'en finirait pas d'évoquer les folies perpétrées par les séides du pseudo-« transparent » de Dieu que fut, en Palestine, Épiphane ; la mort même — et la plus cruelle — n'était pas exclue des procédés de civilisation de ce grand colonisateur ; on cite des mères coupables d'avoir circoncis leur enfant nouveau-né et qui furent traînées à travers la ville avant d'être précipitées du haut des remparts ; des gens massacrés pour avoir refusé le culte des idoles ; le vieillard Éléazar, fouetté à mort pour refus d'une côtelette de porc...

Il ne faudrait pas toutefois limiter les effets de la rencontre à ceux de l'affrontement cruel, de l'opposition stérile et du refus mutuel. Ce fut en fait une époque d'enrichissement par la compréhension autant que par l'extension, c'est-à-dire par les profondeurs de l'enracinement aussi bien que par les vertus contagieuses de l'élargissement. D'un côté c'est à cette époque qu'apparurent les premiers **Hassidim** (comme on les nommera plus tard), c'est-à-dire les « pieux », rencoquillés avec ferveur sur la fidélité à leurs études et à leurs prières et dont on sait les fruits admirables qu'ils ont pu produire dans le monde entier jusqu'à nos jours ; premiers embryons de ghettos, avant la lettre, qui eurent au moins le mérite de conserver intacts une foi, un esprit et des rites. De l'autre, c'est-à-dire du côté de l'extension, il ne faut pas perdre de vue l'ouverture réciproque qui se pratiqua entre Juifs et Grecs : plus que d'ouverture, il faudrait même parler d'osmose. Ce n'est pas un hasard si le mot qui dès cette époque désigne l'établissement des Juifs hors Palestine et leur expansion dans tout le monde connu est le mot grec : *diaspora,* soit dispersion, qui de nos jours et dans le même sens sert encore. C'est dès le IIIe et le IIe siècles avant notre ère, en Alexandrie, une des capitales privilégiées — et combien grecque — dite de la Septante — de la Bible. Il n'est pas grecque — dire de la Septante — de la Bible. Il n'est pas douteux, d'autre part, qu'outre de nombreux apocryphes directement rédigés en grec et nettement hellénisants d'esprit, bien des livres authentiques de la Bible juive, qu'ils aient été ou non composés d'abord en hébreu, sont plus ou moins fortement marqués de l'esprit grec et de sa problématique : l'Ecclésiastique, l'Ecclésiaste, voire même la Sagesse, les Proverbes et le Livre de Job. L'échange, au demeurant, se faisait dans les deux sens, en un monde méditerranéen — notre monde à ses origines — où, selon le géographe grec Strabon (écrivant il est vrai au Iᵉʳ siècle avant J.-C.), il était « difficile de trouver un seul État où il n'y eût pas de Juifs » et où, ajoutait-il non sans quelque humour perfide, « ils ne fussent pas devenus les maîtres ». Le fait est, en tout cas, que, selon la tradition, le grand Aristote, curieux de toutes choses sur cette terre et dans les cieux, avide de sciences et d'expérience, avait, dès le IVᵉ siècle avant notre ère, rencontré en Asie Mineure un savant juif. Et il est plus certain encore que bien malin serait celui qui pourrait dire de Philon, le grand Philon l'Alexandrin, à cheval sur les ans de l'Avant et ceux de l'Avènement du Christ, s'il fut juif ou grec : à la vérité, il tenta, et avec génie, la synthèse de Platon et du Pentateuque, de la sagesse grecque et de la révélation juive.

Il est donc bien clair que d'emblée et durablement, la première rencontre des deux premières capitales, la confluence de ces deux sources, furent marquées de tension et d'opposition aussi bien que d'osmose et de fusion : ambiguïté qui ne cessera de coller au pas et démarches de notre enquête.

*

Le choc de l'Empire

Il ne faut pas oublier que cet entrechoc, agressif et amoureux, de l'âme juive et de l'éros grec, ce fut très vite dans l'énormité de l'Empire romain qu'il retentit ; souvent même ce furent ses structures qui le provoquèrent. Il était donc fatal que s'y ajoutât un troisième choc, celui des pulsions juives et de l'ordre romain ; il s'effectuera selon les mêmes canons ambigus d'assimilation et de rejet, mais en un climat différent : celui de Rome, plus politique que culturel.

Dès le IIᵉ siècle avant notre ère, semble-t-il, la puissante poussée du plan asiatique de Rome avait incité Judas

Maccabée à envoyer dans la Ville une mission exploratoire et amicale. Cette politique d'ouverture confirmée par ses successeurs porta longtemps ses fruits en valant aux Juifs, avec la haute protection de l'Empire, les bienfaits de la paix romaine.

Ce furent, on le sait, des dissensions juives intestines, à la fois dynastiques, politiques et religieuses, qui attirèrent pour la première fois dans la Cité Sainte « le piétinement sourd des légions en marche » ; au soir du sabbat de l'an 63 avant J.-C., Jérusalem tomba et Pompée pénétra dans le Temple. Je ne connais pas de peintre, pas d'écrivain, pas de musicien qui ait été tenté par le sujet et pourtant quel tableau, quel motif, et quel thème ! Le voici, le légat triomphant, le tombeur de Marius, de Lépide et de Sertorius, le vainqueur de toutes les Espagnes, le matador du coup final porté à Spartacus, le grand amiral victorieux des pirates de Méditerranée, oui, le voici le légat plénipotentiaire du Sénat et du peuple romain pour toutes les affaires d'Orient, déjà vainqueur de Mithridate et de Tigrane : son pas résonne des dalles précieuses aux voûtes mystérieuses, sa cuirasse brille entre les plis de sa chlamyde ; à dix pas derrière lui, son état-major bourdonne et murmure de tous côtés, les têtes se tournent, hésitantes, puis stupéfaites. Il est passé, Pompée, qui, dans deux ans, ne parviendra pas à tirer le pouvoir absolu du bourbier fangeux laissé à Rome par la douteuse affaire de Catilina ; il est passé, il devra partager avec Crassus et César un triumvirat, il est passé, porté par un rêve encore mais son rêve ne le portera pas longtemps, c'est César qui franchira le Rubicon, César qui le battra à Pharsale. Il est passé, Pompée, livré à son rêve de gloire fallacieuse sous la coupole de Salomon, il ne sait pas encore qu'il mourra par la traîtrise du fer, sous les coups des gens de Ptolémée, non loin d'ici, au-delà de la péninsule sinaïque, en Égypte... Il est passé. Il a franchi même le rideau redoutable masquant aux profanes le Saint des Saints où seul le grand prêtre, une seule fois l'an, a licence de pénétrer, il se retourne, songeur et désorienté : il n'y a rien. Dans ce Temple si vanté, dont on lui a si souvent, de par le monde et à Rome même, rebattu les oreilles, dans ce Temple qui passe pour une des merveilles du monde, dans ce Temple du Dieu des dieux, il n'y a rien. Pas une statue, pas une peinture, pas un ex-voto ; ni labarum pendant, ni étendard déployé, ni boucliers suspendus. Pas d'offrandes ni de vases précieux. Rien.

Pompée, donc, s'est retourné ; sa suite s'est figée et l'observe : il n'en croit pas ses yeux, il jette encore un regard circulaire. Non, il n'y a décidément rien. Dans quel piège s'est-il encore fourré ? Qui sont donc ces Juifs, et où sont leurs dieux ? Disparus : est-ce qu'ils sont morts eux aussi, comme ces soldats pourtant courageux, que mes soldats tout à l'heure ont égorgés sur des remparts réputés infranchissables ? Sont-ils retournés à l'air des temps et à la poussière du désert ? ou ont-ils fui ? Pas étonnant que, si aisément, j'aie pu vaincre ! Cependant il sourit à peine, car une angoisse sournoise le point. Étranges gens, étranges dieux. Ce Temple du Dieu des dieux est une grande basilique vide. Quel est ce vide ? Quel est ce dieu ? Dieu est-il mort ? Dieu a-t-il fui ? Il n'est point pourtant ici de désordre, mais la paix qui est la tranquillité de l'ordre. Une paix qui dépasse toutes armes et tout art et tous sens. On ne m'attendait point ici, on n'espérait pas l'ordre romain. Cet endroit-ci est d'un autre ordre. Sortons. *Eamus,* dit-il à voix haute. *Mus, mus, mus,* répéta l'écho des voûtes sonores ; et en effet, ils sortirent, lui le dernier et ils avaient l'air, ces glorieux, de *souris* échappées à la griffe du Lion de Juda qu'elles avaient pris pour un gros chat d'Égypte et qui, pour un temps, les a dédaignées...

Roman ? Oui et non. Certes j'ai, pour quelques lignes, usé de la licence de romancier ; mais tous les récits nous attestent la stupeur et l'espèce de vague terreur, le sentiment d'absurdité et d'incompréhension totale qu'inspira à Pompée le grand vide du Temple de Jérusalem. Il croyait bien savoir tout de même, quand même et nom d'un chien, et par tous les dieux de l'Olympe, ce qu'étaient un temple et des dieux ! qu'un instant on se mette à sa place : c'est le choc de deux civilisations.

Et le choc en effet fut rude, à la romaine. Sans haine et sans crainte non plus, d'un côté comme de l'autre. Réalistes avant tout, soldats, administrateurs, colons, juristes et fins politiques, les Romains surent admirablement tirer parti de la géographie, des rivalités tribales et religieuses, des opportunismes, et des politiciens plus ou moins véreux et pourris du cru : qu'on songe à Hérode ! Le pays fut astucieusement divisé en petites provinces et cités libres, où seul le procurateur romain savait, avec la douceur féline d'une chatte et les griffes acérées sous la patte de velours, reconnaître ses petits. Cette habileté ne suffisait pas toujours, au milieu des courants et mouvements divers qui traversaient ce pays intenable constamment agité par des trublions fanatiques, à éviter de vilaines affaires comme celle qui devait illustrer à jamais le procurateur Ponce Pilate qui dut envoyer à la croix en toute hâte, une veille de Pâques des années 30 ou 33, un petit rabbi ou nabi populaire ayant réussi le tour de force de se mettre tout le monde à dos : les occupants et les aristos, les résistants et les collabos, les scribes et les pharisiens, les sadducéens et ceux qui, plus tard, seront dénommés hassidim ; c'était un Galiléen d'origine, fils, croyait-on, de charpentier mais qui prétendait aux honneurs de la descendance de David, à la qualité de messie, à la dignité de fils de Dieu : il s'appelait Jeshuah, c'est-à-dire, Josué. Il devait courir à travers le monde une autre carrière, sous le nom hellénisé et romanisé de Jésus.

Au total, en dépit de son désir sincère de comprendre ce peuple étrange, malgré son souci politique de lui concéder les plus larges autonomies sociales et religieuses compatibles avec la cohésion de l'Empire, Rome ne parviendra jamais à tenir vraiment la Palestine. Les heurts iront croissant en fréquence et en intensité. Sans parler du césar fou Caligula qui faillit déjà en 37 déclencher la révolution et la lutte finale, en prétendant, contre tout bon sens comme contre toute bonne foi dans les accords passés, se faire élever des statues dans tous les lieux de culte juifs et jusque dans l'auguste Temple de Jérusalem, et qui de ce fait motiva, avant d'être heureusement assassiné, une solennelle mission à Rome du grand philosophe Philon pour tenter de l'en dissuader — les troubles, les émeutes, les rivalités, les révoltes ne donnaient cesse ni répit au géant romain. Agacé par ce peuple insupportable, Vespasien avait déjà résolu en 66 de tirer autour de Jérusalem un cordon sanitaire avant de l'écraser définitivement. Accédant à l'Empire, il ne le put lui-même, mais y envoya son fils Titus à qui revint la redoutable charge, cinq siècles après Nabuchodonosor, de gommer une fois encore de la carte du monde cette tache invincible et qui n'en finit pas de ressuer par tous les pores de la terre comme une icône de miracle.

En l'an 70, ce fut fait, mais il lui fallut trois ans de plus on le sait, pour réduire les héros de la forteresse Massada. Et puis tout sera à recommencer ! Quelques décennies plus tard, Hadrien, le sage Hadrien, l'empereur philosophe et stoïcien, voudra lui aussi, mais en vain, mettre fin à ce peuple absurde en sa religion et ses rites.

Ensuite, Antoine le Pieux se montrera plus avisé et plus tolérant. Mais au fond qu'importe ! Depuis de longues années déjà, Jérusalem était hors les murs, Jérusalem avait gagné le monde et Rome même. La diaspora — et dans quelle ferveur, et avec quelle brillance ! — assurait la continuité de la vie, de la Foi et du témoignage. C'est, pour une bonne part originelle, grâce à elle, que le christianisme recouvrira la terre.

⁂

Les maîtres mots

Israël, de son côté, poursuivra jusqu'à nos jours et sans doute jusqu'aux derniers jours, sa route savante et naïve, active et souffrante au milieu des peuples d'Europe et d'Asie, d'Amérique enfin : « Cœur de l'humanité, explique à peu près Juda Halévi, le grand poète philosophe visionnaire du *Kouzari,* illustrant sa foi juive, alors même qu'il se trouve immergé dans la tempête des assauts conjugués de l'islam et de la chrétienté, cœur de l'humanité, il en est l'organe le plus précieux mais aussi le plus fragile et le plus exposé. Lorsque le monde est malade, Israël souffre. »

Les maîtres mots du judaïsme, on les a vus se dégager au cours de cette évocation. Peuple de l'Appel et de la Foi avec Abraham, de la Démesure et de l'Élection avec Jacob, de l'exil, de la diaspora et de la Persécution avec Joseph, de la Loi morale et rituelle avec Moïse, de la Parole libre et imprescriptible avec les Prophètes, peuple de la Démocratie et de la Poésie avec David... Peuple remuant, opposant et dérangeant ; bouillonnant et, de toutes parts, éclatant.

Peut-être que tout pourrait être dit avec la Parole et l'Histoire. La Parole c'est celle de Dieu et celle qui, au fond du cœur de l'homme, résonne : « Pour lui, la vie était un chant. Il pensait qu'on pouvait tout accomplir avec des mots », dit, du poète juif, Elie Wiesel dans son merveilleux *Testament d'un poète juif assassiné.* La Parole, c'est la Loi et ses toujours mouvants commentaires ou Talmuds qui ne cessent de se nourrir de leurs propres chairs, c'est aussi l'interminable, infini, minutieux *pilpoul.* C'est l'opposition et le refus du Prophète. C'est, une fois concrète, l'organisation indéfinie de la Cité, le rite symbolique de l'appartenance, et la très exigeante morale. C'est même, en un sens, l'Argent, le fameux argent qu'on a tant reproché aux Juifs : « J'appartiens à la plus belle race du monde, s'écrie le *Solal* d'Albert Cohen, à la plus noble, à la plus rêveuse, à la plus forte, à la plus douce... Certains, oui, s'occupent d'argent. Ils font, avec plus de passion, plus de *poésie,* ce que les hommes de toutes les races font. Comme si les hommes de toutes les autres races détestaient l'argent ! Et d'ailleurs les argentiers de chez nous s'occupent de ce métal en vertu d'un modèle saint : vivre, résister, durer. Pour que le peuple dure, pour que le fils vive, pour que le Messie vienne. C'est notre forteresse l'argent, pour nous autres, pauvres bannis, pauvres errants. »

Le messianisme et l'errance nous reconduisent ainsi à l'autre pôle, celui de l'Histoire, où l'on voit que les deux thèmes sont en continuité substantielle et dans le prolongement l'un de l'autre. La tension messianique, apparue assez tôt mais non dès l'origine, sensible surtout à partir des Prophètes, ne cessera de s'accentuer au cours des âges, jusqu'à devenir presque insupportable. Le Messie devient le pôle d'attraction et de tension d'une Histoire en quoi le juif se sent être et consister : « Un juif n'est jamais solitaire, explique le poète de Wiesel au magistrat de son procès, il reste intégré dans une communauté intemporelle, même si elle n'est pas visible, même si elle est géographiquement ou politiquement irréalisable. Le juif ne se définit pas en termes géopolitiques, citoyen magistrat ; *il s'exprime et s'assume en catégories historiques.* »

C'est ce qui, joint au caractère moraliste et non sacramentel du judaïsme, explique que, si aisément, le messianisme ait pu se laïciser, devenir (ou rester ?) politico-moral : « Mes questions tournaient sans cesse autour du Messie, raconte le *poète assassiné* de Wiesel. Je brûlais de hâter sa venue. Pour abolir la distance entre riches et pauvres, humiliés et heureux, mendiants et propriétaires.

Pour mettre fin aux pogroms et aux guerres. Pour unir la justice à la compassion [...]. En vérité, citoyen magistrat, je faisais du communisme sans le savoir. Je voulais, moi aussi, aider les pauvres, les affamés, les damnés de la Terre. Sauf que moi, je croyais y parvenir en faisant appel au Messie : lui, et lui seul, portera remède au scandale de l'injustice humaine, au drame de l'existence...[...] Si Ephraïm avait employé des thèses proprement marxistes je lui aurais tourné le dos. Mais plutôt que de citer Engels, Plekhanov et Lénine, il invoquait notre espérance messianique commune. Et je ne pouvais qu'approuver : il plaidait pour la justice des victimes, la dignité des esclaves, amen... [...] Peu à peu, lentement et systématiquement, il m'instillait sa conception du monde : seul le communisme permet à l'homme de triompher rapidement de l'oppression et de l'inégalité. Selon lui, le communisme était une sorte de messianisme sans Dieu, un messianisme séculier, social, en attendant l'autre, le vrai... [...] Ensemble, nous croyions que la rédemption ultime ne dépendait que de nous, ainsi que nos textes anciens ne cessaient de l'affirmer. Dieu a créé l'univers et en a confié la responsabilité à l'homme — à nous de le modeler, à nous de le faire rayonner. En aidant notre prochain, nous aidons Dieu. En réveillant les esclaves, en les incitant à la fierté, à la dignité, nous accomplissons la tâche de Dieu pour Dieu. Voilà comment nous concilions la toute-puissance divine avec la liberté humaine... [...] Il nous appartient de changer l'ordre des choses, donc de faire la Révolution. »

*

Le comblement des creux

Une ligne de crête aussi aiguë, requérant pour la conquérir une aussi superbe exigence, ne peut que longer des abîmes et des précipices.

L'absence de tout Avent, de toute Survenue réelle du Messie qui, jointe au moralisme concret de la religion, plonge, on vient de le voir, une partie de l'âme juive dans la révolution, en attire une autre, plus orante, plus mystique, plus contemplative et dont la soif ne peut être étanchée par aucun breuvage mystérique et sacramentaire, vers les arguties du pilpoul, les complications des Talmuds, et les philtres obscurs de la Kabbale, tentative désespérée de toucher — du corps et des sens, de l'âme et de la raison — l'Absolu.

De même, en dépit d'une certaine vocation à la terre qui fut aux origines comblée par le passage du nomadisme à l'agriculture et de nos jours par l'État d'Israël, ce peuple d'Histoire est plus un peuple du déracinement que de l'enracinement, où la terre devient vite une terre sainte, référence idéale d'un pèlerinage relancé sans cesse et d'un mouvement perpétuel : « Qu'est-ce que la vie d'un homme ? questionne le Talmud qui répond : une ombre. Mais quelle ombre ? Celle, immuable, d'un bâtiment ? Ou celle d'un arbre qui survit aux saisons ? Non, la vie d'un homme se compare à l'ombre d'un oiseau en plein vol : à peine aperçue, déjà elle est effacée. »

Hésitation aussi entre le particularisme national et l'ouverture à l'universel, d'où résulte une certaine ambiguïté du prosélytisme : on cite bien l'étrange aventure des Khazars, cette peuplade barbare de Crimée qui, au VIIIe siècle de notre ère, se convertit au judaïsme, mais le fait n'eut guère plus de portée que d'exemplarisme. En fait, si le judaïsme n'est certes pas fermé aux *goïm* de bonne volonté, il ne recherche pas la conversion des « nations » qui ne sont pas de la descendance d'Israël : pour les uns il y a la religion mosaïque, pour les autres l'alliance noachique. Le grand Juda ben Halevi, déjà évoqué dans ces pages, établit même une hiérarchie entre les Juifs de naissance et les Juifs convertis. Il y a donc là une pierre d'achoppement qui fera trébucher plus d'un esprit et qui n'est peut-être pas étrangère à certaines culbutes antisémites.

Restent enfin les immenses lacunes — qui sont aussi, de par leur taille et leur signification, des grandeurs (revers de la médaille, ou creux de bosses corrélativement géniales) — restent donc les manques, dans l'ordre des formes et dans les formes de l'ordre. Le peuple du Livre d'abord n'est pas une nation des grands arts de la forme ; l'interdiction de la représentation et de l'idolâtrie porte ici tous ses effets, et on la comprend quand, en nos présents jours de faible foi, on assiste à ces cultes de substitution qui se célèbrent dans les galeries et musées, dans les salles de concerts et d'exposition, autour des postes et des sonos. Il est, à l'inverse, remarquable que l'art juif est toujours cultuel, ou culturel, didactique ou symbolique. Orfèvrerie, broderie, enluminure toujours liées aux rites ou à l'enseignement : couteaux de circoncision, coupes de mariage, bagues, lampes, chandelles, mobiliers de synagogue, étuis à Thora...

Les formes de l'ordre sont forcément, dans le système juif, plus mal servies encore ; que cela plaise ou non, le serviteur privilégié de la Parole envolée et de l'Histoire en allée ne sera jamais un serviteur idéal de l'ordre établi ! Où l'on retrouve le grand dérangement du « Peuple à la nuque raide » devant quiconque, Yahvé compris !

Tout cela fait, comme l'a bien noté Albert Cohen par la plume de son *Solal*, un peuple excessif : « Tous, les vrais et les autres, sont des excessifs, des ardents. Comprends donc. Un peuple poète. Un peuple excessif. Chez nous, les grotesques le sont à l'extrême. Les avares, à l'extrême. Les magnifiques, à l'extrême. Le peuple extrême. Le vieux peuple de génie, couronné de malheur, de royale science et de désenchantement. Le vieux peuple fou qui marche seul dans la tempête portant sa harpe sonnante à travers le noir ouragan des siècles et immortellement son délire de grandeur et de persécution. »

*

En somme, peuple de l'âme et de l'esprit, âme des peuples et des esprits. Aussi vif, aussi lucide, aussi tranchant que l'esprit en son aigu le plus altier ; aussi incertain, aussi hésitant, aussi tremblant que l'âme en ses profondeurs de marais.

« Tu me casses les pieds, dit au poète juif de Wiesel la jeune komsomol Olga, tu me casses les pieds avec ton judaïsme. C'est quoi, ton judaïsme ? Une religion ? Tu n'es pas religieux, que je sache. Une race ? Tu n'es pas raciste, Dieu merci. Une maladie ? Tu te portes bien. Une excuse alors ?

« — Mais non, Olga, mais non. Tu te trompes, sur moi et sur le judaïsme. Le judaïsme, Olga, est plus qu'un prétexte... C'est autre chose.

« — Tu dis autre chose, autre chose, mais quoi ? Une culture ? Tu ne la connais pas. Une civilisation ? Tu ne la vis pas. Une philosophie ? Tu ne la pratiques pas. Une patrie ? Tu n'habites pas Israël.

« Forte tête, Olga. Comment lui expliquer le fait juif ?

« — Disons que, pour un juif, être juif c'est une prise de conscience.

« — C'est de la poésie tout ça.

« — Mettons que, pour un juif, être juif c'est faire de la poésie. »

Ainsi donc, le judaïsme est un ferment, et le judaïsme un défi de poète, qui, par essence, ni l'un ni l'autre, ne peuvent être contenus : « Et suis-je une population pour rester en cette Palestine ? s'écrie le vieux Maïmon dans le *Solal* d'Albert Cohen. Le sel doit être répandu et non concentré. »

Mais est-il le sel de la terre ? Il a assez d'esprit, assez de courage, assez de fatigue pour en douter. Entendra-t-il l'éternel appel des Prophètes parlant par la voix de Saltiel : « C'est un malheur d'être juif. Il ne faut pas renoncer à ce malheur. O mon fils, tu as un sang pur depuis avant la naissance de l'Égyptien. Le Messie viendra demain peut-être... [...] Notre peuple est un peuple très vieux, très pur, très saint et très fidèle. »

Allons donc, lui répliquera Solal, allons donc ! « Vous avez fait croire aux bons chrétiens que vous êtes un peuple extraordinaire, et naïvement, en gens de bonne foi, ils vous ont crus sur parole ! Le nom même d'Israël me fatigue... [...] Assez d'histoires de peuple élu. J'en ai assez du peuple élu. Je n'ai pas le temps. Peuple élu, en vérité ! Et en quoi élu, ce petit ramassis de rats peureux ? Personne ne les veut, alors ces rats font les artabans et ils disent qu'ils ne daignent pas se mêler aux autres ! Quelle pauvre farce ! ... [...] Fils des prophètes, ces courtiers qui jeûnent une fois par an pour obtenir le pardon ? Ah ! le beau peuple de l'Esprit... [...] Et vos prophètes qu'ont-ils fait d'extraordinaire ?... Les Grecs ont donné au monde une heure de grandeur, de courage souriant. Et vous autres, avec une outrecuidance énorme, dix pauvres, dix élémentaires règles de conduite bourgeoise ! La Loi de Moïse ! »

Il est clair que, jusque dans la contestation de soi-même, l'humiliation juive reste superbe. Elle en a, de naissance et de souffrance, le droit. Il était équitable et nécessaire que l'évocation du judaïsme, introduite par l'humilité, s'achevât sur un juste orgueil.

CHAPITRE II

LA RAISON GRECQUE OU : ATHÉNA AUX YEUX PERS

La boule d'or du soleil sur une mer d'émeraude, des rochers rouges où semble s'être coagulé le sang des profondeurs d'une terre héroïque ; un sol de poussière ocre, des oliviers noirs et noueux, tordant, dans la brise, le friselis de leur feuillage vert et argent ; des maisons jetées à la volée dans le paysage comme de la poigne soudain ouverte d'un dieu lâchant, au hasard du Destin, des dés habités aux façades éclatantes de blancheur, piquées des regards noirs de petits hommes malins, frisés et volubiles... En voici un qui « va en champs ses chèvres », les lèvres glissant sur la flûte de Pan d'un syrinx ; dans son bissac un morceau de pain dur et un fromage pierreux avec un flacon de vin noir et lourd, parfumé de résine. Dans la source proche, une nymphe chante...

Et puis, il y a, on le sait sans le voir, là-haut quelque part, l'Olympe, presque mythique, colletée de nuées, où siègent les dieux les plus puissants quand ils ne se mêlent pas des affaires humaines.

Il y a, en chacun de nous, une Grèce secrète gorgée de trésors emmêlés : Homère, l'aède aveugle anonyme — il n'a pas de pupilles parce que son regard est tourné vers les aventures intérieures et immémoriales, il n'a pas de nom hors celui de la tradition parce qu'il s'appelle Unique et Légion, Homme singulier et Multiple Épopée. Où s'agitent le bouillant Achille au pied léger, Ulysse le rusé, patient de son long voyage. Voici sur leurs tréteaux, au creux de leurs amphithéâtres, les grands tragiques de l'*anankê,* douloureuse nécessité d'Eschyle et de Sophocle ; l'amour impitoyable et tendre d'Euripide ; la satire drolatique d'Aristophane. Voici les musées du monde remplis des plus belles pièces lapidairement drapées de la sculpture grecque, et le Panthéon, arche de Phidias rescapée du déluge barbare, à jamais ancrée au haut de l'Acropole... Voici les philosophes des quatre éléments originels, la conscience aiguë de Socrate au masque ricanant de Silène figé sur un dernier spasme amer de ciguë, la dialectique massive et mystique de l'aristocrate Platon jouant au théâtre d'ombres dans la caverne du surconscient, l'analyse minutieuse et encyclopédique d'Aristote qui, par l'universel, s'apprête à gagner l'univers, la rigueur ascétique d'Épictète au sourire de Bouddha. Voici encore les gens de mesure et du point-trop-n'en-faut — *ouden agan :* rien de trop — qui mesurent la terre, ô géométrie ! et tâchent déjà de prendre mesure, connaissance et compréhension pratiques de tout ce qui luit dans le ciel, comme de tout ce qui gît et qui vit sur terre. Voici donc en moi, ce ciel et cette terre des arts, des raisons et des lois, dominée par la haute stature d'Athéna aux yeux pers, *glaucôpis Athêna,* qui est une femme et qui est CITÉ, une déesse et un mythe inoubliable, Athéna la sagesse qui découvre et cache son jeu, et dont on ne sait même pas au juste, par ces mots homériques, si ses yeux, fameux, étaient bleus ou bleu-vert, ou brillants, pailletés ou bien encore empruntés à la chouette, son emblème, qui ouvre, au creux sombre de la nuit, la ronde plénitude de ses iris écarquillés.

⁂

Mythos, logos, ponos

Si l'animation enfiévrée de l'âme juive est née et s'est développée en plaine fertile, la raison grecque, en sa rigueur, a eu pour berceau un sol âpre, dur et montagneux. Il y a, là, plus qu'un symbole, une réalité physique : il faut songer ici aux réflexions et supputations des anthropologues et des paléontologues établissant un lien de cause à effet entre la faiblesse de l'homme primitif, démuni de tout, plus pauvre en forces et moyens physiques que tous les autres animaux, y compris ses lointains ou proches cousins simiens, et l'apparition, mystérieuse encore, de l'intelligence, comme si, en somme, celle-ci n'était que le fruit d'un effort de survie arraché à une faiblesse constitutive.

Pays rude donc de montagnes arides occupant les quatre cinquièmes du sol : toute référence à tout peuple montagnard de tous pays et de tous temps est bonne pour aider à imaginer la somme d'obstination et de patience, de courage et d'invention permettant la survie ; la collecte aussi d'énergies claires et d'idées obscures hantant les esprits et les cœurs des hommes de montagne qui vivent, spontanément et avec un parfait naturel, en communion et communication avec les forces immenses de la terre et du ciel : aisément, en eux, elles prennent vie et deviennent des personnes : des dieux peut-être ?

On trouve là d'emblée, sinon l'explication, du moins le terrain où purent s'éployer deux des principaux miracles grecs, celui de sa mythologie, celui de sa raison qui, au fil du temps, se succédèrent sans toutefois cesser, et jusqu'à nos jours, de cohabiter.

Mais il y a la mer. Peuple de mythes et de raison parce que peuple pauvre et rude de montagnards, les Grecs furent aussi un grand peuple de la mer. Elle est là, partout, elle s'impose, elle s'infiltre, elle pénètre les terres rocheuses qu'elle découpe et déchiquette : elle impose le voyage, le commerce et l'aventure. Ce que la terre refusera, ce que le ciel menacera trouvera refuge en pleine mer. La raison arrachée à la pauvreté et à la faiblesse, la raison apte à forger les dieux et les causes, les sciences et les lois, se fera astuce et commerce. Le grand spécialiste d'Athènes et de Rome, Pierre Grimal, écrit bellement que mythe et raison, « *Mythos* et *logos* sont les deux moitiés du langage grec » (peut-être même, ajouterai-je, du langage universel). C'est vrai. A condition toutefois de ne pas oublier qu'à un certain niveau l'astuce commerçante est, sinon partie du langage, en tout cas son application pratique ; promesse et moyen de diffusion. Alors que la révélation juive ne se répandra qu'assez tard (et surtout par les Grecs et les Romains) le penser et l'agir grecs sont dès le départ diffusifs d'eux-mêmes, facteurs d'expansion. Et l'on sait le soin que prendra Aristote de distinguer et d'établir, chacun dans son domaine, la grandeur de l'*épistémê*, c'est-à-dire de la connaissance scientifique, du savoir, et celle de la *technê*, qui en est l'application ou l'art et « l'agir », (d'où viennent nos techniques modernes).

On ne peut mieux conclure cette deuxième approche que ne le fait le grand helléniste Pierre Lévêque, dans son irremplaçable *Aventure grecque* : « Tel Ulysse fertile en ruse qui fut son héros préféré, le peuple grec n'a pu survivre qu'en déployant un perpétuel génie d'invention. Dès lors quoi d'étonnant à ce que l'aventure des conquérants et des trafiquants se double d'une aventure spirituelle !

« Pendant longtemps, en gros durant tout le second millénaire, seul le mythe peut répondre de manière adéquate aux questions qui angoissent l'homme. Les mythes des Grecs forment l'ensemble le plus délicat et le plus subtil et ce n'est pas pur hasard s'ils alimentent encore aujourd'hui la réflexion des dramaturges ou des psychanalystes. Puis apparaît dans un brusque éveil dont aucun peuple de l'Orient n'a connu l'équivalent, la pensée rationnelle, mère de la politique, de la philosophie, de la science. Dès lors c'est l'éblouissant cortège de ces inconnus qui forgent de nouvelles manières, plus équitables et moins oppressives, de vivre en société, mais aussi de ces " amis de la sagesse " (puisque tel est le sens plein du mot philosophe) qui fixent à l'homme sa place dans le *cosmos* ou posent les règles de l'éthique, de ces savants amants de la beauté des nombres ou exégètes de l'harmonie des sphères célestes. La littérature et les arts, plus que tous autres étroitement engagés dans l'action et bannissant la frivolité indigne, s'ouvrent aux mêmes recherches et donnent de l'homme la peinture la plus profonde et la plus nuancée. S'ils cherchent la beauté, c'est que la raison le leur ordonne, puisque, selon l'enseignement de Platon, elle est l'aboutissement suprême de la dialectique.

« Tout s'unit dans l'âme grecque en une indissoluble unité, qui est la marque de la grandeur vraie. La tradition n'affirme-t-elle pas que Thalès et Platon ne négligeaient pas les profits du commerce ? Sophocle n'a-t-il pas été élu stratège parce qu'il avait fait jouer *Antigone ?* Profondément épris de la vie, qui a d'autant plus de prix qu'elle est éphémère, le Grec ne néglige aucun moyen pour la rendre supportable et pour l'embellir. Comme Héraclès placé selon Prodicos à la croisée de deux chemins, il choisit le *ponos*, l'effort douloureux et créateur. Il assume son destin d'homme, aime mieux s'aider qu'attendre l'aide des Olympiens, déteste l'abandon et la soumission. Tel est le secret d'une réussite unique. Tel est le secret d'une jeunesse que nous découvrons avec ravissement dans ses créations, comme Plutarque la reconnaissait dans les monuments de l'Acropole quand il écrivait : (Périclès, 27) : " Chacun des ouvrages que fit Périclès, dès lors qu'il fut parfait, sentait déjà son antique quant à la beauté ; et néanmoins, quant à la grâce et vigueur, il semble jusqu'aujourd'hui qu'il vienne tout fraîchement d'être fait et parfait, tant il y a je ne sais quoi de florissante nouveauté, qui empêche que l'injure du temps n'en empire la vue, comme si chacun desdits ouvrages avait au-dedans un esprit toujours rajeunissant et une âme non jamais vieillissante qui les entretînt en cette vigueur " (traduction Amyot). »

⁂

Un premier printemps grec : les Achéens

Cette éternelle jeunesse est, dans le temps, très ancienne. A l'époque où le petit Abram chemine de Mésopotamie en Palestine, une peuplade indo-européenne entreprend l'occupation de la Grèce ; mais alors qu'Abram deviendra très vite Abraham, père de la foi judaïque déjà tout entière en bouton, les Minyens ne sont pas encore des Hellènes, ni même les premiers Ioniens, pas plus que les Minoens du premier âge de la Crète. Ils laisseront néanmoins quelques traces, détectées par le savant Glotz, dans le vocabulaire grec : des noms de céréales, de légumes et de fleurs notamment, inexplicables par le recours aux seules sources grecques normales du langage. Signes de leur activité agricole que poursuivront nos futurs Grecs. Ils témoignent aussi déjà d'une belle activité de poterie, plus puissante encore et plus parfaite dans la Crète minoenne, toujours en avance sur le continent ; déjà célèbre par ses palais harmonieux, bien cadrés dans le paysage, et la vitalité de ses arts, peinture, sculpture, orfèvrerie, céramique — tout empreints de charme et de naturel classiques. La religion est évidemment polythéiste et d'essence chthonique : on y trouve toutes les grandes forces de la nature et de la Terre Mère.

Ces ancêtres ont préparé le terrain où, du XVe au XIIe siècle avant notre ère, va s'enraciner le premier monde hellène, l'achéen, qui, sous la double influence de la Crète toujours primordiale et sans doute aussi de l'Europe du Nord, va produire sa première soudaine et admirable floraison d'arts et de civilisation : c'est Mycènes et ses trésors « riches en or » qui seront découverts en 1874 par l'ancien épicier berlinois, Schliemann, devenu magicien de la fouille, c'est l'expansion achéenne dans toute la Méditerranée du Pont à la Sicile et de Byblos à Tarente en passant par l'Égypte et la Cyrénaïque, c'est la guerre de Troie qu'embellira Homère et dont la réalité reste obscurcie de mystères et d'hypothèses mais qui a du moins comme substrat solide la puissance expansive des Achéens. C'est aussi, avec le fameux syllabaire achéen, la première langue grecque, répertoriée sous le nom mystérieux de *linéaire B* et qui offrit longtemps aux savants son mur impénétrable jusqu'à ce qu'en 1953, deux experts anglais, Ventris et Chadwick, eussent eu l'idée d'y appliquer les règles, canons, et recettes de la cryptographie militaire pour découvrir qu'il ne s'agissait pas d'autre chose que de bon grec, écrit non point en alphabet classique, mais selon un code graphique de quatre-vingt-sept syllabes.

La société achéenne est déjà si parfaite, si vivace, si éclatante que certains n'hésitent pas à la comparer en égale à la belle époque qui, quelque dix siècles plus tard, fleurira dans l'Athènes du Ve siècle. Sans partager cet excès d'enthousiasme, il faut constater une belle constance dans l'économie rurale, la vitalité maritime et commerciale, l'organisation de la cité, et l'épanouissement des arts. La société est déjà aussi fortement structurée et hiérarchisée qu'elle le sera toujours dans le monde grec, société en fait féodale et non point démocratique (nonobstant l'extravagant et persistant mirage qui fait apparaître le lustre de la démocratie chez les Grecs, quand, au sens où de nos jours nous l'entendons, elle est de substance judaïque) : roi, hauts dignitaires, prêtres, moyens et petits fonctionnaires (dont certains portent le nom de *basileus* qui recouvrira plus tard une réalité plus dorée), enfin peuple (*démos*) et esclaves, voués, ceux-ci comme celui-là, à la terre et à l'artisanat.

La poésie épique déploie, sur terre et sur mer, ses ailes encore poisseuses de vin grec : elle est en effet encore tout entière orale, onirique et bavarde, livrée à l'invention, à la faconde et à la mémoire des premiers aèdes et rhapsodes. L'épithète homérique apparaît en ces récits qui forment en fait les premières ébauches de ce qui, quatre ou cinq siècles plus tard, deviendra *l'Iliade* et *l'Odyssée*.

La grande peinture à fresque développe des lignes aussi pures et aussi nobles qu'en Crète. La céramique, l'orfèvrerie, la toreutique ou ciselure, multiplient leurs chefs-d'œuvre.

La religion demeure fortement chthonique, empreinte de la pieuse adhésion, diffuse et forte, aux puissances cachées de la terre et du ciel, des arbres et des sources, de la mer et des eaux. La période achéenne marque cependant l'apparition de personnalités divines de plus en plus consistantes qui se retrouveront tout au long de l'histoire : Zeus, Poséidon, Arès, Dionysos, Héra, Athéna, Artémis... Le panthéon n'est pas complet encore, et surtout il reste très marqué d'ambivalence sexuelle : Zeus a son double en Diwia, Poséidon en Posidaeja. C'est ici, de toute évidence, l'influence crétoise qui joue puisqu'en Crète les déesses étaient, et de beaucoup, plus puissantes que les dieux. Comme elle fait aussi sentir son effet dans le culte des dieux, ses complexes liturgies d'offrande, sa familiarité domestique avec ses idoles généralement domestiques.

A l'inverse, le culte des héros, qui à cette époque apparaît, et qui jouera plus tard le rôle considérable qu'on sait, semble plus typiquement achéen, marqué peut-être de quelque influence égyptienne.

***

Le choc dorien et la première maturité de l'hellénisme archaïque

C'est alors — vers la fin du IIe millénaire avant notre ère — que déferle sur la péninsule helladique une vague de fond qui va polir encore le rocher grec. Le polir, ou plutôt aiguiser ses arêtes. C'est la vague dorienne et le temps du fer que peut-être les Doriens ont alors importé et c'est, en tout cas, le siècle de fer. Le temps où apparaît et se dénude la virilité grecque, le temps où se concentre dans l'*andréion* la communauté des hommes, le temps de la pédérastie et du couple guerrier, le temps de la nudité athlétique et de la relégation des femmes dans les fonctions reproductrices et les tâches subalternes. L'historien moderne ne peut s'empêcher de penser aux SS et à la *Hitlerjugend* non sans abus, bien sûr, de la catachrèse historique et de la crase intemporelle à l'excès illusoire.

Il y a cependant quelque chose de cela et le monde des dieux lui-même en est atteint : « Zeus et Apollon, note Lévêque, affirment leur hégémonie aux dépens de Terres Mères ou de jeunes dieux adolescents. » Sous les pas des Doriens la terre grecque se durcit et se virilise. Ils laisseront aussi leur nom, en musique, à un mode remarquable de gravités solennelles, dur, rigoureux, dépouillé non moins que le chapiteau dorique. Il en demeurera quelque souffle au cœur de l'Hellade.

Après le grand choc dorien qui laisse la Grèce sens dessus dessous, tout recommence à frais nouveaux, pour autant que l'Histoire puisse jamais apurer son ardoise, car il en reste toujours quelque trace dans la mémoire des peuples. Les arts plastiques s'épanchent à nouveau, doucement coulés dans les canons de la grâce crétoise, mais figés aussi dans la dure rigueur de la géométrie comme si les rudesses doriennes avaient eu pour effet premier, chez ce peuple voué au Beau autant qu'à la Raison, le déclenchement initial du futur génie scientifique à l'intérieur même de la beauté des formes : au milieu d'autres motifs — cercle, triangle, méandre — apparaît aussi la croix gammée qui vient de loin et qui connaîtra plus tard un funeste destin.

Il est vrai qu'en revanche, et comme par contrecoup, la douceur ionienne produit les chefs-d'œuvre d'**Homère** ; et ceux d'**Hésiode** qui, dans *les Travaux et les Jours,* égrène les saisons, les semailles et les vendanges, et règle la navigation. A côté des héros de *l'Iliade* et de *l'Odyssée* exaltant les héros, leurs humeurs et rodomontades, ce sont ici les humbles et les petits, marins et paysans, qui dévident leur existence quotidienne.

Homère, avec ses affrontements parallèles des dieux dans

l'Olympe et des hommes sur terre et sur mer, Hésiode avec sa *Théogonie* nous ramènent aussi aux dieux, et aux systèmes mythologiques qui, ayant subi la dure empreinte dorienne, se trouvent, en cette fin du IIe millénaire et début du Ier avant notre ère, portés à leur point de perfection.

⁂

Mythe et mythologie

L'importance du mythe dans l'histoire de la pensée grecque — et sans doute dans celle de la pensée universelle — n'est plus à prouver ; il s'agit d'un mode d'accès authentique au réel, comme au sur-réel, au conscient comme au sous-conscient, dont nous ne nous sommes jamais départis et dont nous ne sortirons sans doute jamais. Peut-être précisément parce que ce mythe où triompha, comme dans l'exercice de la pure raison, le génie grec est, selon la suggestive expression de Pierre Grimal, « à mi-chemin entre la raison et la foi ou le jeu ». Platon lui-même plusieurs siècles plus tard — puisque avec la floraison de l'hellénisme archaïque, fruit en quelque sorte du viol dorien de la féminité crétoise, nous sommes ici entre le XIe et le VIIIe siècle avant notre ère — Platon donc, en pleine époque du *logos*, poursuivra le dialogue avec le *mythos* où il tentera d'exprimer l'inexprimable.

⁂

Mythes et mythologies

On ne peut ici qu'évoquer rapidement ce monde extraordinaire qu'on doit, avec Grimal, répartir entre les trois grands cycles : théogonique, olympien, héroïque.

Alors que, pour l'âme juive, le monde est tiré du tohu-bohu du chaos par la Parole créatrice de l'Unique et l'Esprit planant sur les eaux, la préraison mythologique grecque, au contraire, partant elle aussi d'un chaos vide mais qui est déjà forme et matrice, en saisit l'issue par la tension amoureuse entre la Nuit d'en-Haut, la Nix terrienne en somme, et l'*Érèbe*, son frère inverse, ou Obscurité des Enfers. De cette union incestueuse naît l'*éros*, fruit intraduisible, imprescriptible et incessant du génie grec : à la fois amour et désir, effort et plénitude, tension et résolution. Le grand cri de Sophocle : « *Éros, éros anichaté machan*, Éros, éros, invincible au combat », traverse de part en part toute l'histoire, toute la pensée, l'art tout entier de la Grèce ; c'est l'*éros* finalement qui sous-tend la dialectique du *logos* et anime les plis de la statuaire.

Mais ce fruit éternel a dégagé, en sortant d'elle, les deux moitiés de la coquille de l'œuf produit par Nix et Érèbe : ce sont le Ciel et la Terre (*Ouranos* et *Gaia*) dont l'union, à son tour, va engendrer les dieux (démarche, on le voit, exactement inverse de la juive). N'entrons pas dans le complexe détail des généalogies ; une brève ligne directrice y suffit. Ouranos et Gaia donnent naissance à douze couples de Titans et de Titanides dont Océan, Hypérion et Chronos, Gaia et Rhéa, Thémis et Mnémosyne : l'eau, le feu et le temps, la Terre et la Fécondité, la Justice et l'Esprit. Chronos, ou le temps insatiable, dévoreur de ses propres enfants, demeure bientôt le seul maître de l'Univers jusqu'à ce que le détrône son fils Zeus, protégé par Rhéa et échappant par des subterfuges à la faim destructrice de son père...

La violence des origines ne cessera de régner à travers le cycle des Olympiens et des Héros, présidant aux rapports compliqués entre les dieux, entre les hommes, comme entre ceux-ci et ceux-là. Hadès, Poséidon et Zeus, tous trois fils de Chronos, se partagent l'empire : des morts en leurs souterraines cavernes, de l'immensité des océans, du ciel enfin qui, de la foudre, menace le terrestre séjour. Et puis, vient la nombreuse cohorte de toutes les divinités issues de Zeus et participant au conseil des grands dieux : Aphrodite, Apollon, Artémis, Héphaïstos, Athéna, Arès, Hermès et Dionysos. Il en faut cerner quelques-uns pour le rôle qu'ils jouèrent dans l'univers grec et sa suite.

Apollon, d'abord au tout premier plan, Apollon que les premiers chrétiens, une dizaine de siècles plus tard, n'hésiteront pas à rapprocher du Christ, représentant Celui-ci sous des traits empruntés à celui-là ; et l'on comprend pourquoi, si l'on songe que l'un était « le plus beau des fils des hommes » et l'autre « le plus beau des dieux » avec des boucles noires aux reflets bleutés d'aile de corbeau ; l'Un et l'autre soleil du monde ; l'Un et l'autre étroitement liés à l'histoire humaine. Apollon, seul ou avec son serviteur ou allié Orphée le mystérieux, préside à la musique, au chœur des Muses, à la divination, à la guérison des maladies, visite les contrées secrètes des Hyperboréens et le séjour infernal des morts ; amoureux des femmes et des jeunes gens, il se mettra plusieurs fois au service des mortels contre l'emprise inhumaine de l'Olympe : tous traits facilement transposables au mystère du Christ.

Voici encore la vierge Artémis armée de son arc ; Héphaïstos qui régit le feu, Héphaïstos, le gnome laid dont s'éprennent toutes les olympiennes Beautés, et qu'épouse Aphrodite ; Aphrodite, reine du plaisir et de la fécondité, impératrice de la Nature, redoutable en ses malédictions, mère d'Éros qu'on retrouve de nouveau ici, tant le cycle des dieux grecs est... cyclique et qui deviendra, sous la forme nouvelle d'un bébé joufflu, le prototype pictural et sculptural de tous nos futurs angelots.

Autre vierge, Athéna, issue tout armée d'un coup porté à la tête de Zeus, préside à la guerre comme à la paix — c'est elle qui a gratifié les Grecs de l'olivier — car c'est la déesse de la Raison et de la Sagesse, qui peut, au sens propre, « méduser » tous ceux qui affrontent son bouclier. Elle a fourni avec l'olivier le char de guerre mais protège aussi tous les artisans du fil : tisserands, fileuses et brodeuses. Vierge Mère aussi car, en proie au désir d'Héphaïstos qui ne peut s'empêcher de brûler de son feu toutes les femmes, elle ne pourra le repousser qu'il n'ait, de son sperme, souillé la jambe de la déesse laquelle, en grand dégoût, s'essuiera d'un flocon de laine aussitôt jeté en terre : de ce désir refusé, de ce dégoût, de cette Terre fécondée par la semence brûlante encore du dieu du Feu, va naître Erichthonios — terre et laine — d'où devait sortir la race des rois d'Athènes. La boucle est ainsi bouclée.

Il y a encore Hermès, le dieu voyageur et rusé, vainqueur du « vigilant Argos aux cent yeux », messager des dieux grâce à ses sandales ailées, ancêtre de l'astucieux Ulysse et dieu du commerce et des voyages. Inventeur aussi de la flûte de Pan, du syrinx qu'il réussit à vendre à Apollon lui-même.

Il y a enfin, à côté de tant d'autres, moins étroitement liés à notre propos, l'extravagant Dionysos, dieu du vin et de la folie, dieu en somme de l'*hybris,* cette démesure domptée par les Grecs et que la Grèce, en ce dieu cher à Nietzsche, autre fou génial, exorcise et consacre. Dieu de tous les excès, né de l'excès de frayeur que conçut Sémélé, humble mortelle qui avait exigé de voir son amant Zeus environné de toute sa gloire et qui en mourut de frayeur, vagabond de l'Asie, de l'Inde et de l'Afrique, puis de retour en Grèce, il est avec sa cohorte de démones et de démons, Bacchantes et Bacchants, Satyres et Silènes, le dieu de l'orgie et de la démesure. Pan, le Grand, c'est-à-dire le grand Tout affolant de diffuse divinité et d'inquiète humanité, d'où vient notre panique, n'est pas loin de lui (et c'est, au dire de Plutarque, toute la Nature qui annoncera au monde la fin du paganisme, c'est-à-dire de la religion gréco-romaine, en gémissant : « Le grand Pan est mort ! »).

Cette hésitation, ou plutôt cet équilibre victorieux, entre la démesure et la sagesse, entre le mythe et la raison, l'aventure et l'astuce, entre la terreur et le bonheur, c'est tout l'esprit grec ; et l'âme de chacun des grands cycles héroïques dont, en plein XVIᵉ siècle français, un Joachim du Bellay sera fortement imprégné :

> « Heureux qui comme Ulysse a fait un long voyage
> Ou comme cestuy-là qui conquit la Toison
> Et puis, est retourné plein d'usage et raison
> Vivre entre ses parents le reste de son âge. »

Voyez le cycle aventureux et sacré des Argonautes, Jason et la Toison d'or, préludant au Graal chrétien du Moyen Age. Le cycle thébain, tragique et maudit, avec Cadmos et Laïos, Œdipe aux « pieds enflés » et le Sphynx qui lui révèle sa malédiction, Etéocle et Polynice, Jocaste et Créon, enfin l'inoubliable figure d'Antigone sorte de témoin juif en plein monde grec, prophétesse de l'Absolu et de la loi non écrite.

Le cycle, épique et familialement hostile des Atrides : Agamemnon et Ménélas, Hélène, Hector, Priam, Achille et la guerre de Troie, c'est-à-dire *l'Iliade* d'Homère. Suivie de l'odysséen retour d'Ulysse : le vieux père Laërte, le Cyclope Polyphème, Circé l'enchanteresse, Tirésias le devin, la nymphe Calypso, la très douce Nausicaa, Pénélope à sa tapisserie, le fidèle Eumée affairé à ses porcs, Télémaque

que chantera Fénelon, évêque de Cambrai et précepteur des princes. Le même Ulysse enfin, devenu vieux, participera avec Énée à la fondation de Rome, assurant ainsi entre les deux capitales la continuité de la tradition des héros.

On revient à la virile rudesse dorienne avec Héraclès — l'Hercule romain — qui plus encore qu'un héros est un surhomme et un surmâle. Héraclès bébé étouffant les monstres-serpents aux écailles sonnantes, Héraclès engrossant les cinquante filles du roi Thespios, Héraclès tuant le lion de Cithéron puis, au début de ses douze travaux, celui de Némée dont la peau lui servira de tunique, et de casque la tête, avant d'affronter l'hydre de Lerne et le sanglier d'Érymanthe, de poursuivre la biche de Cérynie, d'abattre les oiseaux du lac Stymphale, de curer les écuries d'Augias, de capturer le taureau de Crète. Il y aura encore le roi Diomède livré en pâture à ses juments pour les avoir lui-même nourries de chair humaine, la conquête de la ceinture de la reine des Amazones et la capture de bœufs de Géryon, puis celle du chien Cerbère montant à l'entrée des Enfers une garde vigilante. Enfin, douzième et dernier des travaux imposés par la rigueur d'Eurysthée, la quête réussie des pommes d'or du jardin des Hespérides.

Mais la démesure même de ses exploits — une démesure bien dorienne ou achéenne — sera, quoique pure de toute extravagance dionysiaque, finalement funeste à Hercule-Héraclès : ce sera l'ultime aventure de la tunique de Nessos qui lui brûlant la peau le lancera fou furieux à l'assaut du mont Œta et le jettera en transe sur le bûcher, d'où, il est vrai, un coup de tonnerre rédempteur l'enlèvera au ciel, pour la gloire de sa valeur.

Frère jumeau d'Héraclès par l'esprit et les aventures et, selon la tradition, son ami, Thésée, en son cycle, est cependant un héros plus athénien, donc plus sage et plus posé. La démesure ne lui sied point. Purgeant l'isthme de Corinthe de ses brigands, qui avaient proliféré durant l'esclavage d'Héraclès filant doux aux pieds d'Omphale, maîtrisant le taureau de Crète qu'avait déjà capturé Héraclès ; traquant le Minotaure en son labyrinthe grâce au peloton du fil d'Ariane tombée amoureuse de lui, Ariane qu'il oublie néanmoins sur le rivage de l'île de Naxos et qui inspirera à notre Racine l'un de ses plus beaux distiques

« Ariane, ma sœur, de quel amour blessée
Vous mourûtes au bord où vous fûtes laissée ? »

Thésée déclenche, comme plus tard dans l'histoire de Tristan et Iseut, le ressort dramatique des voiles blanches et des voiles noires : trompé par cet oubli, le second dans l'histoire de Thésée, son père se précipite du haut de l'Acropole et Thésée, après avoir, lui aussi, combattu les Amazones et surtout les Sept contre Thèbes, devient roi d'Athènes, d'où il sera chassé par la révolution.

*
**

Les autres conquêtes de l'hellénisme archaïque

La même époque — des XIe au VIIIe siècles avant notre ère — qui voit portés à leur perfection dans leur exubérante ambiguïté les cycles de la mythologie, est aussi celle de la première expansion grecque en Asie Mineure, qui favorisera plus tard les contacts avec le judaïsme et préparera la voie à l'Empire romain. C'est aussi, fait capital, en remplacement du syllabaire achéen disparu dans les vagues de la marée dorienne, l'adoption de l'alphabet phénicien d'où dériveront tous les alphabets plus récents, romain et modernes, et que les Grecs vont adapter pour le plier aux exigences de fluidité et de mobilité incomparables de leur langue.

C'est, enfin, la naissance et l'évolution de la Cité, pierre angulaire, structure de base de la civilisation hellénique, calque social, transcription politique de la réalité physique imposée par la géographie morcelant l'Hellade en petites plaines isolées (on songe à la Suisse, où les mêmes causes physiques devaient produire les mêmes effets cantonaux).

Le gouvernement de ces cités et leur évolution semblent d'avance donner raison à Aristote qui, deux ou trois siècles plus tard, établira la théorie du passage nécessaire de la monarchie à l'oligarchie (ou régime aristocratique), puis de celle-ci à la tyrannie, à la démocratie enfin. Mais, en observant d'assez près la réalité des choses recouvertes par ces notions, on constate qu'à l'époque archaïque le changement est bien faible ou marqué dans un sens contraire à celui qu'avec l'esprit de notre temps on attendrait. Il s'agit toujours dans les faits d'une société hiérarchisée depuis les esclaves jusqu'aux chefs, en passant par les paysans et les artisans. Petites gens, classe moyenne, aristocrates : c'est le sempiternel schéma, et la pauvreté contraint souvent le plus démuni, tel l'Archiloque de Pindare, à s'engager comme mercenaire : « A la pointe de la lame, les bonnes galettes bien pétries ; à la pointe de la lame, le bon vin d'Isanaros ; pour le boire aussi, je m'appuie sur une lame. » En fait, c'est de la tyrannie, née des excès de l'oligarchie, que viendra pour le peuple misérable quelque soulagement, car le tyran, dictateur du prolétariat avant la lettre, distribue des terres, organise des grands travaux, favorise l'expansion coloniale, développe le commerce (qui, à cette époque, se répand dans tout le bassin méditerranéen et d'autant plus aisément qu'après le VIIe siècle apparaît la monnaie succédant au troc), renversant ainsi les situations au grand scandale de l'aristocrate Théognis de Mégare qui s'indigne dans une de ses *Élégies* : « Ceux qui autrefois ne connaissaient ni droit ni lois, juste bons à user autour de leurs flancs leurs peaux de chèvres et à pâturer hors des murs comme des cerfs, ce sont eux maintenant les bons ; les honnêtes gens d'autrefois sont devenus des gens de rien. Qui pourrait supporter ce spectacle ? » On devra, plus tard à Rome, faire la même observation. Mais la tyrannie, tendant toujours à s'établir héréditaire, court ainsi toujours aussi à sa perte. C'est alors que vient la démocratie, dont on verra bientôt ce qu'en climat grec elle fut réellement.

***

Milet et le premier épanouissement, ionien, de la raison grecque

A grands pas désormais, la civilisation archaïque s'avance vers les temps classiques à travers, avec ou malgré les quatre régimes politiques qui, comme des passages obligés et des mutations naturelles, scandent la vie de toutes les cités. Voici Milet, capitale, et toute l'Ionie qui a traversé elle aussi, du VIIe au Ve siècle, ces quatre fatidiques systèmes de gouvernement, et qui connaîtra encore les sévérités mesurées des grands empereurs perses, Cyrus, Cambyse, Darius. On dirait que ce furent autant d'aiguillons pour l'invention du génie créateur, autant de ces contraintes qui seront plus tard exaltées par les tenants de l'art classique comme nécessaires aux chefs-d'œuvre : « L'effervescence est partout, note Pierre Lévêque, la poésie sourit, à peine teintée de l'inéluctable mélancolie. La prose et la philosophie posent avec une inlassable curiosité les problèmes de l'homme et de l'univers. L'art enfin ne cesse de créer, avec une exubérance, une prolixité, une somptuosité colossale, signes irréfutables de vitalité. Le nouveau berceau de l'hellénisme après les recommencements du géométrique, est incontestablement en Ionie. Dans ses grandes parts — en particulier à Milet qui est alors de toutes les cités du monde grec la plus florissante et la plus prestigieuse — les contacts s'établissent aisément avec un Orient millénaire, au point que l'on y distingue mal les Hellènes orientalisés et les Orientaux hellénisés. Ainsi s'expliquent l'éclosion et le rapide développement en deux siècles, d'une civilisation levantine : *lux ex oriente.* »

Voici, en effet, le charmant **Anacréon** qui laissera son nom à un type de vers et à un genre poétique, délicatement érotique. Voici le fabuleux **Ésope,** esclave affranchi et, dit-on, bègue et bossu peut-être, père de tous nos fabulistes, de La Fontaine à Florian, Krylov et Lessing : c'est en Orient qu'il a trouvé les trames dont, de son fil bref et net, il tisse au petit point ses tableautins moraux et pittoresques.

Mais ce ne sont en revanche pas des petites choses qui s'élèvent à Samos, à Éphèse, dans toute l'aire des civilisations ioniennes : les gigantesques temples à colonnades de l'Artémision et de l'Héraion témoignent, ici encore, de l'esprit de conquête, de l'aptitude à la fusion et à l'effusion qui, au confluent de l'Orient et de l'Occident, font naître les ordres architecturaux, et tout spécialement l'ionien : alors s'élèvent les hautes futaies des colonnes, s'épanouissent les volutes des chapiteaux.

C'est bien en effet un épanouissement qui, en Ionie, éclate dans tous les champs des grands et des petits arts, de la religion et de la pensée. Une somptuosité presque sans mesure et un raffinement infini des étoffes, des bijoux, des ivoires, des fêtes et des mets : « Les mains sont nettes, chante le poète Xénophane, les coupes brillantes ; l'un présente aux convives des couronnes, l'autre, dans une coupe, offre un agréable parfum. Le cratère se dresse, source de joie. L'encens remplit l'air de ses suaves effluves. La table en fête est chargée de fromages et de miel. La demeure tout entière résonne de chants et d'allégresse. »

Les présocratiques

C'est aussi la fête de l'esprit, et le début de la grande aventure de la raison grecque dialectique qui, sans cesse durant des siècles, s'efforcera de résoudre les contradictions de l'être et du connaître. Dès l'origine, s'ébranle le grand balancement qui n'arrêtera plus, entre le concret et l'abstrait, le réalisme et l'idéalisme, l'élément et l'idée. Les anciens ioniens de l'école de **Milet,** au VIe siècle avant J.-C., partent d'un élémentaire concret pour y trouver l'expression de toute réalité, et en quelque sorte le fond des choses. Pour **Thalès** (par ailleurs célèbre géomètre, et presque mythique figure, pour des siècles, de l'enseignement mathématique !) c'est l'eau, pour **Anaximandre** la matière infinie ou *apeiron,* pour **Anaximène** l'air, et pour **Diogène d'Apollonie,** l'air aussi mais une sorte d'air mystique, pneumatique, intelligent. Il s'agit, dans tous les cas, d'expliquer le changement, le devenir, plus encore que la substance des choses : d'où le recours à ces éléments fluides.

A la même époque, **Pythagore** de Samos conçoit, à l'inverse, toute substance comme une harmonie des nombres, combinant le pair et l'impair. On passe donc avec lui du plus élémentaire concret à la plus universelle abstraction mathématique : éternel balancement de l'esprit grec, je l'ai dit, mais aussi expression combien parfaite du goût éminemment grec pour la combinaison qui tombe juste, l'agencement sans bavure, la réalisation parfaite et sans excès : toujours l'*ouden agan,* « rien de trop », maxime qui, en tout temps, en tout lieu, deviendra plus tard la règle de l'esprit classique. Cette sagesse est, chez Pythagore et ses disciples, polymorphe et plurivalente : elle débouche aussi bien sur la rigueur rationnelle des sciences mathématiques que sur celle des structures musicales, de la vie morale et religieuse. La pureté des nombres, en effet, la complexité infinie de leurs combinaisons requièrent une initiation et une ascèse. Le pythagorisme — autre phénomène typiquement grec — couvrira donc tout le champ du savoir et de l'agir, des sciences abstraites à la morale et à la religion, en passant par les arts. C'est une harmonie complète.

Cependant, la même période de l'hellénisme archaïque du VIe au IVe siècle avant J.-C. voit se développer davantage encore la colonisation ; l'expansion grecque se fait prodigieuse aventure de commerçants, de lettrés et d'artistes qui envahissent tout le bassin de la Méditerranée et jusqu'à la mer Noire : l'Italie et la Sicile deviennent terre grecque, la Nouvelle ou Grande-Grèce, Marseille est touchée ainsi que l'Égypte et la Cyrénaïque, la Chaldée et la Scythie, la Thrace et la Pontique. Pythagore lui-même a sans doute vécu surtout en Italie.

C'est en Italie précisément que naît, au Ve siècle avant J.-C., l'école d'**Élée**. A l'extrême inverse du physicisme élémentaire et mobile des anciens ioniens, et plus radical encore que le totalitarisme harmonieux de Pythagore, **Parménide** crée la métaphysique éternelle en forme de révélation dogmatique que lui a faite la Justice lors de son envol vers le soleil : l'être est, le non-être n'est pas. Il n'est donc ni vide, ni néant, ni devenir. *Tout est.* On rencontre ici la plus pure expression de l'ontologisme plein et sans faille, une des tentations les plus caractéristiques de l'éros grec qui veut tout arracher d'un seul coup. Vient alors **Zénon d'Élée,** le disciple, qui étend cette altière vision au champ de la dialectique, dont Aristote le considère comme le fondateur. Terrain miné d'une dialectique inaugurant avec faste ostentatoire et rigueur agressive sa longue carrière de grandeurs et de misères. D'un jet sûr et hautain, Zénon lance ses fameux paradoxes sur quoi la postérité devra se casser la tête et les dents : Achille aux pieds légers ne rattrapera jamais la tortue cahotante, la flèche sifflant dans l'air n'atteindra jamais la blanche tourterelle. En dépit du témoignage des sens et de l'expérience, c'est à tout jamais impossible, parce qu'une distance infinie, indéfiniment sécable en deux, sépare le but et la cible du prétendu mobile. Rien ne bouge, le mouvement est bloqué dans l'illusion, tout autant que la pluralité. Que peuvent valoir nos sens en regard de la rigoureuse analyse de la raison, et de l'intuition de l'être ? Première ébauche d'une critique de la raison pure qui se mue en défense et exaltation de la raison dialectique.

Moins d'un siècle plus tard, et sur les mêmes terres de Ionie et de Grande-Grèce, le deuxième groupe des présocratiques va revenir en force au positivisme élémentaire. Mais alors que les premiers ioniens avaient été sensibles à l'air, et le premier « Grand-Grec » aux nombres, cette seconde génération philosophique paraît obsédée par le feu et les particules élémentaires. L'univers parménidien était immobilité, celui d'**Héraclite** d'Éphèse est mouvement. Tout change, on ne se baigne jamais deux fois dans le même fleuve, le monde est flux perpétuel dont le symbole le plus adéquat est le feu qui, étant un et noétique (intelligent, doué d'esprit), assure au cosmos sa cohésion, en même temps que sa souplesse et sa divinité.

C'est le feu aussi qui brûle **Empédocle** d'Agrigente, « Grand-Grec » comme Pythagore, et, comme lui, génie à facettes multiples, couvrant de sa patte puissante tous les domaines de la connaissance et de la pratique. Curieux de tous les degrés du savoir, il s'intéresse au ciel, à la physique, à la biologie, aux guérisons sacrées ; sa réputation est fantastique, ses exigences religieuses de purification aussi sévères que celles de Pythagore, mais son analyse en diffère : ce sont les quatre éléments — l'eau, le feu, la terre et l'air — qui constituent toutes choses ; ces quatre éléments connaîtront, et jusqu'à Bachelard, un long et durable destin, tandis qu'Empédocle, passionné du feu et de la purification, se précipitera dans l'Etna pour connaître, par l'épreuve du feu terrestre, l'éternité du feu élémentaire.

Il avait ainsi introduit dans la pensée l'idée de l'analyse mécaniste. Elle sera reprise plus tard par **Leucippe** et **Démocrite** ; ceux-ci vont remplacer le mécanisme des éléments par celui des atomes, corpuscules qualitativement homogènes, de forme et de grandeur variées, composant la matière et dont les combinaisons expliquent à la fois la substance et le devenir du monde. Les atomes en effet se meuvent en tourbillons qui chutent dans le vide suivant des gravités différentes. L'homme lui-même n'est, corps et âme, pas autre chose qu'un agrégat d'atomes, plus subtils et plus légers que ceux des corps inanimés ; sensations et pensées résultent de la vibration de ces atomes subtils, mis en mouvement par les émanations atomiques des objets matériels. Il y a déjà là toute une théorie moniste, mécaniste et matérialiste qui, sous diverses formes, ne cessera de traverser — comme les autres, mystiques au contraire et métaphysiques ou ontologiques — la civilisation des Trois Capitales.

Plusieurs décennies, précisément, avant ces deux fameux « atomistes », **Anaxagore** de Clazomènes avait initié le mode de pensée par analyse mécaniste en décelant dans la mobilité originelle un mélange de particules ou semences qu'Aristote, décrivant son système, a nommées homéoméries ou parties homogènes, sortes d'atomes en somme. On trouvait aussi chez lui pour expliquer les mutations et changements, les mouvements circulaires et tourbillonnements; en revanche, dans l'organisation du chaos qui bientôt se distingue en parties non plus homogènes mais différenciées — l'humide et le froid, le chaud et le sec —, Anaxagore fait entrer en jeu une sorte d'Intelligence supérieure ou Esprit (*Nous*). Et l'on ne peut s'empêcher de penser à la Genèse judaïque, au tohu-bohu, à la distinction biblique des éléments et à l'Esprit planant sur les eaux. Au demeurant Anaxagore n'a rien, lui, d'un mystique; il est bien dans la tradition du monisme matérialiste. Curieux d'expérimentation comme le sera plus tard Aristote, il pratique la dissection d'animaux anormaux; et manquera d'être traîné en justice, quelque vingt siècles avant Galilée, pour avoir deviné la vraie nature du soleil, boule de feu incandescente. Heureusement, il était l'ami de Périclès qui s'inspirait de ses conseils et de sa pensée pour l'organisation de la Cité.

Sparte et la première Athènes

Après ce bref aperçu des philosophies présocratiques que la cohérence de leurs recherches ne permettait pas de couper en tranches chronologiques, il faut donc revenir quelque peu en arrière pour achever, avec le cas contre-exemplaire de Sparte et le premier éveil d'Athènes, l'évocation de l'hellénisme archaïque.

Juste retour des choses, vengeance de la morale et de la dignité humaine, Sparte, du IXe au VIe siècle avant J.-C., aura été l'ilote de la Grèce. Son échec, éclatant autant que poignant, n'aura pas été sans signification ni valeur d'exemple. Tout s'est passé comme si la cité fière avait voulu suivre jusqu'au bout de l'absurde la logique univoque de la seule rudesse dorienne, dont nous avons vu qu'elle était, sous plusieurs aspects, *une des composantes* de l'esprit grec. Mais celui-ci qui, par essence, est tension et fusion, entre mythe et raison, mécanisme et mystique, rudesse et douceur, clarté logique et nuées mystiques, se perd et s'annihile dans l'exclusive d'une tendance. C'est ce qui est arrivé à Sparte laquelle aura ainsi fourni pour tous les siècles, sans pourtant décourager M. Hitler, la preuve de l'inanité d'une civilisation fondée sur la seule notion du surhomme d'État pur et dur, insensible et guerrier : péché majeur contre la mesure grecque du *rien de trop,* péché d'*hybris.*

On connaît le schéma spartiate qu'il suffit de rappeler brièvement. Une aristocratie de citoyens dits, et eux seuls, Égaux (*Homoioi*), fruits de la naissance et de l'éducation d'État, voués au service exclusif des armes. A côté, ou plutôt au-dessous d'eux, les périèques, hommes libres qui « habitent autour » de la cité et qui se consacrent à l'agriculture, au commerce, à l'artisanat, mais qui n'ont aucun droit civique. Enfin, tout en bas de l'échelle, les fameux ilotes, esclaves d'État attachés à la glèbe des possessions héréditaires des Égaux. Faut-il rappeler aussi leur rôle affreux d'extras ? En dehors du travail de la terre qui faisait et assurait leur pain quotidien, ils servaient de cobayes humains systématiquement imbibés d'alcools, pour inculquer la sobriété aux nobles enfants et — pis encore, abomination suprême — de gibier pour les chasses secrètes et initiatiques des jeunes hommes (irènes) parvenus au terme de leur « éducation » et qui devaient alors tuer avant d'être agrégés au corps social.

Sinistre éducation qui commence dans le meurtre eugénique des bébés trop faibles précipités dans le Taygète ; qui se poursuit par un dressage d'État insensé (*agôgé*) ; qui s'achève dans le meurtre rituel et qui fournit à l'État des *Stücke* comme diraient les Allemands : des morceaux d'humanité étroitement imbriqués, accoutumés, selon le terrible mot de Plutarque, « à ne pas vouloir, à ne pas savoir vivre seuls, à être toujours comme les abeilles unis pour le bien public autour de leur chef ». Oui, des abeilles ou des termites ou des fourmis ; des « hommes » qui continuent à vivre en casernes après l'âge mûr, qui à la sauvette visitent leurs femmes pour les engrosser, les abandonnant ensuite à la reproduction et à la débauche. On songe à nouveau bien sûr aux S.S. et aux *Hitlerjugend*, aux visées nazies dans leur ensemble, mais aussi bien à tous les rêves — ou cauchemars — socialistes totalitaires et même à une certaine ligne d'horizon de toutes les technocraties d'État, qu'elles soient socialisantes ou réputées libérales.

Le pire est que les Spartiates avaient failli s'éveiller de leur cauchemar, tant était vif l'air grec, et vivaces les poussées du monde hellénique archaïque vers l'extérieur, vers les autres cités, et même vers l'Asie. C'est ainsi qu'au VIe siècle, il y eut à Sparte, en dépit de tout, une belle éclosion poétique, architecturale et religieuse, sans compter les arts mineurs de la poterie et de l'orfèvrerie. Mais effrayés sans doute de cet appel d'air et de ses supputables effets d'humanisme, les oligarques vers le milieu du VIe siècle eurent tôt fait d'y mettre le holà : la dure coque alors se referma comme un bunker sur le suicide d'une civilisation.

Tout au contraire, Athènes, pendant ce temps, déplie peu à peu ses ailes de chouette : passant des clans patriarcaux à l'État régi par les nobles et administré par les archontes, elle surmonte, au VIIe siècle, la crise économique et sociale provoquée par les abus des aristocrates et des latifundistes. Au pas de charge, **Dracon** et **Solon** suivent les réformes fondamentales qui feront son bonheur et sa gloire : les lois s'écrivent, la vendetta s'efface ; les procès réguliers s'instruisent pour être jugés devant l'Aréopage ; la terre alourdie d'hypothèques et chargée de serfs retrouve sa liberté et, grâce aux puits forés, une certaine fertilité ; le loup est combattu, l'olivier protégé, les mesures de volumes établies, la monnaie créée et frappée dans l'excellent argent du Laurion. D'autre part le sage et modéré Solon, par diverses mesures appropriées dont l'institution du conseil de la *boulê* et du tribunal populaire de l'*Héliée*, assure un meilleur équilibre entre le peuple (*démos*) et la classe dirigeante : « Au peuple, chantera-t-il, dans une de ses *Élégies* rapportées par Aristote, au peuple j'ai donné autant de puissance qu'il suffit, sans rien retrancher ni ajouter à ses droits. Pour ceux qui avaient la force et en imposaient par leurs richesses, pour ceux-là aussi je me suis appliqué à ce qu'ils ne subissent rien d'indigne. »

Admirable effet politique de la mesure de l'*ouden agan !* Mesure évidemment peu prisée par les extrémistes de tous bords : d'où troubles et crise dont on sort, comme toujours, par la tyrannie. C'est ici celle de **Pisistrate** qui ne va pas manquer d'illustrer, une fois encore, la règle politique de l'antiquité méditerranéenne : le tyran règne en faveur du peuple qui reçoit des terres arrachées aux nobles, et obtient des juges plus proches de lui. Comme de coutume aussi, la tyrannie se perdra dans les séquelles incertaines de l'hérédité, car le génie est intransmissible par les gènes ; ce qui ouvrira à nouveau la voie à la démocratie, celle de **Clisthène** qui, au début du ve siècle avant notre ère, perfectionne et complète l'œuvre de Solon. Selon un esprit arithmétique bien grec, il organise solidement l'assiette de la pyramide sociale par le décimalisme des tribus, institue l'ostracisme pour les trublions, crée les stratèges... Athènes est riche et forte, aguerrie et solide, ouverte sur le monde et courageuse à se défendre ; elle construit, philosophe : sur ses monuments apparaissent pour la première fois, vers la fin du ve siècle, la chouette Athéna. C'est l'époque où Solon et Théognis ont chanté, où sont nés le drame purificateur et grandiose ainsi que la comédie satirique et où les temples ont grandi. L'époque aussi où s'exalte l'âme religieuse de ce peuple de la raison, s'enfonçant dans les profondeurs du mystère chthonique et s'élevant dans l'empyrée, en une incessante palpitation. C'est le culte de Dionysos, le libérateur (*Éleutheros*), et des mystères d'Éleusis, avec ses virulences extatiques, ses galopades de satyres, son grand chantre mythique, le divin Orphée, préludant avec un génie confus aux futurs mystères chrétiens de la mort et de la résurrection, de la rédemption et de la descente aux enfers. Près de vingt-cinq siècles plus tard, Salomon Reinach écrira un *Orpheus*, un peu puéril en dépit de l'érudition de ce grand helléniste, conçu à tort par lui-même et reçu par l'Église comme un cheval de Troie antichrétien. Mais les premiers chrétiens des catacombes romaines ne l'ont pas attendu pour représenter le Christ en Orphée à la lyre, assis sur un dauphin, comme ils ont aussi usé de l'image d'Apollon, sans pour autant mettre en doute la divine transcendance de la révélation chrétienne.

Le premier essor du classicisme grec et le siècle de Périclès

Sans obnubiler le moins du monde les profondeurs de l'être religieux, le grand âge du classicisme grec des ve et IVe siècles avant notre ère et le triomphe d'Athènes portent aux sommets les lumières de la raison et les gloires de l'harmonie ou eurythmie esthétique. Le siècle, pourtant, s'ouvre dans le sang avec les guerres médiques où est affronté et vaincu le Perse barbare : c'est Darius, puis Xerxès ; c'est Marathon, Salamine, Platée, victoires et symboles à jamais illustres. Au milieu du ve siècle, Athènes établit un véritable empire où, en dépit de Thémistocle, puis de Cimon et des oligarques, triomphe la démocratie éclairée de Périclès.

Démocratie toute relative, et combien mesurée ! il y faut encore insister, régime harmonieux et réussi pour un petit peuple de l'époque, *par rapport* à ce qu'il a connu et à ce que pratiquent les autres. Certes l'*ekklesia*, assemblée générale du peuple, est toute-puissante même sur le conseil de la *boulê* : nombreuse, trop nombreuse et versatile, tiraillée en tous sens, elle peut néanmoins être entièrement réunie sur l'agora. Mais cela n'est possible que parce qu'elle exclut les femmes, les métèques et les esclaves. Avec les métèques, hommes libres mais privés de droits civiques, est exclue de la vie politique — on n'y prend pas assez garde — une grande partie de ce qui compte à l'époque en fait de créateurs ; créateurs de biens matériels : banquiers, commerçants, armateurs ; créateurs de biens spirituels : artistes, prêtres, poètes, aèdes, musiciens, prophètes... les Grecs anciens n'avaient en effet, guère plus que les Juifs, le sens du sol et des racines : tous ces *démiurgioi* travaillaient pour la cité sans généralement lui appartenir, c'étaient des métèques, des étrangers « habitant avec » les citoyens, mais non citoyens. Et puis, exclue aussi, la masse considérable, mais peu considérée, des esclaves sur l'exploitation de qui reposait la machine économique. Au demeurant **Périclès**, « crâne d'œuf », dirions-nous aujourd'hui, intellectuel et technocrate éminent que le satiriste Cratinos traite de « crâne en oignon marin », dépasse tellement de sa haute stature la tourbe civique du *démos* que, muni des conseils de son amical entourage d'élèves — Anaxagore,

Phidias, Sophocle, Hérodote —, il fait à peu près ce qu'il veut, au point que certains bons juges, tel Lévêque, estiment aujourd'hui que cette démocratie mesurée, qui fait encore gémir d'aise et frémir d'enthousiasme les amateurs de « grands ancêtres », n'était guère différente d'un despotisme éclairé, vaguement socialiste.

Certes les écarts de ressources ont diminué, pour le peuple citoyen, entre les riches et les pauvres ; certes aussi les délibérations, discussions et jacasseries diverses, donnent incessamment de la voix : c'est à peu près tout ce que nous retrouverions de commun avec le fait de nos modernes démocraties, dont, je l'ai déjà souligné, il faut rechercher l'esprit de liberté, d'égalité et de fraternité beaucoup plus dans l'inspiration judéo-chrétienne de la Parole divine que sur les rivages de la Grèce.

La guerre du Péloponnèse qui dresse toutes les cités hellènes contre l'impérialisme athénien, et saigne, affaiblit, bouleverse cette brillante et fière démocratie, ne pourrit pourtant aucun des fruits prodigieux de la culture préclassique et classique. Il y avait eu déjà — Prométhée fait homme et homme de théâtre — **Eschyle**, le maître du tourment et la fière victime du destin tragique ; et puis le superbe **Pindare**, incomparable seigneur du lyrisme mystique voire hermétique. Voici à présent l'Acropole de Périclès et qui, telle l'évoque admirablement Pierre Lévêque, en son *Aventure grecque*, « demeure le haut lieu où vont prier tous ceux qui ne désespèrent pas de l'homme ». De fait, il y a un lien subtil, mais manifeste, entre le cadre urbain ordonné autour de la colline sainte, la fresque si humaine d'Hérodote, la tragédie sophocléenne des révoltes sereines, le rire débordé d'Aristophane, les dieux olympiens de Phidias, le graphisme aigu des potiers de céramique et le « démoniaque » Socrate. Au cœur de tout, un humanisme, que résume sans l'épuiser la fameuse maxime de Protagoras : « L'homme est la mesure de toutes choses, de l'être de celles qui sont, du non-être de celles qui ne sont pas. »

Les grandes Dionysies, les mystères d'Éleusis, les sanctuaires panhelléniques de Delphes et d'Olympie font plus que jamais florès, réconciliant les dieux et les hommes, comblant les vides de la raison, engageant et transformant dans leurs rites toutes les pulsions de l'instinct, toutes les puissances du ciel et tous les fruits de la terre. Dans les amphithéâtres, **Sophocle** intériorise en l'homme et les « lois non écrites de sa conscience » les puissances divines. Le grand voyageur **Hérodote,** curieux de tout, enquêteur infatigable, devient par ses *Histoires* celui que Cicéron nommera « père de l'histoire », tandis que **Phidias,** à la pointe de son ciseau, engendre ces corps parfaits qui semblent tombés du ciel éternel de l'harmonie classique et moulés dans le marbre de Paros. Peu après, **Aristophane** a beau jeu de profiter des difficultés et des troubles de la guerre du Péloponnèse pour mordre à dents aiguës dans le régime, ses grotesques et ses débauches ; sans rechigner ni raffiner sur les moyens — vices et pets — il fait rire à gorge déployée le peuple tout en regrettant le bon vieux temps. La même insatisfaction qui provoque les grandes comédies d'Aristophane anime les tragédies du fiévreux **Euripide,** quittant les dieux pour sonder le cœur de l'homme, étaler son malheur, disséquer ses passions ; il y gagnera, au jugement d'Aristote, le titre du « plus tragique des poètes », dont le cri d'amour, invincible au combat, encore poindra, empoignera le cœur de Racine. L'inquiète nostalgie d'Euripide anime ses grandes figures, Iphigénie, Phèdre, Électre ; tandis que la rigueur un peu sèche domine chez **Thucydide,** précurseur de l'histoire moderne, « démontant les événements humains pour en faire comprendre le mécanisme intime » (Lévêque). Rien n'échappe à sa critique.

C'est bien le même esprit critique et satirique, le même doute inquiet qui, dans le champ de la philosophie, animent ces épouvantails à moineaux, cette espèce de pantins géniaux que forment les sophistes, **Gorgias, Protagoras,** professeurs de tchatche et d'argumentation en grand honneur et usage dans un peuple de beaux parleurs, de commerçants, de politiciens, qui rêvent de persuader le chaland, ou de prendre le meilleur sur l'adversaire, par tous les moyens. Le noir et le blanc, le chaud et le froid, le vrai et le faux : ils les montrent, les soufflent et les démontrent avec la même virtuosité. « Qu'est-ce que la vérité ? » dira le sceptique Pilate. Plus praticiens du verbe que chercheurs de sagesse, précurseurs du scepticisme, avant-coureurs du nominalisme, ils ouvrent surtout et magistralement une voie royale aux mystérieux et fécond Socrate, en ayant, d'un coup, miné tous les efforts cosmiques et les initiatives métaphysiques des présocratiques d'Ionie et de Grande-Grèce.

Car, à ce moment du ve siècle avant notre ère, où **Hippocrate de Cos** fonde — sur l'observation, la logique et la morale — les premiers principes de la médecine du corps qui lui survivront, pour tout ou partie, jusqu'à nos jours, **Socrate,** médecin ou plutôt accoucheur des esprits, établit la recherche de la sagesse sur de nouvelles bases ; abandonnant l'obsession du non-moi et la physique du monde extérieur, chères aux anciens physiciens et métaphysiciens, ce fils de sage-femme, par l'interrogation ironique propre à sa maïeutique, ruine les fausses certitudes comme les doutes ambigus, fait naître le Vrai et le Bien des esprits de ses disciples pour qu'ils en informent leur vie. Père de tous les moralistes, de toutes les philosophies de la conscience, son influence idéaliste ne sera donc pas bornée à Platon, ni sa sagesse morale à Xénophon, ses disciples immédiats. Il trace pour toujours un chemin prometteur et fourchu.

La seconde envolée classique ou : le siècle de Platon et d'Aristote, d'Euclide et de Praxitèle

En attendant, le IVe siècle s'ouvre sur ce que Lévêque nomme justement « cinquante ans de folies fratricides » : Sparte, Thèbes et Athènes, les grandes cités, s'affrontent en des luttes ruineuses et sanglantes avant que la Macédoine ne reprenne l'infernal relais, en plaçant dans les mains de Philippe le glaive impitoyable de la guerre : il n'en faut ici retenir que le nom plus glorieux de son fougueux adversaire **Démosthène**, bousculant, dans ses *Philippiques* (dont le nom est devenu commun), les mots et les phrases au rythme nerveux de sa passion. Cependant que les catastrophes militaires ruinaient les cités, étrécissaient Athènes, bouleversaient l'économie, tendaient jusqu'au déséquilibre les rapports entre riches et pauvres, la superbe rageuse de son verbe incarnait l'idée nationale, galvanisait la résistance de la cité et créait le prototype de l'éloquence politique.

Paradoxalement, le remède devait venir du mal. Après deux tiers de siècle consumés dans la destruction, surgit, tel un Titan, propre fils de Philippe de Macédoine, « l'homme fort envoyé par la Providence » olympienne : **Alexandre le Grand.** C'est lui qui, avec démesure et presque déraison, va porter la mesure et la raison grecques jusqu'aux confins du monde, devançant ainsi le rôle identique que plus tard jouera Rome. A partir de son règne bref d'une douzaine d'années, Athènes n'est plus dans Athènes, Athènes n'est plus une cité fière et limitée, Athènes est l'âme de la Grèce, elle est toute la Grèce et tout l'Empire. Petit-fils spirituel inconscient de Platon l'Athénien (maître d'Aristote), plutôt que prince fidèle aux enseignements de mesure de son précepteur Aristote le Stagirite (donc comme lui Macédonien d'origine), son *hybris* en action impétueuse à travers l'Afrique et l'Asie va en quelque sorte concrétiser politiquement, en un monde hellène unifié, l'Un universel de l'Idée platonicienne.

Dominant tout son siècle de sa fière prestance, l'idéologie aristocratique de **Platon**, lui-même de noble extrace et d'illustre famille, ne cessera plus d'émerger dans tous les siècles de la pensée philosophique et religieuse. Remontant les pentes vertigineuses et glissantes d'Héraclite et de Parménide, de Démocrite et de Pythagore, de Socrate, sa réflexion culmine en un sommet, jamais atteint avant lui, celui de l'Un et de l'Idée. Platon constate, en effet, l'apparente réalité changeante d'Héraclite sans en admettre la valeur substantielle, car rien de ce qui est réel ne peut être qu'Un et Être : versant parménidien de sa recherche essentielle ; de Démocrite, il gardera la notion d'idée (*eidos, idea*), c'est-à-dire de forme fondamentale, mais en en refusant le contenu démocritéen d'atome tourbillonnant, pour en faire, dans un esprit pythagoricien, le modèle idéal et suprême dont toute réalité n'est qu'un reflet et qui requiert, pour être atteint, purification et initiation.

La réalité vraie et supérieure est donc celle de l'Idée immatérielle, dont l'objet mathématique est un calque assez fidèle, mais dont l'objet sensible n'est qu'une apparence grossière, matérielle et trompeuse, d'autant plus trompeuse qu'avec nos sens et corps nous n'en percevons que des ombres. C'est le fameux mythe de la caverne et l'on conçoit qu'un certain platonisme pourra, des siècles après, plus encore que certains présocratiques et que les sophistes, engendrer la grande crise nominaliste qui nous arrêtera plus tard, car le nominalisme a deux versants : celui qui ne s'attache qu'aux Idées et à leur dialectique — ce sera l'idéalisme de Kant et Hegel —, et celui qui ne s'intéresse qu'aux phénomènes sensibles : et ce seront aussi bien le sensualisme des philosophes français et anglais des Lumières, qu'ensuite le positivisme de Comte, Marx, Freud, et le plus fort de nos courants de pensées actuelles.

Platon, quant à lui, refusait une telle dichotomie et eût maudit cette bâtarde descendance. Certes, le corps est pour lui une entrave à la libre contemplation de l'Idée. L'âme, ici-bas, se fait violence, et l'homme est semblable à l'aurige d'un char traîné par deux chevaux, celui des passions et celui de l'amour noble. Mais, en une existence antérieure, nous avons contemplé les Idées éternelles, celle du Beau et la sublime dyarchie du Bien et de Dieu. Les perceptions sensibles en réveillent le souvenir et par la vertu de l'ascèse, et l'ascèse de la vertu, par l'idée de la réflexion et la réflexion de l'idée, on peut retrouver à l'envers le chemin perdu, remonter les marches de la caverne, grimper aux flancs de la montagne et ainsi passer de l'illusion des ombres à la croyance aux objets sensibles, de là à la connaissance des objets mathématiques et surtout à la dialectique des Idées. Tel est l'idéal vrai, absolutisé par Platon, du *kalos kagathos anêr* cher aux Grecs et qui deviendra l' « honnête homme » du XVIIe siècle ; il ne s'arrête pas à la beauté du corps pour la satisfaction sensible de ses instincts, où il ne trouverait qu'impuretés et entrechocs d'illusions ; il sait au contraire, par l'ascèse et la méditation, y découvrir — car la vérité est dé-couverte, *alêtheia*, sortie du Léthé de l'oubli — la divine Beauté.

Une telle doctrine ne peut qu'engendrer une politique des plus sévères. Les biens et les corps — périssables et trompeurs — sont soumis à la stricte réglementation d'une sorte de communisme idéaliste, religieux et « polytechnicien » ; les enfants — tenus éloignés des arts, qui ne peuvent rien leur valoir puisque, mirages des objets sensibles, ils ne projettent que des ombres d'ombres — sont élevés exclusivement par et dans les mathématiques ; les incroyants sont en camp de concentration ; les ménages soumis à l'inspection de femmes sages... On comprend que *la Politique* de Platon ait obtenu peu de succès dans l'immédiat de l'Histoire, d'abord auprès du tyran Denys de Sicile où il avait rêvé d'incarner ses idées, comme dans la suite. On en trouvera cependant, et avec régularité, maintes traces dans nombre d'utopies politiques — par exemple au XVIe siècle, dans *la Cité du soleil* du dominicain italien Campanella, qui avait aussi étudié la Kabbale juive. On peut encore considérer à juste titre que les utopies socialistes et communistes qui, depuis quelques lustres, tendent à se réaliser, sont des politiques platoniciennes, régies et guidées non plus par la sphère éblouissante des Idées, mais par le monde des apparences.

C'est donc surtout sa pensée spéculative qui fait de Platon l'un des moteurs majeurs de tout le mouvement universel des Idées. Déjà au Ier siècle de notre ère on l'a vu, le grand Philon, Juif grec d'Alexandrie, tentera la synthèse de la Bible et de Platon. La plupart des Pères de l'Église en seront imprégnés, et saint Augustin, par le canal du néo-platonisme, très fortement imbu. De puissantes tendances philosophiques et théologiques du Moyen Age se manifesteront, directement ou indirectement platoniciennes : platonisantes, néo-platonisantes, augustinisantes. Enfin, Platon réapparaîtra en force à la Renaissance, sans compter son influence oblique par le biais déjà repéré du nominalisme. Platon : âme altière et mystérieuse. Platonisme : eau souterraine et fleuve immense !

Aristote et le réalisme métaphysique

Quoique son disciple affectionné et sans doute même préféré, **Aristote** venu de Stagire suivre les leçons du grand maître de l'Académie, en est à peu près l'opposé : je parle, bien sûr, de l'Aristote que nous connaissons, le seul qui nous soit accessible ; là déjà commence la différence. Nous jugeons, en effet, Platon sur son œuvre « parfaite », c'est-à-dire littérairement composée et achevée ; il ne nous reste rien de celle, abondante et, au dire des anciens, admirable, d'Aristote. *Notre* Aristote est donc celui que nous restituent les notes de cours de ses élèves ou à eux destinées. Tels que nous les pouvons aujourd'hui comparer, c'est Aristote le Macédonien qui va devenir le plus athénien : le plus fidèle à la claire raison mesurée ; c'est Platon l'Athénien qui s'ouvre le plus à l'exaltation orientale, frémissant toujours à la fine pointe et au fin fond de l'âme grecque. Ces deux géants, égaux en génie, illustrent la tension interne qui a toujours traversé l'hellénisme.

Tout, au demeurant, les séparait. Aristote n'est, au

départ, qu'un bourgeois moyen, fils de médecin, gagnant sa vie dans le préceptorat ; l'aventure alexandrine lui donne des ailes et il revient à Athènes où il fonde le Lycée.

La méthode surtout et l'esprit sont d'emblée divergents. Le Stagirite part du concret, de ce qui, le plus simplement, existe : c'est un observateur qui faisait déjà l'admiration de ses contemporains, puis des anciens et qui fait encore la nôtre. Il a tout vu, tout examiné de ce qui pouvait l'être en son temps ; sur les plantes, les animaux à quoi il consacre plusieurs livres, le ciel et la terre, son information est immense, sûre et contrôlée.

Ayant observé, il classe. Prodigieux observateur, Aristote est ensuite un classificateur fascinant. Il a le génie du cadre et de l'organisation logiques. Logique, ai-je dit : précisément, il voit qu'avant tout, pour faire œuvre de science (*épistémê*), c'est-à-dire de connaissance certaine par les causes, il lui faut disposer d'un bon instrument de raisonnement. Il n'a rien oublié, mais tout appris, des simplifications présocratiques, des paradoxes de Zénon d'Élée, des jeux d'esprit sophistiqués, de l'ironique quête socratique, des envolées lyriques du maître Platon, admirables, obscures parfois, ambiguës souvent : c'est même fréquemment par Aristote que nous connaissons les fragments et les positions des anciens sages ; il devient le premier historien de la philosophie parce qu'il ne peut s'empêcher, toujours et partout, d'observer d'abord et de classer. Il a donc tout vu, tout observé, tout pesé et il cherche l'infaillibilité logique. Alors, avec la distinction du concept et du raisonnement, avec l'invention du syllogisme, l'évidence des principes premiers (de non-contradiction, d'identité, de causalité, de finalité), il se forge l'instrument logique ; il se fait créateur de la logique formelle. Comme de la logique des sciences, qu'il inventorie, scrute et traite lui-même, en savant encyclopédiste ; à l'exception de la mathématique — le fait est notable et des plus caractéristiques de son esprit. Par tempérament, Aristote est, dirions-nous, biologiste ; savant, il peut l'être, et il l'est, de l'être concret, et surtout vivant. Les mathématiques lui sont, par la tripe, assez étrangères ; il voit bien ce qu'elles sont, il les situe précisément dans l'échelle des degrés du savoir, au deuxième degré d'abstraction, entre le physique et la métaphysique, mais il n'en est pas praticien.

Telle est donc sa matière abondante d'observations scientifiques, tel est son instrument d'étude logique, tel son cadre épistémologique. Reste à appliquer l'instrument à la matière dans le cadre, et l'on obtient le reste — l'essentiel — du colossal édifice de connaissances, le plus fascinant qui ait jamais été construit, par ses dimensions, ses ouvertures, ses proportions, son équilibre.

Le Lycée s'ouvre, par l'harmonieux portique de la Logique (*Organon*), sur l'immense parc des observations scientifiques rangées et ratissées comme un jardin à la française. Alors, se découvrent trois grandes ailes. D'un côté, les sciences du savoir (*épistémê*) avec la Physique, la Psychologie, la Métaphysique. De l'autre, les sciences de l'agir (*praxis, prattein*) avec l'Éthique ou Morale, et la Politique. Enfin les sciences du faire ou de la création (*poïein, poiêsis*), avec la Poétique et la Rhétorique. Et puis, à l'arrière du rigoureux Palais de la Culture, l'industrieux pavillon de la *technê*, c'est-à-dire des sciences appliquées qui relient la science de l'*épistémê* à la fabrication du faire : médecine, architecture, balistique, etc.

De plain-pied donc avec le jardin des sciences de l'observation, la *Physique* s'efforce déjà de comprendre. Et pour comprendre, d'abstraire. Car c'est là une des particularités les plus caractéristiques du génie aristotélicien d'avoir, à la lumière conjuguée de ses observations de naturaliste et des tentatives confuses ou entravées de ses prédécesseurs, compris qu'il n'y avait pas de science — de connaissance claire et certaine — du singulier, c'est-à-dire de la chose concrète, ou de l'individu. Il n'y a de science que de l'universel (où il rejoint son vieux maître Platon). Mais Aristote, lui, tire (abs-trait) ce concept universel de la réalité matérielle — et c'est là qu'il se sépare de Platon. Observant donc le monde, la nature (*physis*), Aristote y constate le changement perpétuel comme Héraclite, mais aussi comme Parménide, la stabilité et la permanence. En un premier degré — ou effort — d'abstraction, il saisit qu'il faut qu'il y ait un substrat permanent, la *matière* qui n'est rien par elle-même, pure indétermination ; et un principe de changement ou forme (*eidos*) qui lui donne son être-tel. Les formes se succèdent en un incessant devenir : « La matière demeure et la forme se perd », chantera Ronsard à la fin de son ode aux arbres abattus de la forêt de Gastine. (« Écoute, bûcheron, arrête un peu ton bras... »)

C'est la fameuse théorie de l'hylémorphisme qui s'applique aussi, en psychologie, à l'homme. L'âme est la forme substantielle du vivant, elle en fait un corps sensible, produit lui-même de l'action animatrice de cette forme supérieure, sans quoi il ne serait rien que matière impalpable. Et d'ailleurs forme complexe, puisqu'elle comprend un entendement passif qui subit, par l'intermédiaire des sens extérieurs, l'action des choses du monde, et un entendement actif, ou intellect agent, seul impassible, seul impérissable, seul capable, par la médiation du concept qu'il fabrique, de saisir, dans le concret déjà filtré par les sens et préparé par l'intellect passif, les éléments universels intelligibles.

Quand, au troisième degré d'abstraction, Aristote s'élève à la *métaphysique* ou étude de l'être en tant qu'être (*to on ê on*), la théorie hylémorphique se trouve généralisée dans le système non moins célèbre de l'acte et de la puissance, expliquant « tout mouvement » de l'être. L'acte est la perfection présente, la force pure, le degré d'être ou entéléchie ; la puissance ou potentialité (comme, au niveau physique, la matière), pure aptitude à recevoir cette perfection ; et c'est l'actualisation, ou passage de la puissance à l'acte, qui explique et crée le mouvement. Dieu étant lui-même l'Acte pur. Avec l'hylémorphisme physique se découvre tout le paysage aristotélicien : l'universel et l'individuel ; la théorie des quatre causes ; les dix catégories d'être dont les deux primordiales sont la *substance* et l'*accident* qui connaîtront, dans tous les domaines du savoir et jusqu'en théologie, une prodigieuse fortune ; la théorie de la relativité du temps et du mouvement, le temps n'étant rien d'autre que la mesure du mouvement.

Le domaine *moral* de l'agir est tout autant soumis à la raison, tempérée par l'expérience ; l'Éthique aristotélicienne n'a rien d'une volonté de puissance ou d'ascèse héroïque, c'est une recherche du bonheur dans la contemplation, l'amitié et la vertu : en somme, un eudémonisme rationnel.

La Politique ramène à l'expérimentalisme fondamental d'Aristote. Il ne part pas de grandes théories élaborées a priori, il ne construit pas d'utopie ; il regarde d'abord, dans les cités grecques, observe, décrit, classe toutes les constitutions (cent cinquante-huit ! dont ne nous reste que la *Constitution d'Athènes*). Puis son observation se fait critique : il constate que la monarchie tourne aisément à la dictature insupportable, l'aristocratie au régime des privilégiés éhontés sans mérite, la démocratie à la démagogie funeste. Alors il conclut qu'il n'y a pas de bon régime en soi et que tout dépend de ce que Taine au XIXe siècle français appellera la race, le milieu, le moment. Mais on devine aisément sa préférence pour un type de démocratie modérée régie par les plus aptes, les plus sages et les plus instruits.

*

Il est bon ici de s'arrêter un instant à l'ombre de ces deux sommets de la sagesse grecque et universelle pour observer à nouveau l'effort de tension qui l'anime : tirée qu'elle est entre le mysticisme religieux et la raison la plus claire. Cette tension vibre partout en Grèce et à Athènes, elle fait vibrer la vision platonicienne, plus mystique, comme elle sous-tend l'architecture aristotélicienne, plus rationnelle.

C'est pourquoi, spontanément, la connaturalité mystique d'Athènes et de Jérusalem se portera d'abord et plus aisément du côté du platonisme et de sa descendance ; la pensée juive (de Philon notamment), comme plus tard la théologie chrétienne annexera sans difficulté Platon et le néo-platonisme, et butera au contraire sur l'humanisme trop parfait, trop plein, trop satisfait, trop rationnel d'Aristote.

En un deuxième temps, aux XIIe et XIIIe siècles du Moyen Age, le croisement des valeurs ambiguës d'opposition et de connaturalité jouera dans l'autre sens. Car Aristote, c'est la philosophie de l'Être ; et l'Absolu de l'Acte pur, dont l'Essence est d'Être, se confondra avec l'Indicible « Je Suis », révélé à Moïse sur le mont Sinaï ; tandis que les appétits mystiques naturels chers à Platon seront à leur tour suspectés d'un excès d'humanisme et de panthéisme. Si bien que finalement Aristote paraîtra aux théologiens, juifs et chrétiens, plus sûr que Platon.

La religion, Euclide et Praxitèle

De fait, ainsi que le note Lévêque, « une intense aspiration vers le divin remplit le siècle. Elle se marque par un goût très vif pour les mystères ». Oui, ce même IVe siècle de Platon et d'Aristote résonne des cris d'« Évohé » et des galops des bacchantes, se complaît aux mystères d'Eleusis et d'Orphée et aux orgies en l'honneur de Déméter, d'Apollon et d'Hermès : rien de bien judéo-chrétien, on le voit !

Siècle de contradictions ! Car c'est aussi celui d'**Euclide** qui, avec ses fameux *Éléments,* déterminera pour toujours toute notre recherche géométrique. Celui de la gamme de huit notes, bâtie sur suites de quintes pures, et rendue mobile par le système des dièses et des bémols ; celui des premières découvertes des planètes et des premières théories astronomiques ; celui de la « grâce ineffable » des éphèbes de **Praxitèle.**

Il faut donc, avec Pierre Lévêque, « revenir à la contradiction fondamentale » du IVe siècle avant J.-C. Siècle d'or, siècle de fermentation féconde : « Ce siècle qui est celui d'Aristote est aussi celui où l'aspiration vers le divin retentit pour la première fois avec autant de violence. Partout c'est le triomphe de l'irrationnel auquel on s'abandonne avec délices. De maîtres mots apparaissent, auxquels les âmes ne sont pas près de renoncer : salut, amour, purification, rédemption. A cet appel chacun répond selon sa nature : Platon et Praxitèle élèvent au-dessus du réel des mondes radieux, mais les pauvres et les femmes doivent se contenter de goûter dans les thyases à un mysticisme au rabais. »

***

Le vol de la chouette

A présent la Grèce va décliner en tant que nation, mais l'esprit grec est partout épandu. Qu'importent finalement les avatars, rivalités et métamorphoses des États et royaumes de l'âge hellénistique, Lagides, Séleucides, Attalides... Comme l'âme juive, l'esprit grec est à présent dans la diaspora — le même mot sert pour ces deux ferments —, le vol de la chouette et son frou-frou soyeux planent sur le monde, divulguant les lumières scintillantes, rationnelles et mystiques d'Athéna aux yeux pers. Les Juifs de Judée et d'Alexandrie s'hellénisent...

Le choc en retour est sensible. Le lyrisme de **Théocrite** se fait précieux et charmeur. En ce même IIIe siècle avant notre ère, l'historien **Timée** est le premier à attirer l'attention sur Rome où le grand **Polybe** écrira ses *Histoires* tout entières centrées sur la conquête du Monde par l'*Urbs :* le centre de gravité politique est ainsi, et par un Grec, déplacé.

En philosophie, **Épicure**, certes, est celui qui conserve le plus à ce même siècle l'esprit rationnel de l'hellénisme, puisque sa physique des atomes reprend intégralement les schèmes du mécanisme matérialiste de Démocrite. Toutefois, l'influence du temps et de l'Orient s'y fait sentir, surtout en trois points : d'une part, l'épicurisme se développera parallèlement aussi bien dans le monde romain, avec le grand Lucrèce, que dans le monde grec ; d'autre part, le but de l'épicurisme est essentiellement moral, trahissant ainsi l'inquiétude qui ne cesse de croître au cours des siècles : il s'agit de débarrasser l'âme de l'épouvante causée par les croyances « superstitieuses » en Dieu, aux mystères religieux, à la mort. Enfin, et c'est, philosophiquement, le point capital, Épicure introduit dans le tourbillon et la chute pesante des atomes un pouvoir de déclinaison — que Lucrèce nommera *clinamen* — et qui, au sein de cet univers déterministe, infiltre la liberté dont chacun — de plus en plus — rêve. Cette liberté, pour le philosophe athénien, réside dans le plaisir, bien suprême, le plaisir suprême consistant à ne pas souffrir, et donc à n'éprouver ni désir ni besoin.

Le but moral du **stoïcisme** et son résultat sont assez semblables : il s'agit, là aussi en effet, de parvenir à l'ataraxie et à l'apathie, c'est-à-dire à la tranquillité ou indifférence de l'âme, qui, s'étant soumise aux lois de l'ordre universel lequel est Dieu, ne ressent plus ni passion, ni révolte. Cependant la physique dont émane cette morale est très différente de celle d'Épicure : le monde est matériel, mais informé et dynamisé par l'air brûlant de l'esprit de feu, doué d'une force plastique suprême (*logos spermati-*

cos), produisant l'enchaînement nécessaire des faits et des phénomènes, à quoi la sagesse invite à se plier, jusqu'à l'embrasement final (*ecpyrôsis*), qui, tous les dix mille ans, renouvelle le monde.

On sent bien là, plus encore que chez Épicure, le contrecoup des chocs de la raison grecque affrontée, dans sa grande effusion à travers le monde, aux esprits de l'Orient. D'ailleurs — et l'on n'y a pas assez pris garde — le fondateur de l'école au IIIe siècle, **Zénon de Citium**, est un Phénicien d'origine, implanté à Athènes dont il est la coqueluche ; sémites aussi — Phéniciens, Chaldéens — sont les plus grands stoïciens de ce puissant courant, dont **Cléanthe** et **Chrysippe** seront les vulgarisateurs, et que P. Petit, écrivant d'un point de vue strictement hellénique, n'hésitera pas à qualifier de « philosophie de métèques ». Aussi est-il assez plaisant de voir, de nos jours, certains esprits, retrouvant avec délices les vertus du stoïcisme, opposer sa valeur bien grecque au venin sémitique du judéo-christianisme ! C'est un point de vue, sinon aveugle, borgne ; d'abord, parce que le courant stoïcien ne sort pas de la pure raison grecque classique ; ensuite, parce que le génie de la chouette, oiseau de Minerve, a toujours été, de nature, éminemment ouvert à la mystique panthéiste aussi bien qu'au rationalisme. Enfin, parce que le stoïcisme, depuis sa première impulsion, n'a jamais cessé de courir à travers le monde et les esprits, l'esprit des mondes et le monde des esprits.

C'est, après le platonisme et l'aristotélisme, le troisième grand courant grec d'influence universelle (mais celui-là était, d'essence et de naissance déjà, constitué dans l'universel non exclusivement grec). C'est ainsi qu'après le premier stoïcisme des fondateurs, il y aura le stoïcisme moyen qui produira, à Rome, ses fruits éclatants : Brutus, Caton, Sénèque, Épictète, l'empereur Marc Aurèle ; et faut-il appeler troisième stoïcisme l'imprégnation stoïcienne de nombreux écrivains et mystiques chrétiens, depuis certains premiers Pères de l'Église jusqu'à la résurgence des XVIe et XVIIe siècles français et rhénan ?

Cependant, la même époque féconde des IIIe et IIe siècles avant J.-C., qui voit l'hellénisme de proche en proche gagner l'univers, et fusionner les cultures, n'abandonne pas la compréhension au profit de l'extension. En géométrie, voici, après Euclide, **Archimède** et **Appollonios de Perga** dont Leibniz dira que quiconque les comprend « considère avec moins d'admiration les modernes ». Voici, dans les sciences médicales, **Hérophile de Chalcédoine,** grand maître du système nerveux, dont il découvre le fonctionnement ainsi que celui de la vue et du pouls ; **Érasistrate** qui établit les premières règles de la circulation du sang puis, au IIe siècle, **Galien,** subtil observateur et anatomiste compétent, dont l'influence et l'autorité dureront des siècles.

Tandis que le corps révèle aux chercheurs ses secrets, l'âme religieuse est de plus en plus agitée, soulevée de ferments irrépressibles, contractés au contact de tant de peuples et de tant de cultures, de l'Égypte notamment, et même de l'Iran et ses restes du mazdéisme dualiste de la Perse ancienne d'où naîtront plus tard tous les manichéismes. Comme dans les arts plastiques de la même époque, le syncrétisme gréco-égyptien est particulièrement vigoureux : l'hermétisme apparaît avec la *magie,* les dieux grecs et égyptiens se mêlent, échangeant leurs noms ; Cybèle, Attis et Dionysos excitent plus que jamais la ferveur des fidèles de leurs mystères. On dirait qu'une Providence, attentive aux bouillons de culture mijotant dans la grande marmite du bassin méditerranéen, préparait quelque salvateur élixir, à quoi contribuent tous les peuples dans la mouvance d'Athènes qui, de tous champs, sut faire son miel. Le monde est en gésine d'un grand mystère.

C'est cet hellénisme-là qui s'étire et se répand à travers le monde et ses peuples : les Sarmates et les Scythes, les Illyriens, les Gètes et les Daces, les Celtes et les Ligures, les Ibères et les Gaulois, les Éthiopiens et les Arabes, et jusqu'aux Bactriens de l'Inde et de la Chine ! Mais Rome surtout, Rome qui, dès le IIIe siècle et de plus en plus au fil des ans, est et sera hellénisée et prendra le relais.

C'est assez dire que l'hégémonie romaine et la conquête, par l'Empire des Sept Collines, de tous les royaumes hellénistiques ne va pas, bien au contraire, relâcher l'emprise des serres de Minerve-Athéna ni dissoudre l'influence de l'esprit grec. Au IIe siècle de notre ère, le grand apologiste chrétien Justin n'hésitera pas à écrire : « Socrate avait été une incarnation du logos ; le Christ en fut une autre plus complète, puisqu'il est la vérité absolue. »

Voilà qui ne rend que plus tragique la figure que Pierre

Lévêque, concluant son *Aventure grecque*, appelle « ultime symbole de l'hellénisme » : « Hypathie la géomètre, fille du dernier des philosophes du musée d'Alexandrie, platonicienne émérite, parcourant la ville suivie de ses disciples qu'elle enchaîne par sa beauté autant qu'en leur révélant la projection de la sphère, et qui meurt un jour de 415, lapidée par des chrétiens, assez ingrats pour persécuter en elle l'hellénisme auquel ils devaient l'une des meilleures parts de leur foi. »

Les mots clefs de la sagesse grecque

A défaut de justification impossible, on saisira mieux l'explication de pareille ingratitude en descendant les flots tumultueux de la marée chrétienne. Mais il faut d'abord, pour en finir avec l'aventure de la raison grecque, ramasser en faisceau la poignée de mots clefs qui en ouvrent la signification.

« Là tout n'est qu'ordre et beauté, luxe, calme et volupté » : tels sont les vers de Baudelaire qui viennent d'abord à l'esprit. Ordre et mesure, rien de trop, l'homme « bel et bon » (*kalos kagathos*), la musique, l'harmonie des formes et des sons, des lignes et des mœurs. Grèce des arts, musique et poésie, temple des dieux, et corps d'éphèbes. Harmonie, encore, qui peut-être est le mot clef.

Harmonie, c'est aussi hiérarchie des classes sociales ; c'est encore hiérarchie des causes, classement et catégories : mise en ordre des notions et des faits ; science en un mot. Sciences positives de l'observation des êtres, science, même, positiviste, et aussi science de l'Être, métaphysique et mystique.

Car la Raison claire jaillit souvent de l'obscure raison et se replonge dans l'ombre du mystère ; la mesure se fait démesure ; mythes et mystères questionnent l'âme. La Raison grecque est « érotique » ; comme l'*Agapê* judéo-chrétienne (ou la *caritas*, amour pur, de saint Paul), mais en un sens presque inverse, l'Éros « veut tout », l'Éros « supporte tout » : la nécessité de l'*anankê* et la liberté de la *boulê*, l'esclavage et la démocratie ; l'Orient et l'Occident ; Athènes et l'Asie et l'Europe, et le monde entier ; le rite obscur de l'initiation et l'évidence aveuglante de l'explication, le jour et la nuit...

C'est pourquoi Athéna est un oiseau de proie et un oiseau de nuit : la chouette, prête à tout arracher à l'empire de la nuit, à tout emporter dans ses serres aiguës, à tout dépecer, à tout porter à la lumière aveuglante — aveuglée elle-même des deux soleils jaune d'or de ses yeux écarquillés. Yeux pailletés des mille mystères et des mille raisons, des mille aspects de mille mondes. Yeux pers, bleus ou verts, hésitant entre ciel et terre.

Viendra le temps où l'esprit planant sur les eaux du Chaos ne sera plus la chouette, mais — grâce à Jérusalem et contre Jérusalem, grâce à Athènes et contre Athènes, avec Rome et contre Rome — une colombe ; la colombe de l'Esprit, souffle hypostasié d'une Trinité sainte dont le Verbe (ou *logos*) se sera fait chair en la personne d'un petit Juif, parlant le grec, dans un infime canton de l'Empire romain.

CHAPITRE III

L'ORDRE ROMAIN OU : LES MAMELLES DE LA LOUVE

Rosa, la rose. Des générations innombrables de petits Français ont commencé par cette évocation déclinée de la rose le cycle de leurs études — de leurs *vraies* études, celles qui en faisaient des citoyens à part entière de leur culture ; sous l'égide d'abord des clercs, des humanistes, des jésuites, des curés, puis sous les auspices de l'enseignement républicain, laïc et obligatoire. Il en fut ainsi, durant des siècles, dans toute l'Europe et, par les voies de *la* civilisation et de la colonisation, dans le monde entier. Quelles que dussent être ensuite les carrières à parcourir : pas de culture de base, pas d'homme fait, pas d'élite sans le minimum du latin. Les premiers rudiments de la langue de Rome transmis par le curé, l'instituteur ou quelque bonne âme de bonne volonté, marquaient le départ du petit rustre sorti du troupeau, son décollement vers les sphères grosses de toutes les possibilités, son envol au ciel des libertés. Les hasards de l'Histoire font que j'écris ces lignes en un moment où le parti *à la rose* vient de porter au pouvoir de la France, en sa chambre et son président, une « république des professeurs » et des lettrés qui n'est pas la première sur notre sol. Curieusement d'ailleurs, ce n'est pas eux qui avaient porté un coup décisif à l'enseignement obligatoire du latin dans le cycle secondaire, mais un ancien mandarin, parfait latiniste et agrégé de droit romain ! Je gage que nombre de nos nouveaux députés, maîtres et seigneurs, à commencer par le premier aujourd'hui d'entre les Français, sont encore capables non seulement de décliner *rosa* mais de lire, dans le texte, Virgile, Horace et Cicéron, voire de les expliquer. Il faut observer aussi qu'en dépit des réformes confuses et hâtives, un nombre accru de jeunes Français, du fait de l'accès massif à l'enseignement, continue de prendre quelque teinture de la langue mère.

Naguère — j'ai encore connu ce temps —, des méthodes suprêmement astucieuses et remarquablement significatives, héritées des anciens maîtres de l'humanisme et de la Compagnie, mettaient entre les mains du jeune latiniste débutant trois livres d'études composés par Lhomond, savant abbé du XVIIIe siècle, dont le choix ne venait pas du hasard, puisqu'il exprimait l'essence même du présent essai ; c'étaient l'Abrégé d'Histoire Sainte (*Epitome historiae sacrae*), l'Abrégé d'Histoire grecque (*Epitome historiae graecae*), et le *De viris illustribus urbis Romae,* d'après C. Nepos, qui, par l'illustration de ses grands hommes donnait aux jeunes une première idée de l'histoire romaine. Ainsi donc, d'emblée, l'apprenti ès *Humaniores litterae* (qu'on traduit d'habitude par « belles-lettres », mais dont les mots latins vont tellement plus loin et plus profond puisqu'ils signifient : les *lettres tout à fait humaines,* ou les *lettres qui font l'homme*), puisait à la fois, *et en latin,* aux trois sources de notre civilisation : Jérusalem, Athènes et Rome. De sorte que, même s'il ne devait pas apprendre le grec, même s'il ne devait jamais toucher à l'hébreu — car un peu plus rares déjà se faisaient les hellénistes et rarissimes les hébraïsants —, le jeune disciple était, dès ses débuts, habitué à traiter comme son bien l'héritage conjoint de nos Trois Capitales.

Rome et sa langue se trouvaient là — étaient ainsi trouvées — dans le droit fil de leur commune vocation. Vocation de porteuse : Théophore, Judéophore, Athénaphore, Christophore. Vocation de nourrice de l'Homme : la louve, allaitant les deux frères ennemis Remus et Romulus, abrite sous ses flancs de bronze l'humanité entière, tandis que de côté elle jette sur le reste du monde un regard émouvant, celui de toutes les mères — femmes ou bêtes — offrant leur lait à la tétée avide. Regard fait de tendresse et de menace, de don et de domination, d'offrande et de fierté.

De fait, Rome ne nous quittait plus et je crois qu'aujourd'hui encore, pour le meilleur et pour le pire, je le redis, elle ne nous a pas quittés. Rome des cas et des conjugaisons, Rome de la savante et complexe syntaxe, Rome des histoires politique et guerrière, Rome des racines à tout instant découvertes dans le terreau du français maternel. Nous étions, nous demeurons, enracinés en Rome, terre des racines, Ville de la Terre, Ordre du Sol. Nous voyions sortir du latin les premières ébauches romanes de notre langue (ô Serment de Strasbourg, en 842, des petits-fils de Charlemagne !) ; se développer au Moyen Age toute une littérature savante en latin, populaire en « vieil françois » ; resurgir, en furieuse ferveur, au XVIe siècle des humanistes Érasme, Rabelais, Montaigne, les sources antiques enrichies et purifiées dont les eaux vont se déverser sur tout le XVIIe et le XVIIIe siècle, et nourrir des génies — Corneille, Racine, Bossuet, La Fontaine, Molière, Montesquieu, Rousseau, Chateaubriand —, dont on ne sait plus très bien ce qui leur appartient en propre et ce qui revient à la louve-mère. Beaucoup d'entre eux, d'ailleurs, et des plus grands, se considéraient seulement (et à tort pour ce *seulement*) comme des imitateurs des Anciens, Grecs et Latins surtout ; et la fameuse querelle des Anciens et des Modernes ne pouvait aligner, du côté des Modernes — c'est-à-dire des partisans d'une certaine rupture avec l'héritage romain, des celtophiles avant la lettre en somme —, que de faibles valeurs en dépit de Charles Perrault et de ses contes.

Curieusement, la grande cassure de la Révolution française ne fut pas une rupture avec Rome : les « grands ancêtres », au contraire, en raffolaient et il n'y eut jamais autant qu'à cette époque de Fabius et de Scaevola. Tant était forte la prégnance des eaux de l'Antiquité, qu'il fallait absolument que la démocratie fût athénienne et la république, romaine. La réalité, on l'a vu, on le verra encore, était bien différente, mais qu'importe ! on était citoyens, que diable, coiffés à la Titus et se donnant du *tu* latin.

⁂

Chacun, il est vrai, porte en lui *sa* Rome, comme chacun *sa* Jérusalem et *sa* Grèce. Les arcs de triomphe et les ruines (« et des palais romains le front audacieux »), les voies romaines dans toute l'Europe tracées et les légions en marche dans le monde, les orateurs et le droit, l'architecture romane héritée des anciennes techniques, la roche Tarpéïenne proche du Capitole, les dieux lares et les pénates, le Sénat-et-le-Peuple-romain, César et Cicéron, Virgile et Ovide, Tacite et Tite-Live, Horace et Lucrèce, et les clausules cicéroniennes perpétuées dans les *cursus* terminaux des oraisons de la liturgie, les guerres puniques et les éléphants d'Annibal, les luttes fratricides et les jeux — *panem* et *circenses* — les gladiateurs et les martyrs, la République et l'Empire, les douze Césars dont les empereurs fous, Caligula avec son cheval-consul et Néron improvisant des vers sur Rome embrasée, le vieux Caton et le « pieux empereur » Marc Aurèle, l'Épitre de saint Paul aux Romains et l'*Adversus christianos* (Contre les chrétiens) d'un des derniers empereurs romains, Julien l'Apostat... Tous ces noms, toutes ces œuvres, tous ces souvenirs et tant d'autres encore, forment au plus profond de nous un monde fourmillant qui ne cesse de nous remonter aux lèvres, au cœur et à l'esprit, et même, écume rose — toujours *rosa,* la rose — dans les feuilles roses du *Petit Larousse !*

La Rome éternelle de la Terre

Entre l'âme prophétique et murmurante d'Israël et la raison inquiète de la Grèce, il y avait, on l'a vu, plus d'une connivence : de sorte que la tension qui s'affirmait au cours des siècles entre ces deux capitales de l'esprit trouvait aussi en elle-même ses principes de résolution par l'effet d'un double croisement dû non seulement à la complémentarité de leurs apports majeurs, mais à la complicité que chacun de ceux-ci trouvait, en mineur, dans la patrie — la partie — adverse. Athènes est foncièrement polythéiste et même panthéiste, mais elle est habitée par l'obsession de l'Un qui dépasse tout sens ; elle est rationnelle mais hantée de mythes et de mystères ; elle est fondée sur l'esclavage et sur la hiérarchie mais rêve de liberté ; elle édicte des mesures, mais se laisse aller parfois aux fureurs de la démesure ; elle place avant tout l'ordre sévère de la raison avec ses laissés-pour-compte, mais connaît les angoisses de conscience absolues d'une Antigone qui n'a rien à envier à la prophétesse Déborah... A l'inverse, Jérusalem, qui se refuse toute complaisance aux délectations esthétiques de la forme, les retrouve pourtant dans les arts secondaires ; elle sacrifie l'explication rationnelle au témoignage pur, mais reste assoiffée d'explications et accumulera, au fil des siècles, les subtilités des gloses, les raffinements de commentaires, et les tentatives kabbalistes de connaissance universelle ; au service du seul Dieu, l'Unique et l'Incompréhensible, elle conçoit pourtant une angélologie compliquée et un système ambigu de rapports et d'intermédiaires entre *Celui qui est* et ceux qui passent comme l'herbe sèche ; aussi qui peut dire qui est le Messie et quelle est sa nature ? Servante de la loi majestueuse des grands principes théologiques et moraux, lumière éternelle projetée pour jamais sur l'humanité au sommet lapidaire du mont Sinaï, elle s'enferme aussi et s'empêtre dans un lien serré de prescriptions hygiéniques, juridiques et sociales qui ressemblent fort à un code concernant surtout cité et nation...

Certes, ceci ne supprime pas cela et les tensions, bien que fructueuses, l'emportent sur les connivences. Très vite cependant, celles-ci joueront en faveur d'une osmose, dont la *Septante*, certains livres sapientiaux, Philon d'Alexandrie et plus tard au Moyen Age le grand philosophe et théologien Maïmonides ne sont que quelques fruits entre mille.

Tous les chemins mènent à Rome, et c'est à Rome que, par le détour de ce rappel, je veux — en contraste — revenir. Jérusalem et Athènes, les deux capitales de l'esprit de la Loi éternelle et de l'esprit des lois naturelles, de la Loi de l'Esprit de Dieu et des lois de l'esprit humain —, nous les avons vues naître petitement, croître et se développer comme sans rapport avec leur sol, et produire leurs lignées extraordinaires, aussi bien dans la compréhension que dans l'extension, dans la rétraction que dans l'expansion, dans le retour rigoureux sur soi que dans le contact, la friction et la communication universelle ; elles se sont formées peu à peu et sont parvenues lentement à leur maturité.

Par comparaison, il semble que Rome soit d'emblée Rome, et que, même avant Rome, avant la date fameuse et légendaire de la fondation de la ville en 753 avant notre ère, Rome était déjà là, parce que Rome c'est d'abord un sol, Rome c'est le *sol*. Ce sol est celui de la botte italique, immergeant en pleine Méditerranée le *pied* de l'Europe (et l'on songe aux légions en marche, au rôle vecteur et colonisateur de Rome portant solidement sur ses pieds la civilisation qu'elle a charge de transmettre, à la fameuse phrase de Bossuet sur les légions qui marchaient, sans le savoir, pour le Christ...). Ce pied est solidement ancré à l'Europe par le Nord d'où lui peuvent venir tous les peuples, toutes les influences (et le grand mythologue Georges Dumézil a trouvé à Rome les traces et décalques de mythologies indo-européennes qui peuvent être venues de l'Inde ou de l'Europe du Nord) ; Europe, ainsi, qui pourra aisément aussi s'ouvrir à l'expansion romaine. La pointe de la botte vise le continent africain et le talon est tout proche de la Grèce. Comme celle-ci, la mer la baigne de toutes parts : *mare nostrum,* notre mer. Comme elle, et plus encore peut-être, plus aisément : terre de carrefour.

De fait, les Ligures autochtones du néolithique furent, à l'âge du bronze, chassés par les Italiotes, peuplades venues, par le nord, d'Europe centrale. C'est alors, entre le XIIe et le Xe siècle avant notre ère, que se passent deux extraordinaires aventures : celle d'Énée, légendaire et liée à la guerre de Troie ; celle, mystérieuse, des Étrusques, chassés d'Asie Mineure par les abrupts Doriens dont nous avons vu la redoutable rudesse : l'une et l'autre d'ailleurs, peut-être liées, peut-être identiques et confondues l'une en l'autre (Troyens et Étrusques arrivaient en tout cas, à peu près dans le même temps, de la même Asie Mineure).

Car, c'est encore un fait typique de l'histoire de Rome en ses origines : en dépit des trésors d'érudition dépensés par tant de chercheurs, les Piganiol, les Bloch, les Dumézil, le clair-obscur est souverain dans cette période ; on en est réduit à de vagues conjectures historiques et pratiquement contraint de suivre le fil des récits légendaires ; comme s'il fallait qu'aient à jamais réussi les desseins des premiers chroniqueurs romains et des poètes du siècle d'Auguste, qui voulaient absolument qu'aussitôt Rome naquît dans la gloire et déjà tout entière formée dans son œuf divin.

Énée donc, le chef troyen protégé de Vénus, parvient, au terme d'un long périple, aux bouches du Tibre limoneux, alors que déjà David et Salomon brillent de toute leur gloire, et que l'hellénisme archaïque fleurit. Il épouse Lavinia, fille du roi Latinus, descendant de Saturne, et s'installe dans la plaine fertile du Latium où son fils Ascagne-Iule fonde la métropole Alba. Un de ses descendants, Numitor, connaît un destin adverse : il est vaincu par Amulius qui veut éteindre sa race en tuant son fils et vouant sa fille, Rhea Silvia, au célibat des vestales, gardiennes du feu.

Mais Rhea Silvia est secrètement fécondée par le dieu Mars et c'est, après cette fécondation divine et virginale, la naissance des deux jumeaux Remus et Romulus, abandonnés aux flots furieux du Tibre, sur l'ordre d'Amalius qui n'a pas renoncé à son projet. Les eaux, cependant, laissent les deux bébés vagissants au pied du Palatin où les trouve la louve issue de son repaire du Lupercal ; c'est alors, sous les yeux visionnaires de Virgile, « Romulus gorgé de lait, à l'ombre fauve de sa nourrice, la louve ».

Pourtant, malgré l'emprise du mythe et le souci de servir les plans et l'image des Augustes, un Tite-Live n'hésitera pas à hasarder une explication plus rationnelle à cette filiation merveilleuse : celui de la débauche de la mère, *lupa,* signifiant en latin aussi bien louve que putain.

Parvenus à l'âge adulte et instruits du secret de leur naissance par un berger témoin des faits, ils tuent Amalius et rétablissent Numitor dans ses droits royaux sur Albe. Quant à eux, ils décident de fonder, à l'endroit même où ils avaient été sauvés des eaux, leur propre cité dont, d'un commun accord, le roi sera désigné par les auspices, ces présages divins fondés sur le vol des oiseaux. Romulus, ainsi élu par le sort, ne perd pas un instant pour tracer, au soc, la limite de la ville. Fut-ce dépit, jeu ou bravade ? Remus saute à pieds joints la trace sacrée : Romulus saisi de fureur tue son frère. C'est ainsi qu'en 753 avant J.-C., dans le *sang,* dans la *terre,* dans la *loi,* Rome, selon la légende, est fondée. Dans les mêmes temps, à peu près, les Juifs sont aux prises de Ninive, et les Grecs répandus dans toute la Méditerranée, notamment en Sicile et dans le sud de la péninsule italique : c'est déjà la Grande-Grèce.

Toutes les composantes de Rome sont ainsi déjà légendairement assemblées : la perméabilité exemplaire de Rome aux influences de civilisation, car ce sont les Étrusques, hautement civilisés, qui vont être leurs premiers maîtres en attendant les Grecs ; la situation géographique exceptionnelle de l'*Urbs Roma,* cœur du Latium, lui-même cœur de l'Italie, elle-même cœur de la Méditerranée qu'elle tranche en deux d'un coup de botte comme pour mieux la dominer, et en coloniser les abords ; la vocation terrienne, l'attachement au sol avec la plaine agricole du Latium et la charrue de Romulus ; le sens militaire et l'ardeur guerrière : dans le choix stratégique des sept collines et le sang répandu de Remus ; le goût inné du droit, sacré comme les dieux, et plus encore, au point de justifier le fratricide ; des dieux et une religion liés à la terre, au foyer, à la guerre : Vénus et Énée, Saturne et Latinus, Mars, dieu de la guerre, père de tous les Romains, Rhea Silvia gardienne du feu du foyer, les oiseaux de la divination ; l'âpre rudesse des mœurs et la vigueur violente des affrontements en ces enfants de la louve. Il n'y manque pas même la préscience et la décadence, dans la figure ambiguë de Rhea Silvia, *virgo* ou *lupa : lupa*, c'est tout le Bas-Empire et la société fustigée par Pétrone ; *virgo*, c'est l'autre aspect plus digne, et comme une sorte d'appel et de prédiction des futurs mystères chrétiens...

Peuple de la terre et du sol, peuple de l'enracinement ; peuple des armes et de la guerre pour défendre et étendre la terre ; le soc et le glaive sont du même fer qui arme les colonisateurs et les colons. Peuple terre à terre, attaché à ses droits et à ses intérêts, donc peuple de juristes. Peuple aussi dont la religion sera toujours terrienne et pratique, exacte et quotidienne ; et la littérature toute tournée vers l'éloquence des procès ; ce n'est pas un hasard si le plus grand écrivain latin sera l'avocat Cicéron, et si même le doux et rêveur Virgile écrira les *Géorgiques*, traité des travaux de la terre. Ni si, de nos jours encore, on nomme « légion » et « légionnaires » ces unités, ces soldats d'élite, durs au feu, impitoyables mais accueillants à toutes les races, aussi aptes à piocher et à pelleter jusqu'à l'épuisement qu'à combattre jusqu'à la mort, aussi habiles aux travaux d'art solides et massifs et à l'ouverture des routes justement tracées qu'à la décision des batailles... Mais, on le sait, de tout temps, le paysan n'est pas un niais, il est volontiers, au contraire, rempli de malice et de ruse. Malice et ruse qui servent aux procès et aux rudes astuces du droit ; malice et ruse encore qui se débondent volontiers dans la gaudriole, la comédie et la satire : autres richesses, avec Plaute, Horace, Juvénal, de la littérature latine.

C'est pourquoi, quand j'avais le bonheur et la chance d'enseigner le latin, je répétais à mes élèves : vous ne comprendrez jamais rien à cette langue, à la saveur de ses mots, à la rigueur de sa construction qui s'ordonne comme un réseau routier ou un édifice basilical, si, à travers eux, quelque part en dessous, vous ne flairez pas l'odeur de la terre ; si vous oubliez, ne serait-ce qu'un instant, que c'est la langue d'un peuple paysan, juriste et militaire. Quand vous dites en français : *lire,* vous voyez des lettres et des livres et des mots ; le Romain qui disait *legere* sentait résonner en lui tout un monde concret de la terre, de la guerre et de la loi. Parce que *legere* c'est d'abord cueillir, ramasser, c'est la moisson des fruits de la terre, ce sont les voiles que l'on cargue, ce sont les fibres qu'on enroule, et puis c'est trier ces fruits ; et puis encore, avec *lex,* c'est la loi qu'on impose et qu'on s'impose, c'est le traité contracté après la bataille... Et c'est seulement parce que c'est tout cela, que *legere* peut, dans l'abstrait, signifier lire, et choisir ; et *lex,* la règle, la loi scientifique, la nature et le caractère... Il n'est peut-être pas, en effet, de langue ou de sémantique plus aristotélicienne que celle de Rome, parce que toujours elle procède du concret à l'abstrait : en toute réalité, elle « abs-trait », elle *tire* de la terre la substance même de son langage et de sa pensée.

C'est pourquoi — par cette vertu de la terre — il fut possible que Rome existât avant Rome, avant même son entrée officielle dans le champ de l'Histoire bornée par des dates et des faits certains. C'est pourquoi aussi cette troisième et dernière capitale de la Terre apparaît d'entrée comme un contrepoids si puissant, chargé de vertus si complémentaires des deux premières, capitale de l'esprit en son âme et en sa pensée. Méconnaître cela et la *tension* profonde qui en résulte, c'est se condamner à ne rien comprendre à notre civilisation des Trois Capitales ni à notre histoire globale.

Rome est là, dès l'origine obscure, « toujours-déjà-là », dirait Heidegger, car si l'esprit se forme, la terre est là, humble, mais pas comme ce qui est petit, négligeable ou humilié ; mais humble au sens étymologique, latin précisément, humble comme *humilis,* humilis comme *humus,* humble comme les terriens, c'est-à-dire superbe.

⁂

La Rome royale : enfouie en terre

C'est entendu ! La Ville aux sept collines aurait, de 753 à 505 avant notre ère, possédé sept rois ! Ainsi l'exigeait le symbole, ainsi le veut la tradition plus ou moins légendaire, reconstruite au futur antérieur par les Romains du fastueux Empire.

En réalité, même à cette époque dite royale — alors que la Grèce déjà brille de tous les feux de Solon et Pisistrate, qu'Israël a produit le meilleur de son fruit et s'exalte dans les Prophètes —, Rome, aux yeux de toutes ces brillantes civilisations du bassin, n'est à peu près rien, Rome n'est à la lettre pas *visible.* Ni pour Jérusalem, ni pour l'Égypte, ou la Chaldée : pour nul des seigneurs et maîtresses du moment. C'est Jean Chevalier qui fait justement remarquer que, plus tard, « quatre siècles après la fondation de Rome, Platon et Aristote, si curieux de politique, ne mentionnent même pas son nom ». Pourquoi ? Serait-ce à cause de ce que Tite-Live appelle des « débuts fort modestes » ? Que non pas ! Ils ne le sont pas plus que ceux d'Athènes et de Jérusalem, et même plutôt moins. Mais ils sont terriens, exclusivement terriens, cachés en terre, enfouis en terre. Pas de flonflons, pas d'éclat, pas de culture sauf la culture de la terre. Il faut le répéter : des siècles durant, Rome enracine sa nature et sa vocation dans le sol. C'est pourquoi personne ne s'en aperçoit.

Pourtant existent, comme dans toutes les sociétés antiques, des classes dirigeantes et des classes dominées. Les dirigeants, ou patriciens, sont des gros éleveurs, ce sont les cent familles qui bénéficient de l'antériorité du sol ; ce sont à l'époque les seuls citoyens. Les dominés sont d'une part, les plébéiens cultivateurs, d'autre part les esclaves et les affranchis, qui n'ont aucun droit civique. Le roi — ces fameux rois un peu légendaires dont nous reparlerons — n'est en réalité qu'une sorte de chef de clan, désigné et élu, émanation du vrai pouvoir tenu dans les mains du Sénat, assemblée des cent chefs de tribus ou grandes familles, et des comices curiates des patriciens ; là encore, ne rêvons rien de noble ni de prestigieux ! Pas de majesté, mais la simplicité agreste, la plus grande rusticité : « Des hommes vêtus de peaux, écrira plus tard Properce, des hommes au cœur rustique ; cent d'entre eux dans un pré, c'était souvent tout le Sénat. »

Une terre à défendre engage déjà un embryon d'armée. De même que la réalité du pouvoir est oligarchique, de même l'armée levée pour défendre la terre est faite de ceux qui la possèdent : les patriciens regroupés en tribus, démunis d'uniforme, armés de bronze et de fer.

De la terre aussi émane la religion, toute mêlée à la vie quotidienne, familiale, domestique. Culte du premier ancêtre (qui a pris la terre), culte du foyer qui l'habite, culte des morts qui y reviennent, culte domestique. Rien de cosmogonique, rien de théologique, pas de mythologie à Rome. Les dieux et déesses sont celles et ceux de la nature : de la fécondité (*Lupercus*), de l'engrais (*Sterculinus*), du défrichement (*Vervactor*), du second labourage (*Redarator*), des semailles (*Sator*), du hersage (*Occator*), des fruits (*Cérès*), du bétail (*Faunus*), des sources (*Carmenta*), de la vigne (*Liber*), des fruits et des arbres (*Pomona*), des pâturages et des bergers (*Pales*), de la culture (*Saturnus*), du foyer (*Vesta*), du feu (*Vulcanus*), des fleurs (*Flora*), des saisons (*Vertumnus*) et puis du tonnerre et donc du ciel (*Jupiter*), ou de la végétation en général et par conséquent de la guerre menée pour la défendre (*Mars*), de la terre enfin et de ses moissons (*Tellus*). Religion de la terre, on le voit, on ne peut pas même dire panthéiste. Religion terre à terre, religion ciel à terre, où tout est mêlé, immédiat, concret. (Ce n'est que beaucoup plus tard, et sous l'influence des Étrusques, civilisateurs et maîtres des Romains, que certaines équivalences seront établies entre ces dieux et déesses autochtones issus du sol de Rome et les figures de la mythologie cosmique hellénique.)

Concret lui aussi, et terrien paysan, le culte : on offre des bêtes, des gâteaux, des libations de vin, voire, aux débuts au moins, des esclaves. La divination se pratique dans l'examen des entrailles (haruspices), du vol des oiseaux et de l'appétit des poulets (auspices).

Les mœurs sont rustiques et grossières, la maison une hutte de branchages et de torchis ; ce sont, là encore, les Étrusques qui vont apprendre aux Romains l'art raffiné de la maison rectangulaire, avec sa cour carrée, son atrium, son *impluvium* et son *compluvium*, comme l'art savant et rigoureux du plein cintre venu d'Asie pour les grands monuments, les temples et édifices publics : l'arc romain, l'art roman, sont en fait étrusques. Encore fallait-il être capable de recevoir cet enseignement : où l'on retrouve la remarquable perméabilité ou plasticité des Romains, qui ravis de l'arc, en son demi-cercle strict et parfait, l'adoptent aussi pour leurs habits : et ce sera la fameuse toge romaine, simple, rigoureuse, fonctionnelle, bien adaptée à ce peuple paysan et rustaud, ascétique et rustique.

Frugal aussi l'ordinaire : on vit de légumes et de polente d'orge, on boit de l'eau ; les hommes adultes seulement ont droit à un peu de vin.

Tel est le peuple paysan qui, durant deux siècles et demi, va vivre simplement, sans faire de bruit, attaché à la glèbe et aux bêtes, proche de toute la nature, de ses forces et de ses produits. Il va vivre lié d'abord en ligue de Latins, ligue ensuite gouvernée par des Sabins et, enfin, soumise aux Étrusques qui apporteront à ce peuple ce qui lui manquait : un art de vivre, une culture, un alphabet même, une architecture asiatique dépouillée, une peinture magnifique de grâce mystérieuse, et les premiers instruments de musique. Toutefois, cet effort tardif ne pourra pas d'abord porter des fruits spécifiquement romains : la greffe était trop fraîche. Ainsi les arts de ce temps royal sont étrusques, et il n'y a pas encore de littérature latine. La langue reste alors un outil pratique, pour la vie agricole et sociale, l'élevage et la religion. C'est pourquoi l'idiome local qui va prendre le dessus et l'essor pour devenir le latin sera tout simplement, ainsi que le notait A. Meillet, la langue « d'une aristocratie de ruraux qui disposaient d'un nœud de routes » ; il faut donc, une fois encore conclure, avec un autre grand latiniste, J. Marouzeau : « Le latin est une langue de paysans. »

Paysan aussi, l'astucieux horaire original qui sera longtemps conservé par les ordres religieux chrétiens et dont quatre « heures » ont laissé leur nom aux offices diurnes du bréviaire : Prime, Tierce, Sexte, None, c'est-à-dire pour nous : 6 heures, 9 heures, midi, 15 heures. Remarquablement adapté à un peuple de paysans et de soldats, il divise le jour et la nuit en douze heures. Cependant la durée de chacune de ces douze heures de jour et de ces douze heures de nuit varie suivant la saison, de sorte qu'en été les heures de jour sont très longues, permettant les travaux des champs, et très brèves les heures de nuit ; le système s'inverse en hiver, avec croissance et décroissance progressive aux demi-saisons. Le différentiel extrême par rapport à nos heures fixes actuelles était d'un quart d'heure, ce qui portait à une demi-heure la différence totale entre une heure d'été et une heure d'hiver. Pour les soldats, les douze heures étaient regroupées en quatre veilles (ou quarts), dont chacune durait trois heures variables suivant la saison.

Telle est la seule réalité foncière que l'Histoire permet de déceler sous les manteaux de pourpre des fameux sept grands rois légendaires de la Ville aux sept collines : l'ordre romain est d'origine solidement ancrée en terre. On ne peut toutefois pas ne pas les nommer, en dépit de leur incertitude de légende, à cause de leur notoriété et de l'apport qu'eux-mêmes ou tels de leurs proches ont fait au fonds commun de notre culture héritée de Rome.

Un roi latin d'abord : Romulus, le fondateur déjà évoqué, l'homme à la Louve. C'est sous son « règne » qu'eut lieu « l'enlèvement des Sabines » pour trouver des femmes à ces demi-sauvages qu'étaient les premiers Latins. La foudre l'enlèvera au ciel où il sera déifié sous le nom de Quirinus. Après la brouille, les deux peuples s'unissent et voici alors trois rois sabins : Numa Pompilius inspiré, dit-il, par la nymphe Égérie (future patronne de tant d'égéries à travers les siècles). Puis Tullus Hostilius ; c'est alors que Rome affronte Albe et que les Horaces l'emportent sur les Curiaces. Dernier roi sabin, Ancus Martius consacrera la défaite des Latins et leur exil sur l'Aventin (première apparition de ce mont célèbre par l'attrait qu'il offrira de s'y retirer en signe de grève et de protestation). C'est pourtant Ancus qui introduit le loup dans la bergerie, ou plutôt l'agneau bien peigné, bien frisé, dans la louverie : il charge de la tutelle de ses enfants un Étrusque, Tarquin l'Ancien qui, en fait, garde le pouvoir pour lui et introduit à Rome la civilisation étrusque. Servius Tullius lui succède, supplanté et tué par son propre gendre, Tarquin le Superbe, dernier roi de Rome, célèbre d'abord par son fils Sextus qui força et viola incestueusement Lucrèce laquelle, de honte, se suicida (d'où l'expression : « ne fais pas ta Lucrèce ! » qu'on trouvait couramment encore, aux XVIIIe et XIXe siècles français, sous la plume d'écrivains — Sade et autres —

mettant ces mots dans la bouche de leurs héros insistants, parvenus au moment décisif de leurs délires érotiques !), célèbre enfin parce que c'est lui qui fut chassé de Rome au profit de l'institution républicaine.

***

La Rome républicaine : moisson de terres et floraison d'esprit

Avec l'avènement de la république, l'Histoire reprend tous ses droits, mais les événements qu'elle relate illustrent toujours la même réalité : celle d'une Rome de la *terre* qui ne cesse de défendre et d'étendre sa terre, peu à peu, jusqu'aux confins du monde.

Et, de fait, si elle chasse ce qu'il est convenu d'appeler la monarchie, c'est tout simplement par un retour aux vraies sources : éliminant l'Étrusque après en avoir pris ce qui lui convenait, notamment en architecture, elle revient à la simplicité latine. Quant au régime républicain, ce n'est, pas plus que le grec, une démocratie réelle. L'esclavage en demeure un élément fondamental et le pouvoir repose entièrement entre les mains de l'aristocratie des patriciens qui — fait nouveau — le partagent avec la crème de la plèbe, les possédants : alliance nécessaire et bien romaine des éleveurs et des agriculteurs, de *tous ceux* en tout cas qui *possèdent la terre* et ses biens. Eux seuls sont citoyens. Il est vrai que la fameuse sécession de la plèbe sur l'Aventin et le règlement du conflit par l'astucieux Menenius Agrippa, débitant aux braves gens sa fable des Membres (les plébéiens pauvres) et de l'Estomac (les patriciens et les riches plébéiens) nécessaires les uns à l'autre, conduisent à un certain tempérament par une conception un peu plus large et plus juste des droits civiques (loi des Douze Tables) et surtout l'institution des tribuns de la plèbe, inviolables et dotés d'un réel contre-pouvoir par le droit de veto. Il n'empêche, le pouvoir réel, durant quatre siècles (509-112 avant J.-C.), restera entre les mains du Sénat et des Comices centuriates (censitaires), déléguant chaque année l'exécutif à deux consuls ; sauf, en cas de péril et d'urgence, à décréter l'état d'exception et à remettre pour six mois tous les pouvoirs entre les mains d'un seul *dictateur*.

C'est ce régime fort qui, en un premier temps de deux siècles et demi (509-264), va d'abord assurer sa puissance sur la botte italique : vont se succéder la guerre initiale contre les Étrusques (avec les exploits d'Horatius Coclès), puis les séries de luttes contre la ligue des autres cités latines, contre les Volsques (avec l'épisode de Coriolan), contre les Èques (Cincinnatus étant dictateur), contre les invasions gauloises par deux fois (les oies du Capitole !), contre les Samnites par trois fois, contre les Étrusques à nouveau, et encore contre la ligue latine, contre Tarente enfin avec la défaite de Pyrrhus en 272, qui, à la fois, met Rome en possession pleine et entière de l'Italie, et au contact des Grecs de la Grande-Grèce et de sa civilisation.

*

Du coup, ce peuple paysan qui s'était, pour sa terre, fait soldat et, dès cette époque, forgé une armée fameuse, modèle d'organisation de toutes les armées futures, mais composée, jusqu'à Marius, uniquement de possédants : armée doublement liée à la terre donc ; armée célèbre avec ses légions commandées par les tribuns militaires, ses manipules et ses centuries entraînées par les centurions, sa cavalerie, ses trois classes et ses trois rangs d'infanterie lourde, ses deux classes de vélites de l'infanterie légère répartis parmi les trois rangs de l'infanterie lourde, son génie de *fabri,* son artillerie, sa musique militaire de *tibicines ;* armée dessinée comme un champ de carrés en culture, ordonnée comme un article de code, manœuvrée comme un chantier de faucheurs... Du coup donc, ce peuple paysan-soldat découvre, avec les prestiges de la mer, les pompes et les œuvres de la monnaie et du commerce, l'appât paysan des terres qui sont au-delà des mers. Ce sera dès lors, durant un siècle et demi (264-111) une deuxième période républicaine ; celle de l'expansion tout autour du Bassin méditerranéen. Par force, Rome se construira une marine — mais les Romains resteront toujours de mauvais navigateurs et confieront souvent le commandement de leurs birèmes et trirèmes à des affranchis grecs. Et ce n'est pas sur mer mais sur terre que se jouera, heureux ou malheureux, le sort décisif des armes de cette puissance conquérante toujours affamée de terre, de plus de terre :

« Je n'assigne de borne ni à leur puissance ni à leur durée, fera dire Virgile à Jupiter, je leur ai donné un empire sans fin. »

Pour cela, il faut d'abord détruire le puissant empire phénicien qui, sur le rivage d'en face, menace : « *delenda Carthago* », il faut détruire Carthage. C'est, pendant près d'un siècle, l'obsession non seulement de Caton mais de tout un peuple rustique qui a pris goût à l'impérialisme. Alors, sur terre, sur mer, en Sicile, en Espagne, en Gaule Cisalpine, en Afrique, en Italie même et jusqu'aux portes de Rome, on dispute l'Empire aux impétueux et cruels sectateurs de Baal-Moloch, abominable dévoreur de petits enfants, ennemis de toujours des Juifs et des Grecs.

Pendant un siècle, dans sa rude poigne, sous les pas obstinés de ses légions, Rome tient le destin de nos Trois Capitales : Carthage victorieuse, Rome abattue, c'eût été bien pis que le nez de Cléopâtre ! La face du monde à jamais bouleversée, vidée de ses fruits les plus beaux. Plus d'une fois, il s'en est fallu de bien peu, de guère plus que la longueur du nez de Cléopâtre ! Trois guerres puniques — c'est-à-dire phéniciennes, car Phéniciens sont les *Poeni* de Carthage —, succès et revers, triomphes et catastrophes, Hamilcar, et Hannibal, du côté carthaginois ; Flaminius, Fabius Cunctator, et Scipion l'Africain dans le camp romain ; les Égates, Trasimène, Cannes où tout paraît perdu :

« L'un des consuls tués, l'autre fuit vers Linterne
Ou Venouse. L'Aufide a débordé, trop plein
De morts et d'armes. La foudre au Capitolin
Tombe. Le bronze sue et le ciel rouge est terne.

En vain, le Grand Pontife a fait un lectisterne
Et consulté deux fois l'oracle sibyllin,
D'un long sanglot, l'aïeul, la veuve et l'orphelin,
Remplissent Rome en deuil que la terreur consterne.

Et chaque soir la foule allait aux aqueducs
Tourbe, esclaves, enfants, femmes, vieillards caducs
Et tout ce que vomit Suburre et l'Ergastule...

Tous, anxieux de voir surgir au dos vermeil
Des monts Sabins où luit l'œil sanglant du soleil,
Le Chef borgne monté sur l'éléphant Gétule. »

Oui, mais voilà : le Chef borgne, Hannibal, va commettre l'erreur salutaire et se réfugier dans les délices de Capoue pour y attendre des renforts, tant il lui paraît invraisemblable, en dépit de son génie, de sa folie, de sa vaillance forcenée, que Rome puisse lui être un fruit mûr à portée de main. La fortune sera renversée : ce sont les Romains qui viendront à Capoue, Scipion va s'emparer de Carthagène et conquérir l'Espagne ; Hasdrudal, frère d'Hannibal, est tué au Métaure. Et puis, miracle ! une fois passé en Afrique, Scipion voit le roi de Numidie Syphax, allié de Carthage, remplacé par Massinissa, ami des Romains (et Scipion n'y est pas pour rien) ; malgré le rappel d'Hannibal à Carthage par ses compatriotes alarmés, Scipion dit l'Africain obtiendra en 202 la victoire décisive, en attendant la prise et la destruction définitive de Carthage en 146 avant J.-C.

Dans le mouvement même de cette lutte contre Carthage, l'empire de la République romaine s'étend : la Gaule Cisalpine, la Sicile, la Grèce (contre Philippe V de Macédoine), la Syrie, l'Espagne, la province asiate de Pergame, la Gaule transalpine Narbonnaise. Mais si j'ai retranscrit intégralement, au moment décisif et tragique de Cannes, le sonnet de Heredia, ce n'est pas seulement ni principalement parce que c'est un petit chef-d'œuvre d'un poète trop décrié du XIXe siècle, fils de France, d'Espagne et d'Amérique latine, qui a marqué de son empreinte d'airain, des générations de jeunes lettrés français ; c'est surtout parce qu'en ses raccourcis de ciseleur il évoque précisément toute la romanité du temps : les angoisses de la lutte, la mentalité religieuse et les rites, les oracles et les présages immergés dans le quotidien, le génie constructeur et, enfin, sous-jacente, la lutte des classes qui, tout à coup, va se faire plus pressante.

*

Et d'autant plus pressante que la victoire de la République romaine va s'affirmer. Paradoxalement, en effet, c'est l'extension du *limes,* des frontières de l'influence romaine, qui va produire à Rome la rupture du délicat et instable équilibre instauré, depuis l'origine, entre les classes possédantes et le peuple. Pourquoi, comment ? La réponse tient toujours à la terre et au sol. L'équilibre venait de la terre et de sa culture. Devenus conquérants et commerçants, les Romains voient affluer des provinces conquises le blé à prix bas, cependant que les grands propriétaires patriciens trouvent, dans les conquêtes, des occasions inespérées d'acquisitions foncières, et la classe moyenne des chevaliers une source intarissable de négoce. Tous ces possédants s'enrichissent de plus en plus, alors que la petite classe des paysans-exploitants, ne pouvant plus vendre ses grains, est ruinée et vient grossir le prolétariat citadin de l'*Urbs*. Les campagnes se vident, le fossé se creuse entre les classes. En dépit des efforts sociaux et de bonnes intentions des Gracques, voici la crise.

La crise, ce sera, presque un siècle durant (112 à 27 avant J.-C.), par-delà les institutions poursuivant tant bien que mal leur marche de plus en plus cahotante, l'affrontement quasi permanent de deux lignes : une ligne républicaine plutôt constitutionnelle et bourgeoise, une ligne républicaine aussi mais dictatoriale et populaire. La première ligne passe par Sylla contre Marius pour la seconde, Pompée contre César, Octave contre Antoine : où l'on retrouve, avec les fameux « couples » de notre histoire romaine classique, la règle pour ainsi dire permanente de l'Antiquité grecque et latine qui fait que la « démocratie » populaire tend à s'accomplir dans la dictature, tandis que les riches *optimates* s'efforcent de maintenir les institutions de la république « démocratique » bourgeoise.

Sur cette trame viennent se tisser les faits d'une histoire particulièrement riche en événements, tant intérieurs qu'extérieurs, mais dont le détail importe peu à notre propos. Qu'il suffise d'évoquer, à l'extérieur, la guerre de Jugurtha, vaincu finalement par Marius qui réduira aussi les envahisseurs cimbres et teutons, tandis qu'en Orient, Sylla, pour sa part, s'opposera à Mithridate et reconquerra la province romaine qu'était déjà devenue la Grèce. Pompée ensuite reprendra le glaive contre Sertorius en Espagne, contre les pirates, contre Mithridate à nouveau, en Asie, et contre Tigrane, contre les Juifs — et nous l'avons vu déjà entrer en 63 à Jérusalem. César à son tour occupera le devant de la scène par ses célèbres guerres des Gaules, de Germanicus, de Grande-Bretagne, et son expédition d'Égypte où il installe sa maîtresse, la belle Cléopâtre, qui deviendra celle d'Antoine reprenant en main l'Orient...

Cependant les dissensions internes, qui ne cessent de tirailler ce dernier siècle de la République, vont prendre de plus en plus d'ampleur, tirer à elles de plus en plus de forces vitales de la République pour finalement se mêler de plus en plus aux affaires militaires extérieures en un écheveau inextricable, d'où Octave pourra, en fin de compte, tirer le fil du régime impérial.

C'est d'abord la guerre sociale de 90, les massacres et proscriptions de Sylla contre les « marianistes » en 83, la guerre servile de Spartacus en 73, la conjuration de Catilina (63), les affrontements de 58 à 53 des deux tribuns Clodius et Milon et l'assassinat de Clodius par les soins de Milon (que défendra Cicéron), le passage du Rubicon par César en 49, *la Pharsale* en 48 et le meurtre de Pompée. Le sang ne s'arrête pas de couler : en 44, César tombe sous les stylets (« *Tu quoque, fili...* »), suivi de peu par son vieil adversaire estimé, Cicéron, en 42... Bref, au terme d'un chassé-croisé d'une extravagante complexité, Octave, fin manœuvrier, réussit à se faire délivrer par le Sénat, d'abord des pouvoirs extraordinaires ; puis, l'Égypte tombée et annexée, Antoine et Cléopâtre suicidés, il reçoit de l'Italie et des provinces le serment de fidélité. Avec le titre d'*Imperator* qu'il s'est déjà attribué en 40, l'inviolabilité (*sacrosanctus*), sage précaution ! qu'il a obtenue en 36, le tribunat de la plèbe à vie en 30, le principat du Sénat en 28, quel honneur, quel pouvoir lui reste-t-il à désirer en 27 sinon la puissance proconsulaire ? Il va commencer à la saisir par morceaux et, cette même année, se voit décerner le titre religieux d'*Auguste* qui restera celui des empereurs. C'est donc de cette année 27 qu'on date généralement le passage décisif au régime impérial.

*

Esprit et lettres de luttes, de farces et de fuite

On ne peut abandonner la grande et bouillante époque républicaine sans avoir vu ce qui en fait pour nous l'intérêt essentiel : sa production littéraire, caractéristique d'une attitude et d'une pensée écrites dont l'absence même, durant des siècles, était, nous l'avons dit, significative. Cette absence s'est prolongée durant les premiers temps de la République, et ce n'est guère qu'avec le IIe siècle avant J.-C. qu'apparaît la littérature latine. Voilà donc un peuple qui, pendant presque cinq siècles, n'a rien eu d'autre à dire que ce qu'il faisait : cultiver la terre, défendre la terre, étendre la terre, lutter pour la terre, édicter des lois pour elle et ses occupants, honorer les dieux de la terre. On voit là quel creux de culture l'âme juive et la raison grecque trouveront à combler, mais aussi de quel sol, de quelle solidité elles vont bénéficier pour y pousser leurs racines : tout le mystère, toute la force de notre civilisation sont dans cette compénétration, pour laquelle ne se peuvent proposer d'images tout à fait satisfaisantes ; la greffe sur un sauvageon, la fécondation, le semis... tout cela boite parce que les échanges se firent en tous sens. Il faudrait parler de polysymbiose.

Quand en son expressif retard elle apparaît, la littérature de Rome va forcément suivre les voies ouvertes par son histoire, ses forces vitales socio-économiques, les traces de ses éleveurs et de ses laboureurs, les pas pressés de ses légions, les voix furieuses de ses affrontements juridiques et politiques.

Rien d'étonnant, d'abord, que **Caton** ait écrit un *De Agricultura*, l'encyclopédiste **Varron** trois livres sur les choses de la terre (*Rerum rusticanum libri tres*), ni que le lettré Cicéron ait parsemé une de ses œuvres morales et philosophiques (*De Senectute*) d'allusions et de comparaisons empruntées à l'agriculture.

Mais la République, on l'a vu, a rapidement entraîné Rome sur les chemins de la guerre, de la lutte politique et de la loi, toutes trois enclenchées d'ailleurs par les réflexes de propriétaire du paysan. La vraie littérature romaine naît donc très tard, qui raconte les guerres extérieures de conquête ou les guerres civiles ; et c'est le grand **César** (100-

44), en sa *Guerre des Gaules* et sa *Guerre civile,* qui, avec Cicéron, fixe à jamais, dans sa perfection, l'élégante et juste rigueur du latin classique pour l'enchantement et la peine de milliers de générations d'enfants à travers les siècles et les mondes. A cette naissance des lettres contribue aussi l'obligé de César, **Salluste** (86-35), le rogneux, l'amer, le blasé, le prétentieux archaïsant, tortillant ses phrases alambiquées pour narrer à sa manière la *Conjuration de Catilina,* la *Guerre de Jugurtha* et les *Histoires,* à ses yeux glorieuses, de la réaction contre l'abominable Sylla.

Méfions-nous tout de même; en dépit de leur art et de leur charme, méfions-nous avant d'avoir entendu la puissante voix d'airain de l'immense **Cicéron** (106-43) « l'éducateur du genre humain », disait Victor Duruy, sans conteste le plus grand écrivain latin et l'un des six ou sept pics de la chaîne littéraire universelle. César et Salluste, privilégiés de naissance, étaient par conséquent du parti populaire, toujours prêts à faire bouillir, sur le feu des passions, à l'ardeur des grands mots, une révolution; le moyen bourgeois Cicéron, petit chevalier, est de l'autre bord, conservateur et constitutionnel : éternelles lois de la psychologie politique, il n'y a pas plus peuple que les banquiers, les grands bourgeois et les marquis, quand ils se dérangent.

Il faut donc écouter aussi la version cicéronienne des faits. Ses *Catilinaires* contre la *Conjuration de Catilina* de Salluste : *le Figaro* contre *le Matin.* De la même façon, quand on lit sa plaidoirie *Pour Milon,* un de ses chefs-d'œuvre, il faut savoir tempérer son appréciation péjorative du défunt Clodius, en songeant que celui-ci était l'adversaire politique, populiste, de celui-là, au contraire partisan de l'ordre que l'auteur défend d'autant plus aisément qu'il partage ses idées. Ne pas oublier non plus que le discours ne fut jamais prononcé sous cette forme brillante et parfaite : ce jour-là, le courageux Cicéron — mais oui courageux, tranquillement mais extraordinairement courageux, n'en déplaise aux détracteurs — ce jour-là, il n'était pas dans son assiette. Pour tout dire en deux mots populaires : il pétait de trouille, car l'armée était là, menaçante tout autour du forum, car le peuple était là grondant, car Pompée lui-même, le consul, était là, impavide et superbe, insondable et fronçant les sourcils; Pompée lui-même n'était pas content, bien qu'appartenant, lui aussi, à la fraction des notables et à la tendance de l'ordre (contre son collègue César). Il n'était pas content parce que cet affrontement de Clodius et de Milon lui avait donné du fil à retordre durant des années, et qu'on n'avait pas idée de flanquer une telle pagaille, et que ça n'avait pas le sens commun, quand on s'appelait Cicéron, avocat et homme politique en vue, de s'apprêter à défendre le meurtre politique, et d'aller en soutenir à visage découvert la légitimité. Quoique du même parti, de la même sensibilité politique, Pompée, du haut de sa tribune entourée de licteurs, surveillait Cicéron qui, on le sait, bafouilla et bredouilla, pour une fois, un discours assez confus — qu'il devait soigneusement récrire par la suite pour la postérité !

Prodigieux Cicéron ! Malheureux en amour, malheureux en famille, guère plus heureux en politique, puisqu'en dépit de son glorieux consulat de 63 et de sa victoire contre l'aristo-populiste Catilina, il ne viendra pas à bout de ses ennemis, mais sera exilé, puis égorgé sur l'ordre d'Antoine contre qui il a prononcé de fumantes *Philippiques*, trop tôt pour assister au triomphe d'Octave. Mais heureux, ô combien heureux, et quatre fois heureux en littérature ! Fabuleux Cicéron, capable de tout : de diriger Rome et de plaider pour ou contre toutes les fripouilles privées ou politiques (ô Verrès et tes exactions !)

Politicien et avocat, avocat d'assises et tribun politique, mais aussi, mais surtout lettré. Cet homme-là a tout lu, tout retenu, tout trié. Non content de renvoyer dos à dos les partisans de l'art oratoire — sobre à l'attique, tel Calvus, et de l'école asiatique d'Hortensius plus redondante et somptueuse — et de créer, de toutes pièces, *un* art oratoire romain, convenant exactement à Rome, il en est à la fois le théoricien par son traité de *l'Orateur* et le plus illustre acteur. Insatisfait d'être le plus grand orateur, il incarne, de son temps, la plus vaste encyclopédie : tous les Grecs, il les a lus et admirés, et ses traités philosophiques, tel celui sur *la Nature des dieux,* s'ils ne marquent pas une pensée originale, dénotent une culture prodigieuse et un esprit de synthèse et d'ordre proprement romain. Platon, Aristote, les stoïciens, les épicuriens : il les connaît tous dans le détail et, tous, il les admire en profondeur. Il les admire tous trop pour les critiquer ou pour prétendre y ajouter ; il s'attache simplement à les concilier et — trait bien romain encore — à en tirer le suc, une *morale pratique :* sorte de sagesse pragmatique. Mais ce diable d'homme qui, par son art, sa mesure, sa langue, marquera tout l'Occident, trouve encore le temps d'entretenir une gigantesque correspondance, dont nous conservons près de mille lettres et qui, sur tout et sur tous, éclaire le dessous des cartes.

Cicéron, Romain des luttes politiques, Romain du droit, Romain de la culture grecque et de la vieille culture du sol, témoin de l'âme et de l'histoire romaines, père de la musique et du rythme oratoires de la langue, salut !

*

Cependant, à côté de ces témoins directs de la romanité républicaine (auxquels il faudrait ajouter l'édifiant **Cornelius Nepos** dont le *De viris* a ravi bien des enfances après avoir prêché aux Romains l'amour des vertus antiques du sol et de la loi, de la valeur et de la fermeté guerrières), prospérait une autre veine plus savoureuse de l'âme paysanne, celle de la farce et de la satire. C'est elle, à vrai dire, qui, dans ce temps, avait ouvert à Rome le champ de l'expression littéraire, tant la grasse rigolade, et l'âpreté ironique sont connaturelles à la rusticité latine. Après ceux dont on ne connaît plus guère, de nos jours, que les noms — Livius Andronicus et Naevius — Plaute, puis Térence transposent tous deux sur la scène, l'un dans le gros l'autre dans le fin, les ressources de la comédie grecque et l'observation des types ou des caractères de la société républicaine ; curieusement d'ailleurs, c'est le plus « grossier », le plus rustre, le plus « ficelle » qui connaîtra — et de son temps et dans la postérité mondiale, française notamment — le plus grand succès : *la Marmite* (qui deviendra l'*Avare* de Molière), les *Ménechmes* sur le thème des jumeaux, *Amphitryon,* inlassablement repris par nos hommes de théâtre, le *Soldat fanfaron,* ancêtre de tous les *Matamore,* le *Fripon* (*Pseudolus*), modèle de *Scapin,* et tant d'autres des vingt et une pièces conservées de ce créateur infatigable qu'était **Plaute** (il en avait écrit cent trente !), connaîtront finalement un destin plus durable et plus fécond que les fines inventions et les délicates observations de **Térence.** Pourquoi, sinon, précisément, parce que Plaute est le plus romain ? Il ne prend aux Grecs que le schéma des sujets ; la langue est drue, savoureuse, populaire ; la force comique est simple mais irrésistible, grossie par la caricature ; il y a là du guignol et de la *commedia dell' arte ;* bref, issu de la veine rustique et populaire, le bon gros rire qui secoue les bedaines, un rire bien de chez nous autres gens de la terre, sans excès de finesses ni de façons.

Si le paysan aime à rire, il excelle aussi dans la moquerie, surtout à l'égard des notables ; aussi la satire, genre éminemment latin va-t-elle commencer avec Lucilius, mais c'est plutôt sous l'Empire qu'elle se développera.

En revanche, l'imitation grecque reste prédominante dans la tragédie et la poésie héroïque de Naevius et d'Ennius, ainsi que dans la poésie légère du délicat et charmant **Catulle** ; ou même, en dépit de la splendeur vigoureuse et sulfureuse, fulgurante et fulminante du vers et des images, dans la poésie philosophique de **Lucrèce** (99-55) dont le *De natura rerum* n'est, somptueuse certes, qu'une adaptation de la pensée d'Épicure et de Démocrite. Adaptation toutefois combien romaine par sa violence, sa vigueur et sa rudesse, ainsi que par sa sensibilité aux cycles de la nature et aux travaux des hommes de la terre !

*

La Rome impériale : ou la mutation d'un monde

Quand nous étions enfants, nous apprenions par cœur, en plus de centaines de vers grecs et latins et des pages bibliques ou évangéliques, un certain nombre de listes qui devaient être sues « sur le bout des doigts » et devenir une structure mécanique du cerveau relié à la bouche : les prophètes d'Israël et les épîtres de saint Paul, les dieux de l'Olympe, les pérégrinations d'Ulysse et tant d'autres. Parmi elles et selon un rythme que scande encore ma mémoire, la succession des « douze Césars » après Octave-Auguste : Tibère, Caligula, Claude, Néron ; Galba, Othon, Vitellius ; Vespasien, Titus, Domitien ; Nerva, Trajan enfin, les deux derniers de ces douze qui, succédant aux premiers de la dynastie julio-claudienne, introduisaient la série non dynastique des Antonins, marquant, selon Carcopino,

« l'apogée de l'Empire » et qui se poursuivra par les noms des Hadrien, Antonin, Marc Aurèle, Commode.

Parmi eux, même le plus ignare en histoire romaine, reconnaît, au premier coup d'œil, les grands : Tibère, Vespasien, Titus, Trajan, Hadrien, Antonin..., et de moins grands : Galba, Othon, Vitellius, Nerva ; des sages : Trajan, Hadrien, Antonin, Marc Aurèle, et des fous : Tibère, Caligula, Néron, Commode... C'est là toute la grandeur et tout le mystère de l'époque impériale. Dès l'arrivée du géant romain au haut du sommet de sa puissance et de sa gloire, il se met à tituber, embrouiller ses pas et sa raison ; on devine qu'il va décliner et chuter.

Ambiguïté tout à fait sensible dans la production littéraire, faite de continuité et de rupture.

Il y a, en effet, les auteurs de la continuité. Et d'abord en ces deux siècles (27 av. J.-C.-192 après J.-C.) où triomphe et s'épanouit l'architecture romaine, massive, majestueuse, solidement campée sur ses voûtes, sévèrement cambrée en ses arcades de thermes, d'amphithéâtres, de monuments commémoratifs ; en ces deux siècles où fleurissent la sculpture, la peinture, la mosaïque, très différentes de l'inspiration grecque, beaucoup plus réalistes et « charnues », fruits de grands artistes qui n'ont pas oublié l'homme originel, le corps social, ni la nature : en ces siècles donc se développent aussi de grandes œuvres littéraires typiquement romaines par leurs objets et leurs inspirations, en quelque sorte techniques, directement liées au sol et à la pierre, à la nature et à sa domination.

Dès le règne d'Auguste, **Vitruve,** le grand architecte, plus tard l'hydrologue **Frontin,** spécialiste des eaux et de leur asservissement, **Columelle,** l'agronome et son *De re rustica* en douze livres, **Pline l'Ancien,** encyclopédique observateur du monde qui avait composé plus de cinq cents volumes dont il nous reste l'*Histoire naturelle* en trente-sept livres, le géographe **Pomponius Mela** qui a si bien décrit le Bassin méditerranéen (toujours la *mare nostrum !*), **Celse** le médecin dont l'autorité durera, au fil des siècles, aussi longtemps que celle de Vitruve en architecture. Tous ces ingénieurs-écrivains, ces techniciens-artistes (auxquels on peut ajouter **Manilius** et son poème astronomique en cinq livres), sont les ancêtres de notre civilisation technique, de notre mentalité technicienne. Ils ont certes beaucoup emprunté aux

Grecs, mais ils ont ajouté à ce fonds leur génie pratique et leur sens bien romain de la soumission du monde : « A quoi ça sert ? », telle est leur question clef, leur préoccupation majeure.

Il est remarquable que se retrouve cette obsession, même chez certains des meilleurs poètes du temps, et en tout cas chez le plus grand, **Virgile** (70-19 av. J.-C.). « Poète du Prince et prince des Poètes », selon l'excellente formule du guide Hacquard. Les admirables *Géorgiques* manifestent un extraordinaire sens poétique du quotidien rural et cachent, sous leur nom grec, un véritable manuel des travaux de la terre. Les *Bucoliques,* plus détachées, plus légères, plus « pastorales » (au sens des XVIIe et XVIIIe siècles français), plus mystérieuses aussi peut-être, n'en restent pas moins liées à la vie agreste. Quant à la grande épopée de *l'Énéide,* on sait qu'elle était vouée au dessein national de l'exaltation du sol, de ses héros et de son destin. Rien, donc, chez l'incomparable chantre de Mantoue, rien n'échappe à la romanité.

Il en va de même de l'Espagnol **Lucain** (39-65 après J.-C.), débordant certes des excès, de l'emphase et des fulgurances de son sang, mais dont *la Pharsale* est tout entière consacrée à l'histoire dramatique de l'affrontement César-Pompée.

Les élégiaques **Tibulle** et **Properce,** vivant tous deux les dernières décennies avant J.-C., ne sont après tout, ni dans le temps, ni dans le genre, très loin de leur prédécesseur républicain Catulle ; le modèle grec — autre tradition romaine — reste sensible, même si, chez Tibulle, la nature et, chez Properce, la nation, prennent une place plus spécifiquement romaine.

Le grand **Horace** (65-8 av. J.-C.) — des *Épîtres, Odes* et *Épodes,* des *Satires* — demeure, quant à lui, le poète romain par excellence, en un chef-d'œuvre d'équilibre, fidèle au modèle grec autant qu'à la tranquille et prosaïque sagesse de Rome et à la traditionnelle verve satirique de ses ancêtres paysans. Cette verve va se déchaîner avec violence, au Ier siècle après J.-C., dans les *Satires* de **Perse** et de **Juvénal,** ainsi que dans les *Épigrammes* de **Martial,** portant à la perfection la rudesse, l'intransigeance, le réalisme de la caricature, la violence enfin d'une âme paysanne qui n'avait pas su se découvrir et s'exprimer dans toute sa flamme coruscante chez leur lointain prédécesseur de l'ère républicaine, Lucilius.

L'Histoire enfin, l'Histoire triomphante au siècle d'Auguste et de ses successeurs, rejoint par d'autres voies le superbe dessein et la superbe du dessein de *l'Énéide,* quand, avec le nationaliste **Tite-Live,** elle retrace en l'exaltant le destin prodigieux, *ab urbe condita* (depuis la fondation de Rome), du peuple romain et de sa fortune ; quand, plus modestement, elle vante, avec **Velleius Paterculus,** les campagnes de Tibère ; quand, avec **Suétone,** secrétaire d'Hadrien, elle examine à la loupe les *Vies des douze Césars...*

*

Mais il y a dans le même temps, une autre histoire. En effet, chronologiquement enchevêtrés à ces œuvres de continuité qui ne cessent de dispenser le lait de la Louve — lait doux et sauvage, rude et capiteux, lourd des sucs du terroir, chargé des fières senteurs de la nature nationale —, apparaissent aussi des signes de rupture. A l'image et semblance de la schizophrénie qui frappe à la tête les empereurs alternés — les uns sages, les autres fous —, les courants de pensée se scindent sous l'Empire, laissant deviner, sourdre et s'étaler autre chose qui inquiète — qui est à vrai dire une inquiétude —, autre chose qui n'est déjà plus la pure romanité. Cette « autre chose » de la réalité impériale, Tacite, Pline le Jeune, Sénèque, Ovide, Pétrone, Apulée, en sont les témoins, qui n'importent et n'apportent pas moins au lustre littéraire que les auteurs de la continuité...

L'historien **Tacite** (55-120 après J.-C.), le « plus grand peintre de l'Antiquité » au jugement esthétique de Racine, rend un tout autre son que Tite-Live. Ce grand fonctionnaire sans histoire de Domitien et de Vespasien, ce gendre d'Agricola dont il a écrit la vie et qui avait parachevé la conquête de la Grande-Bretagne, exhale sourdement, dans ses essais comme dans ses *Annales* et ses *Histoires,* à travers ce style exceptionnel fait de concision et d'ellipse, de nervosité et de sous-entendus et qui lui vaut bien son surnom de *taiseur* (*tacitus*), une inquiétude attristée. Il s'afflige face au péril germain que Rome s'obstine à surmonter (*la Germanie*), face à la décadence de l'art oratoire (*Dialogue des orateurs*) — incontestable décadence, en effet, qui amènera sa fin en dépit des efforts de Quintilien — mort significative d'une redoutable mutation : elle vide le forum de ses débats, elle prive le Sénat et le peuple de ses prérogatives, au profit d'un empereur demi-dieu ; Tacite s'afflige enfin devant le relâchement des mœurs, il s'inquiète du déchaînement des passions et des vices.

Le délicat et fin **Pline le Jeune** (62-113 ap. J.-C.) n'est pas aussi tourmenté, tant s'en faut. En apparence, dans son monde raffiné, tout va bien. Mais à mille signes, en dépit de son détachement affecté et de sa légèreté souriante, on sent fréquemment dans sa *Correspondance* que rien ne va plus comme avant. De toutes ses forces, de toute sa culture, de tout son courage, il vit à la *surface* d'un monde qui, sous ses pieds, tremble et bouillonne et va bientôt fendre l'écorce, si ce n'est déjà fait ! Déjà, ses lettres ne sont plus de pleine pâte comme celles de Cicéron, romaines et utilitaires : c'est un genre, à la Sévigné, une fuite, un alibi d'artiste. Et ses fameuses questions à Trajan sur le comportement qu'il doit adopter à l'égard de ces — comment dit-on déjà ? — « chrétiens ou quelque chose comme ça », gens remuants, inquiétants, assommants, montrent à l'évidence, qu'un autre monde est là.

L'inquiétude n'est pas précisément, à première vue, l'affaire de **Sénèque** (4 av. J.-C. — 65 ap. J.-C.). Pourtant, à y regarder de plus près, cette personnalité complexe, indifférente aux hasards de la vie, prompte à plaire et prête à déplaire, capable de s'enrichir et de prêcher la pauvreté, ne recherche — dans un style souple et flou, mol et incertain — l'ataraxie du sage stoïcien que parce qu'il sent lui aussi, sous ses pieds, le sol vibrer et fléchir, autour de sa bouche et de ses narines, l'air s'épaissir et s'enflammer. Alors il sait qu'on peut tout faire, mais qu'il faut aussi tout dire pour s'aguerrir l'âme, en un monde incertain, avant peut-être d'être contraint à s'ouvrir les veines et mourir. Sénèque n'est pas tonique, il est résigné.

Peu auparavant, sous Auguste, **Ovide**, lui, (43 av. J.-C. — 18 ap. J.-C.) ne s'était jamais résigné dans son exil définitif de Roumanie. Âme inquiète, habile à chanter tendrement sa douleur et qu'il ne faut pas peser seulement, ni même sans doute principalement, au poids de ses *Amours* et de ses *Fastes* assez légers et superficiels, mais plutôt à celui des *Tristes* et des *Pontiques* et plus encore peut-être des *Métamorphoses*. A travers la trame mythologique classique des transformations d'hommes et de femmes en oiseaux ou animaux divers, plantes et arbres, sites et rochers, se devine un dessin plus mystérieux, et parfois plus mystique ou mystérique ; comme un pressentiment des Mystères dont certains même ont cru trouver des traces, orphiques, dans les *Bucoliques* de Virgile.

C'est au moment, fait symptomatique, où la tragédie se meurt et la comédie est morte, en même temps que l'éloquence, qu'apparaît à Rome, venu d'Orient par la Crète, un genre nullement romain (quand au contraire la comédie et l'art oratoire l'étaient au plus haut point) : le roman. Et c'est dans ce genre que sont le plus marquées les valeurs de rupture qui se développent sous l'Empire. Car, avec le *Satiricon* du mystérieux **Pétrone**, comme avec *l'Âne d'or* de l'Africain **Apulée** (125-170 ap. J.-C.), il ne s'agit pas de n'importe quel roman, mais de pièces à la fois satiriques et fantaisistes, picaresques et philosophiques, voire, surtout chez Apulée, *mystériques*. Les mœurs putrides tombent en lambeaux, la licence s'installe, la débauche triomphe, les vices contre nature pullulent (contre nature : ciel ! voici qu'à Rome il n'est plus de nature !). Mais quelle langue, riche, cocasse, scintillante ! Et sous cette langue, quelle vie, fourmillante, folle, endiablée ! Et sous cette vie, quel mystère ! Il y a là comme un appel. A propos de ces chefs-d'œuvre débordant de tous les excès de la gueule et du sexe — le festin de Trimalchion et les divagations de Giton (devenu nom commun) ; l'espièglerie érotique de Photis frétillant de la croupe agitée « comme une poêle à frire », et l'acharnement bestial de la riche matrone recevant tout entier en son sein le membre énorme de l'âne — Lucius —, oui, à propos de ces chefs-d'œuvre que des générations de collégiens boutonneux, dont je fus, lurent en cachette, d'une seule main et sous le manteau, j'oserai parler d'œuvres préchrétiennes ou, si l'on veut, chrétiennes en creux. C'est tout à coup, en effet, l'irruption du péché, sinon reconnu, du moins soupçonné, et par conséquent de la grâce (là où abonde le péché, surabonde aussi la grâce, dit l'Apôtre).

Ce n'est pas un hasard si l'une des principales héroïnes de

l'Âne d'Or se nomme Charité, (c'est-à-dire Gracieuse), ni si les mystères d'Isis sont avec tant d'importance évoqués. Les notions de salut, de rédemption, de mystères se font insistantes, et deviennent essentielles. Par-delà les débordements de la sensualité la plus épaisse, le sens codé de *l'Ane d'Or* c'est la lutte, chrétienne déjà sans le savoir, entre Éros et Agapê, entre le désir consommateur et destructeur, et puis l'Amour pur, l'Amour-don, l'Amour-oblation.

Par habitude abusive des séries séparées et des lignées d'Histoire divisées, on oublie trop que les cent cinquante dernières années de l'Empire romain sont aussi celles qui ont vu naître dans l'Empire, en araméen, en grec, en latin, toutes langues de l'Empire, les Écrits inspirés — Évangiles, Actes et Épîtres — dits du Nouveau Testament, c'est-à-dire de la Révélation chrétienne. En sorte que l'inquiétude de l'époque impériale, si elle donne raison aux craintes et aux objurgations de Caton l'Ancien qui, déjà sous la République, conjurait ses concitoyens de ne pas abandonner la rigueur des mœurs antiques, lui donne également tort dans la mesure où les frottements et glissements successifs sont les signes annonciateurs d'un monde en train de naître.

D'un point de vue strictement romain, il est vrai que le ver est dans le fruit, mais un ver ô combien lumineux dans un fruit ô combien pourrissant. La voix du sol est en train de se perdre dans la confusion pour laisser entendre une autre voix vagissante encore ; les voies sur terre se brouillent, les vérités s'annulent et les vies s'estompent comme pour faire place à un Autre qui dit : « Je suis la Voie, la Vérité et la Vie. » Il est vrai que le déséquilibre se fait sensible dans l'Ordre romain et qu'une espèce de folie fait gigoter les corps et danser les esprits ; mais un citoyen romain et apprenti rabbin, Paul de Tarse en Cilicie, ville d'Asie Mineure, est en train de prêcher la folie de la Croix, scandale pour les Juifs et folie pour les Grecs. C'est comme si un ferment étranger trop fort pour le lait de la Louve, un philtre oriental trop puissant pour le sol des paysans romains étaient en train de faire tourner le monde qui éclate ; que s'est-il donc passé depuis le dernier siècle troublé de la République ?

*

Les empereurs fous ont succédé aux sages et les sages aux fous. Mais toujours le pouvoir impérial s'est renforcé, ternissant de plus en plus la transparence des institutions héritées de la République et devenues de plus en plus factices. La vie économique s'en va, débridée, chaque jour un peu plus livrée aux excès et aux déséquilibres : les fortunes foncières et financières des grands, et, au premier chef, du Prince, c'est-à-dire de l'empereur se font gigantesques, tandis que les pauvres s'appauvrissent et que les âmes vivantes des anciens citoyens de la base deviennent des « âmes mortes » ; les voilà presque, dans les faits, ramenés à la condition d'esclaves, attachés à la glèbe ou aux incertitudes de l'*annone,* allocation mensuelle de vivres ; à lui tout seul, au IIe siècle, l'empereur dispose ainsi de cent cinquante mille « clients ».

Car les Romains, peuple de paysans, ne sont pas et ne seront jamais vraiment des commerçants. Ni Juifs, ni Grecs, ils ne savent pas faire fructifier, placer, développer. Richissimes, ils gaspillent, se livrent à ces extraordinaires bombances qu'a si bien dépeintes Pétrone, comme de bons ruraux enrichis qui se font péter la panse. Pauvres, ils vivent de mendicité déguisée. Le sol italique n'est ni plus ni moins fertile qu'auparavant, mais le mouvement déjà observé sous la République s'est amplifié : l'abondance des céréales importées des multiples « provinces » conquises et plus ou moins pacifiées réduisent les terres d'Italie à l'élevage et aux fruitiers, à la vigne et à l'olivier. Soumis à la pression constante des *fines* ou *limites,* ces frontières extérieures immenses presque impossibles à contenir, comme aux tensions internes permanentes entre le peuple et les classes dirigeantes qui elles-mêmes ne cessent de conspirer pour le pouvoir, l'Empire est déchiré sans trêve par les complots, les révoltes et les guerres ; le sang coule à longs flots dans l'Urbs et sur les frontières, se mêlant au lait de la Louve en un breuvage qui affole les corps et enfièvre les esprits : « Ô Louve de Mars, s'écrie Properce, pour notre empire la meilleure des nourrices, comme elle a grandi, cette ville à qui tu donnes ton lait ! » Oui, elle a trop grandi et se voit atteinte du délire des géants.

Cherchant seulement à retrouver le sens et le flux chantant de nos trois sources originelles, il convient de rappeler ici, pour leur valeur significative et leurs traces dans la mémoire collective et les œuvres de notre civilisation, quelques faits marquants qui se sont succédé, de 26 avant J.-C. à 192 après J.-C.

A l'intérieur et dès l'an 4, c'est la conspiration de Cinna et la clémence d'Auguste qui sera chère à notre Corneille. Clémence qui ne marquera certes pas le règne de Tibère. Celui-ci sera contré par Séjan qui empoisonne le favori Drusus, avant d'être lui-même exécuté par Tibère, ce maniaque sexuel bientôt retiré à Capri pour y nager dans l'eau azuréenne des grottes au milieu de ses gitons, traits d'or et d'argent dans l'onde translucide, hommes-poissons auxquels il jette des pièces de monnaie qui glissent sur lui, sous lui qui périra étouffé sur ordre en 37. Il laissera la place à un autre fou, Caligula, lui aussi assassiné quatre ans plus tard. Claude durera plus longtemps, treize ans, mais ne résistera pas au poison d'Agrippine en faveur du jeune Néron qui saura lui-même en user contre son ami Britannicus et sa propre mère Agrippine, avant de faire périr son maître Burrhus et sa femme Octavie et d'acculer au suicide Pison, Sénèque, Pétrone et Lucain impliqués dans un complot. Après quoi, Néron se suicidera en 68, au bout de quatorze ans de règne dément et sanguinaire marqué notamment par le fameux incendie de Rome et les persécutions contre les chrétiens. Le vieux Galba lui succédant ne durera qu'un an : assassiné. Le jeune Othon, moins encore : suicidé. Vitellius : assassiné. Vespasien marque un temps de répit et dix ans de règne sage. Vient alors le fameux Titus, surnommé « les délices du genre humain », mais il meurt au bout de deux ans (81), non sans avoir vu un deuxième incendie de Rome. Domitien arrive au pouvoir qu'il tiendra quinze années durant, quinze longues années de terreur, noyées dans le sang, y compris finalement le sien : assassiné (26). Alors le vieux Nerva prépare pendant deux ans la voie au grand Trajan qui régnera, avec sagesse et bienveillance, durant près de vingt ans jusqu'à sa mort. C'est le siècle des Antonins, (Hadrien, Antonin, Marc Aurèle) qui, en dépit de l'impéritie politique du « pieux empereur » Marc Aurèle, aurait pu clore en beauté la période impériale si n'était finalement survenu l'empereur Commode qualifié par Hacquard de « fou dangereux » et d' « énergumène », Commode qui, n'hésitant pas à ajouter aux douze travaux d'Hercule dont il se croit la réincarnation, brûle Rome pour la troisième fois et meurt assassiné.

L'endroit n'est pas plus beau que l'envers. L'extérieur — les provinces et le *limes* — est en butte à une suite quasi ininterrompue de conquêtes et de révoltes, de victoires et de défaites dans un Empire en proie à la démesure. Dès 26, c'est, avec Auguste et Agrippa, la conquête définitive de l'Égypte, puis, en 20 av. J.-C., la victoire sur les Parthes. Ensuite Drusus et Tibère (qui n'est pas encore empereur) portent leurs armes triomphantes de l'Elbe au Danube. Mais vingt ans plus tard (9 après J.-C.), voici la catastrophe de Teutobourg où trois légions romaines de Varus sont, dans la forêt germaine, hachées menu, exterminées par le géant Hermann (Arminius) ; et le cri de douleur coléreuse d'Auguste : « Varus, rends-moi mes légions ! » Germanicus, le bien-nommé, homme excellent et droit, donnera, cinq ans plus tard, sa revanche à Rome, en soumettant d'abord les légions romaines ébranlées et tumultueuses, puis les Germains eux-mêmes. Il mourra en 19, empoisonné sur ordre supérieur, à l'autre bout de l'Empire, en Orient. C'est là aussi que, dix ans plus tard un autre juste, d'un autre ordre, périra par la volonté d'un procurateur romain : c'est un petit Juif appelé Jéshua, alias *Iésos* en grec, *Jésus* en latin, surnommé **Chrestos**, — **Christus**, c'est-à-dire l'Oint, le Roi, Messie ; il succombe, déchiré par le fouet des légionnaires, asphyxié par le supplice romain de la croix réservé aux esclaves et aux brigands. Cet infime fait divers d'un petit canton passe d'abord totalement inaperçu dans la vastitude de l'Empire, qui se préoccupe beaucoup plus, une quinzaine d'années plus tard, de la soumission de la Mauritanie, de la conquête de la Bretagne méridionale, et de nouvelles victoires en Germanie.

Mais les Romains n'en finissent jamais avec ces peuples insupportables ! et les années 60 voient de nouveau s'ébranler les légions, victorieuses sur les Parthes ainsi qu'en Bretagne où la rébellion avait recommencé. Autour des années 70, ce sont les Juifs indomptables qui requièrent de nouvelles et terribles interventions de Vespasien, puis de son fils Titus, et les non moins remuants Gaulois qui doivent être, une fois encore, matés. Les années 80 sont consacrées par Agricola à la conquête de la (Grande-) Bretagne dans sa totalité jusqu'à la Calédonie, soit l'actuelle Écosse. Au tournant du siècle, Trajan doit courir chez les Daces, puis une fois de plus chez les Parthes. En 132, encore et encore ces Juifs trublions : alors cette fois on les détruit et on les disperse une bonne fois pour toutes ! Mais trente ans après, il faut pour la troisième fois intervenir contre les Parthes et contre les Germains : avec succès il est vrai. Mais jusques à quand ? Voici déjà Commode qui ferme la marche de l'Empire et baisse les bras sur les marches orientales...

*

Un Empire de religions

Pour apprécier le phénomène, son ampleur et ses conséquences, il est indispensable de jeter un regard, à la fois circulaire dans l'espace et linéaire dans le temps, sur ce fabuleux Empire conquis et colonisé, organisé et pacifié durant plus de quatre siècles : de 250 av. J.-C., jusqu'à la fin du IIe siècle de notre ère.

Déjà la République comptait dix-sept « provinces » acquises durant les deux derniers siècles avant notre ère, soit, dans l'ordre chronologique : la Sicile, la Sardaigne et la Corse, les deux Espagnes, l'Illyrie, la Macédoine et l'Achaïe, l'Afrique, l'Asie, la Gaule Narbonnaise, la Gaule Cisalpine, la Bithynie, Cyrène et la Crète, la Cilicie et Chypre, la Syrie, la Gaule Transalpine, l'Égypte, la Mésie.

Tant par réorganisation et morcellement que surtout par conquêtes nouvelles, l'Empire, au long des deux autres siècles, en ajoute vingt-sept, dans l'ordre : la Lusitanie (détachée de l'*Hispania ulterior,* c'est le Portugal aujourd'hui), l'Achaïe (détachée de la Macédoine), la Galatie, Chypre (mise à part de la Cilicie), l'Aquitaine (distinguée de la Gaule Narbonnaise), la Belgique (séparée de la Gaule), la Rhétie, la Norique, les Alpes Maritimes, la Pannonie, la Cappadoce, les deux Germanies (futures Allemagnes), les deux Mauritanies, la Pamphylie jointe à la Lycie, la Bretagne (c'est l'actuelle Angleterre), la Thrace, les Alpes Cottiennes (future Savoie), l'Épire, l'Arabie, la Dacie, l'Arménie, la Mésopotamie, l'Assyrie, les Alpes Pennines, la Numidie enfin (distinguée de l'Afrique).

Qu'on imagine ce monde qui, sauf en Extrême-Orient où Alexandre était allé plus loin, recouvre pratiquement l'univers connaissable et connu. Le *mare nostrum* s'est étendu aux *maria nostra.* L'Urbs des Romains s'est identifiée à l'*Orbis terrarum.* Il leur faut sans cesse tourner la tête pour tout voir, il est normal que la tête leur tourne.

Et tout particulièrement dans le domaine religieux. Les dieux traditionnels n'attachent plus guère le cœur ni les sens des nouveaux Romains, car ils sont de la terre et les Romains de l'Empire ne sont plus paysans, ce sont des hommes déracinés. En revanche, au contact incessant de tant de peuples aux croyances si diverses auxquels ils se sont frottés, les Romains cèdent à une intense symbiose, orientale notamment. L'empereur d'abord, à l'instar des pharaons égyptiens et de maints rois orientaux, est de son vivant divinisé : on lui doit l'offrande de l'encens. Et puis surtout, en ce nouveau monde romain déboussolé, qui ne sait plus très bien où il en est ; déraciné, qui ne sait plus à quel « saint » , dieu proche, se vouer ; exacerbé par les passions et les vices, la misère et les excès ; qui ne sait plus quelle issue de paix trouver : en ce peuple-là, les religions à mystères, qui de tous les Orients déferlent, pénètrent bien plus aisément encore que chez les Grecs. Elles s'insinuent comme dans une éponge desséchée, elles inondent Rome comme une terre aride, elles gonflent les cœurs et les âmes de l'espoir d'un salut personnel, elles comblent les esprits de visions cosmiques et rédemptrices, elles pénètrent les corps de rites quotidiens et salutaires.

Alors, c'est Attis et Cybèle, c'est Isis et Osiris, c'est, plus encore et plus particulièrement, Mithra le dieu *solaire* venu de l'Inde et de la Perse, dieu du ciel, dieu de l'univers, dieu des vivants et dieu des morts, fêté comme en notre Noël, le 25 décembre, au solstice d'hiver, car « c'est la nuit qu'il est beau de croire en la lumière ». Le culte de Mithra connaît à Rome et dans tout l'Empire une diffusion prodigieuse et un éclatant succès, surtout chez les soldats. Les analogies ne manquent pas — notamment un baptême dans le sang du taureau giclant au-dessus de l'initié couché dans les ténèbres de la mort, et qu'on ne s'est pas fait faute de souligner, dans un dessein parfois abusivement réducteur —, avec le christianisme naissant à la même époque et qui, lui aussi, se répandra dans l'Empire à une vitesse exceptionnelle. Mais la foi chrétienne, elle, touchera particulièrement les esclaves, les pauvres et les petits, bientôt soumis aux plus impitoyables persécutions parce que, comme les Juifs, ils sont irréductibles, refusant le culte de l'Empereur ; bien plus, parce qu'ils témoignent d'un Absolu Vivant qui, en dépit de sa transcendance, doit pénétrer et bouleverser le monde quotidien de la morale et de la politique, de l'individu et de la société avant de renouveler, à la fin des temps, la face de la terre.

Tel est donc l'étrange et miraculeux destin d'un peuple paysan, parti du *sol* pour aboutir au *Soleil* de Justice ; de l'Urbs pour s'étendre à l'*Orbis terrarum*, des dieux lares et agrestes pour parvenir aux mystères personnels du salut, quels qu'il soient. Comme si le but secret et mystérieux de l'Empire de la terre n'avait été que d'ouvrir la terre au secret empire du Mystère. A cet égard, il est peu de lieux aussi sacrés, aussi symboliques, aussi émouvants que la basilique de Saint-Clément entre le Cœlius et l'Esquilin : enfoncée en plein cœur des collines religieusement enceintes et consacrées par Romulus, elle fut élevée au-dessus de l'antique basilique chrétienne des premiers siècles qui, elle-même, avait recouvert un des plus beaux Mythraeum qu'on connaisse : troisième évêque de Rome et successeur de Pierre, quatrième pape, saint Clément a pris, dès la fin du Ier siècle de notre ère, la relève des rois, des consuls et des empereurs. Rome restera le centre du monde, mais non plus du tout le même centre, non plus tout à fait du même monde.

***

Bas-Empire et haut-relief. Fin et commencement de la Rome éternelle

Il est donc clair qu'il faudrait abandonner ici Rome à son destin, Rome qui nous a tout dit d'elle-même en son essence, et en son contraire qui fut son devenir. Mais on ne le peut sans esquisser la fin de cet Empire qu'il est convenu d'appeler Bas (292-475) et qui pourtant ne devait pas manquer de relief et du plus haut : celui des géants tout à coup foudroyés et tordus, celui des monstres immenses soudain réduits en morceaux frémissants.

Tout se disloque, s'éparpille, se perd : « Rome, dira Bossuet, Rome, épuisée par tant de guerres, se fit tant de nouveaux citoyens, qu'à peine pouvait-elle se reconnaître elle-même parmi tant d'étrangers. » Morcelées, les provinces passeront de 44 à 57, puis à 104 au IVe siècle, et à 120 au Ve siècle ! « Le nombre des fonctionnaires (c'est Lactance qui parle) commence à devenir aussi grand que celui des contribuables. » Le divin empereur, d'abord porté à son zénith de puissance absolue, doit bientôt lui aussi partager sa souveraineté, puis scinder son empire. Il n'y a plus d'armée romaine : déjà privé de ses racines paysannes, le Romain, de sa main fatiguée laisse tomber les armes que récupèrent les Barbares. Ce sont eux, en effet, à présent, qui constituent l'armée de Rome et qui la défendent, tant bien que mal, contre les soulèvements des lointaines provinces ou des autres Barbares. Sous la dynastie des Sévères, dans l'arnarchie qui lui succède, sous Dioclétien, enfin, cruel persécuteur des chrétiens, les coups de boutoir se succèdent aux frontières : Calédoniens, Parthes, Germains, Goths, Alamans, Gaulois, Perses. L'Empire craque.

En même temps qu'il assure, au profit des chrétiens, la liberté des cultes, Constantin (306-337) croit trouver dans le mal même un remède : cet Empire près d'éclater, il le disloque lui-même en trois parts pour chacun de ses trois fils. Un peu plus tard, Théodore le suivra dans cette voie, créant pour l'un et l'autre de ses deux fils l'Empire d'Orient et l'Empire d'Occident.

Vainement. Les Suèves, les Vandales, les Burgondes, les Huns, les Wisigoths se rueront de toutes parts à l'assaut. En 476, le barbare Odoacre détrône l'empereur d'Occident et s'installe à Rome. Ironie du sort et vengeance des dieux : l'empereur qu'il vient de détrôner est un enfant, et son nom : **Romulus-Augustule !** La Louve s'est mordu la queue et couchée sur le flanc...

Auparavant, il est vrai, Odoacre a renvoyé les insignes impériaux à Constantinople, capitale d'Orient fondée par Constantin. Dix siècles plus tard, en 1453, date fatidique et cruciale de nos manuels d'histoire, d'autres barbares, les

Turcs, assiégeront et prendront la ville, mettant fin à l'Empire d'Orient.

Peu importe à vrai dire ! Depuis longtemps, on l'a vu, Rome n'est plus dans Rome, Rome est une autre Rome, Rome est, par son évêque et sa nouvelle foi, partout où sont les chrétiens. Tous les grands écrivains des siècles du Bas-Empire, déjà sont des chrétiens : Jérôme, Augustin, Tertullien (le plus ardu de tous les auteurs latins), Minucius Felix, Ambroise... Et c'est avant même son baptême que Constantin a, en tant qu'empereur, convoqué en 325 le concile de Nicée fixant contre les ariens le symbole de la foi. Dans l'Empire d'Occident comme dans l'Empire d'Orient (où Justinien aura encore, au VIe siècle, loisir de briller et, une dernière fois, de « dire le droit » romain), le christianisme avec armes et bagages s'est installé. Armes et bagages de Jérusalem, d'Athènes, de Rome aussi et d'ailleurs. L'Agneau de Dieu chargé des péchés du monde a pris la place de la Louve, non sans s'être gorgé de son lait. Le pape a remplacé l'empereur.

⁂

Le lait de la Louve

Nul, mieux et plus somptueusement que Péguy, dans les vers si romains de son *Ève,* dans sa prose oratoire de *l'Argent, suite,* n'a exprimé ce destin nourricier de la Louve, cet héritage de Rome. A la naissance du Christ :

> « Les Romains proposés à la garde du monde
> Étaient assis en rond devant les triples portes
> Et l'Univers était une immense rotonde
> Sous le gouvernement de deux mille cohortes.

Non, l'enfant-Dieu ne naissait pas dans l'Empire par hasard, car

> « Il allait hériter de l'antique trirème
> Et des blés de Sicile et du droit de cité
> Et du Tibre latin et du pouvoir suprême,
> Et des peuples couchés sous la nécessité,
> Il allait hériter de Rome capitale... »

Rome capitale, qui va pour notre avenir assumer les deux autres, l'âme de Jérusalem et la raison d'Athènes :

« Non seulement c'est le soldat romain qui a porté la voûte romaine et qui a mesuré la quantité de terre, mais il a porté le temple et il n'a pas seulement mesuré la terre pour la mélancolie virgilienne, il a mesuré la terre pour les deux seuls grands héritages de l'homme : pour la philosophie et pour la foi ; pour la sagesse et pour la foi ; pour le monde antique et pour le monde chrétien ; pour Platon et pour les prophètes ; pour la pensée et pour la foi ; pour l'idée et pour Dieu. »

....

« C'est une destination incroyable. C'était déjà une première destination incroyable que la destination de Rome dans la force et de la force romaine dans la force du monde et de Rome temporelle dans le monde temporel. C'était déjà avoir fourni une belle carrière. Mais ce qui est infiniment plus saisissant, c'est la destination de Rome temporelle dans le monde spirituel, je veux dire c'est ce besoin incroyable du temporel qui a été laissé au spirituel, cette incapacité absolue du spirituel à se passer du temporel. Il fallait que la cité antique fût le berceau temporel de la cité de Dieu, il fallait que l'empire fût le monde et le berceau de la chrétienté. »

....

« Il n'y a rien à faire à cela. Et il n'y a rien à dire. Le soldat mesure la quantité de terre où on parle une langue, où règnent des mœurs, un esprit, une âme, un culte, une race. Le soldat mesure la quantité de terre où une âme peut respirer. Le soldat mesure la quantité de terre où un peuple ne meurt pas. C'est le soldat qui mesure le préau de la prison temporelle. C'est le soldat qui mesure la quantité de terre où un langage, où une âme fleurit. C'est le soldat qui mesure la quantité de terre temporelle qui est la même que la terre spirituelle et que la terre intellectuelle. »

....

« Il y a un temporel. Et le temporel est essentiellement militaire. C'est la légion romaine et c'est le soldat et c'est enfin César qui a fait la quantité du monde où a sonné la déclinaison latine et la conjugaison, et Nisus et Euryale, et la descente aux enfers. Et en outre, ils ont porté la déclinaison grecque, et la congugaison, et cet immense trésor. Et au fond, ils n'ont point porté la déclinaison juive, et la conjugaison, mais ils ont porté le tabernacle et le Dieu d'Israël. »

Mais si Rome a pu fixer ce rôle capital et sublime, c'est, ne l'oublions pas, grâce à sa nature terrienne, ainsi que l'a bien vu, dans sa *Nouvelle Histoire romaine*, le grand romaniste Léon Homo :

« Race de paysans, d'abord. La tradition légendaire représente les premiers Romains comme un peuple de pasteurs. Le berceau qui porte les jumeaux et la fortune de Rome est découvert par des bergers. Faustulus, un berger, élève dans sa hutte Romulus et Remus. Une querelle des deux frères avec le berger de Numitor provoque leur reconnaissance ultérieure. Le loup, ce grand ennemi des troupeaux, se transformera, grâce à la légende des jumeaux, en louve nourricière et restera pour toujours l'emblème de l'État romain. Ce caractère pastoral primitif, l'Histoire, nous l'avons vu, en apporte la pleine confirmation. De ces rudes pasteurs, installés sur les collines romaines, la domination étrusque, par l'introduction méthodique de l'agriculture, fait des paysans sédentaires. Mais, pasteurs ou cultivateurs, ces premiers Romains déjà, en qualités comme en défauts, incarnent le génie profond de leur race : nature lourde, imagination pauvre, sensibilité médiocre, indifférence profonde à la forme, mais aussi don de la précision, ténacité dans l'effort, respect inné de l'autorité, sens profond de la discipline, tempérament pratique et réalisateur, — prompt à s'approprier toutes les choses utiles et toutes les vertus — *omnium utilitatum et virtutum rapacissimi* —, écrira Pline l'Ancien dans une formule aussi lapidaire qu'éloquente. »

Rome, empire charnel ; Rome, ou les racines profondément plantées en terre ; Rome, nourrice de tous les peuples. On voit ainsi qu'il est faux et vain de prétendre faire commencer à la fin du XIXe siècle français, ou au début du XXe siècle la tradition littéraire de l'enracinement. Aussi vain et aussi fausse, la crainte que l'enracinement ne soit avec le racisme, le Mal : quoi de plus donné, quoi de plus livré, quoi de plus ouvert et de plus généreux que Rome ?

SECONDE PARTIE

LA MARÉE CHRÉTIENNE : FLUX ET REFLUX, COURANTS ET CONTRE-COURANTS, CYCLONES ET TEMPÊTES OU : LES FORCES CAPITALES SOUS TENSION

Un petit enfant, de petites gens — le père est, dit-on, charpentier —, une vie ordinaire, sans relief et sans éclat, dans un coin d'une modeste colonie romaine; quelques années plus tard, un obscur *rabbi* populaire, entouré d'une douzaine de braves gens seulement, parcourt les chemins en racontant de charmantes histoires qui séduisent les passants et émeuvent les badauds attroupés en Judée, en Galilée, en Samarie. Tant et si bien qu'en fin de compte, une sorte de mouvement se développe qui n'arrange personne. Ni la fraction aristocratique et hélléniste, ni la fraction observante et intégriste, ni le parti collaborateur bourgeois, ni le parti populaire nationaliste et révolutionnaire, ni bien sûr l'occupant romain, qui ne pouvait jamais dormir tranquille en ces terres remuantes.

Or, l'enseignement peu conventionnel et le charme singulier de ce petit rabbi qu'on disait thaumaturge lui attiraient des sympathies, lui valant parfois des succès, voire des triomphes qui inquiétaient les docteurs officiels chargés de l'orthodoxie et de la cohésion, et gênaient même les opposants, par le détournement ainsi opéré, à leur détriment, des énergies précieuses et des mécontentements utiles. Il se fit donc une sorte de consensus pour faire disparaître le gêneur. Ce fut rondement mené et l'affaire fut enlevée dans la presse et le brouhaha des préparatifs d'une Pâque des années 30. Petite affaire de rien du tout dont personne quasiment n'entendit parler dans l'Empire et qui n'a pas été couchée sur les tablettes des historiens. Pas de quoi fouetter un chat, fût-ce celui du procurateur Ponce Pilate ; à peine de quoi flageller et crucifier un homme entre deux banals voleurs. Au total : un fait divers.

Pourtant comment se fait-il que la naissance de cet homme indique le point zéro de toutes les chronologies à travers le monde ? Marque tout ce qui se compte, et tout ce qui compte ? Car au bout de trois siècles, l'Empire va devenir chrétien, et à partir de lui, tous les pays, toutes les nations, toutes les races vont connaître le nom du Christ. Les missions et les conquêtes aux extrémités du monde ne vont plus durant des siècles cesser. Les structures de la société et de la pensée, les sujets des arts et des lettres, l'impulsion même des sciences : tout cela, ou presque, va tomber dans le giron du christianisme et de « Notre Mère la Sainte Église, catholique apostolique et romaine ». Tout : le Saint-Empire, les rois très chrétiens et les souverains très catholiques ; la guerre et la paix : trêve de l'Église et croisades de la chrétienté. Des millions de pages écrites, des hectares de toiles peintes, des tonnes de pierres sculptées vont déferler dans la marée chrétienne. L'éducation et l'enseignement sont pris en charge et en compte par l'Église qui régnera aussi, directement ou indirectement, sur les formes sociales et les forces politiques et régira le développement des sciences et des techniques. Des milliers de saints, autant au moins de crapules vont explorer les hauteurs de la grâce héroïque et les profondeurs de l'abjection, au Saint Nom du Christ. Rien — ou presque — qui lui échappe après son avènement. Qu'on prenne les plus grands noms de l'art, Dante et Bach, Rembrandt et Racine, Michel-Ange et Chateaubriand ; qu'on choisisse ceux de la pensée, Thomas d'Aquin et Kant, Descartes et Rousseau, Hegel et Bergson ; qu'on cite les plus grandes têtes politiques, Charles Quint et Henri VIII d'Angleterre, Louis XIV et Frédéric le Grand, Roosevelt et de Gaulle : on n'en trouvera guère, parmi tout ce qui compte, qui aient échappé à la mouvance chrétienne. En fait, peu à peu, la civilisation — celle qui, plus ou moins, dure toujours et qui a conquis le temps de l'espace —, notre civilisation est devenue chrétienne.

Le fait chrétien : multiple et un, humain et divin, historique et éternel

Est-ce à dire que la venue du Christ marque pour la civilisation mondiale, la fin de Jérusalem, d'Athènes et de Rome dans leur fonction d'inspiratrices ? Bien au contraire ! C'est ici qu'il faut, avant toutes choses, en ce livre qui n'est ni d'histoire ni de théologie, mais simple essai de réflexion sur notre civilisation et ses crises, éclairer tout de même un point de méthode qui n'a cessé, depuis des siècles, et plus encore depuis la fin du siècle dernier, de fausser la perception des réalités.

Grossièrement vu, et schématisé à l'extrême, on a eu, et l'on a encore trop souvent, l'impression que, d'un côté les chrétiens et l'Église posaient l'Église et le Christ comme des faits absolument étrangers à l'Histoire, produits une seule fois et une fois pour toutes (*apax*), par la Volonté et la Révélation divines projetant subitement dans le temps, sans causes naturelles ni préparation positive, le Fils de Dieu, Verbe incarné. Le but de telles « apologies » était clair ; il fallait que, mis à part l'accomplissement surhumain des Écritures judaïques, il n'y ait aucun lien, aucun rapport de cause à effet entre le christianisme et ce qui l'a précédé, sous peine de voir réduit le phénomène chrétien à un fait religieux parmi d'autres.

Et puis, de l'autre bord, du côté des adversaires de la foi chrétienne, il a, semble-t-il, toujours paru suffisant de déceler les influences et de marquer les points de contact entre elle et les flux religieux ou culturels du judaïsme, de l'hellénisme et de la romanité, pour anéantir la vérité éternelle et révélée de la religion chrétienne.

Sans entrer dans un débat théologique et historique, sans cacher non plus mon adhésion personnelle pleine et entière, aux « vérités qu'enseigne l'Église », il faut souligner qu'une telle vision dichotomique, un tel strabisme conviennent aussi peu au théologien qu'à l'historien. Quelle absurde idée de la nature et de la toute-puissance de Dieu, de sa révélation aussi, que celle qui commande une irruption soudaine et massive (excessivement barthienne !), entièrement oppositive, sans nul rapport avec l'environnement historique, géographique et culturel !

Bien au contraire faut-il *voir* (car il n'est que d'ouvrir tout bêtement les yeux sur la réalité, ce qui risque aussi de les écarquiller sur ce qu'au Grand Siècle on eût appelé les voies admirables de la Divine Providence) que le *christianisme est, avec Jésus-Christ, d'origine, en son départ même, judéo-hellénico-romano-chrétien.* Il est né comme ça, il ne peut vivre qu'ainsi. Il a Jérusalem, Athènes et Rome dans le sang, dans l'âme et dans sa vie.

J'insiste sur ce dernier point : et dans sa vie. Car il faut aussi se garder de cette autre illusion desséchante, qui sépare le Christ et l'Église, le Christ et la chrétienté, quand au contraire, le Christ est venu « allumer sur la terre un grand feu », un feu qui n'a cessé et ne cesse de brûler de tous bois ; en conséquence de quoi, la révélation chrétienne, ainsi que la civilisation qu'elle a engendrée, forment un tout.

Ce n'est pas par hasard que le Christ et le christianisme sont nés dans un petit canton juif, fortement hellénisé, du grand Empire romain. Qu'on partage, ou non, la foi chrétienne ; qu'on croie ou non, à la Révélation ; qu'on pratique une analyse scientiste, associationniste et positiviste de l'Histoire ou au contraire, qu'on soit, avec Karl Barth, féru de l'Avènement pur et de la synthèse inexprimable : il est clair, il est évident — (je m'étonne qu'on ait si souvent, si longtemps pataugé, avec ou sans le modernisme, avant ou après lui, dans le marais des origines chrétiennes, et flotté dans les nuées de « l'essence du christianisme ») — il est clair, il est évident que le ferment chrétien n'a pu apparaître que dans le bouillon de culture des Trois Capitales. Que l'impulsion ou première vague de la marée chrétienne qui continue à nous porter, pour le meilleur et pour le pire, n'a pu se former qu'au confluent de fleuves formés par les trois sources saintes : Jérusalem, Athènes et Rome. (Il est donc tout à fait vain, soit dit en passant, de prétendre dé-judaïser, ou dés-helléniser, ou dé-romaniser le mouvement chrétien et la civilisation qui en est issue.)

L'historien le découvre aisément, mais le théologien lui-même serait condamné à se crever les yeux ou à chuter dans l'hérésie du hasard aveugle, en refusant de répondre à la question : *pourquoi ici et maintenant ?* Y répondre, au contraire, c'est en même temps expliquer pourquoi et comment une cause si infime, indiscernable à l'origine, a pu produire de si grands effets. Et un remous si faible, d'abord imperceptible, déclencher une marée si puissante aux quatre coins du monde et tout au long des siècles. Le vrai est que le fruit rond de la terre était mûr, ou à tout le moins que la terre était prête — préparée par un enrichissement de près de vingt siècles — à recevoir une petite graine que les croyants nomment Verbe de Dieu.

Les forces en tension

Tombant en un tel moment d'un tel lieu, le Verbe de Dieu devait — le théologien dirait : voulait — assumer les forces en tension, reprendre les mots clefs entrechoqués des Trois Capitales, qui, historiquement, cernaient leur contour et que, à vue théologique, il avait lui-même formés et informés.

Tensions et entrechocs internes ou externes : entre la raison athénienne et une passion mystique, empreinte d'une certaine démesure non moins propre aussi à l'*éros* hellénique ; entre le déracinement juif et l'enracinement romain ; entre le pur témoignage judaïque à l'Esprit absolu qui est le Seul et l'Unique, et la possession du monde par les sciences et les techniques d'Athènes et les conquêtes de Rome ; entre l'*Éros* cupide et l'Amour (*Agapê*) qui se donne ; entre mythes et mystères ; entre la théorie et la pratique ; entre la réalisation et l'abnégation, le tout de Dieu et le rien de l'homme ou du monde, et le Tout de l'homme et du monde et le rien de Dieu... Toutes ces tendances, et tant d'autres, en tension, on l'a vu, dans les Trois Capitales, vont entrer, en même temps dans l'instable équilibre des forces du christianisme et de notre civilisation, pour en régler le cours. Les différences de pression et d'accentuation vont créer et entraîner des mouvements de pensée, de sociétés, d'arts, d'Églises d'une variété infinie et pourtant d'une profonde unité d'inspiration qui leur vient précisément du commun héritage et d'une volonté supérieure et en quelque sorte transcendante de le conserver en ses forces contraires mais complémentaires.

CHAPITRE IV

LA PREMIÈRE VAGUE DE LA MARÉE CHRÉTIENNE OU : LE PARADOXE ÉVANGÉLIQUE

Une vieille femme française, juive alsacienne, réfugiée pendant l'occupation allemande dans un monastère de religieuses catholiques était parfois, pour la vraisemblance de la couverture, contrainte de suivre les offices du couvent. Un jour, mi-fâchée, mi-ravie, hésitant entre le reproche et l'orgueil, à sa petite-fille chrétienne, qui l'accompagnait, elle dit, en sortant, de sa voix âpre marquée par un fort accent de l'Est : « Fous nous afez tout pris ! » Par la suite, j'ai bien connu cette femme étonnante et simple, ainsi que sa petite-fille qui est devenue mon épouse. Elle avait raison. La foi au Dieu unique, Seigneur de l'Histoire ; le règne du Messie ; les psaumes ; maintes prières, à commencer par le *Notre Père* — gros grain de nos chapelets, pièce maîtresse de toute célébration eucharistique, prière « dominicale », c'est-à-dire enseignée par le Seigneur lui-même à ses disciples — qui intégralement, en chacun de ses mots, chacune de ses tournures, est une prière juive : la dette est grande, immense, et ce n'est pas pour rien qu'on peut parler de judéo-christianisme à propos de cette religion fondée par un Juif, née d'une jeune fille juive, entouré de Juifs, qui la prêchèrent d'abord dans les communautés palestiniennes et dans celles de la diaspora juive répandues dans l'Empire romain.

Le Christ et le judaïsme

« Après avoir à maintes reprises et de bien des manières parlé jadis à nos pères par les prophètes, Dieu, en ces temps qui sont les derniers, nous a parlé à nous par le Fils, qu'Il a établi héritier de toutes choses. » Dans l'héritage du Christ dont parlent ces premières lignes de l'Épître aux Hébreux, est naturellement présente la religion d'Israël ; et si l'on veut la caractériser en quelques mots, on pourrait parler de : yahvisme et sabbatisme, ritualisme et moralisme stricts, messianisme et nationalisme.

La foi est celle du yahvisme, c'est l'appartenance totale à un seul Seigneur-Dieu : « Je suis Yahvé et tu n'auras pas d'autres dieux devant ma face » ; c'est Lui l'Éternel et le Tout-Puissant, Vengeur et Terrible, mais s'occupant aussi de son peuple comme un père. La morale est définie par la Loi, expression de la volonté de l'Unique, dans les grands préceptes d'adoration, d'amour, de sacrifices et du repos sabbatique, signes d'allégeance, comme dans les prescriptions éthiques et les rites de la vie courante.

On aurait d'ailleurs tort de croire, comme on le fait souvent en milieu chrétien, que cette foi et cette morale étaient toutes de dureté et en harmonie avec les structures psycho-sociologiques du temps de la révélation mosaïque ; certes il serait vain de nier l'existence de nombreux points empreints de dures mentalités juridiques, communs à la loi mosaïque et à d'autres législations, babylonienne, hittite, préhammourabienne et surtout hammourabienne ; M. Plessis en a relevé la liste, et l'on peut citer par exemple le cas des droits imprescriptibles du fils premier-né, même issu d'une femme moins aimée, qu'on trouve prévu presque dans les même termes dans le Deutéronome et dans le Code d'Hammourabi. De même, le cas du bœuf qui frappe de sa corne et, en plus sérieux, celui de l'adultère : « Si un homme est surpris ayant commerce avec une femme mariée, tous deux doivent mourir, aussi bien l'homme qui a eu commerce avec la femme que cette femme ; et ainsi tu feras disparaître le mal d'Israël. »

Mais tout cela ne doit pas faire oublier le devoir de charité envers Dieu et envers le prochain, à commencer par le grand précepte qu'on trouve dans le Deutéronome :

« Tu aimeras le Seigneur ton Dieu de tout ton cœur, de toute ton âme et de toutes tes forces », et plus loin : « Tu aimeras ton prochain comme toi-même. Je suis le Seigneur. » Le devoir de charité est d'ailleurs réfracté et précisé en de nombreux points de détail. Celui-ci, par exemple, qui nouera la belle histoire de Booz et de Ruth racontée dans le Lévitique. « Quand vous récolterez la moisson de votre pays, tu ne moissonneras pas jusqu'à la limite extrême de ton champ et tu ne ramasseras pas ce qu'il y a à glaner de ta moisson. Tu ne vendangeras pas tout à fait ta vigne et tu ne ramasseras pas les grains qui en seraient tombés, mais tu les laisseras au pauvre et à l'étranger. Je suis Yahvé, ton Dieu. »

Ces autres encore qui rendent déjà un son évangélique : « Ne hais point ton frère dans ton cœur, mais tu réprimanderas ton prochain pour ne pas te charger de péché à cause de lui. Ne recherche pas la vengeance et ne garde pas rancune aux enfants de ton peuple ; aime ton prochain comme toi-même ; je suis Yahvé... Si un étranger habite avec vous dans votre pays, vous ne l'opprimerez point. L'étranger qui habite au milieu de vous sera pour vous comme un habitant du pays, et tu l'aimeras comme toi-même, car vous-mêmes avez été étrangers dans le pays d'Égypte ; je suis Yahvé votre Dieu » (Lévitique).

De ces citations, qu'il serait aisé de multiplier, il résulte qu'on ne saurait sans simplisme taxer l'ancien judaïsme de pur légalisme, comme d'une religion toute de crainte adorant un Dieu Vengeur ; en fait, on croit bien devoir constater une révélation progressive de l'amour, telle que la loi mosaïque ait joué, la première, en face des mentalités archaïques du temps, le rôle d'opposition et d'accomplissement.

Il reste vrai, pourtant, que, sous l'influence de la mentalité primitive et malgré ces premiers ferments de douceur, le judaïsme restait peut-être parfois sociologiquement dur (loi du talion) ; de même que son yahvisme exclusif le marquait fortement de nationalisme. Et il faut se rappeler que ce même yahvisme lui imprimait, en plus du nationalisme, un caractère de ségrégation, en donnant aux Juifs le sentiment de leur vocation d'êtres à part des autres nations, païennes et impures, et les prédestinant, eux, à l'unique salut, salut qui serait finalement accompli par le Messie,

Envoyé tout-puissant et tout-souffrant, dont l'espoir eschatologique habitait tous les cœurs pieux. Beaucoup, cependant, oublieux des prophéties sur « l'homme des douleurs » ne voulaient plus se souvenir que de son triomphe temporel.

Par rapport à ce judaïsme originel qui anime toujours les meilleurs des Palestiniens de son temps, l'Évangile de Jésus-Christ se situe à son tour dans une dialectique de continuation et d'opposition : affirmant la foi en un seul Dieu, mais révélant la Trinité ; maintenant la morale et les rites, mais n'hésitant pas cependant à les transgresser parfois et à en enseigner la relativité ; et surtout, renversant leur équilibre, l'Évangile établit une nouvelle hiérarchie ou l'Amour est souverain, et vitalise ces rites par la Foi sans laquelle rien n'est utile au Salut. Le nationalisme ségrégatif sera repris mais transposé, l'opposition des Juifs aux gentils devenant l'opposition des choses de Dieu aux choses du monde. L'eschatologisme messianique enfin, déplacé par la venue du Messie et l'institution du Royaume, se trouvera reporté à la seconde venue du Sauveur aux derniers jours.

Le mystère essénien

La prédication du Christ était donc à la fois en continuité et en rupture — ou tension — avec le judaïsme officiel. Tension renforcée encore par l'accointance que la prédication évangélique paraît avoir entretenue avec le mystérieux mouvement essénien. Cette secte, connue de longue date par les témoignages de Philon d'Alexandrie, Flavius Josèphe et Pline l'Ancien, est revenue sur le devant de la scène avec les découvertes récentes, à Qumrān, de bibliothèques et de « couvents » esséniens. Malgré tout, on ne sait pas encore sur eux grand-chose de certain : fondés, ou se considérant tels, et dirigés par un énigmatique, maître de justice, ils menaient, dans des lieux retirés, une vie consacrée à la prière et à l'ascèse, où la prière rituelle et le célibat étaient tenus en grand honneur. Conservant le repos sabbatique, lui vouant même un respect sans égal, ils avaient, en revanche semble-t-il, rompu avec les rites sacrificiels et entouraient vraisemblablement leurs activités et leur doctrine d'un secret absolu. Leur dogmatique apparaît tout entière dominée par l'espoir du Salut de la vie éternelle, l'attente de l'envoyé de Dieu, homme souffrant et persécuté, qui obtiendra la victoire des pauvres et des opprimés, ainsi que la « nouvelle alliance ».

Avaient-ils été marqués par des apports de l'antique religion pythagoricienne ou par ceux de la vieille religion persane du mazdéisme ? La figure évangélique du précurseur Jean-Baptiste est-elle une figure essénienne ? Autant de questions sans réponses définitives. Ce qui est sûr c'est que l'ésotérisme essénien n'est pas en harmonie avec l'exotérisme évangélique, mais que leur était propre une certaine défiance, sinon condamnation, de la chair et de l'œuvre de chair, du sexe et du mariage, tout à fait opposée à l'optimisme judaïque traditionnel ; et que cette défiance a peut-être trouvé quelques échos dans l'enseignement évangélique et paulinien. (C'est ce qui, treize siècles plus tard, permettra le ressourcement, sous le nom de catharisme, *en pleines terres chrétiennes* de langue d'oc, de la religion mazdéenne que les Romains connaissaient bien, sous le nom de « *vetus religio* ».)

L'effervescence religieuse du monde gréco-romain

L'essénisme semble ainsi marquer, dans le concours de circonstances qui ont favorisé l'avènement du Christ, la liaison entre Jérusalem (car c'était une secte juive) et les deux autres capitales (car ce sont des courants venus d'Athènes et de Rome ou par leur intermédiaire qui ont animé cette secte).

Cependant, bien évidemment, l'univers culturel, social et religieux gréco-romain était, au temps du Christ, directement agissant en Palestine et dans tout le Bassin méditerranéen. Les colonies grecques et romaines florissaient un peu partout dans le monde connu, de même qu'inversement des colonies juives plus ou moins importantes, s'étaient établies sur tout le pourtour de la Méditerranée. D'où confrontations, interférences, endosmoses multiples.

La religion officielle de l'Empire romain avait déjà perdu tout contenu religieux réel. De type purement sociologique et politique, elle ne satisfaisait plus les aspirations de personne, mais son universalisme clément et hospitalier restait commode, et propre aux desseins impérialistes des administrateurs. A cet égard l'attitude de Ponce Pilate est parlante : « Que m'importe ! » dit-il. Si ce « roi », ce dieu, ce mouvement religieux n'avaient pas suscité de troubles, s'ils s'étaient coulés dans le moule informe du laxisme romain, il eût peut-être été prêt à les défendre. Or, l'intransigeance du Christ affirmant l'unicité de son témoignage et de la vérité a choqué Pilate (« qu'est-ce que la vérité ? »), et l'universalisme *exclusif* de l'Évangile apparaîtra toujours comme une agression aux yeux du pouvoir et de la religion établis (ce qui était pour lors la même chose) qui, sans cela, l'eussent volontiers toléré, voire intégré comme tant d'autres.

Cependant l'instinct religieux connaturel à l'homme s'était trouvé pâture en dehors de ces formes vides, et tout d'abord dans l'humanisme grec, rempli d'amour du Vrai et du Beau, orgueilleux des corps et des esprits, apte à engendrer les chefs-d'œuvre dans tous les domaines de l'art et de la raison, et à bâtir ainsi une civilisation à la gloire du *kalos kagathos anêr*, l'homme « bel et bon », l'être accompli.

Cet idéal, véritable religion, qui hantait encore le cœur de nombre d'hommes touchés par la culture grecque grâce au vecteur romain, se trouve, est-il besoin de le dire, aux antipodes de l'esprit évangélique, l'un centré sur l'accomplissement et la perfection naturelle de l'homme, l'autre entièrement tourné vers Dieu, et sensible à la dépendance, sinon au néant de l'homme : attitude héritée du judaïsme.

Toutefois l'idéal grec était rapidement devenu inadéquat aux structures sociales de l'époque hellénistique contemporaine du Christ ; la chute des barrières qui séparaient autrefois, les nations, les religions, les écoles et les classes avaient produit une fusion générale ; le monde bouillait comme une immense marmite à la surface de laquelle flottaient les éléments les plus divers : magie, astrologie, mystique et fatalisme, religions à mystères célébrant le culte de dieux morts et ressuscités par des rites initiatiques, sortes de sacrements conférant au fidèle la communion aux péripéties mystiques de la vie et de la mort du dieu, et, par là, lui assurant le salut pour la vie éternelle. Dans ce bric-à-brac figurait la philosophie, qui jouait le rôle d'un guide de morale et de vie intérieure. Non pas tant d'ailleurs la grande philosophie des Platon et des Aristote, trop aristocratique, que le nouveau stoïcisme des Romains, de Posidonius en particulier : son système s'intégrait bien au syncrétisme ambiant, puisque, par la croyance èn un destin lié au cours des astres, il participait, dans les classes un peu plus instruites des religions orientales, à l'expansion de l'astrologie.

Les ressemblances formelles et superficielles entre les religions à mystères et la révélation évangélique sont trop connues pour qu'on y insiste : participation spirituelle à un Dieu mort et ressuscité, rites de communion, etc. ; mais les divergences de morale, de spiritualité, de théologie sont radicales. On ne trouve jamais chez elles cette pureté de foi théocentrique, cette rigueur de vie morale, cette opposition aux fausses valeurs qui caractérisent l'Évangile et lui viennent du judaïsme.

Quant aux maximes morales des stoïciens, on peut bien y repérer, comme dans le bouddhisme du Petit Véhicule, des communautés d'intention avec la morale évangélique. Mais on y chercherait en vain la plupart des grandes perspectives théologiques surnaturelles, ainsi que l'incitation à l'action, qui fait également défaut aux religions à mystères.

Néanmoins la prégnance de la mentalité religieuse grécoromaine était si forte en Palestine que même un exégète catholique aussi prudent que le Père Allo, écrivant en 1925 *le Scandale de Jésus* et avouant ingénument son « inquiétude... à reconnaître trop de points de contact — et il est impossible qu'il n'y en ait pas eu quelques-uns — entre la pensée païenne et notre religion » car alors « celle-ci ne risquerait-elle pas de perdre à nos yeux quelque chose de son originalité transcendante ? », se voyait cependant contraint d'en brosser un impressionnant tableau (dont je gomme seulement quelques vaines restrictions, tenant à la fausse problématique dont j'ai déjà démonté les ressorts méthodologiques erronés, au début de cette partie).

« Mille influences religieuses et philosophiques, avoue-t-il, en dehors même du monde juif, disposaient les hommes, non pas à inventer notre religion, mais à la saluer comme la solution lumineuse des problèmes anxieux que faisaient naître dans les consciences une foule de sentiments obscurs, d'aspirations nobles et incohérentes. *Mens agitat molem ;* cela ne fut jamais plus visible qu'en cette « plénitude des temps » où Dieu se révèle par l'Incarnation. Partout il palpitait des lambeaux de vérité, mais aussi incapables de se rejoindre que les membres dispersés d'Osiris. Tous les grands mouvements philosophiques du passé et du présent y avaient eu leur part. Platon avait fait entrevoir Dieu comme l'Idéal suprême et réel, la Bonté et la Beauté subsistantes, infinies, la Source et le Père vers qui l'âme immortelle doit remonter sous peine de rester prise éternellement dans les filets du malheur ; mais, héritier de l'orphisme, il n'avait su que faire de la matière. Aristote avait montré dans ce Dieu le terme auquel tend toute l'agitation du Cosmos, mais sans promettre, à ces réalités éphémères que nous sommes, de prolonger leur durée jusqu'à atteindre ce terme. Ni l'un ni l'autre, ni leurs disciples, n'avaient songé que l'action de Dieu pût transformer le monde ; pas de règne de Dieu ; avec leur aristocratisme de Grecs, ils réservaient la perfection et le bonheur à une petite élite d'intellectuels, et ne concevaient aucun évangile pour les pauvres, les ignorants, les hommes qui peinent, les enfants. Le stoïcisme, venu après eux et, grâce à des esprits comme Posidonius, s'appropriant quelque chose de leur héritage, avait bien fait descendre Dieu dans le monde et l'avait mêlé aux existences les plus humbles ; mais Dieu avait vu alors s'évanouir sa transcendance et son caractère de Bien pur et idéal, il avait pris les traits du Destin sourd et inexorable ; donc aucun élan vers l'amélioration de l'ensemble, rien qui stimule au progrès, point de Règne de Dieu, puisque, au fond, il n'y a plus de Dieu, mais le grand Tout où les parties n'ont de valeur que comme matériaux passagers, et aucune pour elles-mêmes.

Il semblait donc impossible de rapprocher Dieu de ce monde, de le mettre à la portée des hommes, des pauvres hommes doués tout simplement de bonne volonté, sans compromettre la notion de Dieu, ou celle de la personnalité humaine. Le monde paraissait condamné à l'inquiétude de ces oscillations perpétuelles. Cependant les Grecs, avec leur don d'abstraction et de classification, avaient créé une belle langue, claire et pleine, pour exprimer les lueurs partielles de vérité entrevues dans cette marche errante.

Le christianisme vient ; il trouve ces aspirations, il trouve cette langue. Il use de l'une, il satisfait les autres. Il use des termes, et même des arguments de bon sens, popularisés par diverses philosophies, quand ils fournissent des formules plus maniables et plus accessibles à tous que les vérités enseignées dans les livres saints. Voilà à quoi se bornent ses emprunts de forme.

Quant aux emprunts de fond, [...]. Le christianisme, héritier dès sa naissance du monothéisme et de la moralité juive, apporte la grande Idée nouvelle, ou plutôt le fait nouveau, qui harmonisera sur cette base révélée, tout ce qui était valable dans les spéculations des philosophies sur Dieu, l'homme et l'univers : à savoir que le Verbe, l'éternelle Sagesse divine, s'est fait chair sans que ce Verbe perde rien de sa transcendance, et sans que la Chair s'évanouisse dans cette union. L'intelligence reste éblouie devant un tel mystère, mais la clarté des signes l'y fait adhérer cependant, à la fois tremblante et exultante et rassurée. L'Homme-Dieu auquel elle donne sa foi n'est pas comme les prétendus « dieux morts et ressuscités » des païens ; ceux-ci n'étaient que de pauvres fantoches, ou des personnages de faits divers, qui, du reste, n'avaient jamais existé ; non, l'Homme-Dieu historique qui associe tous les croyants dans sa gloire, gloire qui s'étendra jusqu'à leur corps de chair, il dépasse toute conception du Sage stoïcien, toute grandeur des plus grands hommes d'action, et reste plus idéal que le Dieu de Platon ; en même temps, il est à la portée des simples, des humbles de cœur, de tout ce qui souffre ; ce rédempteur universel remplit tout ; uni à lui on devient indépendant de tout, et prompt cependant à remplir tout devoir ; on jouit de tout en sanctifiant tout. L'antinomie de l'esprit et de la matière, de l'Infini et du fini se trouve pratiquement résolue.

Mais il n'est pas accessible aux orgueilleux, murés en eux-mêmes. Et la plaie de toutes ces philosophies, c'était au fond l'orgueil. Aussi n'ont-elles pas reconnu dans le christianisme la vérité qu'elles cherchaient. Quand la nouvelle religion est venue exprimer beaucoup mieux qu'elles-mêmes les vérités partielles dont elles se targuaient, il ne leur est resté comme note distinctive que leurs erreurs spécifiques, dont le poids les a entraînées d'une course rapide vers l'abîme. Elles sont mortes. Le stoïcisme, qui fut le plus puissant, est disparu le premier, détrôné par l'hermétisme, ou par le platonisme de Plutarque et d'Apulée, il a versé de plus en plus dans les superstitions panthéistes, et s'est fondu enfin dans la masse sans nom du syncrétisme philosophico-religieux, ce mélange de toutes les aberrations mystiques auxquelles le platonisme dégénéré d'un Porphyre ou d'un Talien s'efforcera de donner une théologie, pour les dresser contre l'Évangile dans un dernier assaut désespéré. Puis syncrétisme et néo-platonisme sont morts à leur tour, et l'Évangile a vécu sur leurs ruines. »

Pour apprécier pleinement ce tableau, il importe aussi de savoir que les hommes clefs de la prédication évangélique vivaient, jusque dans leurs langues, en un monde de fusion et de confrontation. Si, selon l'opinion la plus répandue, Jésus parlait et prêchait d'*ordinaire* en araméen, la discussion reste ouverte quant aux autres langues qu'il pratiquait ; certains, tel A. T. Robertson, penchent pour deux : l'araméen *et le grec,* d'autres avec G. Dalman, pour trois : l'araméen, l'hébreu *et le grec.* Il est sûr en tout cas que ces trois langues étaient maîtrisées par Paul de Tarse dont on ne peut certifier — mais c'est possible — qu'il possédait également le latin. Quant aux rédacteurs postérieurs des Évangiles — d'abord traditions orales des communautés —, et bien qu'il s'agisse là d'un casse-tête historico-critique, on peut tenir pour certain que les textes de ces Évangiles dits de Matthieu, Marc, Luc et Jean sont dus, presque tous, à des polyglottes bi ou tri-lingues qui connaissaient le grec, langue véhiculaire « commune » de tout le Bassin méditerranéen.

C'est sous cet éclairage linguistique qu'il faut observer les rapports complexes entre l'élaboration chrétienne et l'ambiance immédiate. Qu'il s'agisse du judaïsme contemporain des années 0 à 30, de l'essénisme, de la religion officielle du monde romain ou des multiples ferments philosophico-religieux qui le soulèvent, on discerne nettement entre l'Évangile et ces différents secteurs d'environnement des points de contact et des points de rupture. Des accords et des oppositions, des prolongements et des dépassements, des croisements et des rapports en tous sens. Dans la Palestine parcourue par le Christ, Jérusalem, Athènes et Rome se contredisent et se complètent, se choquent et s'imbriquent, s'appellent et se répondent, s'interpellent et se déchirent, s'aiment et se combattent. Il en va forcément de même dans la prédication chrétienne qu'il faut saisir tout uniment dans les recueils évangéliques lus, pour notre propos — qui est d'*essence* et non d'Histoire — hors des critères de la méthode historico-critique, et selon la méthode husserlienne de *réduction eidétique*, laquelle, précisément, vise l'*essence* et rejoint, d'une certaine façon, l'analyse sémiotique actuellement en vogue.

Phénoménologie physique : des entrechocs

L'Évangile est d'abord une merveilleuse histoire, celle d'un homme né dans des conditions bizarres et mort violemment comme un agitateur, au terme d'une vie brève où la simplicité le dispute à l'extraordinaire. C'est, en effet, ce qui frappe le plus au premier abord. On suit le fil d'une vie qui tient le lecteur sous le charme du naturel, tout emplie de chaleur humaine, de rusticité agreste. Tout à coup : rupture, irruption de quelque chose d'autre qui rompt l'harmonie simplement humaine.

C'est un petit enfant qui naît au fond d'une colonie romaine, un petit enfant comme les autres en un sens ; on cite ses parents, qu'on connaît bien, sa généalogie, les noms des lieux et les circonstances ; il est né en voyage, ce qui n'est pas rare : il fallait bien obéir aux prescriptions du recensement. On le circoncit selon la loi ; on lui donne son nom, et, en tant que premier-né, on le présente au Temple pour l'offrir au Seigneur-Dieu ainsi que le veut la Loi.

Mais ce petit enfant est le Verbe de Dieu, il naît à « Bethléem » et il se trouve que c'est là, dans cette « Maison du Pain », que devait, selon les prophètes, naître le Messie, nourriture éternelle de l'humanité ; sa venue est entourée de toutes sortes de faits mystérieux : l'annonce étonnante et la naissance d'un autre enfant mystérieusement liée à la sienne ; l'annonciation et la conception virginale, qui rend paradoxalement caduque la généalogie humaine ; le concours d'événements tragiques ou merveilleux qui accompagnent la naissance dans une étable de ce Fils de Dieu descendant des rois : compétition pacifique, autour du berceau, des simples bergers et des mages énigmatiques ; signes dans le ciel, concerts angéliques et prophétiques, persécution d'Hérode recouvrant d'un bain de sang, de larmes et d'horreur, les premiers sourires d'un bébé...

Ensuite l'enfant mène chez ses parents à Nazareth, et pendant une trentaine d'années, une existence simple et cachée sur laquelle il n'y aurait rien à dire sinon en imaginant la vie toute naturelle et calme d'un enfant grandissant sagement.

Mais cette période étale est soudain troublée par l'épisode insolite du recouvrement au Temple : tout s'annonçait là encore le plus simplement du monde ; dans la cohue d'un retour de pèlerinage, les parents ne songent pas à s'inquiéter de l'absence d'un enfant : « Ayant supposé qu'il était dans la caravane, ils firent une journée de chemin, et ils le cherchaient parmi leurs parents et connaissances » ; quoi de plus naturel ? C'est arrivé des milliers de fois avant Jésus et des milliers de fois après lui. Mais ce qui n'est arrivé qu'une fois, et une fois pour toutes, c'est Jésus discutant avec les docteurs, et les interrogeant ; c'est Jésus répondant à l'inquiétude de ses parents par ces mots, malgré tout, durs et mystérieux : « Pourquoi me cherchiez-vous ? Ne saviez-vous pas que je dois être auprès de mon Père ? » « Et ils ne comprirent pas la parole qu'il leur avait dite. » Signe de rupture.

La vie publique se déroulera de la même façon, dans l'ambiguïté de l'enracinement au monde et de la vraisemblance historique, d'une part, et du dépassement absolu, d'autre part. La carrière d'un prédicateur populaire n'a rien, en ces temps-là, d'extraordinaire. Le cas est fréquent. Mais il y a le reste, et le reste est de taille : une doctrine remarquablement aiguë et transcendante, sans compter l'accomplissement inouï des prophéties et les miracles. Miracles sur les éléments, ou prodiges ; miracles sur les démons, exorcismes ; miracles sur les malades et les morts ; guérisons et résurrections.

Cet homme qu'on voit se promener tranquillement dans la campagne, causer avec l'un et avec l'autre, caresser et embrasser les enfants, manger familièrement chez les amis ou les gens de rencontre : chez la belle-mère de Pierre, chez Lévi, chez Simon le lépreux, en plein désert aussi, chez un pharisien même, deux fois également ; accompagner ses disciples à la pêche, bref, accomplir avec naturel tous les actes simples de la vie quotidienne, cet homme est le même, et dans le cours des mêmes actes naturels, qui tout à coup maudit un figuier sans fruit « car ce n'était pas le temps des figues » et le dessèche. C'est le même homme qui est transfiguré au point de défier tout point de comparaison terrestre (« ses vêtements devinrent éclatants, si blancs qu'aucun foulon sur la terre ne peut blanchir de la sorte », « son visage brilla comme le soleil ; ses vêtements devinrent blancs comme la lumière »), et se met à converser familièrement avec Moïse et Élie ; c'est le même encore que des voix célestes entourent, alors qu'il s'entretient avec ses disciples dans la foule étonnée ; le même enfin qui multiplie les pains pour des foules entières, tire d'embarras son hôte en changeant l'eau en excellent vin, provoque des pêches miraculeuses ou apaise les tempêtes.

En outre, Jésus obéit aux habitudes sociales, suit les coutumes et prescriptions religieuses ; on le voit payer, pour lui et Pierre, la redevance au Temple (c'est, il est vrai, en allant pêcher un poisson tenant dans sa gueule un statère). Il n'hésite pas à participer également aux réunions synagogales, à Capharnaüm par exemple. Il ne craint pas, cependant, d'affronter et d'enfreindre les interprétations rabbiniques de la loi du sabbat pour guérir un hydropique ou une femme voûtée ; ou même de contrer la loi deutéronomique du châtiment suprême de l'adultère.

Cet homme se plaît dans le commerce de ses amis et de ses proches, lui dont le cœur est si accessible à l'affection profonde, à la pitié, à la compassion, lui qui a choisi des amis chers tels que Jean, le disciple bien-aimé, et la famille de Béthanie, Lazare, Marthe et Marie, lui qui a pitié de la foule affamée et des malheurs futurs de Jérusalem au point d'en pleurer, comme il pleure sur la mort de son ami mort (ah ! combien sont émouvants ces pleurs du Sauveur, combien poignants le dialogue entre Marthe et Jésus, que l'Église a choisi pour la messe des funérailles), lui qui, peu avant de mourir, confie sa mère à son disciple préféré en des termes si touchants dans leur simplicité. Jésus, si humain, est aussi plus qu'un homme, quand il oppose aux lamentations la dureté devant d'autres morts (« laissez les morts enterrer leurs morts »), et semble renier père, mère et parentèle au nom d'une plus haute vocation de la Parole de Dieu : « Ma mère et mes frères sont ceux qui écoutent la Parole de Dieu et la mettent en pratique. » Déjà, aux noces de Cana, il avait rebuté la discrète imploration de Marie : « Qu'importe à moi et à toi, femme ? Mon heure n'est pas encore venue. »

« Doux et humble de cœur » (« bienheureux les doux ») est cet homme ; doux au point de ne pas se défendre au Jardin des Oliviers, de reprendre avec calme le valet qui l'a souffleté, de pardonner en mourant à ses ennemis. Mais Jésus est aussi un violent, qui bouscule et chasse à grand fracas les vendeurs du Temple ; qui invective avec une fougue inouïe les pharisiens et les docteurs de la Loi ; et qui fait l'éloge de certaines ruptures : « Croyez-vous que je sois venu donner la paix en cette terre ? Non, je vous assure, mais le glaive et la dissension... »

Au milieu des propos de la vie courante ou des préceptes d'une morale accessible à tous, illustrée par quelque gracieuse et familière image, une parole mystérieuse jaillit, que personne n'entend et qui reste inexpliquée, à moins qu'elle ne trouve son commentaire dans d'autres plus obscures encore. Ou bien c'est l'affirmation tranquille, et scandaleuse pour tout le monde, de sa divinité, de sa résurrection, de sa lutte avec le Prince de ce monde, alors que tous le considèrent soit comme un illuminé ou comme un imposteur, ou un fondateur de royaume, soit, au mieux, comme le Messie, un Messie temporel et triomphant.

Et l'histoire se termine par un homme supplicié entre deux voleurs, sept paroles, la croix fichée en une terre qui tremble, comme si elle prenait conscience de cette écharde dans sa chair pour en refuser l'horreur, un tombeau vide, une absence de Celui qui l'instant d'avant était encore là, en vie, devisant aux alentours de Béthanie, comme s'il avait voulu, avant de retourner à son Père, respirer une dernière fois l'air de l'amitié humaine, l'air de Lazare, Marthe et Marie : « Et il les emmena jusque vers Béthanie. Et ayant levé les mains, il les bénit. Et tandis qu'il les bénissait, il s'éloigna d'eux. Et il était enlevé au ciel. » Non toutefois sans que le naturel le plus simple et la plus tendre des humanités aient retrouvé leurs droits, entre la Résurrection et l'Ascension, notamment dans le si beau dialogue tout empreint de douce nostalgie et de sentiments contenus, entre Marie-Madeleine et Jésus, dans le jardin du tombeau ; ou encore dans l'épisode d'Emmaüs, débordant d'une merveilleuse chaleur humaine : le cheminement sur la route, et soudain ils sont trois et consolés ; l'imploration de l'ami qu'on ne veut pas quitter : « Reste avec nous, car il se fait tard... » ; le repas intime et la reconnaissance à la fraction du pain.

Puis, sur le lac de Tibériade, les disciples désœuvrés et abattus se sont remis à pêcher, suivant Pierre, toujours le premier dans l'action ; ils font une pêche miraculeuse grâce à un inconnu, qui ne peut échapper à l'intuition de Jean : « C'est le Seigneur » ; sur quoi, Pierre l'impulsif se jette à la mer pour aller plus vite. Et c'est l'exquis, le savoureux revoir : comme tant d'autres fois auparavant, le cercle s'est fermé autour du feu de braise cuisant pain et poissons, dont le compte exact est noté — il y en a cent cinquante — trois gros — pour le repas en commun distribué par le Maître.

Mais au terme de ces scènes intimes, comme dans un contrepoint bien réglé, le mystère reparaît avec un mot que personne ne comprend très bien sur l'heure, un geste qui transfigure. Ce contrepoint constant dans la vie du Christ, entre l'humain et le divin, la nature et la surnature, l'immanence et la transcendance, l'incarnation la plus humble et le dépassement le plus absolu, entre la vie quotidienne à Jérusalem et l'accomplissement du judaïsme messianique, entre une Rome charnelle et une Athènes authentiquement mystique : il est indispensable de l'avoir déchiffré.

*

Il en va de même de tout l'univers physique des récits évangéliques. Sauvage ou cultivée, la vie de la nature y est observée et rendue dans le détail poétique et réaliste des plantes, des animaux, des éléments.

La vie familiale est évoquée avec l'époux et l'épouse, le père, la mère, les enfants, les amis, la maison et ses parties, son toit, sa porte et son cellier, les vêtements qu'on rapetasse, le manteau, le pain qu'on fabrique, le vin et le sel, les objets usuels, cruche, lampe, ceinture, tables, la boisson, et les repas.

La vie sociale économique et politique est très largement représentée par les grands événements tels que naissances, fêtes, deuils et funérailles ; les villes, les palais, le Temple, l'autel, les piscines ; les classes et métiers (pharisiens, publicains, soldats et officiers, marchands et maîtres d'hôtel, économes et intendants, médecins, bergers, vignerons, pêcheurs) et leurs outils (filets, aiguilles, cognée, épée, outres), la guerre, les noces, l'adultère, les maladies de toutes sortes : épileptiques et hémorroïdaires, hydropiques et lépreux, aveugles et sourds, infirmes aux mains desséchées,... une véritable « cour des miracles ». L'argent est présent aussi, bien sûr — et les objets précieux, tels que la perle — tantôt valorisé à la manière des contes d'enfants (perle précieuse, trésor enfoui, richesses), tantôt et le plus souvent, assimilé à une puissance néfaste, celle de Mammon, décrit en tout cas sous toutes les formes de devises : mines, talents, statères, drachmes...

Par le jeu d'un enseignement visionnaire, par l'effet des miracles, par le sens caché des paraboles, tout l'univers physique, bien réaliste, bien romain, est transfiguré ; dans une optique à la fois judaïque et hellénistique, il devient multiple signe d'un mystère ineffable. Alors le figuier stérile, le troupeau de porcs, l'ivraie ; la louée des vendangeurs et le levain gonflant la pâte, l'eau et le vin, le pain et le sel, le feu et la lumière, la femme entrée dans les douleurs de l'accouchement et les repas entre amis : tout cela, et le monde entier, devient transparence et promesse d'un Au-delà des apparences qui est mystère et grâce, salut et rachat, transfiguration et résurrection.

C'est ainsi que l'observation de l'univers physique des Évangiles, manifestant tiraillement et tension entre la nature et ce qui la dépasse totalement, prépare un certain renversement des valeurs, puisque ici les choses les plus simples, les gens les plus humbles prennent une valeur, une importance et un sens insoupçonnés. Et c'est ce jeu entre une nature toute simple et sa transfiguration qui marque — et marque seul — le passage du Christ. La doctrine hellénique du salut, comme toutes celles de l'Antiquité, inclut une cosmologie : le sage joue son destin dans un cosmos et la connaissance du cosmos est requise pour sa libération. La doctrine évangélique, récapitulant et transfigurant l'univers physique, récapitule et transfigure aussi les visions juive, grecque et romaine du monde.

⁂

Phénoménologie morale : les paradoxes et les oppositions

Le code moral évangélique renferme tout et le contraire de tout, au point qu'Albert Bayet a pu se demander s'il n'y avait pas plusieurs morales de l'Évangile, correspondant à des strates diverses déposées par et pour les diverses couches socio-culturelles des deux premiers siècles : Juifs, Juifs hellénisés, gentils. On y trouve, en effet, la défense de la loi et sa condamnation, des préceptes de simple bon sens et des conseils de haute volée platonisante ou stoïcienne, la douceur et la violence, la soumission à l'ordre romain et son dédain, l'exaltation de la famille et l'amour des enfants, mais aussi la méfiance à l'égard du désir charnel de l'*éros*.

Morale toute simple et réaliste dans les domaines professionnel et politique. Déjà Jean-Baptiste demandait aux publicains — sorte, on le sait, de petits fermiers généraux plutôt que de percepteurs —, de ne pas exiger plus du contribuable que ce qui avait été fixé, et aux soldats de ne molester personne, de ne pas commettre d'exécution ni de fausses dénonciations. Le Christ délimite, en plus, très nettement, la frontière entre les droits politiques et la morale religieuse, en acceptant simplement le tribut payé aux Romains, mais dans une sorte de climat de supérieure indifférence. Les mots de Jésus : « Rendez à César ce qui est à César [...] » sont empreints d'une sorte d'humour hautain, du fait qu'ils suivent la remarque que l'effigie est de César, ce qui veut dire en somme : « En quoi cela m'importe-t-il ? c'est de l'argent, c'est du domaine du monde. » Dans le même sens, il rassure Pilate : « Mon Royaume n'est pas dans ce monde. »

Morale de bon sens souvent, comme celle qui condamne l'hypocrisie : être loyal, droit, tout d'une pièce, sans faux-semblant ni faux-fuyant, voilà qui paraît en effet raisonnable. Comme est raisonnable le commandement de ne plus user en vain du Saint Nom de Dieu, mais de parler simplement par « Oui » ou par « Non ».

Ces préceptes simples peuvent d'ailleurs représenter un progrès important dans l'évolution de la conscience morale : ainsi la nouvelle législation du mariage et de l'adultère condamnant la polygamie, la répudiation et la faute même de désir, marque en estompe une certaine empreinte mazdéenne. De même, le pardon de la femme adultère signifie, dans le contexte évangélique, non qu'il n'y a pas eu de péché (« Va, désormais ne *pèche* plus »), mais qu'aucun homme n'est assez pur pour accuser un autre, que le pécheur peut toujours être absous, et que la loi deutéronomique de l'exécution sanctionnant l'adultère est abolie.

Morale élevée qui, si elle fait appel, comme toutes les morales anciennes, à la notion de pénitence et de châtiment, promeut aussi une grande délicatesse de l'aumône, déjà prônée par l'Ancienne Loi : moyen de gagner le ciel, de se débarrasser de l'esprit du monde devant Dieu seul, sans vaine gloire : « Que ta main gauche ignore ce que fait ta main droite. »

Morale enfin, capable dans l'ordre de l'affinement, de culminer à des hauteurs rarement atteintes ailleurs ou en d'autres moments. Ainsi en est-il du pardon des offenses («[...] et jusque soixante-dix-sept fois »), tout en restant clairvoyant (« [...] *s'il se repent*, pardonne-lui »); de la correction fraternelle et de la réconciliation avant tout acte religieux. Ainsi en est-il encore des sentiments de détachement et de complète confiance en Dieu, si tendrement suggérés par l'évocation de la vêture des lis agrestes et de la nourriture des oiseaux, toutes deux venues du ciel, et condensés dans la recommandation devenue immortelle : « Cherchez d'abord le royaume de Dieu et sa justice, et le reste vous sera donné par surcroît. » Ainsi en est-il enfin de la prière — cette élévation du cœur à Dieu et non quelque bredouillement des lèvres — qui n'est nulle part aussi bien enseignée que par Jésus lui-même : elle doit être secrète et non ostentatoire, humble et suppliante comme celle du publicain, et non vaniteuse à l'instar du pharisien, insistante comme celle de l'ami importun qui, dans le calme de la nuit, réclame trois pains à son voisin ensommeillé, précédée toujours d'une purification du cœur obtenue par le pardon sincère aux autres, pour que Dieu, lui aussi, puisse pardonner et exaucer ; à ces conditions, elle obtient tout de Dieu, comme un enfant obtient tout de son père, et elle est le seul moyen (avec le jeûne) de chasser certaines espèces de démons et d'obtenir par conséquent certains progrès moraux plus ardus.

*

Mais la morale du Christ est aussi contradictoire. D'un côté Jésus a pris lui-même la défense du commandement juif de respect et d'aide des parents, argumentant vivement contre l'usage délétère d'une certaine casuistique qui transformait en « *corban* » (c'est-à-dire en sacrifice à Dieu), en vertu d'une simple formule, les biens dus aux parents, les leur rendant ainsi incessibles. En revanche, on n'a pas oublié le disciple invité assez durement à ne pas enterrer son père et l'on connaît les terribles propos : « Si quelqu'un vient à moi et ne hait point son père et sa mère, et sa femme et ses enfants, et ses frères et ses sœurs, et même encore son âme, il ne peut être mon disciple. » Même compte tenu de l'hébraïsme, il s'agit d'un appel assez effrayant au détachement le plus total.

Dans le domaine de la morale économique et sociale, l'argent, les richesses et la pauvreté, la violence, la guerre et la douceur ou la paix obéissent également à une dialectique qui ne va pas sans chocs ni ressauts. Le commandement de ne pas amasser de richesses, de vendre tout ce qu'on a et d'en faire l'aumône — parce que « là où est ton trésor, là aussi sera ton cœur », et que « nul ne peut servir deux maîtres, Dieu et l'argent » — n'est certes pas en lui-même une condamnation de Mammon : il suffit d'user de l'argent sans le servir. L'épisode du jeune homme riche fait indubitablement entrer la pauvreté matérielle dans le cadre des seuls conseils, les grands biens s'opposant à la perfection, et la petite parabole, qui suit immédiatement, du chameau et du chas de l'aiguille, montre dans le même sens le danger et la difficulté des richesses. Mais que dire, même en recourant aux arguties de la plus subtile exégèse, du verset de Luc : « Quiconque parmi vous ne renonce pas à tous ces biens ne peut être mon disciple ? » ; et ce n'est pas à ses apôtres qu'il s'adresse alors, mais à des « foules nombreuses qui le suivaient ». N'est-ce pas là un précepte absolu de vie chrétienne ?

La guerre et la violence se trouvent formellement proscrites par les deux Béatitudes de la douceur et de la paix. Le Seigneur lui-même s'affirme comme la douceur même : « Je suis doux et humble de cœur » et tance sévèrement Pierre, en le faisant rengainer son épée, au Jardin des Oliviers « car quiconque use de l'épée, périra par l'épée ». En revanche, peu avant la Passion, prévenant ses disciples de la grande épreuve qui approche et des ennuis qui vont en résulter, « car je vous dis que doit s'accomplir en moi cette parole de l'Écriture : *il a été compté parmi les malfaiteurs* », il ajoute : « Que celui qui n'a pas de glaive vende son manteau et en achète un », sur quoi s'est exercée, sans grands résultats probants, la bonne volonté de certains exégètes ennemis des contrastes. Il avait d'ailleurs dit auparavant : « Je ne suis pas venu apporter la paix, mais le glaive » et semblé admettre, dans la parabole du roi « parti pour combattre un autre roi », l'existence de la guerre comme naturelle à l'humanité. Il n'est pas jusqu'à la Béatitude des doux et des pacificateurs qui ne trouve, apparemment du moins, son antinomie : « Les violents s'emparent du Royaume de Dieu et le prennent de force. »

*

Cette ambiguïté dialectique frappe de plein fouet et fait éclater la Loi mosaïque elle-même et ses rites, à commencer par l'adoration de Dieu au Temple de Jérusalem ou sur la Montagne des Samaritains, remplacée par l'adoration « en esprit et en vérité » que recommande Jésus à la Samaritaine. Le Christ se sent « libre » pour lui-même et les siens, à l'égard des dîmes. Les rites de purification extérieure sont également dévalorisés au profit de la pureté du cœur : « Ce n'est pas ce qui entre dans la bouche de l'homme qui souille l'homme, mais ce qui en sort, mauvaises pensées, mauvaises actions. » Pourtant, dans des circonstances exactement semblables à celles où l'on a reproché à ses disciples de se mettre à table les mains sales et où il les a justifiés de la façon qu'on vient de dire, Jésus reproche à son hôte pharisien, de ne lui avoir pas appliqué les rites d'hygiène et d'honneur de l'hospitalité. Et encore, il semble admettre, à propos de la réconciliation fraternelle, le ritualisme des sacrifices : « Si tu présentes ton offrande sur l'autel et que là tu te souviennes que ton frère a quelque chose contre toi, laisse là ton offrande et va d'abord te réconcilier avec ton frère. Et alors, reviens présenter ton offrande. »

Il arrive même que la dualité des points de vue se rencontre en un seul et même épisode, comme celui des épis froissés engageant le rite sabbatique ; dans un premier temps, Jésus, adoptant l'impératif du précepte, se livre à une sorte d'interprétation rabbinique, se référant à un précédent de l'ancienne Loi : David n'a-t-il pas affronté le sacrilège, en usant des pains de proposition sacrés, comme de nourriture pour lui et ses amis, vu l'indigence où ils étaient ? Mais dans un second temps, le Sauveur s'oppose carrément à ses interlocuteurs par trois arguments qui détruisent pratiquement l'absolu du rite et du sabbat : Dieu veut la miséricorde et non la justice ; le sabbat est fait pour l'homme et non l'homme pour le sabbat ; et surtout : le Fils de l'homme enfin est maître du sabbat.

Les rites étant l'expression extérieure de la Loi, qu'en est-il donc de la Sainte Thora ? Est-elle, oui ou non, abrogée ? Non, car Jésus prend, sur le commandement de piété filiale, la défense de la Loi de Moïse contre ses interprétations corrosives, et d'ailleurs la monition est là, catégorique : « Jusqu'à ce que passent le ciel et la terre, pas un iota ni un trait de la Loi ne passera jusqu'à ce que tout soit arrivé. »

Pourtant, il faut y revenir, le Christ abolit de fait la répression deutéronomique de l'adultère, quand il sauve et absout la femme adultère ; et il semble bien l'abolir de droit : « La Loi et les Prophètes vont jusqu'à Jean (Baptiste) ; depuis lors, le royaume de Dieu est annoncé et chacun essaie d'y entrer de force » ; à quoi fait écho le prologue de l'Évangile de Jean : « La Loi a été donnée par l'intermédiaire de Moïse, la grâce et la vérité se sont répandues par l'intermédiaire de Jésus-Christ. »

Il n'est pas jusqu'au texte majeur en faveur de la Loi qui ne comporte, dans la glose qu'en fait immédiatement le Maître, un dépassement de la Loi. Ainsi quand il dit : « Je ne suis pas venu abroger mais parfaire la Loi », il ajoute six exemples. Trois constituent bien des prolongements et des affinements de la Loi, en un sens très compréhensible, sans rien détruire de ce qui existe : l'homicide est condamné également en pensée et en tendances (colère, haine) ; l'adultère est condamné également en désir ; l'amour est étendu du prochain aux ennemis.

Mais les trois autres établissent un perfectionnement qui, *pour parfaire, détruit,* en les abolissant, des prescriptions anciennes : c'est le cas de la répudiation, des serments et de la loi du talion.

Enfin, le jeune tronc de la loi nouvelle sort apparemment de la vieille souche, sa racine est la même : le commandement d'amour de Dieu et du prochain, que Jésus présente tantôt comme étant commun à l'Ancien Testament et à lui-même, tantôt comme vraiment spécifique : « Je vous donne un commandement *nouveau :* c'est que vous vous aimiez les uns et les autres comme je vous ai aimés. C'est à cela que tous reconnaîtront que vous êtes pour moi des disciples : si vous avez de l'amour les uns pour les autres. »

*

Amour et péché

Il faut donc bien que la solution des tensions et des contradictions soit dans l'Amour qui devient un Mystère. Le Mystère. Celui-ci était bien révélé dans l'Ancien Testament, mais plus annoncé que dévoilé. A partir du Christ, la loi de l'Amour prime et détermine tout, ses structures sont mises à nu, et, comme — on va le voir — l'Amour c'est, en sa source, Dieu lui-même, l'Amour ne peut être que Mystère embrassant ce qui, à un premier regard, paraissait inconciliable. L'Amour est nouveau parce que, ainsi que l'expliquera Jean dans sa Première Épître, « En ceci a consisté l'amour, que ce n'est pas nous qui avons aimé Dieu, mais *que c'est Dieu qui nous a aimés.* » Il y a un changement de perspective. Dieu ne dit plus : « Tu aimeras le Seigneur ton Dieu... car je suis le Seigneur », mais « Je vous donne un commandement nouveau, c'est : que vous vous aimiez les uns les autres, *comme je vous ai aimés.* »

C'est pourquoi l'Amour sépare : il coupe l'âme de tout ce qui n'est pas Dieu. Le précepte est déconcertant : « Si quelqu'un vient à moi, et ne hait pas son père et sa mère... » est immédiatement suivi de ces mots : « Quiconque ne porte pas sa croix et ne vient pas à ma suite ne peut être mon disciple » : la croix symbole de sacrifice, du renoncement, de la mort. Accès au mystère du Salut et de la Résurrection.

Cet Amour qui sépare pour mieux unir, qui élève pour mieux embrasser, est aussi une force de liberté, précisément parce qu'il détache de tout ce qui n'est pas essentiel ; ce n'est plus le régime de l'esclavage de la Loi, de la soumission à Dieu, c'est celui de l'adoption filiale. La nouvelle alliance, le nouveau testament : on tient là l'explication de l'attitude du Christ à l'égard de la redevance due au Temple ; il le dit lui-même : « Les enfants sont libres » ; non d'une liberté d'anarchie, mais d'une foi retrouvée ; celle de l'amour intégral qui, s'inscrivant elle aussi dans des rites et des lois, ne souffre cependant plus de se dessécher et de s'évanouir dans un ritualisme. Ce n'est pas une « morale sans obligation ni sanction », car plus que jamais le péché demeure, mais le péché est toujours référé à l'esprit de la loi d' « amour-liberté » : quiconque commet le péché est esclave. « Or, l'esclave ne demeure pas à la maison à jamais ; le fils y demeure à jamais ; si donc le Fils vous affranchit, vous serez réellement libres. » Et le péché lui-même peut être instrument d'amour et de libération : « Pour ceux qui aiment Dieu, tout tourne au bien », écrira Paul.

L'amour étant capable de tout supporter mais aussi de tout oser, les passions n'ont pas de sens dans l'ordre de l'*agapê,* où seule compte la passion apportée à le gagner, la passion, c'est-à-dire la violence de l'*éros* qui doit être canalisée pour y conduire. Le Verbe incarné lui-même est venu apporter sur cette terre à la fois la douceur et la violence, la paix et la guerre, parce que l'œuvre d'amour ne se fait pas seulement dans la douceur, mais aussi dans l'arrachement, la purification, le dur détachement

Re-naissance et Ré-forme ou : les paradoxes d'un royaume renversant

Le dépassement des oppositions, ou plus exactement leur unité profonde dans la culmination de l'amour, requiert cependant que Dieu impose un esprit nouveau, qu'il recrée, qu'il ré-forme, qu'il remplace les yeux de chair, et change le regard sur le monde. C'est la signification profonde de la leçon de Jésus à Nicodème : « Nul, s'il ne naît d'en haut, ne peut voir le Royaume de Dieu... ; nul, s'il ne naît de l'eau et de l'Esprit, ne peut entrer dans le Royaume des Cieux. » Ce point tout à fait capital de l'Évangile, et qui constitue peut-être lui-même son centre (en tout cas, celui de la *morale* évangélique, à condition de ne le pas séparer de la révélation de l'Amour auquel il est intrinsèquement lié), implique une nouvelle opposition, mais celle-là définitive, un véritable *renversement des valeurs* qu'on appelle parfois le paradoxe évangélique.

La re-naissance, d'abord, implique l'enfance ; voici des enfants dans le Christ, par l'Esprit, et qui n'auront jamais épuisé le mystère de l'Amour, en ce sens ne seront jamais vraiment adultes, sinon quand le Christ total, Corps mystique et Chef, aura lui-même atteint la taille adulte — sa dimension définitive et sa maturité — à la consommation des siècles. Enfants simples, humbles, ayant tout à apprendre, toujours réceptifs et émerveillés, d'où la prédilection de Jésus pour les enfants, image de l'enfance spirituelle : « Si vous ne changez pas et si vous ne devenez pas comme les petits enfants, vous n'entrerez pas dans le Royaume des Cieux. Celui donc qui se fera humble, comme cet enfant, c'est celui-là qui est le plus grand dans le Royaume des Cieux. »

Voici donc — ne disons pas, un « monde » (car le « monde » dans l'Évangile symbolise généralement le vieux ferment, tout ce qui n'est pas soumis à la loi de l'Amour, tout ce qui résiste, s'oppose et est contraire à l'Évangile) — mais disons : un royaume, le « Royaume des Cieux », déjà commencé sur cette terre ; un royaume où rien n'est plus comme dans l'optique humaine, où tout est un peu scandaleux aux yeux de qui n'est pas re-né à l'Amour (le scandale dont parle Jésus lorsqu'il dit bienheureux celui qui n'y achopperait pas). Dans ce « royaume » on donne à celui qui a et on prend à celui qui n'a pas ; on ne paie pas nécessairement les ouvriers de la vigne selon la somme du labeur matériel et apparent, car c'est Dieu qui récompense comme il aime, et non selon une échelle « équitable » des mérites qui ne tient compte ni de la vraie Justice ni du don de l'Amour : ces ouvriers de la onzième heure qui ont attendu si longtemps la « louée » sur la place brûlante de soleil, dans l'anxiété de la faction et la honte de la sélection à l'envers, ces laissés-pour-compte de la grâce sont peut-être les plus chers au cœur du Maître de la vigne.

Un royaume ouvert, avant tout, aux enfants et à tous ceux qui leur ressemblent par leur état de manque et de besoin, leur dépendance et leur humilité : les malheureux, les pauvres, les pécheurs. Tout pécheur, tout homme conscient de son péché et *lui seul,* est sujet de droit du Royaume évangélique ; il est sauvé. Tout autre homme devra attendre de se savoir pécheur. « Je ne suis pas venu pour sauver les justes, mais les pécheurs », et « le Fils de l'homme est venu chercher et sauver ce qui était perdu », à condition que le pécheur se reconnaisse comme tel (parabole de l'Enfant prodigue) ; c'est Dieu lui-même qui, tel un bon pasteur, fait le chemin et part à la recherche de la brebis perdue. Mais pourquoi donc ? Eh bien, Dieu aime cela, il aime les pécheurs parce qu'il aime pardonner, et il aime pardonner parce que celui auquel on a beaucoup pardonné aime beaucoup ; et le cycle est ainsi fermé, de l'Amour qui veut être aimé, parce que Dieu est Amour et ne peut que créer l'Amour et que cet Amour ne peut qu'être le premier à agir : c'est Dieu qui aime. La pécheresse est pardonnée parce que, grâce à ses péchés pardonnés « elle a beaucoup aimé... ; tandis que celui auquel on pardonne peu aime peu ».

Étonnant royaume dont la constitution est le Sermon sur la montagne, et dont l'élite doit suivre la voie des conseils : voie du renoncement à tout bien, à toute possession, à tout plaisir sensuel.

Dans son champ moral, il est clair qu'une telle doctrine, pour révélée que le croyant et le théologien la tiennent, ne pouvait naître n'importe comment, n'importe où. De fait, elle a surgi dans un monde agité, un climat effervescent, un air ambiant, où sur le vieux fond judaïque, toutes les cultures, les nuées, les fragrances — pythagoricienne, platonicienne, stoïcienne, mazdéenne — étaient prêtes à entrer en une sublime composition, que le fidèle chrétien doit estimer providentielle.

Phénoménologie doctrinale : les mystères

Cette réalité de fusion et de tensions entre des forces culturelles d'origines diverses, opposées ou complémentaires, est encore bien plus évidente dans le champ de la doctrine pure, c'est-à-dire de cette sorte de spéculation à la fois philosophique et religieuse, qui, plus tard, deviendra théologie. Qu'il soit bien clair que je n'entends ainsi en aucune façon promouvoir je ne sais quel syncrétisme, proposer un quelconque relativisme réducteur, ni présenter quelque improbable *melting pot* ou pot-pourri de croyances mêlées dans la marmite évangélique : il y a bien, pour l'historien, une création suprêmement originale, pour le théologien, une révélation divinement transcendante. Mais ce n'est pas les réduire que de constater les influences qui ont conditionné cette création ou permis cette révélation.

Qu'on prenne les trois Synoptiques, Matthieu, Marc et Luc, ou l'Évangile de Jean, ou encore ce qu'il faut bien appeler « l'Évangile de Paul » c'est-à-dire l'ensemble de son enseignement épistolaire aux jeunes chrétientés on retrouve partout, selon les accentuations et des proportions certes différentes, le brassage idéologique, culturel et religieux du Bassin méditerranéen des années 30 à 100 : la foi judaïque informée des mystères grecs, l'hellénisme judaïque, la religiosité gréco-romaine impressionnée par la Thora en majesté, l'inquiétude juive animée par les religions à mystères.

Nulle part, ailleurs, peut-être, que dans les lettres passionnées et rigoureuses, lyriques et argumentées du petit rabbin manqué Saül de Tarse, devenu **Paul**, citoyen romain et fier de l'être, Juif de souche et de formation, Grec de langue et de culture, ne se lisent davantage l'intime fusion et la dramatique tension entre toutes ces forces sacrées. En Paul bouillonnent les eaux mêlées des trois sources originelles. Il est obsédé par la Loi juive et les spécialistes ont pu reconstituer la structure rabbinique et le rythme talmudique de ses Épîtres, quasiment incompréhensibles en leur développement, si on ne les analyse pas selon ces schèmes. A cette Loi il opposera avec violence la Foi en le Seigneur Christ, et il embrasse, pour en rendre compte et l'imposer, toute la mentalité religieuse gréco-romaine aussi bien que la vieille Bible. Les jeux du stade, le « dieu inconnu » d'Athènes, les cycles de vie, de mort et de renaissance des dieux des religions à mystères lui sont aussi familiers que les Prophètes ; et c'est, par exemple, au poète stoïcien Aratus qu'il emprunte, pour l'appliquer au Christ, Seigneur Dieu, la citation fameuse que rapportent les Actes des Apôtres, résumant son prêche aux Athéniens : « En lui, nous vivons, nous nous mouvons, nous existons, car nous sommes aussi de sa race. »

Écrivain inspiré mais excessif, en même temps que premier théologien de l'Église, il est l'apôtre le plus immergé à la fois dans le judaïsme, dans l'hellénisme et dans la romanité ; et le plus agressivement opposé à tout ce qui, dans l'héritage des Trois Capitales, n'est pas le Christ et le Christ crucifié : la Croix du Christ-Dieu et Maître, « scandale pour les Juifs, folie pour les Grecs », honte pour les Romains. Témoin le plus juif et le plus antijudaïque, le plus grec et le plus antigrec, le plus romain et le plus opposé aux Romains.

Sur un tout autre mode, l'Évangile et l'Apocalypse de **Jean**, plus mystique et moins enfiévré, plus visionnaire et moins rigoureux, recèlent la même ambiguïté. De sorte qu'il est bien difficile de discerner ce qui chez eux est d'inspiration judaïque ou hellénistique. Même les trois **Synoptiques**, d'allure en apparence plus narrative — et quelles que soient les dates exactes, tardives ou précoces, de leur rédaction — demeurent tous empreints d'allusions et de notions sous-jacentes qui les font, et de beaucoup, échapper au simple genre du récit populaire purement judaïque. C'est Matthieu, et nul autre, qui rapporte la mystérieuse démarche de la femme de Pilate auprès du procurateur, durant le procès : « Qu'il n'y ait rien entre toi et ce Juif, *car j'ai beaucoup souffert aujourd'hui en songe à cause de lui*. » Tant il est vrai qu'il ne faut jamais perdre de vue l'effervescence religieuse polymorphe de la Palestine à l'époque du Christ.

Au demeurant, même si elles sont généralement plus structurées et plus développées dans Jean et dans Paul, c'est dans tous les Évangiles, Synoptiques compris, qu'on trouve les graines de doctrine qui deviendront les dogmes chrétiens et qui différencient si fortement le christianisme du judaïsme traditionnel.

Le Dieu Unique et Sage, Juste et Bon, Créateur et Provident se retrouve dans toutes les versions évangéliques, en termes plus spéculatifs chez Jean : « Rien de ce qui a été fait n'a été fait sans lui » ; plus concrets chez Luc et Matthieu : « Les lis des champs, les oiseaux du ciel... » ; « Pas un cheveu ne tombe de votre tête sans sa permission. »

Dieu-Père, Dieu-Amour, source de la vie et de l'Amour, parce qu'*en Lui* déjà est la vie et l'Amour, ce qu'on nommera plus tard la Trinité : Père, Fils, Esprit. Certes, c'est Jean qui, dans une problématique bien grecque, nomme le Verbe (*logos*) et l'Esprit (*pneuma*). Mais Matthieu parle du baptême « au nom du Père et du Fils et du Saint-Esprit » et Marc prophétise : « Vous verrez le Fils de l'homme assis à la droite de la Puissance et venant sur les nuées du ciel », tandis que les trois Synoptiques notent que le blasphème contre l'Esprit est le seul péché irrémissible.

Cette vie de Dieu infusée en l'homme par l'Esprit — et qui s'appellera, d'un mot emprunté à la mentalité grecque : *charis*, la grâce —, c'est pour Jean l'*eau :* « [...] Qui boira de l'eau que je lui donnerai, n'aura plus soif à jamais. Mais l'eau que je lui donnerai, sera en lui une source d'eau jaillissante en vie éternelle... » « Si quelqu'un a soif, qu'il vienne à moi ! Qu'il boive, celui qui croit en moi... Des fleuves d'eau vive s'écouleront de son sein... Il dit cela de l'Esprit que devaient recevoir ceux qui croiraient en lui. » Et pour Matthieu, c'est la *lumière :* « Vous êtes la lumière du monde [...] Que votre lumière luise devant les hommes afin qu'ils voient vos bonnes œuvres, et glorifient votre Père qui est dans les cieux. »

Toutefois cette participation gracieuse à la vie divine n'est, depuis la faute d'Adam, rendue possible que par le sacrifice du Christ, rachetant tous les hommes qui adhèrent à son mystère par la foi. Bien à tort, Guignebert et Loisy ont prétendu que la rédemption était invention de saint Paul, avec son *apolytrôsis* ou rachat contre rançon ; les trois

Synoptiques parlent pourtant bien, eux aussi, de l'alliance nouvelle scellée dans le sang du Christ « versé pour une multitude en rémission des péchés ». Œuvre de salut perpétuée par l'assemblée (*ecclesia*) de tous ceux qui croient ; pour roc ferme de cette institution qui doit défier les siècles, Jésus choisit parmi ses apôtres le plus bouillant mais aussi le plus faible, celui qui est passé par l'épreuve du doute et du reniement ; celui qui a péché, s'est repenti et réformé dans la foi : « Tu es Pierre... »

Cette Église et ses fidèles seront en butte aux assauts de l'Adversaire, Prince de ce monde, Satan et tous ses suppôts. La démonologie évangélique est très vivante, très présente, mais simple, beaucoup moins chargée, fouillée et compliquée que celles des mondes religieux du Bassin méditerranéen. On peut considérer le « Prince de ce monde » comme un reflet, très atténué par la rigueur du monothéisme, du dualisme mazdéen. Mais les croyants fidèles disposent d'un puissant recours en la Personne de l'Esprit : « Je prierai le Père et il vous donnera un autre Défenseur, afin qu'il soit avec vous à jamais : l'Esprit de Vérité, que le monde ne peut recevoir, parce qu'il ne le voit et ne le connaît pas ; vous, vous le connaissez, parce qu'il demeure chez vous, et qu'il est en vous [...] ... Et quand il sera venu, il mettra le monde dans son tort à propos de péché et à propos de justice et à propos de jugement : à propos de péché, parce qu'ils n'ont pas cru en moi ; à propos de justice, parce que je vais vers mon Père et que vous ne me voyez plus ; à propos de jugement, parce que le Prince de ce monde est jugé. J'ai encore beaucoup de choses à vous dire, que vous n'êtes pas en état maintenant de porter ; mais quand il sera venu lui, l'Esprit de vérité, il vous guidera vers la Vérité tout entière. »

C'est l'Esprit qui anime tout le cycle sacramentaire de la Grâce, à commencer par le baptême que Jean-Baptiste déjà prophétisait comme pratiqué « dans l'Esprit-Saint ». Le baptême, premier sacrement du Salut, fut, non sans raison mystique, longtemps célébré par immersion, selon une conduite liturgique proche de la riche théologie paulinienne du Salut, tout emplie de mentalité mystérique avec ses fameuses séquences : « Croix — Sépulture — Résurrection — Vivification ». C'est-à-dire, en termes historiques : Passion et mort — Ensevelissement — Pâques — Pentecôte ;

Pentecôte, car c'est l'Esprit qui vivifie (ou « glorifie »). En sorte que le Baptême qui, entant sur le Christ, fait entrer dans l'Église, ente sur un Sauveur « mort — enseveli — ressuscité — glorifié », et rend ses adeptes « *conmortui, consepulti, consurrecti, convivificati* », les branchant ainsi — par l'œuvre du Fils, mais par l'effet de l'Esprit — sur la vie trinitaire. Les « morts-avec » le Christ, « ensevelis-avec » le Christ, « ressuscités-avec » le Christ, sont donc des « vivifiés-avec » ou « glorifiés-avec » le Christ : où l'on discerne bien le rite de passage propre à toutes les « religions à mystères » qui, depuis des siècles, sous l'attraction de l'Orient, l'effort de l'*éros* grec en sa fonction mystique, l'effet de l'inquiétude d'un Empire romain déraciné, ne cessaient de balbutier des vérités inchoatives et de répandre de sombres clartés.

Perdue par le péché, la grâce baptismale peut être retrouvée par la rémission des péchés. Mais c'est là encore, l'effet direct de l'Esprit, la parole institutionnelle du Christ en fait foi : « Recevez l'Esprit-Saint ; ceux à qui vous remettrez les péchés, ils leur seront remis ; ceux à qui vous les retiendrez, ils leur seront retenus. »

Enfin, elle peut, elle doit être constamment nourrie et augmentée par le Pain de vie du repas eucharistique qui, lui aussi, met en communion l'âme du fidèle et le mystère du Christ mort-ressuscité-glorifié par l'Esprit : « Je suis le Pain de la Vie [...] C'est ici le vrai Pain descendant du ciel pour que celui qui en mange ne meure pas ! C'est moi qui suis le Pain vivant descendu du ciel. Si quelqu'un mange de ce Pain, il vivra à jamais. Et le Pain que je donnerai, c'est ma chair livrée pour la vie du monde [...] En vérité, je vous le dis, si vous ne mangez la chair du Fils de l'homme, et si vous ne buvez son sang, vous ne possédez pas la vie en vous-même. Celui qui dévore ma chair et boit mon sang possède la vie éternelle, et je le ressusciterai au dernier jour. » Sacrifice et repas, Repas de Sacrifice : les deux aspects sont indissolublement liés dans ce sacrement qui reprend, sous forme de nourriture intérieure, les mêmes mystères exprimés dans le Baptême sous forme d'ablutions externes.

C'est ainsi — sous l'égide du Christ Maître du monde et Seigneur de l'Histoire, derrière Lui, avec lui, et en Lui — que l'Église et ses fidèles prennent possession du monde et de l'Histoire, pour y achever l'œuvre de salut, le faire mûrir, le compléter : c'est le sens du *plérome* paulinien.

Cette œuvre ne sera accomplie qu'aux derniers jours de la *Parousie* du Seigneur, c'est-à-dire de son second avènement glorieux, précédés de signes terrifiants et d'inimaginables malheurs. Alors chacun sera jugé sur l'Amour et pesé à son poids.

Jusque-là demeure la dualité, l'opposition, l'affrontement entre ce qui est du monde ou charnel, c'est-à-dire fermé au Dieu-Amour, et ce qui est de Dieu, et il faut essayer de gagner le monde à Dieu : « Je ne prie pas pour le monde, mais pour ceux que tu m'as donnés, Père, car ils sont à toi [...] Désormais je ne suis plus dans le monde et eux sont dans le monde [...] Je leur ai donné ta parole et le monde les hait, parce qu'ils ne sont pas du monde, comme je ne suis pas du monde. Je ne prie pas pour que tu les enlèves du monde, mais pour que tu les gardes du mal [...] » Jésus est donc venu, comme un signe, en butte à la contradiction, pour la chute et le relèvement d'un grand nombre, comme un catalyseur qui précipite la réaction.

Judaïsme et religiosité gréco-romaine ou : messianisme et mystères

On voit, en conséquence, ce qui unit le christianisme naissant aux diverses souches qu'il a croisées, aussi bien que ce qui l'en sépare. On pourrait presque dire, en schématisant à l'extrême, que, la religion juive traditionnelle étant — et demeurant — messianique, moraliste et historique et les religions à mystères, une aventure de salut à la fois personnel et cosmique, le christianisme dépasse les limites de chacune en en débordant les excès.

Aucun drame, nul mystère et nul sacrement dans le judaïsme en dehors de l'Unique-Ineffable. « La Loi est là, qu'il faut tenir — nous autres Juifs et nous seuls — jusqu'à la fin des temps, quand viendra le Messie qui fera toutes choses justes et bonnes et vraies. D'ici là, il nous faut nous tenir purs, prier l'Éternel, étudier la Loi, appliquer scrupuleusement les rites. Nous sommes en charge de l'Histoire véritable du monde qu'il nous faut maintenir dans la voie choisie par celui qui Est. » Il est donc normal que la religion juive tende au moral et au didactique (la Pessah elle-même, ou Pâque juive, est une fête didactique) ; normal aussi que les Juifs soient des religieux du Livre ; normal enfin que les plus impatients d'entre eux se tournent vers un messianisme terrestre et laïcisé, réduit au social et au politique. (On peut d'ailleurs, à cet égard, noter par avance qu'une certaine ligne protestante, non certes celle des origines luthériennes, tendra à revenir à la ligne juive et produira, dans les esprits et dans l'histoire, des effets comparables.)

Le Messie chrétien, au contraire, Jésus-Christ, *est venu* une première fois apporter en *droit* le Salut ; certes, Il reviendra et c'est seulement à la Parousie que, comme dans le schéma juif, toutes choses seront justes et bonnes. Mais Il est *déjà venu,* laissant bien sûr une loi morale à suivre, comme dans le judaïsme, mais surtout son Église, ses mystères et, pour y participer, ses sacrements. Le moral et le politique se trouvent relativisés par le sacré et son ordre. La faute elle-même — pas seulement celle d'Adam — est « bienheureuse », dans la mesure où elle ouvre la voie du pardon et de l'amour, et marque le triomphe évangélique de tous les manqués : les pauvres, les petits, les pécheurs, les humiliés et les offensés, « Venez les bénis de mon Père » ; « Priez pour nous, pauvres pécheurs... » Tout cela qui fait le fonds chrétien des univers de Mauriac et de Graham Greene, de Soljenitsyne et de Julien Green, de Dostoïevski et de Barbey d'Aurevilly, mais aussi de Racine et de Claudel.

Les mystères grecs ou gréco-romains, et leur souci cosmique, leur inquiétude panique du salut personnel, leur soif hébétée d'un destin dépassant la morale se trouvent ainsi par le Christ assumés, mais aussi replacés dans le flux d'un monothéisme exigeant et sûr de lui. Dans le mystère du Christ, leurs histoires deviennent, comme dans le judaïsme, Histoire du monde et de l'humanité, leurs mystères, Mystère de Dieu et du Salut de l'Univers. La souffrance elle-même, le mal et le péché prennent valeur immense de participation.

⁂

Trois séries dialectiques « oppositives-unitives »

Les oppositions du paradoxe évangélique forment ainsi trois séries dialectiques « oppositives-unitives ».

La première est celle de l'Ancien au Nouveau Testament, de l'ancienne à la nouvelle alliance ; elle se résout dans un accomplissement tellement parfait qu'il rend caduc ce qui n'était pas l'essentiel de la Loi ancienne. Quant à son noyau substantiel, condensé dans le commandement de l'Amour, il était donné à l'état de promesse ; avec le Christ, le Royaume est établi : « Les pauvres sont évangélisés. »

Mais cette synthèse se trouve soumise à son tour, au plan physique, moral et doctrinal, à une deuxième série dialectique « oppositive-unitive », dans l'ordre de la nature. D'une part l'Évangile par bien des côtés est ce qu'il y a de plus naturel, de plus simple, de plus humaniste ; d'autre part, il est ce qu'il y a de plus « choquant », de plus opposé à la nature, de plus antihumaniste. Car il présente un homme pleinement Dieu, Tout-Puissant et Crucifié ; dès le début on y voit que ce sont les vieilles femmes et les vierges qui accouchent ; il ne faut pas se préoccuper de la nourriture, ni du pain de demain. Le rétable « Warendorp » du musée Sainte-Anne à Lübeck illustre bien ce scandale bilatéral, dans l'image du Christ crucifié par les quatre vertus cardinales : justice, force, sagesse, tempérance. L'homme est lancé dans une direction qui n'est pas « naturelle », mais celle d'un incontestable dépassement.

Nature et dépassement, c'est-à-dire dépassement de la nature — mais de quelle nature s'agit-il ? L'Évangile ne vient-il pas finalement révéler, en même temps que l'appel à l'Amour total, la vraie nature de l'homme ?

Certes, la grâce reste un don gratuit de Dieu, certes la vie trinitaire reste sans proportion à l'homme. Mais comment savoir si la simple nature humaine, développée par ce don de l'Amour dans ses virtualités, n'est pas humilité et non orgueil, enfance et non pas suffisance, cœur et non point raison ? L'Évangile peut être considéré comme concordant et consonant avec le meilleur de l'homme, si ce meilleur est le besoin de dépassement et d'opposition de lui-même qui est peut-être le fond de sa vraie nature : « L'homme passe infiniment l'homme », dira Pascal.

Enfin, cette humanité nouvelle se trouve impliquée, à un dernier niveau, dans une troisième situation dialectique « oppositive-unitive », par rapport au *monde* cette fois, le monde selon l'Évangile, c'est-à-dire cela qui n'accepte pas le Salut. Car, engagée dans une histoire temporelle, l'humanité nouvelle reste en butte au monde, en croissance, imparfaite ; et engagée dans une histoire eschatologique, le Royaume lui est ouvert, le Salut lui est acquis ; une fois pour toutes, en droit. C'est le second avènement qui réalisera la récapitulation finale, l'unité définitive, la plénitude de l'Amour, supprimant radicalement toute tension. En attendant, la vie de l'Évangile est une vie de l'Esprit dans la chair et, plus complètement encore, une *autre* vie dans celle d'ici et maintenant.

*

Reste à voir comment, dans la suite de l'Histoire, ont joué et se sont jouées ces attractions et ces répulsions, ces unions et ces oppositions, ces forces en fusion et en tension. Ancienne et nouvelle Loi, judaïsme et hellénisme, nature et surnature, « monde » et Dieu, Salut et Histoire : tous ces couples et bien d'autres vont entrer en transe dans la grande danse des judaïsants et des antijudaïsants, des humanistes et des antihumanistes, des temporalistes et des eschatologistes, des platonisants et des aristotélisants ; des catholiques et des protestants et de tant d'autres. Tous, dans leurs ballets frénétiques, formeront des pas et figures d'autant plus complexes, entravés, embrouillés qu'outre les valeurs proprement religieuses d'Athènes, de Rome et de Jérusalem que le christianisme a intégrées, l'Église va bientôt reprendre en compte et charge les valeurs simplement culturelles de ces mêmes Trois Capitales, et notamment : la pure raison grecque du *logos* philosophique, et le sens, typiquement romain, de l'*ordre* politique, de l'enracinement charnel et du *sol* quotidien.

CHAPITRE V

FLUX ET REFLUX
LES PREMIERS DÉVELOPPEMENTS
OU : L'ÈRE PATRISTIQUE

Chacun garde encore en mémoire et dans les yeux le concile de Vatican II : ses travaux et ses fastes dans la prodigieuse basilique du Bernin et de Michel-Ange pleine à craquer de milliers d'évêques et de centaines d'observateurs du monde entier. Le contraste est saisissant entre ce grandiose aboutissement au plein milieu du XXe siècle et le tout premier concile de l'Église chrétienne, à Jérusalem, dix-neuf siècles auparavant, environ les années 50 : imaginez les quelques braves bougres et hommes braves — une bande de pouilleux — les premiers disciples (nous dirions militants) réunis, dans quelque salle basse de la Ville sainte, autour des douze apôtres pour débattre et décider finalement de la grave question qui remuait et déchirait les premières communautés : être chrétien, est-ce être juif plus quelque chose ? ou bien est-ce tout autre chose ? Faut-il ou non conserver la circoncision et, si oui, l'imposer aux nouveaux adeptes chrétiens qui n'étaient pas juifs ? En d'autres termes : c'est à Jérusalem, vers 49-50, qu'une assemblée de gens très simples, dominée par la forte personnalité du lettré Paul de Tarse, a décidé si le christianisme serait une secte juive ou une nouvelle religion.

Le mot même de *concile* — et son homologue grec de *synode* — sont significatifs. Employés, durant les premiers siècles, sans distinction, ils sont l'un, latin, l'autre, grec (et je suis de ceux qui pensent, avec Hatch, que la pratique romaine des *concilia civilia* a pu, sur cette institution de la primitive Église, marquer son influence). Il est, d'autre part, incontestable que les néophytes et disciples qui renâclaient à la circoncision préalable étaient des hellénisants, c'est-à-dire des gens spirituellement sensibles à la culture et à la religiosité grecques. On était donc bien, au premier concile de Jérusalem, en situation de tension, née de l'héritage des Trois Capitales.

Une remarque de méthode

Mais, avant de revenir à cette affaire et à sa conclusion, il importe de noter un double infléchissement dans le cours de la méthode que désormais m'impose l'objet de mon propos : notre civilisation des Trois Capitales, ses tensions et ses crises, son enracinement passé et son présent destin.

J'ai dû d'abord tenter de saisir, comme des phénomènes globaux, « l'âme » des Trois Capitales et leur « fusion en tension » dans la révélation évangélique. Pour cela, l'Histoire ne m'a été qu'une servante, servante de l'*essence* qu'avant tout j'ai cherché à saisir; et cette servante, j'ai même dû la faire entièrement s'effacer par deux fois, en raison des difficultés, insurmontables qu'elle aurait posées dans le cadre de ce simple essai et sans aucun fruit pour lui : dans le cas de la Rome antique prérépublicaine et dans celui de la constitution des Évangiles. Peu m'importe ici, au fond, comment exactement cela s'est fait, dès lors qu'on constate que cela s'est fait, avec les caractères et dans le sens que nous avons vus.

A présent, l'Histoire peut reprendre ses droits, avec dates et noms, attributions et influences, mais en restant toujours à sa place de servante de l'essence. Et ce, dans un domaine qui devra de plus en plus se restreindre puisqu'il ne peut ni ne doit embrasser tout ce qui en ferait je ne sais quel vague compendium ou improbable condensé de l'histoire universelle de l'Église et des Églises, des sociétés politiques et économiques, des arts et des lettres, des sciences et des techniques, des guerres et des paix, des systèmes et des nations. Plus modestement — ou plus ambitieusement comme on voudra — il s'agit ici de suivre le mouvement des idées en tension, que nous avons vu se dégager, en privilégiant, bien entendu, les moments de crise et les personnalités les plus caractéristiques de la tension ou de sa résolution. Telle, celle de l'apôtre Paul, dont on a vu qu'il assumait pleinement toutes les forces contraires et complémentaires du christianisme naissant.

L'affaire des judaïsants et la vie de l'Église des quatre premiers siècles

C'est **Paul** précisément qui promut doctrine et pratique de l'Église dans la première affaire intérieure qu'elle connut et qui touche étroitement à notre enquête : celle des judaïsants, opposés aux hellénisants. On sait que la lutte fut chaude entre les tenants d'une initiation préalable à la Loi ancienne par la circoncision notamment, menés par Jacques (semble-t-il, avec toute la sympathie de Pierre), et, d'autre part, les partisans de la seule pratique chrétienne. Il convient avec le recul, de ne pas plus minimiser la difficulté qu'envenimer la crise : rien ne permet de penser que les judaïsants aient mis en doute la seule efficace de l'adhésion au Christ; c'est eux que, dans un sens strictement historique, on appelle judéo-chrétiens; mais, après tout, le Christ était juif et pratiquait la Loi tout en attaquant le formalisme de son application, il était venu la parfaire et non l'abolir. C'est une des gloires de Paul d'avoir compris que cette perfection de l'esprit de la Loi supprimait la nécessité de ses pratiques, que le peuple chrétien n'était plus la théocratie juive; et d'avoir su gagner à la cause, avec Pierre, roc de la Foi, l'ensemble de l'Église réunie à Jérusalem. Dès lors, le sens précis de l'enseignement du Christ sur ce point ne sera plus mis sérieusement en question et il sera bien entendu qu'à partir de son premier avènement, c'est aux Juifs d'entrer dans le jeu de la perfection de la Loi, c'est-à-dire dans le royaume, non pas aux autres de reprendre une pédagogie historiquement nécessaire, désormais sans objet. On rencontrera bien encore quelques écueils. Témoins, par exemple, les îlots de résistance des hérésies judaïsantes du IIe siècle, ébionites, éclésaïtes, qui tenteront de faire valoir, sans grand succès, soit une identité essentielle, soit un syncrétisme entre le judaïsme et le christianisme. Mais ce ne seront que quelques péripéties : les Trois Capitales ont gagné contre l'exclusivisme juif.

L'Église, cependant, se développait rapidement et se trouvait en conséquence affronter l'Empire romain. Or que peut-on constater? Sur le plan social d'abord, si le Ier siècle voit se réaliser très concrètement, par le partage des biens et par la diffusion de l'Évangile dans les basses classes, la béatitude des pauvres et des humbles, du moins constate-t-on assez tôt, sous Néron, quelques conquêtes dans l'aristocratie (telle Pomponia Groecina). Sous Vespasien et Titus, l'invasion gagne les classes dirigeantes et jusqu'à l'entourage des empereurs, en sorte qu'on a pu faire remarquer (J. Zeiller) qu'il s'en est fallu de peu que, deux cents ans avant Constantin, l'Empire n'eût à sa tête en la personne de Flavius Clemens, cousin germain de Titus et Domitien, et de sa femme Flavia Domitilla, une princesse et un prince chrétiens. D'autre part, à partir d'Hadrien et surtout dans la seconde moitié du IIe siècle, le christianisme pénètre les milieux lettrés. Il est donc certain que si, dès les débuts, les chrétiens n'ont pas ignoré l'incarnation économique de l'Évangile dans une opposition au pouvoir et à l'argent, cette opposition n'a jamais revêtu un aspect révolutionnaire et simpliste, au détriment du salut spirituel.

On le voit bien dans le problème de l'esclavage. La doctrine pratique de l'Église est celle de saint Paul : « ni homme libre, ni esclave », mais indistinction. Toutes les personnes, malgré leurs différenciations psychologiques, sociales, ethniques, sont également des fils de Dieu et ne « forment plus qu'une seule personne en Jésus-Christ ». Il y a là une nette opposition au monde. Mais dans la pratique on retrouve également l'opposition au monde dans la manière de s'y prendre : avec une certaine dose d'indifférence aux structures sociales, les premiers chrétiens refusent la violence révolutionnaire, mais vident de sa substance la forme sociale, par leur action, en mariant les esclaves, en renonçant aux droits du maître, et en multipliant les affranchissements.

On retrouve le même esprit dans le domaine *politique*, où pourtant les chrétiens se trouvaient en déséquilibre dans l'Empire, du fait de l'union existant alors entre gestes religieux et gestes sociaux et qui, par exemple dans le cas des combats de cirque et des divertissements, tendait à les placer en marge de la cité. Cet état de fait a bien été exploité par quelques chrétiens extrémistes de l'opposition plus ou moins prophétique et révolutionnaire, qui auraient voulu hâter la ruine de l'Empire ; mais la hiérarchie et l'ensemble des chrétiens n'ont jamais entériné de telles prétentions, se contentant de pratiquer activement leur foi qui les rendait relativement indifférents aux préoccupations terrestres et de s'abstenir de toute action répréhensible.

Même position sur le service militaire : l'objection de conscience, pendant les Ier et IIe siècles, n'est pas habituellement pratiquée ni non plus soutenue en doctrine. Ce n'était pourtant pas laxisme : l'attitude adoptée dans le difficile problème des sacrifices à l'empereur nous le montre, et d'une façon d'autant plus caractéristique que nous pouvons la comparer à celle des Juifs. Judaïsme et christianisme étant des religions monothéistes absolues, excluaient l'un et l'autre le culte des empereurs ; or nous savons par Josèphe que les Juifs avaient su résoudre le problème en offrant à Yahvé, des sacrifices *pour* l'empereur, ce qui les dispensait de sacrifier *à* l'empereur. Ils formaient, il est vrai, une ethnie ; mais les chrétiens, avec un peu d'habileté et l'usage des soutiens acquis peu à peu dans l'entourage des empereurs, eussent pu obtenir un semblable privilège. Ils ne l'ont jamais fait et ce fut un des principaux mobiles des persécutions. Il y a là l'effet d'une volonté de témoignage dans la fidélité à l'opposition au monde quand il s'oppose à Dieu, volonté d'autant plus sensible que les premiers apologistes, ceux du IIe siècle, tel Justin, ne désespéraient pas de persuader les empereurs, de l'excellence de la nouvelle foi ; mais la hiérarchie ne voulait pas que ce fût au prix d'un concordat dans la confusion.

Autre contraste — en fait, fidélité à l'Évangile — dans la vie intérieure des communautés. Contre **Novatien,** et son intégrisme bientôt gnostique de « pur » qui s'oppose au pardon des *lapsi* repentants, l'Église maintient, avec le dogme de la pénitence, la tradition évangélique du Royaume ouvert aux pécheurs et non pas aux justes.

Une telle fidélité à l'Évangile en toutes ses nuances porte ici ses fruits non seulement dans l'Église, mais déjà dans l'univers quand, tout au long du IVe siècle, les législations constantiniennes de 315 à 324, puis celles de Gratien et de Théodose consacrent l'influence de la morale évangélique sur la vie officielle et juridique du monde, en adoucissant le sort des criminels condamnés, en protégeant les faibles, les mineurs, les innocents, les esclaves, les orphelins. D'autre part, ces mêmes législations, en entérinant la fin officielle du paganisme et en inaugurant le concordat (exemptions fiscales et juridiques, sorte de budget du culte chrétien, etc.) marquent le début d'un long régime où l'État, conservant son autonomie, se met au service de l'Église, l'Église profitant des facilités accordées sans y être asservie : régime parfaitement conforme en lui-même à l'indifférentisme évangélique en matière politique, mais dont il faut bien dire que l'Église dans la suite, ne saura pas toujours user tout en conservant une liberté évangélique d'appréciation et d'action, tant est lourde sur cette liberté la pesanteur de l'appui de l'État.

On pourrait observer une application analogue de la dialectique « oppositive-unitive » de l'Évangile, dans le domaine liturgique, où l'Église a souvent assumé les fêtes et mythes païens (du soleil, du feu, etc.) en ce qu'ils ont de profondément humain, mais ce fut pour les vider de leur contenu idolâtrique et les remplir du sens des mystères chrétiens.

Les Pères apostoliques : équilibre et rupture

Un tel effort d'équilibre était déjà sensible dans la pensée de certains Pères, dits apostoliques parce que tout proches de la période des Apôtres, et notamment, à la fin du Ier siècle, chez **Clément de Rome.** Certes il est fidèle aux valeurs oppositives de l'Évangile que, sur un ton prépascalien, il rappelle aux Corinthiens : « Le Sceptre de la majesté de Dieu, notre Seigneur Jésus-Christ, n'est pas venu dans la jactance de l'arrogance et de la superbe, bien qu'il fût puissant, mais dans l'abaissement. »

Mais cette opposition ne vise pas le judaïsme, ni l'hellénisme, car, pour Clément tout est bon en Christ ; *mais* seulement en Christ, *mais* tout : « Nous qui sommes appelés dans le Christ Jésus par sa volonté, ce n'est pas par nous-mêmes, que nous sommes justifiés, ni par notre sagesse ou notre intelligence, ou notre piété, ou par les œuvres accomplies dans la sainteté du cœur, mais par la foi ; car c'est par elle que le Dieu tout-puissant nous a justifiés dès le commencement... Mais, frères, que ferons-nous alors ? Nous séparerons-nous des bonnes œuvres et abandonnerons-nous la charité ?... Non pas, *car c'est le Seigneur qui œuvre et se réjouit dans ses œuvres.* »

Nous sommes ainsi introduits au cœur de la pensée de Clément ; ce n'est pas tellement entre l'ancienne et la nouvelle Loi qu'il marque l'opposition (l'Ancien Testament est plus cité que l'Évangile, qui n'existait sans doute encore que sous forme de traditions orales), ni entre la nature et le royaume (la création est considérée comme foncièrement bonne), ni donc entre l'hellénisme gréco-romain et le christianisme, mais entre le « monde » et le vrai Dieu. Il assume pleinement à la fois la transcendance absolue du mystère de la Révélation évangélique, de la Croix, et la bonté foncière de la nature créée pour l'Amour, telle que l'exaltaient les Grecs; cette absence de séparation entre l'absolue révélation de la Croix et la relative bonté de la nature permet un optimisme radical qu'on retrouve en morale comme partout. Ainsi expliquant dans une homélie la péricope évangélique sur les choses cachées aux sages et révélées aux petits, il note que Jésus n'a pas dit qu'elles étaient cachées aux *sages*, mais que Dieu les leur a cachées « *comme si autrefois elles leur avaient été connues* ».

Il y a donc, très fortement ancrée chez Clément, l'idée que l'Évangile vient rétablir ce qui existait auparavant, réintégrer l'homme dans sa vraie nature. Le « monde » alors, c'est tout ce qui est mauvais, tout ce qui fait décliner l'homme du retour christique à sa vraie nature. Saint Clément de Rome se présente finalement en moraliste humaniste chrétien.

A l'inverse, en cette même fin du Ier siècle, la pensée d'**Ignace d'Antioche** est nettement plus heurtée et plus anguleuse : il révère certes l'Ancien Testament, mais uniquement, écrit-il aux Philadelphiens, dans la mesure où il prophétise l'Évangile du Christ, en qui réside l'unique Salut : « Accourons à l'Évangile comme au Christ corporellement présent et aux apôtres comme au presbytérat de l'Église. Aimons aussi les Prophètes parce que, eux aussi, ont annoncé l'Évangile; ils ont espéré dans le Christ et l'ont attendu; c'est par la foi en lui qu'ils ont obtenu le Salut, unis à Jésus-Christ. » L'Ancien Testament a été bon, mais le Nouveau est meilleur encore, et même l'Ancien n'a pu être salvifique que dans et par le Christ; « Les prêtres sont bons, mais le pontife suprême l'emporte sur eux, lui à qui est confié le Saint des Saints, lui, à qui seul sont livrés les secrets de Dieu, lui qui est la porte du Père par laquelle entrent Abraham, Isaac et Jacob, et les Prophètes et les Apôtres et l'Église. Tout cela vise l'union à Dieu. Or, l'Évangile possède quelque chose d'irremplaçable : l'avènement de Notre-Seigneur Jésus-Christ, sa passion et sa résurrection. Les prophètes bien-aimés l'ont annoncé ; mais l'Évangile c'est la perfection de la vie éternelle. » Le judaïsme est donc maintenant dépassé : « Si quelqu'un vous prêche le judaïsme, ne l'écoutez pas. Il vaut certes mieux entendre le christianisme de la bouche d'un circoncis, que le judaïsme de la bouche d'un incirconcis. Mais si l'un et l'autre ne vous parlent pas de Jésus-Christ, ils sont pour moi comme des stèles et des pierres tombales où sont inscrits les noms des morts. Fuyez donc les astuces mauvaises et les embûches du prince de ce monde. »

Aux Magnésiens, Ignace parle encore plus violemment, retrouvant des accents pauliniens qui laissent à penser que certains judaïsants n'avaient point encore désarmé : « Ne vous laissez pas séduire par des doctrines étrangères, ni par les vieilles fables qui sont inutiles. Si en effet nous vivons selon la loi judaïque, nous confessons que nous n'avons pas reçu la grâce. Les prophètes très saints eux-mêmes ont vécu selon Jésus-Christ [...] Celui qui s'appelle d'un nom autre que le nom chrétien, n'est pas de Dieu. Rejetez donc le vieux ferment tourné et sans effet, et changez-vous dans le nouveau ferment qui est Jésus-Christ [...] Il est absurde de professer le christianisme et de judaïser, car ce n'est pas le christianisme qui croit au judaïsme et pour lui, mais le judaïsme qui a porté la foi pour le christianisme. »

Le judaïsme n'est d'ailleurs pour Ignace qu'un des éléments de ce « monde » que, conformément à l'Évangile, il refuse énergiquement ; ainsi le célèbre passage de la Lettre aux Romains : « Laissez-moi me donner en pâture aux bêtes féroces... » doit-il être en fait entendu dans ce contexte : « C'est alors, en effet, que je serai vraiment disciple du Christ, quand le monde ne verra même pas mon corps [...] Si je souffre, je serai libéré par Jésus et en lui je ressusciterai libre, tandis que maintenant, enchaîné, j'apprends à ne rien désirer de mondain ou de vain [...] Que viennent sur moi le feu et la croix, les mâchoires des fauves, les déchirures, les écartèlements, la brisure des os, la rupture des membres, les coups sur tout le corps, les cruels tourments du diable : seulement pour que j'obtienne Jésus-Christ. Les plaisirs du monde ne me servent à rien, ni les puissances de ce monde. Ce qui m'importe, c'est de mourir en Jésus-Christ. Le Prince de ce monde veut me ravir, et corrompre ma volonté envers Dieu [...] Ce n'est pas en désirant le monde que nous parlons Jésus-Christ. »

Ainsi donc, Ignace entre en rupture farouche avec le judaïsme, certes ; mais avec le monde hellénistique ? C'est moins évident. Ce qu'à la Loi ancienne Ignace oppose avec exaltation, c'est le mystère du Christ, mystère aux accents mystériques et quelque peu stoïciens, quoique dépassés dans l'harmonie de la conformité à la Passion et à la Résurrection.

*

Les Pères apologètes du II*e* *siècle ou : la recherche systématique de l'harmonie*

Avec les Pères apologètes du IIe siècle, la tendance à la consonance avec le judaïsme et la raison grecque s'accentue généralement, ce qui se comprend aisément, si l'on songe qu'ils se proposaient avant tout de répondre aux calomnies païennes : adoration d'un âne-dieu, inceste, conjuration, débauches diverses ; cela donne à leurs apologies un petit air sage et conformiste qui n'en constitue pas nécessairement le fond, et leurs écrits n'expriment pas toujours un concordisme humaniste chrétien qui correspond néanmoins à leur ligne générale.

Il faut d'ailleurs ne pas perdre de vue qu'une véritable apologétique de type oppositif s'inscrivait à l'époque *dans la vie* de l'Église : par ses martyrs d'abord qui, tranquillement, sans ostentation ni agressivité, affirmaient leur foi et allaient à la mort. Cela n'est pas naturel, pas « humain ». L'homme cherche naturellement à sauver sa vie, à tout prix. Les païens l'éprouvaient bien qui, en 177 par exemple, après des jeux sanglants à Lyon, s'écriaient : « Où est leur Dieu, et à quoi leur a servi la religion qu'ils ont préférée à leur vie ? »

Le même contraste se retrouve dans la vie morale des chrétiens, pleine de pureté, de charité, d'innocence, telle enfin que nous la dépeint Aristide dans une page célèbre, et qui se trouvait en opposition absolue avec la vie des païens, « sans amour, sans pitié », sans pudeur, sans bonne foi.

Cette vie des chrétiens constituait, dans le monde romain, un tel scandale que, dix-huit siècles plus tard, Renan, malgré les éloges qu'il prodigue à l'Épître à Diognète, l'éprouve encore en concluant : « Quand une société d'hommes prend une telle attitude au sein de la grande société, quand elle devient dans l'État une république à part, fût-elle composée d'anges, elle est un fléau. »

Forts de ces perfections, certains apologistes s'inscrivent apparemment dans la ligne oppositive, ne se faisant pas faute d'attaquer : c'est le cas notamment de l'Épître à Diognète qui stigmatise les « superstitions des Juifs », dépeint la misère de l'homme avant l'avènement du Verbe et montre en Jésus Fils de Dieu la seule justification possible. Tel aussi **Tatien** qui, dans son *Discours contre les Grecs,* s'attaque violemment à la Sagesse grecque, moquant ses erreurs et ses vices, et exaltant, en contre-jour, le christianisme.

Encore convient-il de remarquer que, dans l'Épître à Diognète et plus encore chez Tatien (qui d'ailleurs trahira sa foi), c'est souvent au nom même de la raison et de l'hellénisme ambiant que l'Évangile est opposé aux cultes païens et aux rites du judaïsme.

Il faut mettre à part **Théophile,** esprit un peu bizarre et pas très représentatif, systématiquement opposé à tout ce qui est grec, et fortement influencé en revanche par le judaïsme le plus contestable. Un peu dans le même sens, mais hors du contexte des Pères apologètes, les *Philosophoumena,* longtemps attribués à saint Hippolyte, seront assez violemment antigrecques en montrant que la racine des hérésies plonge dans la philosophie grecque (*ék tês Ellênôn sophias*), alors que la bonne doctrine se nourrit de l'Écriture.

De sorte qu'en fin de compte c'est plutôt chez un **Justin** (100-165), se plaçant sans barguigner sous le signe de la continuité entre l'Évangile, la raison grecque et la Loi mosaïque qu'il faut chercher le type même de l'apologiste du IIe siècle.

Continuité avec la Loi : dans la deuxième partie de son *Dialogue avec Tryphon,* Justin démontre, en se fondant sur les prophètes eux-mêmes, que la foi en Jésus-Christ n'implique nullement, au contraire, le reniement du Dieu d'Abraham, d'Isaac et de Jacob, tandis que la troisième partie développe la continuité entre l'Église et Israël, et l'épanouissement universaliste du yahvisme dans le christianisme.

Justin, accentuant assez audacieusement la continuité de la Loi ancienne et de la Foi renouvelée, n'ignorait évidemment pas l'originalité de l'avènement du Christ. De même, dans son désir de confrontation avec la sagesse païenne et de constitution d'une philosophie chrétienne, il n'oublie pas que l'âme humaine ne peut atteindre par ses propres forces à la contemplation de Dieu, ni qu'elle n'y peut accéder que par la vertu de l'Esprit-Saint. Cela le différencie radicalement de son cher Platon à qui pourtant il n'est pas loin de prêter, comme à tous les philosophes, une révélation divine, imparfaite sans doute et entachée d'erreurs, mais véhicule authentique du *logos spermaticos* qui éclaire tout homme : « Ceux qui ont vécu selon le logos sont chrétiens, même s'ils ont été tenus pour athées : tels, chez les Grecs, Socrate, Héraclite et leurs semblables, chez les barbares, Abraham, Ananias, Azarias, Misaël et beaucoup d'autres. »

Cette révélation, préfigurée et partielle, a été accomplie par le Christ, aussi « notre doctrine surpasse toute doctrine humaine parce que nous avons le tout du logos : c'est le Christ qui a paru parmi nous [...], car tout ce que les philosophes et les législateurs ont dit et découvert de beau, ils sont parvenus à le découvrir et à le contempler grâce à une influence partielle du logos. Mais parce qu'ils n'ont pas connu le tout du logos qui est le Christ, ils se sont souvent contredits eux-mêmes. »

On observe à quelle habile profondeur saint Justin en son *Apologie,* toutes les fois qu'il s'avance avec hardiesse dans le sens de la continuité, sait tenir aussi la position oppositive. On en sent encore un effet quand, revenant à la béatitude des pauvres et des petits, il déclare à propos des choses divines : « Chez nous on peut entendre et apprendre ces choses de ceux qui ne savent même pas écrire ; ce sont des gens ignorants et barbares de langue, mais sages et fidèles d'esprit [...], et l'on voit bien que ce n'est pas ici l'œuvre de la sagesse humaine, mais de la puissance divine. »

Si le double mouvement, observé par Justin, — de la nature en ce qu'elle a de meilleur vers Dieu, et de Dieu allant sans mesure vers l'homme par l'Évangile de Jésus-

Christ, réalisant ainsi pleinement sans heurts les virtualités de la nature et de la loi —, a pour nous tant d'importance, c'est que, plus systématique que chez Clément de Rome, ce double mouvement est typique de l'humanisme chrétien, de la synthèse de la nature et de la grâce qui ne trouve d'opposition que dans le mal et l'erreur, c'est-à-dire dans ce que l'Évangile nomme le « monde » et qui ne sera réduit qu'à la fin des temps.

Cet équilibre, malgré tout fragile chez Justin, se verra plus tard, aux confins du IIIe siècle, avec l'*Octavius* de **Minucius Felix,** carrément basculé du côté d'une sorte de rationalisme chrétien ; on n'y trouve vraiment plus rien du paradoxe évangélique ni du scandale de la Croix. Tout ce qui est mystère et dépassement est soigneusement voilé et les références mêmes de Felix sont symptomatiques : rien ou presque de l'Écriture, contre une abondance d'auteurs païens. Sans doute le christianisme est-il présenté comme vrai, sans doute l'*Octavius* ne prétendait-il être qu'une propédeutique à la foi. Cependant on peut dire qu'on tient, avec Felix, le premier auteur tant soit peu important, qui se situe hors des séries dialectiques de l'évangélisme, le premier aussi à n'avoir pas suivi le précepte de l'Apôtre : « Ne détruisez pas la Croix du Christ. » Aussi Minucius Felix n'a-t-il jamais été considéré comme un grand théologien ; on peut même avancer que, n'était son dessein pédagogique, l'*Octavius* eût pu être exclu de la tradition orthodoxe.

La manière des grandes apologies du IIe siècle se retrouvera au Ve chez **Théodoret de Cyr,** qu'on a pu appeler le dernier et peut-être le plus grand des apologistes ; son œuvre la *Thérapeutique des maladies helléniques,* ou la connaissance de la vérité évangélique par la philosophie des grecs, présente, dans ses douze livres, tous les grands problèmes philosophiques et théologiques et, après une confrontation, sur chaque point, du paganisme et du christianisme, montre que la religion chrétienne fait ressortir, dans tous les cas, et dépasse, en vérité, le meilleur de la sagesse humaine.

*

La crise gnostique ou : l'évacuation mystico-rationaliste du mystère

Cependant, bien des lustres auparavant, dès le IIe et le IIIe siècle, l'orage gnostique avait éclaté dans le ciel chrétien, déchaînant des éclairs fulgurants, faisant rouler la foudre et tonner les foudres de l'Église, bousculant pour des siècles les nuées de l'esprit.

On dit *la* gnose ; en fait, il y en eut beaucoup, mais elles ont toutes un fonds commun. La *gnose,* c'est, en grec, la connaissance. Et, en effet, la gnose est, pour le théologien, une hérésie d'esprit grec ; pour nous, un retour massif, une formidable irruption de l'hellénisme dans le mystère chrétien. Mais non pas de n'importe quel hellénisme, non pas de la pure et limpide raison de Solon, de Platon et d'Aristote, non pas davantage de l'hellénisme mystagogique attaché aux religions à mystères : mais de cet autre hellénisme de l'*éros,* exaspéré par un désir effréné de connaître. *Connaître.* Connaître le tout de l'homme et le tout de l'univers, en un effort à la fois rationnel et mystique. En cela l'effort de la gnose grecque rejoint celui de la Kabbale juive.

Il y a là historiquement un alliage étrange des idées grecques contemporaines et de la « vieille religion » mazdéenne de la Perse ancienne dont on a vu déjà, à plusieurs reprises, l'influence résurgente dans notre civilisation des Trois Capitales, par les canaux de l'effervescence hellénistique, de l'inquiétude de Rome déracinée de son sol et de son ordre originel, par le canal, aussi, peut-être, de l'essénisme.

A cet égard, l'énigmatique mazdéisme est capital dans l'Histoire et dans les structures mentales de notre civilisation. Et comme par hasard — mais il n'y a pas de hasard en Histoire, surtout pas en histoire des idées — il réapparaît brusquement, à peu près en même temps que la gnose, en plein IIIe siècle judéo-chrétien, avec **Mani** (en grec : **Manès**). S'il est vrai, dans une certaine mesure que, sous sa forme manichéenne, le mazdéisme peut être considéré comme une hérésie chrétienne, en liaison avec Marcion (dont certains même ont fait le maître de Mani) et avec la gnose valentinienne ; s'il est vrai encore qu'il a joué et continuera à jouer un rôle considérable et à exercer une influence tour à tour souterraine et visible sur le christianisme : Paul et les Évangiles en leur enseignement de morale sexuelle, Augustin, Tertullien, Manès et le catharisme albigeois..., il est encore plus évident qu'il n'est pas né de rien. C'est la pointe d'Orient de notre civilisation occidentale et les Romains, qui en connaissaient l'emprise, se montraient profonds psychologues en la nommant *vetus religio,* vieille religion. Car c'est une religion toute naturelle à quiconque veut tout dominer simplement, soi-même et le monde, tout embrasser, l'homme et l'univers, la morale et la politique.

Il est curieux et symptomatique que le plus grand spécialiste moderne du mazdéïsme ait été naguère un Juif converti au christianisme, le P. Jean de Ménasce, professeur à l'École des Hautes Études, dont j'ai pratiqué les leçons et l'amitié et qu'inlassablement je questionnais sur les infiltrations mazdéennes. Non moins curieux, non moins significatif que le plus grand mazdéen contemporain ait certainement été M. Hitler, avec son mythe aryen-germanique, monde et dieu du Bien opposés, dans une lutte de titans, au Mal judéo-chrétien, mythe hérité, à travers des idéologies obscures et confuses, de Darius et de Cyrus, dans un identique ordre de valeurs : empire, force, sang.

Le gnosticisme hellénistique des trois premiers siècles reprenait, lui aussi, ce principe dualiste du Dieu principe du Bien, et de l'autre Dieu, ou matière, principe du Mal ; la création résultant d'une série de dégradations, ou éons, produits de l'émanation du Dieu Bon en alliage décadent avec des éléments matériels. L'application d'une telle philosophie à la révélation évangélique supprime du même coup toute tension entre les forces opposées des Trois Capitales (sauf, en apparence, chez Marcion) et fait basculer le « christianisme » du côté de la consonance absolue, du refus du Mystère et d'une sorte de dépassement surhumain de notre condition par les forces propres de l'homme.

L'essence même de la gnose, en effet, vit aux antipodes de l'esprit évangélique, par son refus de tout « scandale » et de tout mystère (notamment celui du Mal, réduit par le dualisme de type manichéen) ; par son désir de connaissance totale et absolue du monde (les écrits gnostiques seront souvent cosmogoniques), opposé à la simplicité d'esprit de l'Évangile ; par son humanisme absolu, qui accorde à l'homme le pouvoir de se dépasser par ses seules forces, et remplace la rédemption divine par une « purification » et une ascèse naturelles (ce qui est en opposition formelle avec le « Sans moi, vous ne pouvez rien faire » du Christ) ; par son aspect initiatique enfin, réservant la vraie « connaissance » et le Salut à une élite de purs, le gros du troupeau étant considéré comme dénué d'intérêt.

Ces diverses caractéristiques se trouvent déjà presque toutes dans la gnose des débuts (IIe siècle, début du IIIe) comme aussi bien chez **Valentin**, **Montan**, etc. Ainsi, dès l'origine, sous Hadrien, **Basilide**, devant le scandale que fait éprouver aux païens le martyre des chrétiens, donne une réponse éliminant tout scandale : recourant à la métempsycose, il affirme que les martyrs expient ainsi les fautes de leur vie passée. Une souffrance doit être logique, fondée en raison, expliquée : celle même du Christ ne trouve pas grâce à ses yeux : « Si l'on me pousse, je dirai qu'un homme, quel que soit celui que tu nommes, est toujours homme, tandis que Dieu est juste. Car personne n'est pur de souillure. » Il oppose donc un refus catégorique à la folie de la Croix : si Jésus a souffert c'est en raison de ses péchés.

Le même esprit et la même infidélité au message évangélique se manifestent dans la mythologie basilidienne de la lumière et des ténèbres : alors que pour Jean et Matthieu les ténèbres symbolisent le monde non encore éclairé par Jésus, le champ d'action du Christ, de la grâce et des chrétiens, Basilide pose un antagonisme radical entre la lumière et les ténèbres qui n'ont jamais vu qu'un reflet de la lumière, laquelle ne désire nullement venir se mêler à elles. De même **Ptolémée** — disciple de Valentin, et qui dans sa lettre à la chrétienne Flora, tend à prouver que l'Ancienne Loi émanait, non de Dieu, mais du démiurge créateur du monde — institue une exégèse analogue pour le prologue de saint Jean, tandis qu'**Héracléon**, autre disciple de Valentin, fait l'équivalent pour saint Luc.

Le cas de **Marcion** (85-160) est plus particulièrement intéressant ; en effet, le marcionisme se présente d'abord en surface comme un refus de l'Ancien Testament, suite à une prise de conscience aiguë mais excessive de l'opposition entre l'Ancien et le Nouveau : « La séparation de la Loi et de l'Évangile, disait déjà Tertullien, est l'œuvre propre et principale de Marcion » ; et les *Antithèses*, recueil composé de textes bibliques (ou « témoignages » comme on disait alors), n'étaient pas autre chose qu'une chaîne de contradictions relevées entre l'Évangile et l'Ancien Testament. Ainsi, écrit Marcion, quand la Loi dit « œil pour œil, dent pour dent », l'Évangile commande le pardon et, même, « si quelqu'un te frappe sur la joue, tends-lui l'autre joue » ; Élie appelle le tonnerre sur les soldats qui le menacent, alors que le Christ interdit à ses apôtres d'agir ainsi. Aussi, en face du Dieu de la Loi, guerrier et cruel, incompréhensible et conquérant, Marcion dresse-t-il l' « édit du Christ », c'est-à-dire la Béatitude des pauvres, négligeant de la sorte, comme le remarquait Tertullien, tous les textes « évangéliques » de la Thora, et tous les textes « judaïques » de l'Évangile.

On pourrait donc à première vue parler, à propos de Marcion, d'un évangélisme de type paulinien mais exaspéré à l'excès. Cependant un examen plus poussé retire l'illusion : c'est par refus du mystère, du paradoxe, en un mot du scandale chrétien et de la Croix comme, par conséquent, de la plus haute synthèse qui peut en résulter, que Marcion dit non à l'Ancien Testament, au point de fabriquer une Bible constituée d'un Luc et d'un Paul d'ailleurs amputés. Car Marcion rejetait non seulement l'Ancien Testament, œuvre du démiurge injuste et méchant, mais encore tout ce qui dans l'Évangile lui paraissait dénoter des influences juives transmises par le canal des premiers apôtres : Paul et Luc avaient sa préférence, mais non dans leur intégralité. Par-delà les siècles, il patronnait ainsi à l'avance les œuvres des critiques libéraux des années 1880-1930.

De même, quand dans ses *Antithèses* il oppose par exemple Isaïe (« C'est moi qui envoie les maux ») à la parole évangélique selon laquelle un bon arbre ne peut porter que de bons fruits, c'est — par le moyen d'une glose fallacieuse assimilant Dieu au bon arbre, et le créateur démiurge au mauvais arbre — tout le mystère du Mal et de la Providence qui est évacué. De la même façon, radicale et typiquement gnostique, sont résolues les difficultés de l'Ancien Testament : si le Dieu de la Loi avait été vraiment providence et bonté, il aurait prévu et évité la faute originelle : « Pourquoi a-t-il souffert que l'homme, qui était son image et sa ressemblance, ou plutôt, par la nature de l'âme, sa substance, comment a-t-il souffert que, circonvenu par le diable, il désobéît à sa loi et encourût la mort ? Car, s'il avait été bon, il n'eût pas consenti à un tel malheur ; prévoyant, il l'aurait connu d'avance ; puissant, il l'aurait conjuré ; et ainsi, cette catastrophe ne serait jamais survenue, ces trois attributs de la majesté divine ne l'auraient pas souffert. Si elle est survenue en effet, il est certain que ce dieu ne peut être tenu pour bon, pour prévoyant, pour puissant. »

Dieu ignorant qui, en Éden, demande où se cache Adam, Dieu cruel et inconstant qui se laisse supplier par Abraham ; Dieu nationaliste qui fait combattre par les Hébreux les autres peuples ; Dieu contradictoire et absurde qui dit n'avoir pas besoin de sacrifices et en demande cependant, qui prescrit le sabbat et fait danser huit jours autour de l'arche, qui prescrit l'idolâtrie et commande le serpent d'airain... Non, décidément pour Marcion, ce Dieu ne saurait être que le démiurge, le Dieu mauvais, créateur de l'univers matériel et auquel se sont convertis les apôtres du Christ, sauf Paul, seul à avoir vraiment prêché l'Évangile du Fils du Dieu bon.

La réaction d'Irénée ou : le rétablissement de l'harmonie dans la tension

En face d'une gnose devenue menaçante, répandue, presque populaire, comment va réagir **Irénée** (l'évêque de Lyon, né en Asie Mineure, ce qui illustre bien l'intense mouvement des hommes et des idées dès les IIe et IIIe siècles), Irénée dont l'*Adversus haereses* (contre les hérétiques) a pour but premier de la réfuter ?

Il suffit de tirer quelques exemples de l'œuvre riche et puissante de ce grand théologien, pour comprendre sa manière. D'abord, il rappelle et situe le véritable paradoxe évangélique ; le christianisme est vocation universelle, ce n'est pas une religion de l'élite : « Ni le plus puissant en paroles des chefs des églises n'enseignera une autre doctrine, ni le plus infirme en paroles n'amoindrira cette tradition. Car la foi étant une et identique, elle n'est ni enrichie par celui qui peut beaucoup parler d'elle, ni appauvrie par celui qui ne peut en parler que peu. »

Le sens des petits, de l'opposition et du mystère est donc

fortement rétabli en face des gnostiques ; et surtout le mystère incommensurable de Dieu, inaccessible aux forces humaines : « Si l'on considère sa grandeur et sa gloire admirable, personne ne peut voir Dieu sans mourir, car le Père est incompréhensible ; mais en vertu de son amour, de sa condescendance et de sa toute-puissance, il accorde à ceux qui l'aiment, ce grand don, la vision de Dieu. Car ce qui est impossible aux hommes est possible à Dieu. »

Il était naturel qu'en contrepartie de la liquidation gnostique Irénée fût ainsi amené à marquer les vraies oppositions, presque aussi fortement qu'elles l'étaient dans l'Évangile et dans saint Paul ; mais il est intéressant de constater que, s'attaquant à la résolution des *Antithèses* marcionistes elles-mêmes, il les résout non seulement avec une grande maîtrise théologique, mais surtout en conservant l'opposition et en la résolvant dans une synthèse supérieure qui l'assume sans la détruire tout comme saint Paul et l'Évangile. Il recourt fréquemment, en particulier, à la notion de pédagogie divine, d'évolution perfective de l'humanité éduquée par l'Esprit-Saint.

C'est pourquoi « la loi, écrite pour des esclaves, formait l'âme par le dehors, en saisissant le corps et en attirant l'âme comme par une chaîne à l'obéissance des commandements, pour que l'homme apprît à servir Dieu ; le Verbe a délivré l'âme et par elle il a enseigné au corps à se purifier volontairement ».

Donc : « Les deux Testaments sont l'œuvre d'un seul et même Père de famille, Notre Seigneur Jésus-Christ, qui s'est entretenu avec Abraham, avec Moïse et qui, dans la nouvelle alliance, nous a rendu la liberté et fait surabonder la grâce. »

Tertullien ou : la chute de Charybde en Scylla

A la même époque, fin du IIe et début du IIIe siècle, **Tertullien,** né à Carthage, offre l'exemple, exactement inverse, d'un éparpillement en tout sens de la synthèse évangélique. Il fournit d'abord l'illustration antique de ce qu'on appellera, à l'époque moderne, l'intégrisme du refus. Déjà dans son *Apologétique* et son traité *Aux nations,* à côté de très beaux passages exprimant la pensée chrétienne orthodoxe (les chrétiens ne sont pas athées ni insoumis ;

sans adorer l'empereur, ils lui obéissent et prient pour lui), on rencontre de violentes diatribes, sortant quelque peu de la ligne du désintéressement évangélique à l'égard du pouvoir : menaces de révolution des chrétiens, mépris de l'État.

L'Africain, certes, avait vivement perçu le scandale de la Croix et de la prédication évangélique : « Jésus, écrit-il dans son *Traité de la patience,* n'a voulu mourir que rassasié de souffrances. On crache sur lui, on le flagelle, on le tourne en dérision, on le couvre de vêtements ignobles, d'une couronne plus ignoble encore [...] Il avait voulu se cacher sous les apparences d'un homme, mais il n'a rien voulu imiter de l'impatience humaine. C'est à ce trait surtout, pharisiens, que vous auriez dû reconnaître le Seigneur, car une telle patience, aucun homme n'eût pu la déployer. Tous ces traits éclatants qui, aux yeux des païens, sont autant d'objections contre notre foi, mais qui pour nous la justifient et la fortifient, montrent assez clairement à ceux qui ont reçu la grâce de la foi [...] que la patience est la nature de Dieu. »

Aussi s'en prend-il vivement à la philosophie d'où, pour lui, sont nées toutes les hérésies ; aucun sage, pas même le « misérable Aristote » ne trouve grâce à ses yeux, car, écrit-il dans ses *Prescriptions contre les hérétiques : « Quoi de commun entre Athènes et Jérusalem ? entre l'Académie et l'Église ?* entre les hérétiques et les chrétiens ? Notre doctrine vient du Portique de Salomon, qui avait lui-même enseigné qu'il faut chercher Dieu en toute simplicité de cœur. *Tant pis pour ceux qui ont mis au jour un christianisme stoïcien, platonicien, dialecticien.* Non, nous n'avons pas besoin de curiosité après Jésus-Christ, ni de recherche après l'Évangile. Dès que nous croyons, nous n'avons plus besoin de rien croire au-delà. Car le premier article de notre foi, c'est qu'il n'y a rien que nous devions croire au-delà. »

Ces accents, qui, de nos jours, choquent tant Alain de Benoist et Louis Pauwels, sont déjà ceux de tout le mouvement évangéliste, commun à Luther, aux jansénistes et à Pascal, mais c'est en même temps l'exemple d'un évangélisme rigoriste qui, comme celui de Luther et des jansénistes, en arrive paradoxalement à perdre de vue le sens évangélique du mystère, des contrastes et de la synthèse supérieure.

Aussi l'Église attristée devra-t-elle assister à la chute dans l'hérésie du grand lutteur, qui, à force d'opposition mal située, au monde, à la vie présente et à ses mœurs, finira par condamner la chair, tombant dans l'hérésie montaniste — lui qui avait si bien stigmatisé l'erreur analogue de Marcion — et abandonnant ainsi de nouveau, mais cette fois par un débordement exactement opposé (qui supprime l'antithèse en niant le terme adverse), l'esprit évangélique. Tertullien avait oublié que si, certes, Paul avait contesté la « sagesse des Grecs », il s'agissait de celle qui s'oppose à la « folie de la Croix », et qu'il ne s'était pas fait faute d'en user autant — et pas plus — que des rigueurs de la loi.

Non décidément, le refus des Trois Capitales (car, en fin de compte, le docteur africain — si attachant par sa langue, son style et sa personnalité — refuse les trois héritages) n'est pas vraiment fidèle à la subtile et violente harmonie évangélique.

Clément d'Alexandrie et Origène ou : le baptême de la sagesse grecque

Durant les mêmes siècles — IIe et IIIe — la réaction à la gnose produit, du côté grec, un effet tout différent, et même opposé, avec deux tentatives brillantes, et parfois osées, de gnoses chrétiennes : celle de Clément d'Alexandrie, né dans le paganisme à Athènes vers 150, mort vers 215 en Cappadoce; celle d'Origène, le bouillant et génial, inclassable, intenable docteur né dans le christianisme en Alexandrie vers 185, mort à Tyr vers 254. L'une et l'autre, dans un sens nettement humaniste chrétien, tendent davantage à l'accord qu'à l'opposition entre la sagesse grecque et la folie de la Croix.

Tant par sa chronologie que par son esprit, **Clément d'Alexandrie** fait le lien entre la littérature théologique débutante du IIe siècle (Pères apostoliques et apologètes) et la vigoureuse école d'Alexandrie. Son propos essentiel est bien, en effet, de fournir à la foi des structures intellectuelles consonantes aux vérités philosophiques du temps. Certes Clément ne manque pas de souligner, dans le *Protreptique,* l'opposition entre la vérité chrétienne, déjà annoncée par les Prophètes, et la sottise, voire la folie des croyances et des mœurs païennes ; de même que dans le deuxième livre des *Stromates*, il insiste avec force sur l'inaccessibilité des mystères chrétiens à l'intelligence humaine ; ou encore, dans le traité sur le *Salut du riche*, il prêche à ses Grecs, épris de la beauté, que ce n'est pas elle qui les sauvera : « On n'a jamais vu, en effet, quelqu'un vivre ou périr parce qu'il avait un beau corps ; mais celui qui use, chastement et selon les normes divines, du corps qui lui a été concédé, celui-là vivra. »

Mais tout cela étant bien entendu — qui, dans la fidélité à Jérusalem, assure un minimum de conformité à l'Évangile et à ses valeurs d'opposition, et préserve le caractère essentiellement surnaturel du christianisme — il n'en reste pas moins que Clément s'efforcera toujours de réduire l'importance des difficultés et de l'opposition, en valorisant le rôle positif et pédagogique de la philosophie grecque : « Comme la Loi pour les Juifs, la philosophie fut pour les Grecs une pédagogie qui conduit au Christ. » Il va même jusqu'à lui attribuer un rôle durable de perfectionnement de la simple foi (*pistis*), pour accéder à la connaissance (*gnôsis*), à la gnose chrétienne dont il trace, dans les troisième et quatrième livres des *Stromates*, un tableau séduisant et qui l'emporte, dans son esprit, par sa perfection, sur la gnose hérétique. Mais cette soif, bien grecque, et moins évangélique, de connaissance, qui le portera à battre la gnose sur son propre terrain, conduit Clément à des emprunts massifs à la philosophie grecque, stoïcienne ou platonicienne, qui le mènent parfois assez loin de la voie étroite de l'Évangile et de l'orthodoxie, ce que lui reprochera vivement Photius dans ses *Hypotyposes*. Disons qu'il pousse à l'extrême les possibilités synthétiques que le premier avènement du Sauveur et la perspective du second permettent d'attendre de la nature humaine.

La même mentalité est à l'œuvre dans sa fameuse exégèse spirituelle. Prenons le cas du jeune homme riche de l'Évangile qui est au centre du traité du *Salut du riche*. Clément commence par tirer l'évidence qu'il ne peut s'agir de chasser tous les riches de l'Église, ni de pratiquer le dénuement absolu, mais d'extirper de son cœur, jusqu'aux racines, toute possession, tout attachement aux biens : « *Vends ce que tu as*, qu'est-ce que cela signifie ? Certes pas, ce que certains prennent au sens absolu, à savoir de se séparer de ses biens et de rejeter loin de soi l'argent ; mais tuer dans son âme les vains jugements portés sur les richesses, leur désir effréné et la faute d'avarice, les inquiétudes : toutes épines du monde qui étouffent la semence de vie. »

D'ailleurs, comment la doctrine du dénuement absolu pour tous pourrait-elle se concilier avec les autres impératifs beaucoup plus évidents de l'Évangile : « Comment ce dogme n'entrerait-il pas en lutte avec beaucoup d'autres et non des moindres, que le Seigneur a promulgués et ratifiés ? Par exemple : " Faites-vous des amis avec les richesses d'iniquité de sorte que, quand vous serez morts, ils vous accueillent dans les tabernacles éternels. Ménagez-vous des trésors dans le ciel... " De quelle façon pourrait-on nourrir l'affamé, abreuver celui qui a soif, couvrir qui est nu, recueillir le vagabond — ce que pourtant il faut absolument faire, sous peine du feu éternel et des ténèbres extérieures — si l'on est soi-même le premier démuni de tous les biens ? »

Enfin, suprême astuce clémentine qui rend l'Évangile à la fois opposé à la sagesse grecque, et plus sagement grec que les plus grecs de ses sages : « Cette interprétation est seule digne de la doctrine du Sauveur. Car les Anciens [*c'est-à-dire les anciens philosophes grecs, stoïciens et platoniciens*] méprisant les choses extérieures, ont su abandonner leurs biens ; mais ils en augmentèrent, à ce que je crois, les vices et les troubles de leur âme. En effet, ils en sont devenus orgueilleux, pleins de vaine gloire, dominés par le mépris des autres, comme s'ils avaient fait quelque chose de surhumain. »

Toutefois, en dépit de son habileté qui parvient, on le voit, à des résultats surprenants, Clément n'est pas toujours aussi heureux dans sa tentative de fondre la sagesse grecque dans la Foi et de la confondre avec la ligne de l'Évangile ; ainsi dans la même homélie du *Salut du riche,* quand il en arrive à commenter le détachement à l'égard des parents et l'amour des ennemis, vigoureusement exprimés dans les textes évangéliques, il retire à ce message sa substantielle valeur de dépassement, en proposant un sens de « juste milieu », qui se rattache à la sagesse grecque plus qu'à la folie de la Croix.

*

La même démarche et les mêmes dangers se retrouvent, mais plus accentués, chez **Origène** ; en exégèse d'abord, où il prône absolument le sens mystique, négligeant ou même refusant très souvent le sens historique dans la mesure où il tient le sens spirituel pour seul exact, n'hésitant pas à stigmatiser les scandales de l'Écriture qui ne sauraient être, pour lui, que honteux, entendus au sens littéral, et qui ne peuvent donc que recouvrir un sens mystique. Il pousse même l'audace jusqu'à dire que les Évangiles cachent « la vérité pneumatique, on pourrait dire, sous le mensonge littéral ».

En outre, le dessein général d'Origène accuse les mêmes plis : quoiqu'il s'en soit défendu dans une lettre parvenue jusqu'à nous, son culte de la sagesse grecque paraît plus grand que son zèle pour l'Évangile, et pas entièrement justifié par le désir de gagner à la Foi les couches cultivées. Sa synthèse théologique est ainsi souvent plus néo-platonicienne qu'évangélique. A son propos pas plus qu'à propos de Clément d'Alexandrie, il ne suffit pas de parler d'humanisme chrétien et de synthèse nature-grâce, ni de faire valoir que, comme son prédécesseur alexandrin, il affirme hautement par ailleurs la transcendance du mystère chrétien par exemple, quand il écrit *contre Celse :* « La doctrine chrétienne est démontrée selon une raison qui lui est propre, qui est divine, et à laquelle la dialectique des Grecs ne peut pas même être comparée. » Est en outre sensible partout, dans l'exégèse et dans la construction doctrinale, cet effort de « gnose chrétienne », de transposition de tous les problèmes sur le plan de la connaissance, effort qu'il paraît bien difficile de faire entrer dans le cadre de l'esprit évangélique si l'on veut n'arracher aucun élément de ce cadre. Mais effort passionnant et typique pour notre enquête, car il montre avec quelle puissance le logos grec a tenté de dominer de sa voix savante le chœur chrétien des Trois Capitales.

*

Les Pères latins du IIIe *siècle : entre le passé romain et le présent grec*

Tandis que l'Église grecque se jette ainsi dans une lumière éblouissante, l'Église latine n'ajoute pas, sur notre thème, grand-chose à son acquit : les **Cyprien**, les **Arnobe**, les **Lactance** n'apportent rien de remarquable à notre propos.

Il est clair qu'à l'époque l'Église romaine et latine est entièrement dominée par la culture grecque ; du reste, on a pu noter que jusque vers la moitié du IIIe siècle, le grec fut la langue courante de la communauté chrétienne de Rome : d'où, dans la liturgie romaine précisément, ces *kyrie eleison* (Seigneur, pitié) de la Messe, et ces *agios o theos, agios ischyros, agios athanatos* (Dieu Saint, Dieu fort, Dieu immortel) des sublimes impropères du Vendredi saint, qui sont venus jusqu'à nous. Bien plus, pendant longtemps à Rome même, le *Gloria* et le *Credo* furent chantés en grec, et l'on trouvera encore bien plus tard, en France et ailleurs en Europe, des *Gloria* et des *Credo* en grec, dans des manuscrits des IXe et XIe siècles, à l'usage des monastères de Saint-Denis, de Saint-Amand, de Saint-Gall, par exemple.

« Je suis l'Alpha et l'Omega », avait dit le Christ.

*

Les grandes écoles grecques des IVe *et* V^e^ *siècles, Alexandrie et Antioche, ou : la tension entre l'hellénisme mystique et le positivisme évangélique*

Aux IVe et Ve siècles, l'hellénisme chrétien poursuit avec puissance sa poussée mais se ramifie en trois grandes tendances : la nouvelle école d'Alexandrie d'abord, qui travaille, on a pu le dire, « les yeux fixés sur Origène » et dont les caractéristiques générales demeurent celles du grand alexandrin et de son prédécesseur Clément ; tendant à absorber la réalité humaine dans le logos, la nature humaine dans la personne, Alexandrie fait échec à l'évangélisme historique et politique, pour exalter la théologie johannique.

L'École d'Antioche ou des exégètes, contre l'allégorisme des alexandrins, prône une méthode exégétique, objective et scientifique, d'où n'est pas toujours exclu un certain rationalisme qui gagne parfois la doctrine ; très sensible à la réalité humaine, historique, du Christ, elle ne manque pas de valeur évangélique mais dans un sens unilatéral.

A l'extrême opposé d'Alexandrie enfin, l'école traditionaliste, conduite par **Épiphane** (précédé de Méthode au IIIe siècle), mène une lutte égale contre la spéculation philosophique de l'origénisme alexandrin, et contre la critique antiochienne. Plus préoccupée de vivre l'Évangile que de la commenter, d'acquiescer simplement aux mystères de son message que d'élaborer de savantes constructions, l'école traditionaliste assure la permanence du témoignage en faveur d'un Évangile brut, chargé de tous ses conflits, gros de toutes ses contradictions.

C'est précisément à quoi ne peuvent se résoudre l'école d'Alexandrie et les Cappadociens (Athanase, Basile, les deux Grégoire, Cyrille d'Alexandrie) : à part peut-être Synésios de Cyrène qui, ainsi que le note Bardenhever, « *demeure, sous sa robe d'évêque, grec de la tête aux pieds* », ils conservent l'absolu de la révélation et de la foi, comme critère de toute théologie et se livrent infatigablement à des synthèses de la foi et de la raison, de la nature et de la grâce, d'Athènes et de Jérusalem. Ainsi **saint Athanase**, dans son *Discours contre les Grecs*, illustre l'inconsistance du polythéisme païen, en regard du monothéisme chrétien, mais c'est beaucoup plus au nom de la raison que de l'Évangile. Plus conforme à la synthèse humaniste-chrétienne authentiquement évangélique est son *Discours sur l'incarnation du Verbe* où, contre une réduction arienne avant la lettre, contre les attaques judéo-païennes, il se fait le champion vigoureux de la foi et du mystère de l'Homme-Dieu, non sans beaucoup raisonner. Le même esprit se retrouve dans les fragments, qui nous sont parvenus, de commentaires sur Matthieu et Luc.

Car, depuis Origène en particulier, la tradition est lancée d'écrire des commentaires détaillés de l'Évangile ; ceux de **saint Cyrille d'Alexandrie**, sur Matthieu, Luc et Jean, tout en restant bien dans la tradition alexandrine, apportent à l'histoire de la pensée chrétienne la notion de *kenose,* ou anéantissement de Dieu dans la nature humaine, qui se retrouvera plus tard chez Bérulle et dans l'Ecole française. Notion qui n'est pas moins inspirée de Paul et de l'Évangile que de l'hellénisme mystagogique ancien.

Le même contraste, dans la même École d'Alexandrie, s'observe dans les œuvres de **Grégoire de Nysse** : son *Traité contre les païens* est tout empreint de rationalisme et il recourt plus au sens commun qu'à l'Évangile. Mais ses cinq Homélies sur le Pater et son explication des Béatitudes, évitent apparemment d'évacuer les antithèses évangéliques ; ainsi, l'exégèse de la béatitude des purs établit fortement l'opposition entre la créature et Dieu, car « celui qui a purifié son cœur de toute créature et de tous attachements vicieux, pénètre dans sa beauté, l'image de la nature divine » ; celle des persécutés illustre en couleurs contrastées l'opposition du monde et de Dieu, la lutte entre les deux royaumes. Où l'on voit que tout cela est d'esprit aussi fidèle à l'Évangile qu'à Platon.

Saint Jean Chrysostome ou : Jérusalem contre Athènes

Est-ce donc à Antioche que l'on trouvera la plus exacte fidélité à la synthèse évangélique ? Apparemment non, si l'on pense au souci de mesure, de bon sens et de raison humaine des Lucien (maître d'Arius), Diodore de Tarse, Théodore de Mopsueste, Théodoret de Cyr. Mais saint **Jean Chrysostome,** né à Antioche en 350, rend caduques, par le génie, toutes les distinctions d'écoles. Il garde avec vigueur à la fois le sens des antithèses et celui des synthèses, le tout dans une simplicité et une élégance de langue qui ont fait de lui un grand classique du christianisme et de l'humanité ; classique, il le fut d'ailleurs, et durant de longs siècles, pratiquement jusqu'à nos jours.

Sous la plume fine et dans la bouche d'or de ce prêtre ascétique du IVe siècle, devenu patriarche de Constantinople avant d'être exilé car il était, quand il le fallait, intraitable, tout paraît simple.

Ce Grec jusqu'au bout des ongles ne veut pas voir les consonances entre le ferment grec et l'Évangile. Dès sa première homélie sur Matthieu, il explique que la bonne nouvelle « annonce à tous, même aux plus méchants des hommes, à des hommes en guerre avec Dieu, assis dans la nuit de l'ignorance et de la superstition, l'abolition des châtiments auxquels ils étaient condamnés, le pardon de leurs péchés, le règne de la justice, les moyens d'être saints, la grâce de l'adoption d'enfants de Dieu, l'héritage de son Royaume, l'honneur de devenir les frères du Fils de Dieu. Quelles nouvelles valurent jamais celle-là ? Dieu sur la terre, l'homme dans le Ciel, rapprochement admirable de toute chose... L'histoire de Jésus-Christ s'appelle donc l'Évangile, l'heureuse nouvelle, par opposition avec ces annonces mensongères de prétendus biens, tels que les richesses, la puissance, les dignités, les honneurs, la gloire humaine, que les hommes appellent des biens et qui ne marquent qu'une indigence réelle ; tandis que ceux que les pêcheurs de Galilée nous annoncent sont des biens solides et durables, les seuls biens véritables, toujours au-dessus de nos mérites, bien qu'ils se présentent d'eux-mêmes et se donnent avec la plus grande facilité ».

En vain lui représenterait-on que tel ou tel point de cette doctrine éminente se trouvait déjà chez tel ou tel sage grec. Il n'y a pas pour lui de comparaison possible, et cela pour plusieurs raisons : la simplicité de la doctrine, l'humble condition de ses prédicateurs, son universalisme et sa transcendance. Sa force de conviction est entraînante : « Cette doctrine dont les sages du monde n'avaient pu se former la plus simple idée, des publicains, des pêcheurs, des hommes sans lettres, l'annoncent avec une pleine assurance ; ils viennent à bout de la persuader, non seulement durant leur vie, mais après leur mort ; non pas seulement à quelques disciples, mais à des peuples entiers, aux plus policés comme aux plus barbares... en un mot à l'univers. Et pourtant, c'étaient des dogmes qui excèdent la portée de notre intelligence humaine ; des dogmes qui, s'élevant au-dessus de toutes les idées de la terre, vous transportent dans une région supérieure, vous parlent d'une autre vie, d'un royaume du ciel jusque-là inconnu, vous découvrent un nouvel ordre de richesse et de pauvreté, de liberté et de servitude, de vie et de mort, un nouveau monde et une nouvelle manière de vivre ; en un mot, un changement général et un renouvellement universel. »

Les philosophes, en effet, les Platon, les Zénon et les autres avaient construit des théories qui, d'une part, comprenaient des monstruosités « contraires à la société et à la nature », dégradant ainsi la condition humaine, et d'autre part n'avaient jamais réussi à s'implanter parmi les peuples. « L'Évangile, au contraire, n'est prêché que par de misérables pêcheurs, persécutés, étrangers à toute espèce d'éloquence, et il voit tomber de gaieté de cœur à ses pieds les savants et les ignorants, les rois et les armées, les Grecs et les barbares. Ne dites pas que cette doctrine est due à la simplicité de l'enseignement de l'Évangile, car dogmes, morale, tout dans l'Évangile est supérieur à toutes les maximes des philosophies. [...] L'Évangile, non seulement condamne toute mauvaise action, mais remontant à la source, il réprouve tout mauvais désir [...] » Et cependant, « tout ce qu'il y a de juste, d'honnête, d'utile, la morale tout entière, quelques paroles suffisent à son divin auteur pour l'exposer. La loi et ses prophètes, dit-il, consiste en ces deux commandements : l'Amour de Dieu, l'Amour du prochain [...] Personne, fût-il de l'intelligence la plus bornée, laboureur, esclave, veuve, enfant, personne qui ne puisse saisir aisément une semblable philosophie ».

*

Est-ce à dire que, pour saint Jean Chrysostome, la Loi juive non plus n'aurait pas eu de rôle préparatoire à l'Évangile et qu'elle doive être rejetée entièrement dans les pseudo-valeurs du monde ? Non point ! Il n'a pas pour elle les rigueurs qu'il garde à sa culture profane et, contre les judaïsants aussi bien que contre les gnostiques et manichéens, il imagine Jésus leur disant : « Non, je ne détruis pas la Loi. Je la perfectionne, je la complète. »

Mais comment ? Jésus « fait voir que c'est à bon droit qu'il établit une doctrine plus parfaite que celle de Moïse. Puisque tout doit subir un renouvellement, une transformation, les choses et les hommes appelés maintenant à une région meilleure, il fallait donc établir un chemin à ce niveau d'élévation ». C'est pourquoi — et le voici maintenant parvenu à une admirable synthèse eschatologique —, « entre ces deux Testaments, il y a la même différence qu'entre notre situation actuelle et celle qui nous est promise pour les temps à venir. Comparée à la connaissance qui nous sera révélée dans le ciel, celle dont nous jouissons ici-bas n'est rien, les imperfections attachées à notre condition présente devant être abolies, selon la doctrine de saint Paul, dans l'état souverainement parfait qui nous attend... L'ancienne alliance l'a été par la nouvelle. Et toutefois, nous n'incriminons pas l'ancienne, malgré sa disparition devant l'Église de Dieu qui nous ouvre son sein. Tout ce qui est imparfait sera aboli, dit-il, et toutefois nous trouvons en elle de la dignité et de la grandeur ».

Aussi n'est-il pas étonnant de le voir le plus souvent rejeter l'exégèse spirituelle, pour assumer au contraire dans toute leur ampleur les tensions évangéliques, et d'abord sur l'opposition du monde à Dieu : « Comment le Fils de Dieu, dont la dignité est si haute, a-t-il pu concentrer ses affections sur une débauchée ? Savez-vous quelle est cette débauchée ? C'est la pauvre nature humaine... Et Dieu n'aime la nature humaine dégradée que pour la rendre vierge en l'épousant. La convoitise de l'homme tend à avilir ce qu'il aime, tandis que l'amour de Dieu tend à le sauver. Oui, Dieu, si parfait, si pur, aime la nature humaine dégradée à l'instar d'une courtisane, et à quelle fin ? De l'épouser, mes frères. »

Il n'était pas plus tendre dans l'application morale et sociale des préceptes de l'Évangile, et l'on comprend qu'Eudoxie, l'impératrice fastueuse sinon luxurieuse, le haut clergé et les grands n'aient eu de cesse qu'ils n'aient, avant sa mort en 407, écarté ce gêneur qui non seulement reproche aux riches de voler ce dont ils n'ont pas besoin, mais pour qui la richesse en elle-même est un mal compromettant le salut éternel, alors qu'est un bien, « asile assuré, port tranquille, rempart inébranlable, mère de la sagesse, frein de l'orgueil », la pauvreté.

Un hurluberlu qui, commentant le Sermon sur la Montagne, conserve à la parole toute sa force renversante : « Quoi de plus inouï qu'une doctrine qui place le bonheur dans ce que le monde regarde comme autant de maux à éviter ! Et, pourtant, Jésus-Christ l'a prêchée. »

⁂

Les grands Latins, Jérôme et Augustin, ou : rupture et synthèse

Le même héritage pour les mêmes problèmes, en ces mêmes IVe et Ve siècles, se présentait aux docteurs latins. Je ne pense pas ici tellement aux grands évêques, **Ambroise de Milan** et **Hilaire de Poitiers**, plus lettrés que penseurs.

En revanche, se présente à ma quête comme un don précieux, à mon enquête en incomparable témoin, le très grand, l'immense **Jérôme** (347-420) (né en Dalmatie, mort à Bethléem !) qui, lui non plus pourtant, n'était pas — et moins encore peut-être — théologien. Quel singulier, quel fascinant bonhomme ! Quel diable d'homme ! Retiré au désert, puis à Bethléem, ce cardinal érudit est en commerce intellectuel avec l'univers : sa correspondance est probablement, avec celle de Cicéron, le plus grandiose monument épistolaire de la latinité. Tiraillé entre la chair et l'esprit, l'humilité et la gloire, l'amour des belles-lettres (*humaniores litterae !*) et la Croix du Christ, c'est d'abord en ce sens qu'il porte témoignage. Et c'est lui-même qui raconte que, ravi un jour en extase, il paraît devant Dieu : « Interrogé sur ma profession, je répondis : " Je suis chrétien. " Alors celui qui préside : « Tu mens, dit-il, *tu es cicéronien et non chrétien :* là où est ton trésor, là est aussi ton cœur. »

Et puis, c'est l'homme de la Vulgate : grâce à lui, à son étourdissante culture, à son labeur insensé, à sa prodigieuse maîtrise de la langue latine dont il est l'un des grands écrivains, à sa pratique aisée du grec et à sa connaissance de l'hébreu (il se fit aider par des rabbins), voici, enfin, quelque cinq siècles après la Septante grecque, une version dans la langue de Rome, fidèle et critique, élégante et poétique, de la Bible. Certes, il existait avant lui une version latine, dite *Vetus latina* ou *Vetus itala,* mais sans grâce comme sans rigueur, sans esprit et sans rythme. Jérôme, lui, va au fond des choses, ne triche pas. S'il ne comprend pas, il transcrit. Et il pousse l'amour de l'art jusqu'à construire un code sémantique particulier entre certains hébraïsmes ou hellénismes et telles prépositions ou particules latines pour mieux rendre l'esprit de l'hébreu ou du grec. Jérusalem, Athènes et Rome sont là toutes trois, dans sa tête, sur sa langue et dans son cœur, et s'il ne s'est guère soucié de les comparer ou de les fondre en leur esprit, il les a toutes trois confrontées et aimées, comprises et traduites.

*

C'est, de loin et de haut, cependant, le Berbère **Augustin** (354-430) qui culmine au pic le plus sublime de la chaîne patristique gréco-latine, en attirant sur ses cimes, en recueillant dans les abîmes qui le bordent, les convergences les plus remarquables et les antinomies les plus insondables des lignes de forces lancées dans l'espace et dans le temps par les Trois Capitales. Ce qui explique la fécondité prodigieuse de sa postérité théologique dans les esprits à travers les âges : dans tout le Moyen Âge, à la Renaissance et la Réforme, au XVIIe siècle avec l'aventure janséniste — pour ne rien dire de son influence littéraire par les *Confessions,* philosophique chez Malebranche et autres par l'ensemble de son œuvre, et même sémantique par son traité *Du maître.*

Curieux homme, simple et inquiet ; étonnant personnage, aux mille dons et brûlantes passions, contraint pourtant par la seule recherche de la vérité ; singulière expérience et exceptionnelle orbite commencée dans l'enseignement de la rhétorique, qui le met en plénière possession de l'héritage grec et romain. Puis c'est l'aventure spirituelle. Son goût de l'absolu, son sens du tout ou rien, l'assaut de l'aiguillon de la chair contre la fine pointe de son esprit l'attirent vers le manichéisme où il stagnera dix ans durant, avant d'être « purgé » par le néo-platonisme d'où, moyennant la pieuse insistance de sa mère Monique et la ferme tutelle de l'évêque Ambroise, il sera tiré vers le Christ. Alors, moine, prêtre, évêque, il ne vit plus que pour épandre et défendre la Foi contre toutes les hérésies et animer sa chrétienté d'Hippone. C'est là qu'il mourra, alors que l'assiègent les Vandales, annonciateurs des grands déferlements barbares qui, pour des siècles, vont bouleverser et saccager, disperser et recouvrir de leur lie stérile les territoires du monde irrigués et fertilisés par les Trois Sources Saintes.

D'un simple point de vue philosophique, on a pu dire (M. de Wulf) qu'il « résume et condense les trésors intellectuels du monde ancien » et qu'il est « un des principaux intermédiaires par qui ces trésors seront transmis à un monde nouveau ». De fait, les influences les plus diverses se discernent au sein de sa pensée : la Bible, Platon et le néoplatonisme au premier chef, mais aussi les grands docteurs alexandrins, les stoïciens latins, Aristote et Manès.

L'univers et l'homme tirent leur réalité et leur sens de l'exemplarisme divin, car Dieu en a d'abord conçu le plan avant de les créer, de sorte que chaque être recèle en lui son Idée sur-réelle et intelligible. La matière même — qui tient à la fois de l'indéterminé d'Aristote, du tohu-bohu ou chaos judaïque, et peut-être du principe adverse manichéen — n'échappe pas au geste créateur, du moins à titre d'ébauche où Dieu a déposé les « raisons séminales » qui, progressivement, germent et éclosent.

Très fortement platonicienne, sa psychologie est également toute centrée en Dieu ; l'union de l'âme avec le corps n'est pas substantielle, alors qu'elle l'est avec Dieu dont la lumière irradiante la baigne et lui imprime les idées ; le corps, les sens, les perceptions ne sont que des auxiliaires extérieurs.

C'est pourquoi la volonté — l'amour — sont premiers : « *ama et fac quod vis* », aime et fais ce que tu veux ; la connaissance est seconde, sinon secondaire, puisqu'elle nous vient de Dieu, vers lequel d'abord il faut vouloir se tourner pour qu'il nous accorde lumière, raison et grâce.

C'est pourquoi aussi Augustin aura souvent du mal à se tirer de l'épineux problème des rapports entre la liberté de l'homme et son salut gracieux par Dieu. Dans un univers aussi totalement — totalitairement — théocentrique, l'homme ne peut guère être plus que pesanteur vers Dieu : « Mon amour c'est mon poids : *Amor meus, pondus meum.* » Et comment pourrait-on échapper à la pesanteur ? Les réformateurs et les jansénistes auront beau jeu de trouver chez lui des textes faciles à tirer dans le sens de la prédestination la plus absolument déterministe.

Pourtant la théologie augustinienne n'est pas si simpliste. Car, comme les alexandrins, il attache beaucoup de prix aux philosophes platoniciens qui, écrit-il dans *la Cité de Dieu* : « cherchant Dieu, se sont élevés au-dessus du monde des corps, au-dessus de l'âme, au-dessus de tous les esprits sujets aux changements », et se sont ainsi le plus rapprochés du christianisme. Comme eux aussi, et comme les apologètes, il attaque le paganisme polythéiste au nom de la véritable nature humaine, chrétienne, et de la pleine raison illuminée par la foi. Il valorise ainsi le pouvoir de la raison capable de trouver des motifs d'assentiment dans la substance même de la Révélation comme dans ses signes. Bref, il n'est pas tout à fait cet entier détracteur de l'homme, exaltant le seul pouvoir de Dieu et ne rêvant que de simplicité évangélique, que voudront trouver plus tard certains réformateurs.

Il est vrai pourtant que cet aspect est présent à son œuvre ; il suffit de rappeler sa lutte contre **Pélage** (360-422) qui avec les meilleures intentions du monde tendait à vider la Révélation évangélique de sa transcendance en réduisant le dépassement de l'homme à un pur accomplissement humaniste. En face de lui, Augustin rappelle le « Sans moi vous ne pouvez rien faire » du Christ, la re-création conférée par la grâce de Dieu. Dans le même sens, les douze derniers Livres qui composent la seconde partie de *la Cité de Dieu* opposent, dans un esprit typiquement évangélique, le monde à Dieu, les deux royaumes (ou Cités) et préfigurent ainsi la célèbre méditation des deux étendards de saint Ignace de Loyola. La Cité de Dieu, composée des anges et des chrétiens, est, durant sa vie terrestre, mêlée au royaume de ce monde — dont la définition est exactement celle de l'Évangile (tout ce qui refuse Dieu) — en attendant le tri et la récapitulation finale. Jusque-là, sa loi n'est pas de ce monde, ainsi qu'en témoigne le Sermon sur la Montagne.

Doit-on voir une contradiction entre ces deux aspects de la pensée augustinienne ? Non pas, mais comme dans l'Évangile, un complémentarisme dialectique. L'homme capable de Dieu, c'est l'homme racheté, éclairé, qu'il le sache ou non, par la lumière du Verbe.

Dans ses hésitations pathétiques, ses inquiètes recherches, ses confrontations tendues, Augustin le Berbère se montre ainsi l'héritier, depuis le Christ, le plus fidèle de l'âme juive, du logos grec et de l'ordre romain.

*

La fin des mondes grec et latin

On est assez loin d'une telle richesse foisonnante avec les derniers docteurs du ve siècle précédant les vagues barbares ; pourtant **Denys** dit l'**Aréopagite**, ou **pseudo-Denys**, mérite mention en raison de l'influence qu'il exercera au Moyen Âge et à la Renaissance. Malgré l'esprit nettement néo-platonicien, malgré l'allure très spéculative des *Noms divins* et du traité de la *Théologie mystique*, on y trouve la marque de certaines tensions évangéliques : transcendance absolue de Dieu, connaissance négative qu'on en a. Denys lui-même, en notant cette remarque qu'il attribue à l'apôtre Barthélemy : « La théologie est volumineuse, mais c'est la plus petite en valeur ; l'Évangile, au contraire, est vaste et immense, sous un petit volume », montre qu'il a bien compris, à la fois, la continuité entre la spéculation théologique et le noyau de la foi, et la distance infinie qui les sépare par l'intervention de la raison grecque.

Boèce, en revanche, un peu dans la ligne de **Minucius Felix** et d'**Arnobe**, quoique avec beaucoup plus de connaissances, présente dans son traité de la *Consolation philosophique*, un vague humanisme néo-platonicien à peine teinté de christianisme, sans nulle référence au Christ ni à l'Évangile. Simplification, perte de substance : Jérusalem est loin...

*

Hérésies et lignes de tension

Le cas est encore plus patent avec les hérésies christologiques et ecclésiologiques sur quoi j'ai glissé mais qui, tout autant que la gnose, illustrent, comme des écorchés ou des planches anatomiques, la délicate complexité de la symbiose des Trois Capitales dans le *corpus* chrétien. Mettre en question, avec **Arius** (ou du moins certains des disciples ariens), la nature pleinement divine du Christ ; ou, tout à l'inverse, contester, avec **Apollinaire**, sa nature humaine ; ou encore rêver, avec **Donat**, d'une Église de purs, sans tache et sans bavure : c'est, chaque fois, choisir Jérusalem contre Athènes et Rome, ou Rome et Athènes contre Jérusalem ; c'est en fait refuser leur fusion *sous tension.*

Si le Christ n'est pas tout à fait Dieu ou pas tout à fait homme, si l'Église est pure et dure, c'est le monothéisme juif et son prophétisme exclusif, c'est la raison grecque, aussi, qui l'emportent sur l'*éros* mystique, sur l'inquiétude, sur l'enracinement, sur l'ouverture universelle du monde gréco-romain. *L'orthodoxie du mystère chrétien est tension entre les Trois Capitales.* Chaque fois que par logique ou pression pratique ou raison, on se laisse aller d'un côté en abandonnant les autres, alors sont « évacués » le mystère de la Croix et sa folie. Il n'y a plus de spécificité chrétienne.

Or, tout se joue parfois sur des définitions théologiques dont la subtilité philosophique peut être poussée jusqu'à la plus extrême finasserie de l'esprit dialectique grec ; c'est, dans la crise arienne, le cas des distinctions fameuses entre les formules *homoousios, homoiousios, homoios, anomoios,* sur quoi se sont affrontés les docteurs pour définir les rapports de consubstantialité, de similitude substantielle, ou non substantielle, de différence radicale enfin, entre le Père et le Fils. Quelques lettres en plus ou en moins et l'axe est déplacé : au lieu de passer par le Christ total (première formule), il passe par Athènes mystique (deuxième formule), ou par Athènes rationnelle (troisième formule), par Jérusalem enfin (quatrième formule).

Du point de vue évangélique aussi, c'est une trahison : ainsi les deux erreurs opposées de l'arianisme et de l'apollinarisme supposent au fond le même refus du paradoxe scandaleux de l'Homme-Dieu, incarnation vivante de tout l'Évangile. Ainsi encore le donatisme, voulant demeurer une « Église des martyrs », hors de la société, refuse net non seulement l'accommodement mais la fusion et la diffusion, et par volonté de pureté évangélique tombe dans l'anti-évangélisme de la dureté et de la désincarnation.

Augustin a dû esquisser une synthèse qui ne trahisse pas l'opposition au monde. Du reste, ce fut la vocation et la grâce des Pères, au lendemain de la Paix constantinienne, que d'établir la symbiose avec la société de l'Empire, et le contact avec la culture ou la philosophie gréco-romaine ; le monachisme érémitique refusait les deux, et se trouvait de la sorte une issue héroïque mais simple ; les Pères, animés par l'esprit monastique, ont engagé, et en général gagné, le pari du tout pour le tout.

Mais on a vu aussi que, les positions extrêmes (hérétiques ou proches d'hérésie) mises à part, la synthèse évangélique peut être diversement *accentuée*. Elle l'est dans ses tendances oppositives à la fois à la nature, à la raison, à l'homme, au monde : avec Ignace d'Antioche, l'Épître à Diognète, le premier Tertullien, Épiphane, chez qui les antithèses sont plus marquées que la synthèse (qui n'est cependant pas ignorée). Elle l'est dans ses tendances unitives, chez Clément de Rome, Justin, les alexandrins, pour qui la synthèse harmonieuse est plus marquée que l'antithèse (qui n'est pourtant pas oubliée). Elle l'est, enfin, autant qu'il est possible, dans l' « extrême milieu » que tentent de tenir, avec des nuances et des formulations diverses, Paul, Irénée, Chrysostome et Augustin.

Relisant en ce sens les auteurs, on a souvent l'impression bizarre que Jérusalem prophétique et Athènes logique et Athènes mystique se disputent la faveur des premiers chrétiens par la voix de leurs premiers docteurs. Mais que fait Rome pendant ce temps-là ? Rome tempère et décide. Rome modère et légifère. Rome gère et administre. Rome dit : mes enfants, c'est bien beau tout ça, mais il y a la vie, mais il y a la terre...

CHAPITRE VI

COURANTS ET CONTRE-COURANTS OU : LE MOYEN ÂGE À L'ASSAUT DE LA SCIENCE UNIVERSELLE

Je ne sais pas si un jour enfin cela cessera, mais c'est un fait encore : en dépit des riches travaux des grands médiévistes contemporains — les Gilson, les Chenu, les Duby, entre autres —, on continue à dire : le Moyen Âge. *Le*, comme s'il n'y en avait qu'un. *Moyen*, comme on dit d'un élève médiocre, ou d'une taille prise entre la grande et la petite, ou d'une période obscurément étalée entre deux époques brillantes. Et puis, grâce à la rogne grinçante des humanistes de la Renaissance, à l'incuriosité éblouie des grands classiques du XVIIᵉ siècle, à la vaine superbe de quelques glorieux imbéciles du siècle dit des Lumières, à l'imagination baroque et farfelue de Victor Hugo, traîne encore dans les esprits toute une pacotille d'idées creuses et d'images en papier mâché qui ferait honte même à un feuilletoniste de trente-sixième ordre. C'est comme un long tunnel de ténèbres (les fameuses ténèbres du Moyen Âge !), voûté en plein cintre ou en ogives à l'instar des églises romanes ou des cathédrales, piqueté çà et là de torches résineuses répandant par poches des lueurs blafardes, dansantes et fumeuses, juste assez pour apercevoir dans un coin un moine scribe, appliqué à recopier bêtement sur un parchemin un texte fautif à quoi il ne comprend rien et auquel il ajoute ses propres erreurs ; dans un autre, un autre frocard paillardant une jeune pénitente ; ici un chevalier ivre déjà et bâfrant en attendant de partir à la croisade casser du Turc salopard et violer de belles infidèles ; là, une bande de gueux argotiques — parmi eux peut-être Villon — prépare un mauvais coup ; un bossu se dandine, un estropié clopine, un scrofuleux dégouline, un pouilleux se gratte ; mais les trompettes sonnent, voici le roi qui vient toucher les écrouelles ; tandis que dans un angle plus sombre, les cris affreux d'un supplicié percent le continuo lamentable d'une lancinante psalmodie... J'exagère ? Bien sûr, quelque chose, peu à peu, des fresques dues à la science des grands spécialistes commence à suinter dans la culture générale, tandis que, par ailleurs, des œuvres littéraires de valeur, élaborées aux frontières de l'information historique précise et de la création artistique talentueuse par des plumes telles que celles de Régine Pernoud, Zoé Oldenbourg, Jeanne Bourin, répandent dans le grand public des images et des sentiments plus exacts. N'empêche ! Il n'est pas loin le temps où l'histoire officielle de la philosophie sautait allègrement de Platon à Descartes, quand elle ne la faisait pas commencer avec le *Discours de la méthode !* Il en est resté bien des lacunes dans la culture des esprits les moins bruts, et l'on peut gager qu'un jeu culturel sur le mouvement des idées entre le VIIe et le XVe siècle éveillerait assez peu d'échos dans le public de radio ou de télévision !

Pourtant autour de l'an 1000 qui, dit-on, remua tant de frayeurs, il y eut mille Moyen Âge. Ou du moins plusieurs, presque un par siècle — c'est à coup sûr le cas à partir du XIe —, sans compter leur multiplication par les tranches horizontales qu'il faudrait tailler dans les tranches verticales de la chronologie : car les « Moyen Âge » des systèmes théologiques et philosophiques ne sont pas ceux des mouvements populaires religieux, ni ceux des croyances communes ou des pulsions sociales, ni encore ceux des affrontements politiques et des créations artistiques. Pour moi qui, tant bien que mal, ai passé quelque dix ans de ma vie dans la fréquentation « du » Moyen Âge, je pense ne connaître *vraiment un peu* — je veux dire de cette connaissance de première main que procurent la lecture étendue et l'étude assidue des auteurs dans leurs textes originaux — que le XIIIe siècle des idées philosophiques et théologiques ; quant au reste, j'ai lu passablement, mais il m'a fallu me contenter d'extraits et des études d'autrui.

Il n'est pas question ici de faire revivre « le » Moyen Âge. Mais, persévérant dans mon propos, je souhaite seulement retrouver brièvement quelques aspects de quelques « Moyen Âge » : les courants et contre-courants issus des trois sources originelles, Jérusalem, Athènes et Rome, et qui se mêlent ou s'opposent dans l'histoire des idées et les mouvements socioreligieux.

⁂

... où l'Église garde et transmet l'héritage

Il y a comme une espèce d'arithmétique mystérieuse qui articule le Moyen Âge autour du Vᵉ, du Xᵉ, du XVᵉ siècle, comme si, de 5 en 5, ces siècles étaient des charnières grinçantes apposées à des portes majeures ouvrant, dans le trouble, des ères capitales.

La première période est encore marquée par la disparition de l'Empire de Rome et la grande instabilité politique qu'elle laisse. Siècles de luttes confuses : les rois, aussi barbares que leurs noms qui ont enchanté notre enfance, Goths, Ostrogoths, Wisigoths..., Clotaire et Chilpéric, Frédégonde et Brunehaut, Clovis et le vase de Soissons..., s'affrontent entre eux et leurs mœurs se heurtent à la civilisation des Trois Capitales. Chocs, entrechocs, bouleversements. Une société et une civilisation se cherchent, qui seront longues à se trouver.

L'issue s'ouvrira, environ le IXᵉ siècle, avec l'apparition de la féodalité — tant laïque que religieuse — qui, dans les faits sinon dans les structures, a commencé plus tôt. Pour l'imaginer, nulle référence ne m'apparaît plus apte que ces situations fréquemment décrites par des écrivains de science-fiction mettant en scène des îlots d'humanité qui ont survécu à un cataclysme nucléaire : ils s'organisent en autarcie, repliés sur eux-mêmes, sans échanges comme sans monnaies, guettant les dangers de l'extérieur, se racontant le passé et, tentant de créer des conditions de survie, ils osent préfigurer un avenir. Ainsi l'Europe bouleversée, privée de pouvoir politique et de commerce, se rassemble-t-elle, au milieu du chaos, en petites sociétés fermées, essentiellement agricoles et artisanales, régies par des échanges en nature et des corvées, fermement protégées par les seigneurs : abbés, évêques ou laïcs, disposant de troupes aguerries.

Ainsi donc, paradoxalement, plusieurs siècles après la disparition de Rome, *c'est l'esprit de Rome qui en force* revient et renaît, attaché au sol et toujours prêt à le défendre, fier et courageux dans la maintenance au milieu des dangers.

L'Église elle-même alors ne fut pas, ne fit pas autre chose ; jamais peut-être elle n'a mieux mérité, et en de si nombreux sens, son épithète de romaine. Romaine, car elle va bientôt s'enraciner dans le sol qu'elle défrichera et cultivera, comme dans la cité qu'elle organisera, administrera et défendra ; romaine, car dès maintenant elle recueille et conserve la culture. C'est l'époque où le Romain **Boèce** (480-525), après avoir étudié à Athènes et assumé le consulat sous Théodoric, rêve seulement de transmettre aux générations à venir la culture grecque — notamment Aristote dont il traduit l'*Organon,* ainsi que l'*Isagogè* de Porphyre —, une philosophie grecque réconciliée où Platon, Aristote, et les stoïciens se rejoignent. Au même moment, **Martianus Capella** le Carthaginois s'intéresse aux mots et à la science universelle : ses *Noces de Mercure et de la Philologie* sont une espèce de roman symbolique, cachant un dessein encyclopédique, à partir de quoi les *encyclopédies* ne vont plus cesser de naître. Car il faut, de toutes forces et à toutes fins, recueillir, conserver et emmagasiner toutes les richesses capitales afin qu'elles ne soient pas perdues. Ces temps de disette et de peur font songer à la fin de la multiplication des pains par le Seigneur : *colligite fragmenta ne pereant,* ramassez les morceaux et les miettes afin que rien ne soit perdu. Marqué par Martianus, **Cassiodore** (480-575), lui aussi ancien consul et préfet de Théodoric puis moine, rassemble l'*Histoire de l'Église, les Institutions divines, littéraires et civiles.* Un peu plus tard, **Isidore de Séville** (560-635), outre une *Règle des moines,* compose ses vingt livres encyclopédiques des *Origines* et des *Étymologies.* **Grégoire le Grand** (540-604) prend le relais : lui aussi ancien préfet avant de fonder un monastère et de devenir le soixante-quatrième pape, il fixe les règles de l'administration de l'Église (*Règle du pasteur*) et résume dans ses *Morales sur Job* et ses *Dialogues* l'essence de la sagesse juive, grecque et romaine. Un siècle après, le moine de Wearmouth, **Bède le Vénérable** (673-735), ne se contente pas de rédiger la première *Histoire ecclésiastique des Anglais,* mais rassemble dans un *De natura rerum* toutes ses connaissances, héritées des anciens et enrichies de ses observations, en matière de physique et de biologie, d'astronomie et d'arithmétique appliquée. Au siècle suivant, c'est le bénédictin allemand **Raban Maur** qui reprend le flambeau ; abbé de Fulda, il écrit pour ses moines l'*Institution des clercs,* mais surtout, dans la ligne des *Étymologies* d'Isidore, il compile lui aussi son Encyclopédie sous le titre de l'*Univers ou la nature des choses,* qui lui vaudra l'appellation d'*éducateur* de l'Allemagne (*praeceptor Germaniae*).

On voit clairement le dessein : tous ces gens éminents, de toutes races, de toutes nations, sont, au milieu de la tourmente, des moines et des « romains » ; solidement campés sur un sol, ce sont des mainteneurs et des porteurs. Grâce à eux, les eaux de sagesse des trois sources sacrées sont recueillies et comme mises en citernes. En partie du moins ; c'est le cas pour la Bible évidemment, mais Platon n'est guère représenté que par le *Timée,* et Aristote par quelques traités logiques de l'*Organon,* très vite accessibles dans leurs seules traductions latines, le grec se perdant de plus en plus. Les latins sont mieux fournis avec des parties notables des œuvres de Cicéron, de Sénèque et de Lucrèce pour la philosophie, et davantage de poètes ; du côté des Pères de l'Église, c'est surtout le pseudo-Denys et plus encore saint Augustin qui sont en faveur.

Mais enfin le courant passe, le flux n'est pas interrompu. Car ces mainteneurs, ces porteurs de culture sont aussi — sont essentiellement — des éducateurs. Les *scholae* — les écoles — s'ouvrent dans toute l'Europe, à la diligence des abbés bénédictins (écoles monacales), des évêques (écoles épiscopales, ou cathédrales, ou capitulaires), des rois enfin (écoles du palais) ; à partir du VIIIe siècle, Charlemagne, assisté du lettré Alcuin (730-804), accélère et organise le mouvement. Les plus célèbres seront, en Angleterre, celle d'York ; en « Allemagne » : Liège, Tournai, Fulda ; en « France » : Reims, Tours, Chartres, Paris ; en Italie : le mont Cassin où, plusieurs siècles plus tard, le petit Thomas d'Aquin fera ses premières armes dans l'apprentissage du savoir universel.

Car, plus ou moins suivant les lieux, le savoir dispensé

remplit déjà, en substance, le cadre encyclopédique des futures universités médiévales qui, peu à peu, à partir du XIIIe siècle, brilleront d'un éclat tel qu'elles feront pâlir l'aura des *scholae*. Cadre en forme d'étoile à cinq branches : les « arts libéraux » d'abord, par quoi débute alors toute culture et qui, à eux seuls, en comptent deux : la branche « littéraire » du *trivium* (grammaire, rhétorique, dialectique) et la branche « scientifique » du *quadrivium* (arithmétique, géométrie, astronomie, musique) ; viennent ensuite, ou à côté — car tous les disciples ne suivent pas tout l'enseignement —, les sciences naturelles et historiques, la philosophie, la théologie, enfin, science suprême. Dans toutes ces branches, l'enseignement se fait par le procédé de la *lectio*, c'est-à-dire la lecture commentée des ouvrages de base : la Bible, les œuvres grecques et romaines qui ont survécu par les moyens qu'on a vus, et les livres des premiers commentateurs ou metteurs en œuvre de ces trois sources originelles : le pseudo-Denys, Boèce, Augustin surtout.

*

Les premiers fruits de l'héritage : de la substance aux mots, et de l'idée à Dieu

Sur la fin de cette période de sauvegarde, les esprits les plus inventifs ne se contentent pas d'emmagasiner des encyclopédies ; ils produisent des œuvres plus originales. Et même parfois fort singulières, comme la *Division de la nature* de Jean **Scot Erigène,** Écossais comme son nom l'indique, aux dates incertaines (né entre 800 et 815, mort après 877), et qui vécut un temps à la cour de Charles le Chauve. Pour ce néo-platonicien bon teint, Jérusalem et Athènes sont tout un, étroitement mêlées, plus encore que chez tant des anciens Pères grecs ; la Bible, l'Évangile, Plotin se rejoignent mais c'est Plotin qui l'emporte, et ce n'est pas sans raison que la doctrine d'Erigène sera taxée de panthéiste. Il n'y a, en effet, pour lui qu'un seul être, Dieu-nature, d'où tout procède et où tout revient par l'effet d'un cycle à quatre temps, ou niveaux, d'émanations et de résolutions : d'abord, la « *nature incréée et incréante* » (*natura increata et increans*), ou Dieu lui-même en son insondable mystère ; puis la « *nature incréée et créante* », c'est-à-dire l'action créatrice de Dieu par simple connaissance, intérieure à lui-même, des Idées et des causes ; elle produit ainsi la « *nature créée et incréante* » (*natura creata et increans*), soit l'univers qui n'est, au fond — anges ou bêtes, homme ou pierres et plantes — que transparences de la substance divine, *théophanies*, manifestations extérieures de Dieu, réfractions prismatiques (mais quel est le prisme ?) en genres, espèces et individus ; enfin — et ce n'est pas la moins curieuse des résolutions qu'il propose — tout doit s'achever par le retour de la *natura increans et increata* (la créature) au sein de Dieu, *natura increata et increans :* où l'on voit que seule l'interversion des qualificatifs marque la différence entre la nature rachetée ou divinisée et Dieu lui-même.

A une telle métaphysique répond une pareille psychologie : l'homme qui n'est pas réellement autre chose qu'une théophanie dispose d'une intuition de connaissance (*intuitus gnosticus*) dont les effets doivent suivre, analogiquement, les mêmes quatre temps-niveaux, de l'illumination au retour, par une sorte de forme ou concept qui produit son objet. Étonnante étape, on le voit, sur les voies mêlées de l'idéalisme et du panthéisme entre Platon-Plotin d'une part et Spinoza de l'autre ; avec, chez Scot Erigène comme chez Spinoza, la Bible, témoin forcé !

*

La première vague des universaux

Cependant, Scot Erigène figure en son temps un monument isolé. Sous la triple influence des malheurs supputés du temps autour de l'an 1000, des œuvres logiques d'Aristote et de l'obsession platonicienne des Idées subsistantes, la philosophie des IXe, Xe et XIe siècles fait déferler la première des trois vagues de la question des universaux.

Rien n'est plus typique de la pensée au Moyen Âge que cette affaire, absolument fondamentale si l'on veut comprendre quoi que ce soit à la façon dont s'est engagée la réflexion médiévale — et dont elle s'est dégagée —, puisque la troisième vague de la querelle des universaux, avec Occam et la « solution » nominaliste du XIVe siècle, recouvrira de son écume bouillonnante tout l'univers mental du Moyen Âge pour frayer la voie des sciences et des philosophies, des techniques et des sociétés modernes.

Mais en attendant, aux IXe et Xe siècles, l'esprit romain bien concret, ressourcé dans la féodalité, renforcé, en un sens, par le réalisme platonicien des Idées et assuré par une conception extrêmement quotidienne et sociologiquement incarnée — « en-terrée » — de la foi chrétienne se trouve d'une part confronté à la subtile dialectique logique aristotélicienne de l'*Organon*, d'autre part affronté peut-être aux vagues peurs et inquiétantes incertitudes enclenchées par la magie du nombre *mille*. Les sages de l'École, c'est-à-dire des écoles (*scholae*), tout naturellement alors, s'interrogent sur la nature et la solidité des notions qu'ils enseignent et manient — interrogation d'ailleurs qu'ils trouvaient ou plutôt qu'au tamis de leur inquiétude ils croyaient trouver — dans un passage assez vague et abscons de l'*Isagogè* de Porphyre, qui faisait partie des classiques du temps : ces notions, ces concepts et leurs objets — tels l'espèce et le genre — ces « universaux » donc ou ensembles communs à toute une classe d'individus dits « singuliers », existent-ils en tant que tels, un peu à la manière platonicienne des Idées, comme des substances existant telles quelles (*subsistentia*) ? Ou bien sont-ils seulement des cadres de pensée, des abstractions pures (*nuda intellecta*) ? En deux mots : *oui ou non, les universaux sont-ils des choses ?*

On a pris l'habitude d'appeler *réalistes exagérés ou outrés* ceux qui répondaient oui, tels **Fridugise** et **Rémy d'Auxerre** au IXe siècle, l'humaniste **Gerbert** au Xe, et **Odon de Tournai** au XIe siècle ; pour eux les individus singuliers ne sont, en quelque sorte, que des vassaux du suzerain « universel », des *Stücke*, des sous-êtres. Leurs opposants de l'époque — les Raban Maur et **Éric d'Auxerre** au IXe, **Roscelin** au XIe — se bornent vraiment à être des opposants. C'est pourquoi on doit aussi se borner à les qualifier d'*antiréalistes ;* loin de chercher une autre explication, ils se contentent de constater avec le sens commun (et Aristote) que seuls *existent* — au sens existentiel — des individus singuliers (ce papier-ci, cette plume-là, ce couteau-ci et cette pomme-là) et qu'en conséquence les universaux ne sauraient être des choses. Fin du premier épisode de ce feuilleton en trois livraisons qu'est la Querelle des universaux, capital pour notre civilisation des Trois Capitales.

*

Fin non sans *happy end.* Car survient en cette fin du XIe siècle un petit montagnard valdotain : les pics aigus ne lui font pas peur et les passages des cols lui sont familiers ; il s'appelle **Anselme** (1033-1109) et, en cette Europe de plus en plus circulante héritée des Romains, il deviendra abbé du Bec en Normandie puis archevêque de Canterbury avant d'être porté sur les autels. Curieux de toutes les connaissances et de tous les mystères, il traite aussi bien de grammaire, de vérité et de libre arbitre que de la Trinité et de l'Incarnation. Mais surtout ce disciple passionné d'Augustin, et donc sensible au platonisme, interpellé, en outre, à la fois par le néo-platonisme exacerbé de Scot Érigène et les querelles des dialecticiens des universaux, tente audacieusement, en vrai montagnard, le passage entre la raison et la foi (« crois pour comprendre, comprends pour croire »), comme entre l'Idée totalitaire et le Mot omnipotent, pensant ainsi surmonter toutes les oppositions.

J'accepte, argumente-t-il en substance, de partir de la notion ou idée, et peu m'importe, en un premier temps, qu'elle soit ou non subsistante ; mais si je conçois l'idée d'un Être parfait, absolument parfait, si parfait que plus parfait ne peut être, immanquablement l'existence parfaite et totale est requise par telle perfection. Donc, cet Être chargé de toutes les perfections existe, c'est Dieu-C.Q.F.D. Et c'est le fameux argument dit ontologique parce qu'il passe du *logos* à l'Être (*òn, ontos*) et qui connaîtra, chez Descartes et autres, une fortune diverse et des avatars variés, sans compter de sévères critiques. Mon intention n'est pas ici de critiquer, ni même de philosopher, moins encore de théologiser ou de convertir. Je salue seulement en saint Anselme un personnage remarquable par son aptitude bien augustinienne, à capter les trois sources : en réconciliant l'Idée platonicienne avec la dialectique d'Aristote (dont d'ailleurs il retient, comme son maître Augustin, plusieurs éléments de la psychologie de la connaissance), en partant de l'Un parfait de Platon pour arriver à *Celui qui est* de la Genèse judaïque ; tout cela en un latin dense et nerveux, exprimant un souci bien romain d'ordre et d'efficacité pour emporter la conviction, avec une telle fougue qu'à le lire on finit par se demander si, pour ce théologien humaniste chrétien, Dieu, la Trinité et l'Incarnation restent bien des mystères. La balance penche du côté de Rome et d'Athènes.

⁂

La première Renaissance et la deuxième étape des universaux ou : l'équilibre

Le rideau définitivement tiré sur les frayeurs, réelles ou supposées, de l'an mille ; les bienfaits d'une féodalité au plein de son utilité fonctionnelle ; l'établissement de pouvoirs politiques plus forts et plus clairvoyants avec, par exemple en France, des rois tels que Louis VI le Gros et Louis VII le Jeune ; la restauration et le développement de l'économie par l'essor des villes et du commerce, par la transformation des techniques agraires, par la circulation accrue des hommes, de la monnaie et des marchandises : toutes ces causes, entre autres, concoururent à ce qu'il faut bien appeler la première Renaissance du XIIe siècle.

Elle commence à porter ses effets dans le champ du problème clef des universaux, où les oppositions se durcissent et se précisent, forçant ainsi la voie aux solutions d'équilibre. Dans le camp du réalisme outré, l'illustre évêque de Châlons **Guillaume de Champeaux** (1070-1120), qui enseigne en la non moins illustre école épiscopale de Paris, « chosifie » les essences au point de les retrouver, chaque fois unique et universelle, en chacun des subordonnés de chaque genre et de chaque espèce. Quelques années après lui, **Bernard de Chartres** est plus net qui, platonisant carrément les données du problème, confère à chaque genre et espèce un état réel à l'instar des Idées platoniciennes. Beaucoup plus original — toujours en cette première moitié du XIIe siècle — est **Thierry de Chartres** : ce fin lettré, tête de file de l'admirable école chartraine, florissante plus encore en lettres et en sciences qu'en philosophie et en théologie, et qui, comme tous les chartrains, vivait sous le soleil de Platon, choisit précisément l'un des deux éléments — Dieu — de la dyade platonicienne pour en faire l'âme et le cœur, le corps et l'esprit, bref, ainsi que dit M. de Wulf, l'« *acte existenntiel* » de toute créature, apportant ainsi à chacune à la fois l'être et l'essence, le genre, l'espèce et les différences individuelles. Tour de passe-passe de l'omnipotence divine.

Les opposants antiréalistes n'ont pas fait moins de progrès dans le sens de la netteté virulente. De tout leur pragmatisme congénital, l'Anglais **Adélard de Bath** et le Normand **Gauthier de Mortagne** bâtissent, sous les noms de *respectus* et de *status*, des théories montrant qu'il ne peut exister plus qu'un *rapport* entre le singulier et l'universel. Certains, cachés à nos yeux sous le manteau de l'anonymat (car la dispute était tellement vitale, enfiévrée, passionnée que tout un chacun s'en mêlait), vont même jusqu'à oser déjà le terme de *collectio ;* avec l'universel, simple « collecte », rassemblement ou ensemble d'existants singuliers : voici, que pointe, avant terme, son nez le nominalisme intégral qui, deux siècles plus tard, enterrera le Moyen Âge.

Mais, en ce XIIe siècle jaillissant, de grands esprits veillent. Trois notamment : Abélard, Gilbert de la Porrée et Jean de Salisbury, outre un anonyme génial. Ajustant de plus en plus exactement la balance entre le réalisme pragmatiste, hérité de Rome, qui n'a d'yeux que pour le singulier concret, et le *logos* intelligible platonicien qui ne voit que l'universel ; mais aussi, à l'inverse, entre le sens bien romain de l'organisation universelle et la périlleuse finasserie dialectique héritée d'Athènes, ils retrouvent peu à peu la synthèse qu'avait déjà réussie Aristote, le plus romain de tous les dialecticiens grecs (tout autant que la sémantique latine est, je l'ai souligné, la plus aristotélicienne de toutes les langues). Ainsi, distinguant sans séparer, unissant sans confondre, ils se donnent, à eux-mêmes et surtout à leurs successeurs, les moyens d'une théologie qui, fidèle à la transcendance du Dieu Unique de Jérusalem pourtant omniprésent dans la nature et dans l'Histoire, pourra rendre compte plénier des mystères chrétiens.

L'actualité récente a donné aux Français l'occasion de commémorer en solennité officielle le neuvième centenaire de la naissance d'**Abélard** (1079-1142), par des conférences et des expositions, des communications et des colloques, des concerts aussi, car cet être d'exception était aussi poète et musicien. En y apportant pour ma part une modeste contribution intellectuelle, je songeais que le pauvre diable avait justement mérité cette petite fête des esprits. Eh bien !, en dépit du souvenir magique d'Héloïse, en dépit aussi de l'aventure fameuse et tragique — qui pourtant fait toujours sourire un peuple prompt à entonner la chanson du Père Dupanloup —, nous n'avons pas remué les foules. Cependant quel homme et quelle destinée ! Quelle volonté chez ce Breton têtu et quelle dialectique obstinée ! Écouillé mais non écervelé, il a touché à tout avec génie. Amoureux fou, il n'était tendre pour quiconque, surtout pas pour ses adversaires et, dans la querelle des universaux précisément, il a su comme personne ridiculiser aussi bien le réalisme un peu niais de Champeaux que la vaine aisance sophistique de Roscelin, et montrer que l'universel ne pouvait être ni une chose subsistante en soi et par soi, ni une simple *vox*, émission de parole effleurant de son souffle (*flatus vocis*) une collection d'individus. Avec juste intuition, il conçut au contraire l'universel comme un *sermo*, c'est-à-dire à la fois un langage et un dialogue établissant un rapport entre l'esprit et le réel concret, une forme susceptible d'être attribuée à plusieurs êtres (*natum praedicari de pluribus*). Il était sur la bonne piste en précurseur, là comme dans son invention originale du pour et du contre (*sic et non*), qui devait connaître chez saint Thomas une si féconde exploitation. Et si, certes, dans ses Traités théologiques il n'était pas exempt de ce rationalisme réducteur que lui a reproché avec tant de dureté le charmant et faux doux saint Bernard (qui du reste n'entendait rien à la théologie et se contentait de répéter sagement les définitions dogmatiques), il eut du moins le mérite de n'hésiter devant aucun risque à tenter l'explication. Ce fier témoin de ce temps de renaissance, lui qui avait commenté Aristote, Porphyre et Boèce, est un bel exemple de conscience, claire et obstinée, des tensions entre les Trois Capitales, ainsi qu'en fait foi son énigmatique *Dialogue entre le philosophe, le juif et le chrétien*, c'est-à-dire entre la sagesse grecque, le prophétisme judaïque et l'ordre chrétien romain.

Gilbert de La Porrée (1076-1154) s'en tient, lui, au problème des universaux qu'il fait résolument progresser en montrant nettement dans les choses le fondement de la notion universelle : l'esprit rassemble et compare les données essentielles existant concrètement dans de nombreux êtres et crée, en lui-même, la structure conforme à leurs similitudes et qui est précisément l'universel, genre ou espèce. Il frôle ainsi de très près la solution complète qui sera proposée, à peu près en même temps — seconde moitié du XIIe siècle —, par l'auteur anonyme d'un traité *De intellectibus* (Des intellects) et par le brillant **Jean de Salisbury,** évêque de Chartres, ami des papes et des rois d'Angleterre, habitué des écoles de Paris et qui avait, en 1176, pris la suite de Thierry de Chartres à la tête de l'étincelante école chartraine. C'est ce Jean de Salisbury (1115-1180) qui, dans son *Metalogicus,* et avec le soupir amusé, faussement sérieux, de tout bon humoriste anglais, note que la solution exacte du problème des universaux « a coûté plus de temps au monde que la dynastie des Césars n'en avait mis à conquérir et gouverner le monde ». Cette solution exacte n'est autre que la théorie aristotélicienne de l'abstraction, théorie psychologique de la connaissance, que sous-tendent toute la Physique et la Métaphysique du maître de Stagire : la participation analogique de l'Être et l'individuation par la matière.

*

La première Renaissance et la deuxième vague de contacts et de traductions

Cette lente maturation d'un problème capital ne s'est évidemment pas faite toute seule ni sans l'effet d'influences extérieures. On se souvient que le Moyen Âge des premiers siècles ne disposait en matière aristotélicienne que d'un *Organon* incomplet. Il n'en fut plus de même au XIIe siècle : entre-temps, que s'était-il donc passé ?

La philosophie grecque avait suivi, en Orient, une curieuse aventure. Chassée d'Athènes en 529, par décret de Justinien, avide de reconstituer sous sa poigne un empire romain chrétien, elle s'était réfugiée un peu partout : à Constantinople, d'abord, nouvelle capitale de l'Empire, où du IXe au XIe siècle se succédèrent de pâlots disciples de Platon (Aréthas, Michel Psellus) et d'Aristote (Photius,

Italus). Mais il n'y avait pratiquement aucun contact entre l'Orient et l'Occident et ce n'est pas le schisme grec de 858 qui arrangea les choses. Les croisades, du XIe au XIIIe siècle, nouèrent bien quelques rapports, notamment la première et la quatrième, mais ceux-ci furent plus rudes que culturels ; après tout, ce sont les croisés latins qui, en 1204, prirent Constantinople, et ce n'était pas pour y faire des parlotes ni y tenir des colloques.

Dès le VIe siècle cependant, les philosophes bannis d'Athènes avaient trouvé d'autres refuges que Constantinople : en Arménie où David l'Arménien traduisit Aristote ; en Perse où l'affable roi Chosroës Nurschirwan accueillit toute une bande de néo-platoniciens bannis, ainsi que les Syriens Damascius et Simplicius. Car les Syriens, eux aussi, avaient reçu directement des Grecs l'héritage philosophique qu'en des écoles fort actives — à Édesse, Rebaïna, Chalcis — ils entreprirent de traduire à tour de bras.

Ce sont les Syriens précisément qui transmirent aux Arabes leur précieux dépôt et notamment l'enseignement d'Aristote, de Porphyre et du médecin Galien. A partir de là, la chaîne va se ramifier en trois chaînons.

Un chaînon arabe d'abord. C'est dans le monde musulman que la pensée grecque réussit son premier greffon médiéval, ce qui explique — soit dit en passant — la nette avance de la médecine arabe sur les autres du même temps et, pour l'essentiel, l'essor et le développement d'une brillante civilisation arabe du IXe au XVe siècle. Les Arabes, donc, sont alors en tête dans l'effort d'harmonie entre le dogme musulman et une philosophie grecque aristotélicienne teintée, plus ou moins fortement, de néo-platonisme. **Al-Kindi** au IXe siècle, **Al-Farabi** au Xe et surtout au XIe, le disciple de ce dernier, le médecin et philosophe **Avicenne** (980-1036) mêlent étroitement l'aristotélisme le plus pur de l'intellect-agent et de la psychologie à une métaphysique moniste et panthéiste de la procession des sphères beaucoup plus néo-platonicienne. Tels sont les principaux témoins arabes pour l'Orient.

En Occident, c'est **Averroès,** savant complet, à cheval entre l'Espagne et le Maroc (né à Cordoue en 1126, mort à Marrakech en 1198), cadi de Séville puis de Cordoue, qui tint le flambeau, un flambeau qui devait singulièrement éclairer et embraser tout le Moyen Âge latin. Son aristotélisme est beaucoup plus pur que celui des Arabes orientaux, et il vouait un véritable culte au maître du Lycée ; sa vénération était telle qu'entre deux vérités opposées il ne s'embarrassait pas trop du Coran, quitte à recourir à l'interprétation allégorique ou à la théorie schizophrénique des deux vérités parallèles, rationnelle et révélée. Ce culte, toutefois, ne paraît pas avoir été aussi exact qu'il était exalté : plusieurs de ses thèses sont, soit franchement opposées à la doctrine d'Aristote (par exemple la suppression de la dualité dans l'intellect humain : actif et passif), soit discutables : éternité de la matière, négation de l'immortalité personnelle.

C'est encore en Espagne que le flambeau grec passera des mains arabes entre les mains juives : deuxième chaînon. Et deux grands noms : Avicébron et Maimonide. Au XIe siècle, **Avicébron** — en réalité Salomon ibn Gebirol, mais ce Juif d'Espagne, né à Malaga vers 1020 et mort à Valence entre 1060 et 1070, écrivit en arabe sa grande *Source de vie* — est franchement néo-platonicien et panthéiste. Bien sûr, il conserve quelque chose du souvenir du Dieu Unique et Transcendant de la révélation juive, mais très vite c'est la pensée athénienne qui prend le dessus avec, émanant de ce Dieu inaccessible, un esprit cosmique composé de matière et de forme et dont les transformations, à travers toute une cascade d'intermédiaires, forment les êtres de l'Univers. Il s'agit là, au fond, par l'effet de la réaction judaïque à l'inspiration grecque de type plotinien d'un monde culturel assez proche de l'esprit de la Kabbale juive et du *Zohar*. Plus traditionnel est en revanche, au XIIe siècle, le grand **Moïse Maimonide** (1135-1204) qui, embrassant tout le champ des sciences et des arts, de la médecine à la théologie, tente, dans son *Guide des égarés* (lequel courra une carrière immense dans l'espace et dans le temps), un accord plus sérieux et plus lucide, plus pondéré et plus respectueux, entre l'âme juive et la raison grecque.

Ce n'est pas par hasard ni pour faire vrai, concret, ou couleur locale, qu'au long de ce périple de la pensée grecque autour du Bassin méditerranéen, j'ai pris soin de mentionner les noms de lieux : il faut apprécier en effet par quels prodiges des avatars et des échanges la pensée grecque, dont l'Église latine n'avait d'abord pu sauver du cataclysme barbare que quelques bribes, nous est revenue, entre le xe et le xiie siècle, plus riche et plus complète, en ses traités aristotéliciens et néo-platoniciens notamment. Elle nous est revenue du Moyen-Orient, par les Arméniens et les syriaques chrétiens qui l'ont transmise aux Arabes orientaux qui, par-delà la mer, la transmettent aux Arabes occidentaux d'Afrique et d'Espagne qui passent la flamme aux Juifs, et aussi, enfin — troisième chaînon — aux chrétiens d'Occident.

J'ai bien connu, en ses dernières années traversées de foucades — il s'était mis en tête, sous le pseudonyme de Zacharias, de montrer que le Coran n'était qu'une farce et un faux composé par un Juif, mais on vivait alors dans les affres de la guerre d'Algérie où il avait nettement pris parti contre le fanatisme arabe — le curieux érudit, dominicain français, qui avait passé sa vie à restituer fidèlement la carte de ces échanges, transmissions et traductions, grâce à quoi le xiie et le xiiie siècle ont été, en Europe, si brillants. C'était, plein de rondeurs — et même rondouillard — malicieux et rusé, le Père Théry : savant précis et farceur imaginatif, prêtre et soldat, historien méticuleux et homme d'action obscurément engagé dans des affaires d'honorable correspondant, bref un personnage d'archéologue conspirateur et farfelu qui paraissait tiré d'un roman d'Agatha Christie, d'autant qu'il avait l'air d'un Hercule Poirot déguisé en moine. Envers et contre sa fantaisie, nous sommes nombreux à lui devoir beaucoup.

J'ai parlé de traductions : il en fallut, en effet, énormément, on s'en doute, en plus des voyages, pour que tant de richesses qui s'étaient un peu perdues reviennent enfin, aux xie et xiie siècles de la première Renaissance, dans le sein de la grande Europe qui portait dorénavant l'héritage et le destin des Trois Capitales. Traductions, excellentes, du grec en latin par Robert Grossetête, Henri de Brabant, Bartholomée de Messine et surtout le frère prêcheur Guillaume de Moerbeke (mort en 1286), grâce à qui Thomas d'Aquin pourra avoir accès à un Aristote complet ; traductions, plus médiocres, toujours en latin bien sûr, sur l'arabe ou l'hébreu, par un collectif de lettrés tolédains tels que Dominique Gondissalvi, sous la direction de l'archevêque Raymond de Tolède (1126-1151), ainsi que par l'Italien Gérard de Crémone, l'Allemand Hermann, l'Anglais Michel Scot. C'est grâce à de tels hommes que les grands esprits latins du XIIe, puis du XIIIe siècle purent avoir accès aux ouvrages de la science grecque, aux grands philosophes d'Athènes et aux traités arabes ou juifs d'Avicenne, Averroès et Avicébron ; et ainsi serrer au plus près le problème des universaux, ou cerner au plus juste les frontières de la pensée grecque et de la révélation judéo-chrétienne.

*

La première Renaissance et la transformation des structures socioreligieuses

Mais tels ne furent cependant ni les seules causes ni les seuls signes de la mutation des idées. Dans le même temps en effet les données sociopolitiques étaient bouleversées par le développement de plus en plus vigoureux des cités, de leurs activités et du pouvoir central, rendant de plus en plus caduque, lourde et insupportable l'institution féodale : c'est le fameux *éveil des libertés bourgeoises*, et ce fut une véritable révolution qui retentit dans tous les domaines, politique, social et religieux. D'un point de vue général, c'est le moment décisif où le Moyen Âge passe, définitivement et à tous les plans, de son ère romano-romaine (c'est-à-dire chrétienne et retranchée en défense, sur le sol et les textes qu'on cultive et protège, autour des évêques, des abbés et des seigneurs) à une ère judéo-gréco-romaine, où la chrétienté, en un double mouvement d'attraction et d'expansion, s'ouvre à toutes les influences et cherche à se répandre.

Cela ne se fit pas sans hésitation ni sans troubles, à preuve les mouvements d'*hérésies populaires*. Dès la fin du XIIe siècle les **vaudois**, dits « pauvres de Lyon » ou « pauvres hommes », réagissent à leur manière face à une Église puissante, féodale, parfois opprimante pour les pauvres, et dont ils ne voient plus qu'un grand corps social au cœur vide ; d'exemples et de paroles, ils prêchent le retour et l'accès massif de tous, clercs et laïcs, aux Saintes Écritures et, surtout, à l'Évangile : prières, pénitence, pauvreté. Plus d'ordination, plus de messe, plus de saints officiels : chacun peut donner les sacrements, pourvu qu'il soit exemplaire. En cette première esquisse grossière du futur protestantisme on voit, en même temps que le retour à l'ancienne hérésie de Donat et de Novatien qui faisait dépendre de la sainteté personnelle — et non sacrale — du ministre la validité des sacrements, le glissement du christianisme, sur l'axe des Trois Capitales, vers Jérusalem, son moralisme et son culte du Livre, glissement peu conforme à l'esprit d'un Maître qui avait voulu établir son Église sur ce qu'il y avait de plus faible au monde et, à un degré éminent, sur le seul apôtre L'ayant renié par trois fois.

A peu près au même moment, **Joachim de Flore** répartit l'histoire du Salut de l'humanité sur trois âges : celui de la Loi juive régi par le Père, celui du Nouveau Testament établi par le Fils, celui enfin, qu'il faut introduire, de l'Évangile spirituel animé par l'Esprit (d'où le nom de « pneumatisme » attribué à sa doctrine). S'ensuivent des préceptes pratiques de pauvreté et de détachement « monastique » pour tous, assez proches de l'esprit vaudois, et l'on est donc fondé, de notre point de vue, à en tirer les mêmes conclusions : c'est l'exclusion presque complète d'Athènes et plus encore de Rome.

Le cas des **cathares** albigeois est un peu à part, bien qu'ils aient, eux aussi, marqué la réaction contre l'Église féodale, cléricale et sacramentelle et qu'ils aient œuvré sous le masque de l'Évangile et, en particulier, de certains de ses traits : ceux du « soyez parfaits », de la voie des conseils, de la béatitude de la pureté, de la Lumière et de l'Esprit johannique. Mais, ôté le masque, qu'aperçoit-on ? La vieille religion de Manès, déjà plus ou moins à l'œuvre dans la gnose, et la séparation dualiste et radicale du Bien et du Mal. On discerne aussi la condamnation de la chair et de la matière avec tout ce qui s'ensuit, à commencer par la séparation entre l'élite des « purs » ou « parfaits » ou « bons hommes » — quasi désincarnés après le *consolamentum*, seul vrai sacrement de cette secte de la Parole —, et la masse des fidèles qui peuvent faire à peu près ce qu'ils veulent. On distingue, par conséquent, la condamnation de la procréation comme coopération à l'œuvre néfaste de création matérielle du démiurge. Bref, on observe le refus du mystère du Mal et de la Grâce et une volonté d'auto-accomplissement peu conforme à l'Évangile. On voit là nettement l'effet de l'éloignement de Jérusalem et de l'Athènes simplement rationnelle, au profit du rapprochement avec une certaine Rome hellénistique, sophistiquée et chargée des effluves de l'Orient. D'autant que le mouvement cathare se renforce, on le sait, dans l'opposition des Languedociens « courtois », raffinés et cultivés, à la grossière simplicité des barons du Nord.

Il serait vain toutefois de dissimuler les pierres d'attente que le catharisme trouvait dans certains textes de la prédication évangélique et des Pères — textes de méfiance à l'égard de la chair —, et la consonance qu'il pouvait éveiller dans la mentalité générale du Moyen Âge : l'amour courtois, après tout, platonique, idéalisé, sans souillures, était une sorte de catharisme diffus et le *Roman de la Rose* de Jean de Meung est à cet égard assez significatif. Quant au mariage chrétien lui-même, Georges Duby a eu raison de souligner l'ambiguïté de l'Église du temps hésitant entre deux traditions dont aucune n'était très optimiste : celle de saint Jérôme et de saint Grégoire, « obsédés par la pureté absolue et condamnant le mariage parce qu'inéluctablement souillé par le plaisir : le mari, dit Jérôme, est adultère s'il aime sa femme avec trop de chaleur » ; et celle, qui devait prévaloir, de saint Augustin « plus favorable au mariage, considéré comme un mal nécessaire ». On est loin de Jérusalem, mais pas si loin de l'Évangile.

*

L'Évangile c'est précisément, sans sortir de l'Église et toujours dans la ligne d'opposition à la féodalité, l'obsession des deux nouveaux fondateurs d'Ordres qui apparaissent eux aussi en ce XIIe siècle de la première Renaissance : l'Italien **François d'Assise** et l'Espagnol **Dominique de Guzman.** A société féodale, Église féodale et monachisme bénédictin avec ses évêques et ses abbés-seigneurs ; enseignement, aussi, inféodé avec ses *scholae* attachées aux évêques, aux chapitres, aux abbés ou aux princes. A société de libertés bourgeoises et de franchises communales, enseignement affranchi et c'est l'éclosion des *universités* qui naissent alors à peu près en même temps que les nouveaux *ordres mendiants.*

Mendiants, parce que, dans la voie des conseils et des trois vœux de pauvreté, de chasteté et d'obéissance, ils instituent une nouvelle façon de vivre la pauvreté. Les bénédictins étaient tous pauvres ; mais riches leurs abbayes auxquelles, de plus, chaque moine restait attaché par le vœu bien romain de stabilité (il ne faut jamais oublier que Benoît de Nursie était un Italien du vᵉ siècle, à la charnière de l'Empire finissant et du Moyen Âge à peine commencé). Les nouveaux religieux mendiants — qui s'appelleront « frères », terme d'égalité à la fois évangélique et communale — ne cesseront de bouger au gré des besoins apostoliques et seront *vraiment* pauvres, d'une pauvreté non plus seulement individuelle permettant la richesse des communautés, mais matérielle, faisant réellement dépendre de la charité des fidèles le pain quotidien des hommes et des couvents. On s'éloigne ainsi de l'enracinement et du réalisme romain pour se rappocher de l'esprit des sages d'Athènes et des prophètes de Jérusalem.

Cette pauvreté est plus spectaculaire et plus totale chez saint François, pour qui elle est un véritable signe efficace, ou « sacrement » du refus du monde dans ses biens matériels, — richesse, habits, nourriture —, comme dans les autres biens : parents, quête de la connaissance (d'où la malédiction contre les livres, et les difficultés qui en surgiront entre le saint fondateur et son ordre naissant); pauvreté radicale qui vide l'homme de lui-même, le dépouille de l'intérieur comme de l'extérieur, tranche jusque dans ses entrailles les affections apparemment les plus innocentes et les besoins les plus urgents, en conformité avec la Croix du Christ dont le Poverello sera stigmatisé, et avec la « joie parfaite » promise par le Seigneur aux persécutés. Joie parfaite qui est d'ailleurs amplement accordée au pauvre d'Assise, bien commun de cette terre nouvelle à laquelle la révolution de la pauvreté et de l'humanité évangéliques l'a fait accéder, terre vraiment rachetée où l'homme n'est plus un loup pour l'homme et où chantent, dans une naïve symphonie retrouvée, les êtres animés et inanimés de la création entière : « Mon frère le soleil..., mes frères les oiseaux, le loup... Ma sœur l'eau, ma sœur la mort... » En ces deux profils de ce Janus bifrons qu'est à des yeux humains le Pauvre d'Assise — extasié de la Croix sur le mont Averne, extasié de la nature sur les routes d'Ombrie, détaché du monde pour porter la Croix de Jésus qui redonne à ce doux la possession d'une terre pacifiée — s'exprime, presque à l'état pur, le message évangélique dans toutes ses tensions et dans toute son unité à la fois donnée et promise. Et je comprends que Georges Duby rêve d'écrire une biographie de François d'Assie comme « admirable témoin des contradictions de son temps ».

La nécessité et la vertu de la pauvreté sont vigoureusement senties par saint Dominique aussi ; n'a-t-il pas, avant même de fonder son ordre, recommandé aux légats pontificaux missionnant en Albigeois d'abandonner leur train seigneurial, scandaleux aux yeux des cathares, et n'a-t-il pas lui-même prêché d'exemple ? N'a-t-il pas établi ses couvents dans la pauvreté la plus stricte ? Exception faite, il est vrai, des livres. Mais il faut bien comprendre pourquoi et ne pas opposer hâtivement François à Dominique. Les livres que le Poverello refuse sont signes de la connaissance ; ceux que l'Espagnol acquiert pour ses couvents sont instruments de la Parole de Dieu en un monde hérétique qui se targue de culture, en un monde tout court qui se développe, s'ouvre à la science et requiert qu'on lui parle son langage ; en un monde enfin où le Verbe s'est incarné et fixé, non seulement en vie et tradition, mais aussi en écrits. Les deux saints fondateurs ne parlent donc pas de la même chose quand ils pensent aux livres et à la science, mais ils s'entendent sur la pauvreté et le refus du monde ; l'un refuse le monde dans la science qui détourne de l'unique nécessaire vécu ; l'autre refuse le monde de la même façon, et par conséquent veut attacher cette science à Dieu en servante fidèle ; l'un retrouve un monde nouveau et pacifié dans la vie et dans la nature ; l'autre le veut retrouver dans l'homme, dans son esprit ; et, pour prêcher l'Évangile, le connaître.

De l'un et de l'autre on a pu dire l'opposition évangélique au monde. Encore faut-il la bien saisir, et rappeler qu'il s'agit du « monde » au sens de l'Évangile, c'est-à-dire de ce qui est refus du plan salvateur, et non point du monde au sens commun, ce qui impliquerait une désincarnation tout opposée à l'Évangile comme aux mouvements des Prêcheurs et des Minimes ; en effet, le monde comme nature et comme histoire, François et Dominique l'assument pleinement l'un et l'autre, car ces ordres mendiants qu'ils fondent en refus du « monde », sont aussi parfaitement adhérents à l'histoire temporelle, alors soulevée par le mouvement des communes et l'assaut des premières libertés bourgeoises contre les structures féodales. Sans être du monde, et en refusant ses valeurs en ce qu'elles ont de « mondain », ils sont bien *dans* le monde en ce qu'il a de valide et de progressif, assurant ainsi la relève du monachisme bénédictin qui se trouvait pour lors déséquilibré, rejeté dans le passé du féodalisme.

Dans cette dialectique « dégagement-engagement » se découvre encore la démarche de l'Évangile, en même temps que se retrouve l'équilibre entre les Trois Capitales, lesquelles, par ailleurs, en ce même temps, se réfractent chacune dans une direction majeure particulière : **Rome** dans la passion de la pierre, l'art consommé de l'architecture et le goût du symbole, appliqués d'abord aux sobres et pures *églises romanes* puis aux hardiesses ogivales des *cathédrales ;* **Jérusalem** dans l'attrait populaire qu'elle émeut et qui pousse les foules aux *croisades* — en dépit de tout ce qu'on a pu dire d'exact ou de moins juste sur leurs ressorts économiques et politiques. Au point que les pèlerins, sur leur rudes chemins comme au fort des batailles, spontanément reprenaient les vieux « psaumes des montées » : « Si je t'oublie, Jérusalem, que ma main se dessèche et que ma langue se trouble... », et retrouvaient les éternels cris du cœur et de l'âme juive : « L'an prochain à Jérusalem ! » **Athènes,** enfin — on l'a vue, on va la voir plus encore — dans l'effort titanesque de possession spirituelle et de domination intellectuelle de l'univers : le moi, le monde et Dieu.

⁂

Le Grand Siècle classique du Moyen Age et les cathédrales de l'esprit

Ce sont, précisément et non par l'effet du hasard, des dominicains et des franciscains — frères prêcheurs et frères mineurs, ainsi qu'alors ils se nommaient —, enseignant pour la plupart dans les toutes fraîches universités, et tous passionnés de la révélation judéo-chrétienne, entêtés de sagesse grecque, hantés de l'ordre romain, qui vont se trouver sur les grands chemins et aux larges carrefours des esprits, sur les hautes cimes et aux vastes horizons du Grand Siècle classique du Moyen Âge : le XIIIe.

Comme le précédent, et plus encore peut-être : siècle haut en couleurs, en relief, en contrastes ; siècle d'oppositions et de contradictions. Les universités nouvelles et autonomes contre les anciennes *scholae ;* les « réguliers » contre les « séculiers », c'est-à-dire les moines et religieux mendiants en butte à l'hostilité jalouse du clergé diocésain qui voit, sans plaisir, la charité et l'assiduité des fidèles captées à son détriment par les nouveaux et populaires frocards ; les communes remuantes et impatientes affrontées aux droits anciens de seigneurs sourcilleux ; le latin courant et savant confronté dans les lettres comme dans la vie au jeune, déjà vif et alerte français. Contrastes encore : la verve satirique populaire se défoule dans les fabliaux et les romans, tels que le *Roman de Renart,* tandis qu'à l'inverse les chansons de gestes et les Histoires exaltent la grandeur des mythes du passé et des hauts faits présents (contraste qui fait songer à la Rome antique) ; enfin dans le peuple comme chez les cadres, la plus émouvante et profonde, forte et naïve piété s'allie à la plus franche licence des mœurs ; le plus délicat et subtil raffinement des manières et des sentiments côtoie la plus révoltante grossièreté des usages ; et la plus tendre pitié s'associe à la plus violente cruauté.

Dans le champ des idées, l'opposition et la tension s'établissent entre le courant traditionnel augustinien et les nouveautés d'Aristote, fraîchement arrivées sur le marché intellectuel, par les chemins et les moyens. (Le Père Chenu s'est amusé à compter combien de fois, à propos du très aristotélicien Thomas d'Aquin, le terme « nouveau » ou « nouveauté » se trouvait usité dans une page d'un de ses premiers biographes et contemporains, Guillaume de Tocco : il y en avait à peu près un par ligne !)

C'est donc, de notre point de vue, d'une « guerre » doublement intestine qu'il s'agit : d'une part, du fait que, s'agissant d'Augustin, et de ses disciples, il s'agit, à travers lui, de Platon et de sa descendance néo-platonicienne, affrontés à Aristote, il s'agit du *logos* « érotique » et mystique grec affronté au *logos* logique et rationnel, c'est-à-dire d'Athènes divisée entre elle-même. Et puis, parce que, s'agissant de théologie, il s'agit du dogme, c'est-à-dire de la révélation judéo-chrétienne confrontée à la raison grecque et latine qui tente d'en rendre compte : Jérusalem face à Athènes.

A revivre ces grandes querelles médiévales, on a le sentiment que deux Athènes — l'érotique et la rationnelle —, deux chouettes — celle qui plane dans l'air raréfié des hauteurs et celle qui dépèce au sol les proies encerclées de ses serres exactes et acérées —, se disputent la colombe judéo-chrétienne. Tout cela sous le regard et le contrôle de Rome, placide et obstinée, la nouvelle Rome, solidement enracinée, des papes et des évêques qui dirige et décide.

J'ai parlé de « guerre » : le mot peut paraître un peu gros, mais les disputes théologiques sont volontiers assez belliqueuses, les accusations, voire les insultes, fusent et les condamnations pleuvent ; il est bon de ne pas oublier que Thomas d'Aquin, futur docteur de l'Église — et « Docteur Commun » — se verra d'abord condamné, en 1270, sur certaines de ses thèses par l'évêque de Paris, Étienne Tempier, qui récidive en 1277, peu après la mort du grand maître en théologie.

Voilà donc l'esprit du temps. Mais de quoi s'agissait-il plus précisément ? Dans les grandes lignes, quelles étaient les clefs majeures de divergence, les grandes questions dont les réponses opposées séparaient, en les enrageant, les deux camps ?

Au plan métaphysique qui commande tout, c'était d'abord la conception de l'être : *univoque* pour les augustiniens, marqués de néo-platonisme, *analogique* pour les disciples d'Aristote. Distinction fondamentale : dans un cas, il y a comme une contagion de l'Être, d'un seul tenant, molaire et diffusif, sans limites ni frontières résolument tranchées ; dans l'autre, ce n'est que par une série d'analogies rigoureusement définies que l'*Exister* peut être attribué à l'Être Pur en Soi et par Soi qu'est Dieu, et aux êtres ou étants *participant* à la source de tout être. Les conséquences sont infinies. C'était aussi le problème de l'éternité du monde (ou du moins de la matière) possible pour les aristotélisants car, de toute façon, il n'en eût pas moins été éternellement dépendant de la puissance créatrice de Dieu ; impossible pour les augustiniens qui ne peuvent concevoir autre chose que l'antériorité absolue de la dyarchie platonicienne « Dieu-Bien ». C'était enfin, aux frontières épistémologiques de l'ontologie, de la psychologie et de la sagesse morale, la prééminence pour l'augustinisme platonicien du Bien sur le Vrai, et par conséquent de la volonté sur l'intelligence. Au grand scandale des péripatéticiens pour qui le Vrai prime le Bien, et le Connaître précède le Vouloir (*nil volitum nisi praecognitum*) : on ne peut, cela semble évident, vouloir ou aimer ce qu'on n'a pas d'abord connu.

Au plan de la physique, l'accord apparent sur le principe du dualisme « matière-forme » recelait, en fait, de graves dissentiments : pure indétermination pour Aristote et ses nouveaux adeptes, la « matière » conservait chez les augustiniens une valeur positive car rien ne saurait échapper à la plénitude divine ; cette même matière suffit, chez Aristote, avec le jeu subtil de l'hylémorphisme et la préparation de la matière que se partagent habilement la forme antécédente et la forme subséquente, pour expliquer le « mouvement », entendez : le changement, le devenir, le passage d'un état à un autre. Pour Augustin et ses opiniâtres champions du XIIIe siècle, il y faut les « raisons séminales » que Dieu y a jetées, car rien ne saurait échapper à l'actualité de Dieu. — En revanche, ces mêmes augustiniens affirment que les « substances spirituelles » (attention, mes enfants ! il s'agit des anges et des démons, ça n'est pas rien !) sont, elles aussi, composées de matière et de forme : comment pourrait-il en être autrement puisqu'elles ne sont pas Dieu ? Absurdité pour les progénitures médiévales du Stagirite ! Les substances spirituelles sont des esprits ? Oui, bon ! donc de pures formes ; mais pure forme n'est pas acte pur. Seul Dieu est Acte Pur.

Au plan psychologique enfin, les mêmes divergences d'esprit et d'inspiration commandent de semblables distorsions : l'âme n'est pas distinguée de ses facultés dans l'augustinisme qui, de plus, requiert une illumination divine spéciale et immédiate pour accomplir les actes intellectuels les plus significatifs, alors que l'aristotélisme, pour sa théorie de l'abstraction au moyen de l'intellect agent et de l'intellect passif, combine une physique où Dieu n'intervient que dans le plan général de la participation de l'Être.

On le voit du premier coup d'œil, l'augustinisme platonisant paraissait plus apte par sa nature et, par son esprit, mieux disposé à rendre compte du mystère de Dieu Père qui se donne et qui est tout à tous, tout en tous : plus prêt à l'usage de la théologie parce que plus près de Dieu. C'est pourquoi d'ailleurs il durait depuis si longtemps dans la pensée de l'Église, et nous avions déjà noté, en son temps, la connaturalité ou connivence, entre une certaine Athènes de l'éros mystique et l'âme juive prophétique de Jérusalem. C'est pourquoi déjà, dès le XIIe siècle, le courant de théologie mystique des victorins lancé par **Hugues de Saint-Victor** (1096-1141) était augustinisant. C'est pourquoi aussi les grands docteurs les plus augustiniens du XIIIe seront tous des franciscains, plus sensibles, de par l'esprit d'effusion mystique de leur fondateur, à l'effusion philosophique de l'amour et de l'être qui caractérise l'augustinisme platonisant.

*

La première figure notable de l'aristotélisme renaissant est cependant celle d'**Alexandre de Halès** (mort en 1245) ami de Robert Grossetête, franciscain comme lui et chef de file de l'école franciscaine d'Oxford, dont on a vu le rôle important qu'il a joué comme traducteur latin des grecs. Grâce à lui, Halès connaît bien l'œuvre d'Aristote et de ses commentateurs arabes, mais il s'empêtre dans ses tentatives de conciliation entre l'augustinisme ambiant et la nouvelle école péripatéticienne. Sa métaphysique et sa physique restent sous-tendues par les deux grandes théories qui mériteront par la suite d'être qualifiées de « théories franciscaines » et qui, curieusement, résultent d'une sorte de combinaison de l'esprit augustinien et de certaines interprétations arabes ou juives d'Aristote : l'extension de l'hylémorphisme — soit, rappelons-le, la composition de matière et de forme — aux êtres spirituels, c'est-à-dire aux anges (le Juif aristotélisant Avicébron défendait déjà cette thèse assez néo-platonicienne), et la pluralité des formes substantielles dans un même être. Sa psychologie, en conséquence fatale, achoppe également et pour les mêmes raisons, dans sa tentative de conciliation. On peut dire que l'aristotélisme de Halès n'est guère que le vœu pieux d'un esprit curieux de nouveauté mais manquant de puissance.

L'Italien **Bonaventure** (1221-1274) est plus convaincant.

Continuateur de la ligne augustinienne traditionnelle dans les preuves de l'existence de Dieu, la doctrine de la création temporelle et de son évolution par les raisons séminales, et, d'une façon générale, par la touche mystique contemplative de sa théologie, ce grand et intime ami de saint Thomas, dont il est le presque exact contemporain — il n'a que six ans de plus et mourra la même année que lui, comme cardinal-légat du pape au concile de Lyon —, est cependant sensible au nouveau courant d'idées aristotélicien dont il use pour affiner certaines thèses traditionnelles qui faisaient difficulté aux esprits exigeants. Ainsi, accréditant définitivement les deux « théories franciscaines » dans la tradition théologique de son ordre, il en atténue toutefois l'inspiration néo-platonicienne en les mettant en relation avec la doctrine péripatéticienne de l'Acte et de la Puissance ; ainsi encore, dans le cas de l'exemplarisme divin, fondement platonisant de toute connaissance selon Augustin (l'homme connaît tout en Dieu), il en conserve le cadre, tout en abandonnant l'illumination spéciale ; ainsi enfin sa psychologie est-elle plus nettement aristotélicienne qu'augustinienne. Ce grand conciliateur, qui jouera aussi les médiateurs entre laxistes et rigoristes, dans une de ces grandes crises qui ne cesseront jamais de déchirer la postérité de saint François dont il a écrit la vie ; ce grand mystique qui, à côté de ses traités théologiques, a laissé de belles œuvres spirituelles telles que *l'Itinéraire de l'âme vers Dieu* et des *Méditations sur la vie de Jésus-Christ,* aura bien mérité son surnom de Docteur séraphique.

*

Ce seront, décidément, les dominicains qui, en ce XIIIe siècle, réussiront la percée aristotélicienne, dont le puissant et impétueux bélier va être une force de la nature. Un de ces stupéfiants Germains qui, tel Faust, forcent d'abord l'unique porte de la vie comme tout humble mortel, entre les deux cuisses d'une femme, puis entrent dans l'Histoire entre les mille pages des livres et sortent dans le mythe pour des siècles sans fin ; un de ces Allemands attachants — tels Thomas Mann écrivant à Rome ses *Buddenbrooks,* et plus encore Goethe pèlerinant des terres noires et froides du Nord vers « le pays où fleurissent les citronniers », ou encore Dürer, voyageur d'Italie lui aussi, maniant sous son poinçon et mariant sous ses brosses l'obscur mystère intérieur de l'âme allemande et les canons ensoleillés de Venise et de Rome — un de ces Allemands, dis-je, invinciblement attirés par la poussière impalpable et dorée du ciel et de la raison grecque, sans perdre la nostalgie poisseuse des brouillards teutoniques, comme s'ils se souvenaient de Rome, de ses légions et des grands affrontements dans la forêt germaine, du débat jamais clos...

Tel fut, en cette Europe médiévale, Albert de Lauingen (1193-1280), le grand Albert, **Albert le Grand.** Tel il reste pour nous. Voyageur infatigable, observateur insatiable, compilateur gargantuesque, écrivain fleuve, il voit tout, écoute tout, lit tout, écrit tout et fait tout. Dominicain, il sera provincial d'Allemagne voué à l'administration, plus tard évêque de Ratisbonne. Mais auparavant, maître en théologie, il a enseigné : à Paris, où il a pour élève Thomas d'Aquin, taciturne, muet même, apparemment timide sous sa carrure impressionnante, et dont pourtant son maître, devant les autres étudiants chahuteurs, agaçants et goguenards, prophétise l'immense avenir ; puis à Cologne, où il mourra.

Avant tout, Albert le Grand est sans conteste le plus grand vulgarisateur d'Aristote en Occident et l'introducteur de son esprit « physique » et scientifique, l'héritier de son ambition de savoir universel. C'est pourquoi si, comme tous les maîtres de l'époque, il a écrit un *Commentaire des Sentences de Pierre Lombard,* si, comme beaucoup il a rédigé des commentaires des œuvres logiques d'Aristote, il est le premier à avoir composé des *Sommes* (philosophique et théologique), et le seul à avoir conçu, à l'exemple du maître de Stagire, des traités scientifiques sur l'ensemble de l'univers et ses phénomènes. Le ciel et le monde, la nature des lieux, les propriétés des éléments, la génération et la corruption, les météores, les minéraux, le sommeil et la veille, le souffle et la respiration, le mouvement des animaux, la vie et la mort, les végétaux, les animaux, l'âme, les sens et la sensation, la mémoire et le souvenir, l'intellect et l'intelligible..., rien ne lui échappe, et bien sûr non plus la métaphysique, l'éthique et la politique.

Si vous ajoutez des œuvres de circonstances et presque de commande comme les divers traités contre les averroïstes, ou le livre des procès faits à l'Université, vous avez sous les yeux l'œuvre la plus copieuse et la plus prodigieuse de tout le Moyen Âge savant. Je l'ai passablement pratiquée quand j'étais jeune et vigoureux, c'est tout simplement effarant. D'ailleurs, personne, à ma connaissance, n'a encore réussi, de nos jours, à établir, de cette œuvre, une édition correcte et complète. C'est, au XIIIe siècle, un Aristote *redivivus*, un Aristote théologien de surcroît et dont rien n'eût été perdu.

Mais, il me faut l'avouer à présent malgré mon sensible enthousiasme, Albert le Grand est un Aristote un tantinet brouillon. Cette œuvre immense est un peu, osons le mot, un foutoir. Il y accueille beaucoup de monde — il ne le faut pas oublier, on y trouve aussi nombre d'éléments néoplatoniciens —, et il y recueille tout, sans grand effort de tri ni de discernement : ce qu'il a lu (d'Aristote surtout), ce qu'il a vu, ce qu'on lui a rapporté. C'est pourquoi le Père Mandonnet, qui fut en nos temps un grand maître de médiévisme, juge sainement qui écrit : « La gloire et l'influence d'Albert consistent moins dans la construction d'un système de philosophie originale que dans la sagacité et l'effort qu'il a déployés pour porter à la connaissance de la société lettrée du Moyen Âge le résumé des connaissances déjà acquises, créer une nouvelle et vigoureuse poussée intellectuelle dans son siècle et gagner définitivement à Aristote les meilleurs esprits de son temps. »

Ironie des mots, tours de passe-passe de l'Histoire et du mythe : comme il voulait tout savoir, et qu'il rassemblait dans son cabinet, encombré dit-on de pierres étranges, de monstres et de squelettes, les objets curieux qu'il trouvait ou bien qu'on lui apportait, il intriguait les bonnes gens et faisait presque peur. On rapporte même — ô horreur ! — qu'il voulut disséquer. Alors de fil en aiguille, l'imagination populaire aidant et celle des chercheurs et des curieux de la Kabbale, son appétit de connaissance universelle et son goût de la *Physique* — au sens aristotélicien — sont devenus ambition kabbalistique et pouvoirs magiques déchaînant les forces cachées, bonnes ou mauvaises. D'où l'invention du *Petit* et du *Grand Albert*, recueils assez vains de magie blanche et noire, attribués sans rime ni raison à notre excellent évêque, frère prêcheur, et dont la diffusion dans nos campagnes fut, reste peut-être, considérable. (C'est un peu la même aventure qui devait survenir au Docteur

Faust, car ce personnage mythique au destin littéraire, musical, pictural fabuleux, fut bel et bien, d'abord et sous ce même nom dans l'Allemagne du XVIe siècle, un homme assez obscur, de chair et d'os.) J'ai bien connu, sur ses vieux ans, une brave amie montagnarde, bonne chrétienne pieuse et fidèle, qui, le plus simplement du monde, nous racontait comment, dans son village, son ancien curé, qui recelait le *Petit* et le *Grand Albert,* « faisait la physique » — c'est-à-dire la magie — avec son cochon coiffé d'un haut-de-forme !

*

Il s'en est donc fallu de peu que le Grand Albert — qui n'avait, de l'Église ni de ses pairs, reçu nul titre symbolique, ces « armes parlantes » des grands maîtres du temps — ne prît par la voix populaire celui de *Doctor diabolicus,* ou Docteur diabolique. Et, de fait, c'était, plus encore que certains de ceux que nous avons rencontrés, un diable d'homme !

Il était donc juste que l'œuvre colossale entreprise par lui et qu'il n'avait qu'à peine ébauchée fût accomplie par son ancien élève, le Docteur angélique, *Doctor angelicus :* **Thomas d'Aquin** (1225-1274). On ne peut rêver deux personnages plus dissemblables, deux personnalités plus différentes, que ces deux dominicains, tous deux maîtres et docteurs, tous deux animés d'une profonde foi d'enfant, tous deux passionnés d'Aristote, tous deux avides de connaissance universelle. Albert paraît avoir été un petit farfadet blond-roux, vif, excessif, électrique, insaisissable. Thomas était un grand bloc massif, carré d'épaules et rond du ventre, « grandus, grossus, brunus » grand, gros et brun, selon la description, d'une latinité déjà populaire, d'un de ses biographes du temps. Placide et silencieux, ses compagnons l'avaient surnommé « le bœuf muet ». Peut-être pensait-il simplement à lui-même quand il notait que le tempérament métaphysique requérait des dispositions physiques et notamment une certaine « crassitudo carnis », une respectable épaisseur corporelle. Avec cela, naïf et doux, humble et tranquille, ses frères l'admiraient et l'aimaient, et même ses adversaires devaient, tel Peckam, rendre hommage à son comportement digne et à son caractère pacifique, au milieu des plus vives controverses.

Aisément perdu dans ses pensées, absent des contingences du monde, emporté aux nues soit par le ravissement mystique qui lui était familier, soit par l'envol de l'esprit au troisième degré d'abstraction métaphysique, il fit un jour, selon la tradition, trembler la vaisselle plate de la table royale où saint Louis l'avait convié : « Ça y est, s'était-il écrié en tapant du point au milieu des couverts, je tiens mon argument contre les averroïstes ! »

Autant Albert était brouillon, touche-à-tout et confus, autant Thomas est précis, clair, net, méthodique et centré. Comme tout grand classique, il choisit. En dépit de son attachement à Aristote, il ne le suivra pas, tel Albert, sur le terrain des sciences naturelles descriptives. C'est un philosophe et un théologien, et la Physique ne le touche que par et pour ses structures rationnelles. Dieu seul l'occupe et l'homme par rapport à Dieu. Sa langue est aussi précise et limpide que son esprit. Coulante et apparemment évidente, elle est d'une concision redoutable — j'en sais quelque chose pour avoir autrefois eu la charge d'en réviser des traductions.

Né dans le sud de l'Italie, d'une grande famille indirectement apparentée par sa mère au puissant et curieux empereur germanique Frédéric (qui se passionnait lui aussi pour Aristote, Galien et les commentateurs arabes), il résiste dès son jeune âge aux pressions brutales de ce milieu de reîtres aux mœurs rudes et grossières, fait ses premières études à l'abbaye bénédictine du mont Cassin, renonce à la brillante carrière ecclésiastique que les siens lui voyaient déjà embrasser, pour entrer dans le jeune ordre mendiant des frères prêcheurs. Alors commence le cycle des études et des enseignements qui le portera de Naples (où déjà, grâce à la curiosité de l'empereur qui y avait fait développer les études grecques et arabes, il a pu prendre contact avec l'aristotélisme), à Cologne, à Paris par deux fois (où il enseigne en tout dix ans), à Naples enfin où se clôt la boucle, avant qu'il n'aille mourir, à 47 ans, sur le chemin de Lyon où il était appelé par le concile.

En si peu d'années, parmi tant de voyages (à pied dans toute l'Europe), dans les creux de tant de cours professés, sans compter les offices conventuels : quelle œuvre ! Des milliers de pages sur une bonne vingtaine d'in-folios (il est vrai qu'à un tel génie, son ordre avait fini par attacher un secrétaire, le malicieux, admiratif et un peu indiscret frère Réginald).

Il y a d'abord la masse énorme des *Commentaires* — résultat de l'activité de base de tout enseignement universitaire à l'époque, procédant, je le rappelle, par *lectio* ou lecture commentée des textes fondamentaux (d'où le titre de *lecteur,* précédant celui de *maître,* encore usités de nos jours chez les dominicains et dans certaines universités anglo-saxonnes) : commentaires de la Bible, des quatre livres des *Sentences* de Lombard, de Boèce, et bien sûr et surtout, commentaires de tous les grands traités d'Aristote.

Procédant de la même méthode universitaire du temps, vient ensuite le groupe des « Questions » — disputées et quodlibétales — ramassant tout le travail que saint Thomas avait fourni en préparant et présidant les séances de *disputatio,* c'est-à-dire de discussion publique réglementée, soit sur des sujets fixés à l'avance (*le Mal, la Vérité,* etc.), soit sur n'importe quels sujets (*quodlibet*).

S'y ajoute un secteur, un peu plus restreint, d'une douzaine d'opuscules répondant à des besoins conjoncturels divers — polémiques, tactiques, pédagogiques, apostoliques : il y a là un peu de tout, depuis le très dense et minuscule opuscule *De l'étant et de l'essence* (*de ente et essentia*) qui représente à peu près tout ce que l'Université française actuelle consent à faire connaître de saint Thomas, jusqu'à l'importante étude de *l'Unité de l'intellect contre les averroïstes,* en passant par *le principe d'individuation,* et le libelle *Du gouvernement des rois* (*de regimine principum*) que l'Action française cherchera à répandre pour faire profiter de cet illustre patronage la cause royaliste.

Enfin, quatrième et dernier groupe de ces textes, le plus important, celui des deux Sommes, où brille d'un éclat incomparable la géniale *Somme théologique,* parfaite cathédrale de l'esprit.

Ce qui frappe au premier abord, dans toute l'œuvre et au premier chef dans la *Somme,* c'est l'ordre, la méthode, l'unité, la clarté et la simplicité du plan, le rigoureux enchaînement, la solidité et la solidarité doctrinale. Tout s'y tient, tout se lie, tout s'enchaîne : qualités proprement architecturales de bâtisseur, assurant les assises et les colonnes, ajustant les fenêtres aux murs ; qualités *romaines.*

Et puis, presque aussitôt, on est emporté par le flot inexorable de l'argumentation ; tout est ramassé, trié, pesé à la balance de la raison, le pour et le contre. Rien n'est admis qui ne soit éclairé, prouvé, démontré. C'est là que, pour l'essentiel, intervient le cadre de l'aristotélisme. Non pas Aristote comme autorité : rien n'est plus faux, rien de plus sot que d'avoir fait de Thomas le type du *magister dixit* quand expressément il professe le contraire : « *locus ab auctoritate est infirmissimus* », l'argument d'autorité est le plus faible qui soit. Il suit Aristote, non pas pour lui-même, mais en tant que maître de raison éternelle et commune, celle-là précisément qui mettait en branle les esprits athéniens. Et il est vrai qu'*Athènes* prodigue dans la *Somme* et dans tous les traités, à pleins flots, ses lumières. Je ne les reprendrai pas ici, en ayant donné déjà les grands traits dans la confrontation générale entre l'augustinisme traditionnel et la nouveauté péripatéticienne.

C'est alors que surgit l'objection ressassée : « baptême d'Aristote », ivresse de la raison, rationalisation de la théologie, distinctions et subdistinctions, subtilités et scolastique, où est dans tout cela *Jérusalem* ? Où est l'Évangile, où est le mystère chrétien, la révélation judéo-chrétienne ? En fait, ils sont partout.

Certes, il y a une façon de regarder saint Thomas en rationaliste ; et certaine tradition d'étiquette thomiste n'a pas peu fait pour accréditer cette fable d'un esprit assoiffé uniquement d'intelligibilité, appliquée au domaine révélé pour l'organiser en savante construction rationnelle. Que Thomas ait éprouvé le vertige du pur savoir, la joie de connaître, cela n'est pas douteux. Il est un point cependant qu'il ne faut jamais perdre de vue quand il s'agit du Docteur angélique : c'est que la base de toute sa pensée est la Foi et la contemplation qui en résulte ; et le but de toute sa vie, la conversion de la raison. Dès la première question de la première partie de la *Somme*, il pose la Foi, souveraine lumière de la raison puisqu'elle émane de la Souveraine Lumière ; c'est elle qui va éclairer tout l'édifice ; et cela se voit : de quel objet part-il ? Dieu dans sa nature et ses mystères. De Dieu, il passera à l'homme, enfin au « Pontife », le Christ, qui dans l'histoire du Salut, a rétabli les ponts entre Dieu et l'homme.

Cela suffit déjà à montrer que Thomas d'Aquin réaffirme

l'opposition évangélique du monde à Dieu, la transcendance du mystère divin qui dépasse tout entendement et qu'on ne peut guère connaître que *négativement*, la radicale incapacité de la nature humaine si elle n'est adoptée par Dieu. Et c'est là, d'ailleurs, que réside peut-être son secret de fidélité à l'Évangile, à sa manière d'apôtre intellectuel : il ne va pas imaginer on ne sait quelle nature humaine déjà toute divinisée. Il la prend telle qu'elle est, c'est-à-dire blessée, « abêtie », la raison émoussée et bien fermée sur elle, capable sans doute de quelque chose, mais pas de beaucoup en ce qui concerne Dieu et avec nombre d'erreurs et de difficultés ; il ne triche sur rien, pas même sur « le Philosophe » qui exprime pour lui toute science et toute sagesse humaine : Aristote. Oui, Aristote est bien trouvé pour incarner la philosophie, parce qu'il lui paraît le plus chargé de vérité et de nature humaines, mais en même temps, et par le même mouvement de pensée, le plus représentatif de la science humaine — donc de ce qu'il y a de plus satisfaisant en soi pour un homme, et de moins adéquat à la transcendance du mystère de Dieu et au renversement évangélique des valeurs. C'est Aristote, non point Platon et son apparente facilité à se couler dans le moule du christianisme.

Bien sûr, il tend, ainsi que l'Évangile, à la synthèse. Et, comme dans l'Évangile, à une synthèse entre des éléments qui n'étaient ni tout adaptés l'un à l'autre, ni tout à fait opposés. On voit quelle distance sépare saint Thomas d'Aquin des connivences, souvent trop rapides ou trop faciles, des théologies platoniciennes ou platonisantes, médiévales ou patristiques.

En somme, en *Athènes*, des deux tendances de l'esprit grec — l'éros mystique, le logos rationnel — Thomas choisit la dernière, celle qui entretient le moins de connivence avec *Jérusalem*, parce que c'est elle qui lui semble à la fois la plus vraie et la plus humaniste, mais aussi la plus apte à faire ressortir, autant qu'à équilibrer, l'absolu du prophétisme judéo-chrétien. On en trouve constamment la confirmation dans ses commentaires d'Écriture.

L'Écriture, l'Écriture Sainte, l'Écriture de *Jérusalem* — et du Christ — la Parole de Dieu : elle est sans cesse présente à l'esprit de Thomas comme dans tout l'enseignement médiéval. Le Texte Saint, ne l'oublions pas, est là, présent matériellement, plus peut-être qu'il ne l'a jamais été dans les milieux intellectuels et qu'il ne le sera ensuite. Dès le XIIe siècle, l'*Historia scolastica* de **Pierre le Mangeur,** dédiée à Guillaume de Champeaux, n'est autre chose qu'une histoire sainte reproduisant le texte de l'Ancien et du Nouveau Testament, accompagné d'une glose rapide fournissant tout en vrac : explications littérales ou allégoriques, aperçus scientifiques, etc. Elle connut un grand succès dans les écoles où elle devint bientôt d'un usage courant. (Par la suite, c'est elle qui, imprimée en latin pour la première fois à la requête du roi Charles VIII vers 1482, sera aussi traduite en français par Guyart de Moulins, pour devenir la première Bible française historiée.)

C'est par la Bible que commence au Moyen Âge tout enseignement théologique, par une lecture continue et complète de toute l'Écriture Sainte, expliquée cursivement par les « bacheliers ». On ne peut être plus nourri de Sainte Parole, d'autant que cela se passe en civilisation de l'oreille, et que tout est mémorisé, l'Écriture comme tout ce qui peut favoriser son intelligence dans le trésor de la Tradition : plus encore que les commentaires des Pères dont on forme des *catenae,* ou chaînes de textes, le Nouveau Testament et tout particulièrement les Évangiles retiennent l'attention des universitaires, ainsi qu'en font foi les œuvres qu'ils ont laissées.

Et précisément, les commentaires de saint Thomas sur saint Matthieu, saint Jean, saint Paul aux Romains et aux Corinthiens témoignent fort nettement de ce que j'ai appelé l'esprit de « fusion en tension » des valeurs grecques et judéo-chrétiennes. Le commentaire de saint Matthieu est fait à la manière, fréquente à l'époque, d'une *catena,* soit une chaîne à peu près ininterrompue de textes pris dans les commentaires patristiques. Saint Jean Chrysostome y occupe une place majeure, ce Chrysostome dont saint Thomas, au témoignage de son biographe, dit un jour à son compagnon lui faisant admirer Paris d'une hauteur : « Oui, c'est beau, mais je donnerais bien tout Paris contre le commentaire de Chrysostome sur Matthieu. »

Les commentaires sur Jean et Paul sont plus personnels, et il suffit de prendre n'importe quelle péricope (ou passage) oppositive et de lire l'explication de saint Thomas, pour constater qu'il ne consent jamais à s'en tirer par des pirouettes mentales, mais qu'il assume pleinement la tension. Ainsi, sur l'un des grands textes pauliniens exprimant, pour la gouverne des chrétiens de Colosses, l'opposition des mystères chrétiens à la sagesse humaine : « Veillez à ce que nul ne fasse de vous sa proie au moyen de la philosophie, duperie creuse qui s'inspire d'une tradition tout humaine, des éléments du monde et non du Christ », saint Thomas ouvre une exégèse admirable où, malgré son attachement à l'œuvre de raison, il réagit en homme de l'Évangile, de Jérusalem et du Christ : « Qu'on soit trompé par la sagesse de ce monde, cela peut se faire de deux façons ; par des principes de philosophie correspondant à la réalité, et par de fausses raisons sophistiques. Mais *c'est contre ces deux façons que l'Apôtre nous met en garde.* » Comment cela peut-il s'entendre s'il est vrai qu'une vérité ne peut en contredire une autre ? L'Aquinate explique qu'il s'agit alors d'une « recherche de la raison consistant en une volonté de mesurer les choses selon les principes naturels, et non selon la sagesse divine... Devra-t-on donc toujours rejeter les raisonnements des hommes et leurs apports ? Je réponds : non, mais ce qui doit être rejeté, c'est la raison naturelle procédant selon ces raisons et constructions humaines, et non selon le Christ ». On voit donc que, pour lui, la nature et la raison humaine n'entrent pas tout naturellement dans le royaume de Dieu, elles sont blessées ; c'est seulement avec la grâce de la Foi donnée par le Christ qu'on peut accéder à une synthèse supérieure.

La synthèse supérieure ou fusion sous tension, c'est là l'idée dernière — et première parce que capitale — sur laquelle je souhaite clore mon évocation de saint Thomas, cœur du cœur du Moyen Âge, et grand pic de toutes ses chaînes. C'est pourquoi aussi j'y ai davantage insisté. La lecture et le commerce, en effet, de l'œuvre thomiste imposent, sur un mode majeur, l'idée d'*unité :* de connexion de nature, et d'évidence d'un seul tenant. A aucun moment, en nul endroit, on ne songe à un rapiéçage, un raboutage, ou un syncrétisme. Parce qu'il n'y en a pas. Le génie et la vérité, c'est ça. Et quand ils se rejoignent, c'est la naissance d'une grâce.

C'en est même, d'un certain point de vue, gênant. Les spécialistes le savent, qui se trouvent coincés entre un Aristote originel et genuine (allusif parfois, et souvent difficile à interpréter), l'Aristote des philosophes juifs et arabes, l'Aristote de l'averroïsme latin, et l'Aristote de saint Thomas. Lequel est le vrai pour l'Histoire ? Lequel est le vrai pour Vrai ? Question insoluble.

Ce qui m'apparaît assez sûr, c'est qu'un certain néoplatonisme a tiré l'aristotélisme des judéo-arabes, — Avicébron, Avicenne et Averroès —, plus encore peut-être l'averroïsme latin de **Siger de Brabant** (contemporain de saint Thomas, et maître ès arts à l'université de Paris), dans des sens passablement contradictoires, marqués de monisme, de déterminisme et de panthéisme, qui semblent bien peu cohérents avec l'esprit général et les principes de base d'Aristote.

Alors que des influences comparables (du judaïsme, du platonisme et, via saint Augustin, de Plotin) ont poussé, me semble-t-il, l'Aristote de saint Thomas dans un sens plus aristotélicien que nature. Au point qu'il est bien difficile à l'histoire pointilliste et analytique de rendre à chacun son dû. Le Dieu Unique, souverain Père et Créateur *ex nihilo,* du judaïsme ; le Dieu-Bien et l'Un de Platon ; l'hypostase ou intelligence qui découle de l'Un chez Plotin (et qui va devenir le *Verbe* chrétien) ; l'Acte Pur ou l'Être par soi, la Cause première et le premier Moteur chez Aristote, mais aussi sa théorie de la connaissance transposée : tout cela fournit la pâture du « bœuf muet » qui patiemment rumine et trace tout droit son sillon dans la connaissance et l'inconnaissance du Mystère. Bien malin qui reconnaît et identifie, avec les lignes de forces et de traits, les pâturages traversés, tant est rectiligne le labour, et substantielle la moisson.

Il est des cas un peu plus nets. Celui de la Création par exemple. Il n'est à mon sens guère douteux que, pour Thomas d'Aquin, aucune raison sérieuse et fondée d'abord ne s'opposait, ni par elle-même ni par l'étude attentive d'Aristote, à l'éternité du monde et de la matière. Mais ce fut le *Bereshit bara Elohim et Ashaimaïm ve aaretz* de la Genèse — au commencement Dieu créa le ciel et la terre — qui, dans la Foi emporta la raison de Thomas qui, par la Foi, enrichit la raison. Jérusalem la prophétesse, Jérusalem qui parle au nom de Dieu, Jérusalem vient au secours d'Athènes et lui révèle sa vraie Raison. C'est là tout saint Thomas, et tout le sens de son traité *De l'éternité du monde contre les averroïstes.* Tout le sens aussi, et toute la raison, du petit Aristote de Chartres qui se cache presque dans un relief de voussure de la cathédrale, à demi accroupi avec ses stylets, calames et étuis : c'est un scribe. Il est beau, il est noble, ses cheveux sont longs et bouclés, son visage est plus que tout autre intelligent. Mais il se tient assis dans son coin, de service en somme, pas trop loin de la Croix. Il écoute et il note. Il va noter le discours intérieur du Verbe. A le bien considérer, je crois d'abord qu'il ne sait pas que ce discours est le cri d'amour et de désespoir de l'Homme des douleurs. Et puis je comprends qu'à présent il sait : que Thomas d'Aquin le disciple a enseigné le Maître en lui. A présent le Maître vénéré sait que le *kalos kagathos anêr* est un petit Juif gluant de sang, dégouttant de crachats et que l'amitié est en Croix. *Ego sum vermis et non homo,* Je suis ver de terre, non plus fils de l'Homme.

*

Avec le franciscain Jean **Duns Scot**, le *Docteur subtil* — tellement subtil qu'on ne sait pas au juste quand il est né : 1266 ou 1274 ? Il est mort en tout cas en 1308 — on revient à un univers beaucoup moins tragique et moins tendu. Mais quel univers ? Le peu que j'en ai lu m'a laissé pantois, dérouté et avidement curieux de le connaître mieux. Quand on veut simplifier — et c'est généralement ce qu'on fait —, on dit que Duns Scot marque le retour à l'augustinisme connaturel à l'esprit franciscain. Ainsi tout le monde est content, et la symétrie par-dessus le marché : en ce XIIIe siècle classique, deux grands docteurs franciscains, à majeure augustinienne et à mineure aristotélicienne, Bonaventure et Duns Scot. Et puis deux grands docteurs dominicains, à majeure aristotélicienne et à mineure augustinienne ou néo-platonicienne, Albert et Thomas.

La réalité est beaucoup plus complexe, on l'a vu, chez Thomas d'Aquin, et de plus avec Duns Scot, le bien-nommé, plus subtile. Très attiré par le péripatétisme, peut-être davantage que Bonaventure, son esprit ne pouvait pourtant se retenir de le critiquer. De sorte que, dans son œuvre, la partie négative est souvent beaucoup plus apparente que la partie constructive. Il critique saint Thomas, il critique aussi ses prédécesseurs franciscains et la théologie traditionnelle, les grands ensembles comme les petits détails. Finalement, on ne s'y retrouve plus très bien : s'y retrouvait-il lui-même ? Son œuvre majeure, l'*Opus oxoniense* ou « Œuvre d'Oxford » — car cet Anglais enseigne bien sûr à Oxford, mais aussi selon l'habitude médiévale, à Paris et à Cologne — est très ardue, ainsi d'ailleurs que l'ensemble de ses écrits : les *Théorèmes,* le *Principe des choses,* le *Quodlibet,* les *Rapports de Paris.*

En définitive, sa pensée me paraît tout de même dominée de très haut par une métaphysique de l'univocité de l'Être — l'Être ne peut se voir attribué analogiquement à toutes sortes d'êtres, mais chaque « étant » est enfermé dans son essence et sa quiddité, telle la monade de Leibniz, — métaphysique qui lui fait multiplier à l'infini les formes et les matières, au point qu'on en vient à se demander si, paradoxalement, sa philosophie de l'Être univoque n'est pas essentiellement une philosophie de l'individuel, et s'il n'est pas un précurseur involontaire, un annonciateur inconscient, un préparateur objectif du nominalisme qui va bientôt entrer en scène.

Une divergence totale sépare donc Thomas, le Docteur commun, du « Docteur subtil » Duns Scot, esprit curieux et platonisant. Chez lui, la thèse métaphysique maîtresse de l'univocité de l'Être commande des positions par certains côtés extrêmement proches de l'alexandrinisme et des courants spirituels de la fin du Moyen Âge, quoique beaucoup plus solidement structurées en raison. En effet, de cette univocité de l'Être découlent, par exemple : du point de vue de Dieu, le thème de l'Incarnation, conçue plutôt comme une sorte de déification de l'homme, d'assomption de la créature humaine par Dieu, même s'il n'y avait pas eu le péché originel et l'histoire du Salut ; et, du côté de l'homme, le thème, corrélatif, de l'*amour pur* qui fait que l'homme aime Dieu absolument, et l'aimerait même si Dieu ne constituait pas le Bien de la nature humaine ; le thème, enfin, du volontarisme qui en résulte naturellement. On peut donc dire que Duns Scot est, plus que saint Thomas, dans la tradition d'un humanisme chrétien massif, et, théologien de l'état définitif de l'homme, moins attentif que l'Aquinate à son état actuel et aux tensions qui en résultent, tant dans la *Somme* que dans l'Évangile.

*

Les mystiques rhénans ou : la transition

Avec les mystiques rhénans, en tout cas, dont les chronologies précèdent de très peu, accompagnent ou suivent de très près celle d'Occam et de la crise nominaliste, il devient tout à fait clair que quelque chose se prépare qui n'est déjà plus le Moyen Âge. Tous sont empreints de néo-platonisme, tous sont enclins au panthéisme mystique, tous ou presque, pourtant, sont de l'ordre des frères prêcheurs, et tous sont de nation germanique ou flamande, nordique enfin : ils sont aussi — fait symptomatique — de ceux qui, le plus aisément, trouvent grâce aux yeux des nouveaux penseurs qui, de nos jours, accusent ou récusent le judéo-christianisme pour se tourner vers d'autres sources dites « païennes ».

Le dominicain **Maître Eckhart** (1260-1327) né à Hochheim près Gotha, a mené une vie agitée : contesté, poursuivi, suspect à Erfurt, Cologne et Paris. Marquée de néo-platonisme, sa mystique tend au panthéisme qu'elle côtoie sans pourtant y tomber en son fond. La grâce et la foi, la prière et les sacrements, l'autorité du prêtre et jusqu'au Christ en son humanité, les visions même : tout cela est pour l'âme un obstacle plutôt qu'une aide. Il faut que cesse toute action, car l'homme se sanctifie par ce qu'il est, non par ce qu'il fait. Tous les hommes sont un seul homme et cet homme-là est Dieu.

Son enseignement devait, avec force sensible, marquer deux de ses disciples : Tauler et Suso.

L'Alsacien **Tauler** (v. 1300-1361) fut essentiellement un prédicateur de religieuses qui improvisait sur des canevas. On discerne nettement chez lui, comme l'a bien vu Pourrat, le principe et le but spirituels qui formaient l'essentiel de son effort et de ses exhortations : renoncer à tout ce qui extériorise l'âme et la sort d'elle-même, se recueillir au contraire, se replier sur son âme en ses profondeurs où s'ouvre la contemplation mystique. On a le sentiment parfois que, pour lui, peu importe à la limite le péché, ou du moins qu'il n'y faut pas trop prendre garde : c'est du *rien*.

Pour autant qu'on puisse la dégager de ses sermons, sa philosophie paraît mélangée d'un peu de thomisme en ce qui regarde la division des facultés. Mais, pour l'essentiel, elle est néo-platonicienne. Tauler distingue en effet dans l'homme, l'animal sensible ou homme extérieur animé par la *psyché* qui était l'âme des Grecs ; bien au-dessus de lui, l'homme raisonnable est régi par le *noûs* ou esprit supérieur ; et enfin, dans les hauteurs et dans les profondeurs de l'être, la *Gemüt* (qui rappelle un peu le « cœur » de Pascal), sorte d'intuition supérieure, atteint l'Un de Platon et des néo-platoniciens.

Le travail mystique, ou ascèse nécessaire pour accéder à la contemplation, consistera donc, suivant ces trois plans, d'abord à « se dégager du sensible et de la volonté propre par la mortification et le renoncement » : c'est le dressage de la *psyché*. Puis à « s'élever au-dessus des images et même de l'intelligible et des idées » pour parvenir à la « nudité de l'esprit » : c'est la purification du *noûs*. Alors seulement, on pourra enfin pénétrer « dans le fond de l'âme où s'opère la contemplation » et l'union à l'*Un*.

Tauler connaîtra dans la suite un destin partagé : porté aux nues par Luther, attaqué par Jean Eck, vilipendé par Bossuet, il sera défendu par le théologien saint Pierre Canisius et les mystiques orthodoxes Louis de Blois et Laurent le Chartreux.

Son contemporain, le Suisse **Henri Suso** (1295-1366), également disciple d'Eckhart, fera moins de vagues et sera moins discuté : il sera même béatifié. Sa doctrine, en effet, est plus simple, et ne laisse guère apparaître d'implications philosophiques ambiguës ; il se borne à prêcher le détachement des créatures et, tout en évitant de tomber dans ce qui deviendra le quiétisme, l'abandon à la volonté de Dieu.

Le Flamand **Ruysbroek** (1293-1381), dit **l'Admirable,** est de nouveau plus complexe. Premier, si je ne me trompe, à écrire en flamand, sa langue est coruscante. Comme Tauler, dont il est proche, il a subi à la fois l'influence de la scolastique thomiste et du néo-platonisme, et sa pensée palpite dans un monde marqué d'illuminisme, de panthéisme mystique et de quiétisme avant la lettre, indifférent à la morale et au péché, dont il paraît cependant avoir conscience et se défendre. Sa doctrine repose sur ce miroir de Dieu et de son Fils qu'est pour lui la partie supérieure de l'âme, miroir dont la brillance est altérée par le péché. Il faut donc mourir au péché et faire croître les vertus par une ascèse dont le principe est l'amour. Ainsi l'âme abandonne sa volonté propre, pour adhérer à la volonté divine : « Sous l'action de l'amour, l'homme est élevé jusqu'à l'unité d'esprit, de volonté et de liberté avec Dieu. Et, dans cette liberté divine, l'esprit de l'homme est élevé en amour au-dessus de sa propre nature, c'est-à-dire au-dessus des peines, du labeur et du dégoût, au-dessus de l'anxiété, du souci et de la crainte de la mort, de l'enfer et aussi du purgatoire. » C'est Dieu seul ensuite qui, par libre choix, si et quand Il le veut, daigne élever l'âme plus haut encore jusqu'à la contemplation « super-essentielle, en pleine lumière divine et selon le monde divin ». Alors, conclut le savant *Dictionnaire de Théologie catholique,* elle « dépasse toutes ses puissances et leur activité, et arrive à un état de *vide* dans la nature simple et la pureté de l'esprit ».

Ruysbroek, lui aussi, exercera, dans la suite des temps, une profonde influence et jusqu'à Léon Bloy qu'il soulèvera d'enthousiasme. Mais dans sa descendance proche figurent déjà Denys le Chartreux et **Thomas a Kempis** dont l'admirable *Imitation de Jésus-Christ,* de belle langue latine rythmée et assonancée, a enchanté et formé au goût des « choses d'en-haut » des générations de jeunes chrétiens jusqu'à nos jours où, hélas, elle s'est perdue dans les sables de la nouvelle religion. On pouvait y discerner, en plus des influences que nous venons de voir, un esprit stoïcien assez marqué.

Est-ce à dire que tous ces mystiques — même s'ils ont éprouvé des difficultés avec l'autorité ecclésiastique qui, forte de son enracinement dans la solidité de l'esprit romain, veillait au grain, à tous les grains de « folie » mystique — est-ce à dire qu'ils doivent être suspectés d'infidélité au mystère chrétien ? Assurément pas ! ou alors ce serait se condamner à condamner tous les mystiques ! Car, peu ou prou, d'une façon ou de l'autre, on retrouve, on retrouvera toujours, sous leurs plumes et dans leurs élans de pensée, des thèmes analogues : qu'il s'agisse de la Joie parfaite du Poverello d'Assise, du *Nada* de Jean de la Croix, ou des purifications de Thérèse d'Avila, de l'esprit d'enfance ou de l'« anéantissement » de l'École française, de l'abandon de François de Sales, et de tant d'autres que l'*Histoire littéraire du sentiment religieux* de l'abbé Bremond a délicieusement fait revivre. Les mystiques ne sont pas des théologiens, mais des pèlerins de l'Absolu qui vont aisément aux extrêmes ; or, nous l'avons vu, le christianisme est une tension d'extrêmes qui lui viennent de ses trois sources.

Quoi qu'il en soit, ce qui est exact, c'est que cette éclosion massive d'un tel esprit d'évasion, dans un tel sens toujours le même — qui est de forcer des portes secrètes — venant après des siècles de raison et d'élaboration théologique savante, cache et signifie, ou accompagne, quelque chose qui se passe et qui forcément retentit ailleurs et autrement. Qu'est-ce donc qui se passe ?

***

La troisième étape des universaux. Occam et la crise nominaliste ou : la brisure

Ce qui se passe, ce qui passe, en ces décennies du XIVe siècle, c'est un temps troublé. De bien des manières et sur tous les tableaux. Je ne tenterai pas de définir l'ordre des causes, c'est-à-dire qui ou quoi a commencé la réaction en chaîne : c'est un problème généralement insoluble en Histoire où, par le jeu des interactions, la causalité est le plus souvent réciproque. Qu'il suffise donc d'énoncer les divers phénomènes concomitants et concourants.

Comme d'autres fois autour du Ve, puis du Xe siècle, une porte s'ouvre, qui introduit les troubles de la guerre de Cent Ans et les horreurs de la grande peste noire, en même temps qu'une floraison mystique. Au même moment, elle livre passage au franciscain anglais **Guillaume d'Occam** (1295-1349), qui enseigne brillamment à Oxford puis à Paris vers 1320, et à toute la pléiade de disciples qui, à Paris et ailleurs, au cours du XIVe et du XVe siècles, le suivront : **Jean Buridan** (et son âne), mort après 1359, **Marsile d'Inghen** (+ 1396) premier recteur de l'université de Heidelberg, **Pierre d'Ailly** (1350-1425), **Nicolas d'Autrecourt**, **Gabriel Biel** et beaucoup d'autres.

Que disent-ils ? Qu'enseigne, en tout premier lieu, Occam ? Alors que la grande querelle des universaux s'était péniblement stabilisée au point d'équilibre du réalisme modéré repris d'Aristote, dans la lumière de ses grandes thèses de la participation de l'Être, et de l'œuvre d'abstraction de l'esprit travaillant sur les données sensibles du monde concret ; alors qu'ainsi l'univers des idées de l'esprit communiquait exactement avec l'univers des réalités objectives des individus et des singuliers, Occam rompt et cet équilibre et ces ponts essentiels.

A ses yeux, la communication n'est plus possible : il n'y a plus que le singulier, que des singuliers. Pour lui comme pour Duns Scot, toute chose est unique, sans division ni degrés internes, toute réalité est univoque : alors, l'intelligence, fabriquant ses idées, ne peut, ce faisant, que tourner sur elle-même, sans prise sur le réel. Le concept n'est qu'une forme vide qui remplace dans l'esprit la multitude des choses qui existent en dehors de lui et auxquelles on peut l'attribuer. « Toute connaissance, commente M. de Wulf, est un signe ou *terme* qui tient lieu et place de la chose signifiée », d'où le nom de « terminisme » qu'on a parfois donné à sa doctrine, bien que celui de *nominalisme* ait généralement prévalu. Si l'intelligence veut entrer en contact réel avec le monde extérieur, ce ne peut être que par une sorte d'intuition directe et immédiate.

Voilà, de toute évidence et par voie de conséquence, qui conforte singulièrement le volontarisme traditionnel des théologiens franciscains, le poussant même à sa limite : tout est amour, l'homme ne peut saisir sa fin dernière que par un acte d'amour, non point de l'intellect. C'est, définitivement assurée, la primauté du vouloir.

C'est aussi tout un monde qui s'écroule, le monde médiéval des grandes cathédrales de l'esprit. Car, dans une telle optique, quelle portée ont-elles ? Aucune. Toutes les architectures, si savamment fignolées, qui, de leurs dentelles de pierres intelligibles, enserraient l'ensemble du monde : le moi, le monde et Dieu, les animaux et les plantes, les anges et les choses, tout cela s'effondre d'un coup dans un grand nuage de poussière impalpable.

Car, dans le désastre, Dieu lui-même n'est pas épargné.

Pour Occam, la déité répugne à toute analyse, en lui aussi le vouloir c'est l'être. Comment l'humble mortel pourrait-il prétendre à le connaître ? il ne peut que le vouloir et l'aimer (Kant dira : le postuler). Et que pourraient bien valoir *réellement* toutes ces histoires thomistes de transsubstantiation, avec les « accidents » ou espèces, qui demeurent quand change l'invisible substance ? Ridicule et insensé au jugement d'Occam, prétentieux et impossible, car substance et accidents ne sont qu'une chose singulière, sur quoi l'esprit ne possède nulle emprise comme aucun pouvoir d'analyse. Il ne tombe pas pour autant, précisons-le, dans l'hérésie et l'irréligion, il croit en la Présence réelle, mais c'est que Dieu, en sa haute puissance, remplace une chose par une autre. Le comment n'est pas notre affaire, l'explication pas à notre portée. La foi seule peut y pourvoir (où l'on pressent déjà les futures théologies de la réforme protestante).

*

Jamais, à ma connaissance jusqu'à présent, aucun essai, aucun traité d'histoire de la pensée, des idées philosophiques ou théologiques, sociales ou religieuses, n'a diagnostiqué l'origine, jaugé l'importance, indiqué le sens ni mesuré les conséquences de la crise nominaliste ?

Il faut d'abord discerner exactement la signification de cette crise dans le jeu des Trois Capitales. Après des siècles de pensée *et de vie*, de structures intellectuelles *et sociales*, passés dans l'harmonie d'un réalisme modéré, où les trois sources, juive, grecque et romaine, se fondaient pour affirmer et assurer la cohésion, solide et fondamentale, entre le Créateur et le créé, le connaissable et le connu, le réel physique et mental, le réel social et la forme sociale c'est-à-dire la société, la crise nominaliste, c'est de toute évidence — et quoi qu'il en soit des causes socio-économiques et mystico-religieuses — l'irruption massive d'un hellénisme échevelé. Et plus précisément de certaines composantes de la source grecque dont nous avons vu la diverse et complexe composition.

On doit se rappeler, bien sûr, les efforts de certains présocratiques qui, dans leur ivresse logique, tentaient déjà de tout réduire à l'élément simple et unique, ce qui conduisait, par exemple, un Zénon d'Élée à nier, contre toute évidence, le mouvement. On doit se souvenir aussi des ironies dialectiques des sophistes et des sceptiques ; on peut tout dire, tout penser, tout soutenir : « Qu'est-ce que la vérité ? » C'est la Grèce ratiocinante d'une certaine dialectique, pure ou creuse, agitée pour et sur elle-même.

Mais, tout compte fait, si l'on étudie l'histoire des idées, aussi bien dans leur logique intemporelle et idéale que dans leur déroulement réel au cours des siècles, et si revient alors en mémoire l'importance du courant platonicien, néoplatonicien, augustinien qui n'a guère cessé de déferler ou de s'infiltrer tout au long du Moyen Age : je pense qu'en dépit de l'apparent paradoxe, c'est à Platon et à sa descendance qu'il faut attribuer, pour l'essentiel, la responsabilité de la crise nominaliste du XIVe siècle européen.

Souvenons-nous en effet des quatre niveaux de la connaissance ordonnés et engagés dans le mythe de la caverne : l'illusion créée par des ombres chinoises ; la croyance aux objets sensibles ; la connaissance (mathématique) des objets rationnels ; la dialectique enfin des Idées auxquelles, seule, une dialectique parallèle de l'esprit peut donner accès.

Et puis vint la marée chrétienne et sa synthèse engageant à la fois la pureté juive absolue du témoignage en faveur de l'Unique, le pragmatisme réaliste et solide de Rome, et la raison grecque. Mais il y a plusieurs raisons grecques ; celle du logos rationnel, celle de l'éros mystique et contemplatif, et l'on a pu voir qu'avec celle-ci la marée, la pensée chrétienne n'avait cessé d'errer d'un extrême à l'autre. Seul le logos rationnel, seule la dialectique réaliste d'Aristote alliée aux efforts socioreligieux et politico-culturels de l'héritage romain a su, au XIIIe siècle, combiner et équilibrer en harmonie toutes les forces sous tension.

Le retour virulent du platonisme et de l'éros mystique entraînera, au XIVe siècle, la critique nominaliste du concept qui fera bientôt éclater cette harmonie en des éléments opposés : réalisme ou « chosisme » des Idées et illusion des ombres singulières ; ou, au contraire, réalisme des singuliers concrets devenus la seule réalité, et illusion de ces ombres fuyantes que sont les Idées.

Toute la philosophie et toute la théologie, les moyens du connaître et de l'agir, les modes de vie et les techniques vont s'organiser, à frais nouveaux, se développer et s'aligner sur les traits épars de cette image rompue.

CHAPITRE VII

CYCLONES ET TEMPÊTES OU : L'EXPLOSION DE LA PENSÉE ET DE LA CIVILISATION OCCIDENTALES

Le seul être, à ma connaissance, qui ait, clairement et dans toute son ampleur (en histoire de la philosophie), vu, compris et exprimé (à mon intention du moins) l'importance — en efficace et en nuisance — du mouvement nominaliste, c'est un homme qui n'a pas laissé d'œuvre, mais dont l'enseignement m'a impressionné quand j'étudiais en Sorbonne. Il s'appelait Albert Sandoz et s'il n'a presque rien publié c'est que, tout donné à ses nombreux étudiants ainsi qu'à la Société des Agrégés qu'il présidait, la mort l'a pris très jeune avant même qu'il n'ait eu le temps de terminer sa thèse sur la causalité chez Aristote qui eût certainement fait événement. Car, de tous les commentateurs contemporains, français et étrangers, que j'ai lus et entendus, il était sans doute celui qui comprenait le mieux en profondeur le Stagirite et l'Aquinate. Sa précision analytique fascinait et ses rassemblements synthétiques en forme d'inéluctables enchaînements envoûtaient les esprits : c'est pour quoi — et aussi à cause de son dévouement presque sans bornes — son « amphi » sous les combles de la vieille Sorbonne était, et de beaucoup, le plus achalandé, bien qu'il ne fût qu'assistant. Son auditoire, des plus éclectiques et couvrant toute la palette — des royalistes aux communistes, des catholiques aux agnostiques — n'avait qu'un cri : « Sacré Sandoz ! quelle dialectique ! quelle clarté ! quel prof ! » Pour des raisons personnelles et aussi à cause de notre commune dévotion à saint Thomas d'Aquin — qui lui faisait me passer, non sans quelques ironiques allusions, mon amitié fidèle au Père Chenu, à ses yeux dangereux réducteur —, il m'avait pris sous son aile et nous tenions souvent, hors cours, des conversations philosophiques infinies débordant de beaucoup le programme. Il me souvient que, fréquemment, sur telle ou telle mienne requête touchant à des philosophes modernes ou contemporains, la sentence tombait du haut de sa grande taille et du bout de ses lèvres, toujours plissées en un demi-sourire, tandis que ses yeux malicieux derrière les verres brillaient : « *nominaliste !* » Oui, ça tombait — *clac* —, comme le couperet de quelque invisible guillotine noétique qui, au gré de mon humeur, me faisait songer soit à je ne sais quel onze novembre philosophique (« mort au champ d'erreur »), soit à la chanson du décervelage d'Alfred Jarry dont, chacun le sait, le refrain se termine par les vers immortels : « Hourrah ! cornes au cul, vive le père Ubu ! » Sur quoi l'explication, limpide, s'ensuivait. C'est donc à Albert Sandoz que je dois l'impulsion initiale d'une curiosité pour les nominalistes, curiosité qui, longuement ensuite, au fil des ans, m'a fait suivre et explorer cette piste étonnamment ramifiée en tous sens, et c'est pourquoi il me plaît de lui rendre ici un hommage particulier.

Piste ramifiée, disais-je, et d'autant plus que je devais par la suite en étendre le champ à d'autres domaines qui ne retenaient pas l'attention extrêmement focalisée de Sandoz, tels que ceux de la théologie et de l'histoire du sentiment religieux ; de là, je croisai d'autres pistes de recherche, sur l'humanisme et l'anti-humanisme, enfin sur les Trois Capitales qui me retiennent ici.

*

Le miroir brisé d'un univers homogène, harmonieux et qui reflétait Dieu ; le toron détordu de nos connaissances qui étaient solidement tressées et qui vont devenir échevelées : on imagine assez que je ne vais pas à présent ramasser chaque fragment épars de ce miroir pour en examiner le reflet et la signification, ni suivre en son sens propre et son destin particulier chaque fil de caret, échappé au toron. Ce serait entamer une encyclopédie, alors qu'à mon propos il suffit — mais il importe — de retrouver, à travers le miroir brisé l'image portée, et dans les fils ébouriffés l'empreinte de torsion des Trois Capitales.

Puisque la crise nominaliste des XIVe et XVe siècles du Moyen Âge finissant s'était, au moment où nous l'avons laissée, jouée au plein cœur de la *connaissance,* c'est d'abord de ce point de vue qu'il faudra cursivement suivre les lignes de fuite de la brisure. Le nominalisme ayant rompu « l'adéquation de la chose réelle et de l'intelligence » (selon la formule célèbre de l'aristotélo-thomisme définissant la vérité et fixant les règles de toute science), une ligne de pensée, après la rupture, retient surtout d'Occam l'impossibilité d'atteindre le réel concret. Elle va donc s'attacher à l'*idée* universelle connaissable par soi, sans se préoccuper du réel singulier concret, donnant ainsi naissance à la longue et brillante lignée idéaliste qui va de Descartes à Kant et Hegel. Concurremment et à l'exact inverse, l'autre ligne, retenant la critique du concept, l'abandonne à sa vanité pour se pencher sur la « *collection* » de faits *singuliers.* De cet esprit naîtront, d'une part, les lignées variées de philosophies matérialiste et positiviste, d'abord anglaise et française, de Locke et Hume à Wittgenstein, de Gassendi à d'Holbach, Helvétius, La Mettrie et finalement Comte, puis à nouveau allemandes avec Freud et Marx; d'autre part, et par le même effet, il permettra l'essor extraordinaire des sciences dites exactes, c'est-à-dire purement expérimentales et positives, car détachées de tout souci de compréhension idéologique et universelle d'un monde intelligible par soi. Par son effort expérimental même, joint au développement parallèle de la notion d'histoire de l'humanité, cet essor positiviste et matérialiste s'épanouira, à un second étage, dans celui des techniques de plus en plus tentaculaires, où se découvre notre monde moderne. (Dans cette double et concurrente ligne se reconnaît évidemment l'esprit d'Athènes, assoiffée de connaissances jamais satisfaites, mais privée de la flamme prophétique de Jérusalem comme d'un certain réalisme de Rome qui pourtant trouve enfin son compte dans le pragmatisme technologique.)

Puis, reprenant à leur source les effets du nominalisme, mais cette fois du point de vue de la *Culture et de la Foi,* nous verrons se dérouler conjointement les mouvements de l'*Humanisme,* de la *Réforme,* et de leur *descendance* (portant cependant en eux-mêmes les principes de leur opposition l'une à l'autre), ainsi que les théologies de la mystique et de l'intuition de Dieu. (On retrouve à ce niveau, quoique sur un mode dissocié, les vertus des Trois Capitales : Rome dans son avidité d'absorption et de ressourcement des apports culturels, Athènes dans son éros mystique, Jérusalem enfin dans son pur témoignage de Foi et son culte du Livre.)

Ensuite, regroupant à la fois les valeurs de *connaissances de Culture et de Foi,* et y ajoutant celles de la *vie sociale,* il sera possible d'apercevoir comment, des mêmes effets de la même crise nominaliste, découlent la substitution progressive de la notion d'*Histoire* d'abord religieuse, puis laïcisée, à celle de *Nature,* en tant que clef de l'homme et de l'univers, et la disparition conjointe des réalités de la chrétienté et de l'enracinement. (Il y a évidemment là une grave défaite de Rome, dans tous les sens de ce nom capital, une certaine chute d'Athènes, et un retour en force de Jérusalem comme étant, de nos Trois Capitales saintes, celle qui toujours sut et voulut trouver dans l'homme et dans l'univers le sens d'une Histoire.)

Enfin, il ne sera pas inutile d'examiner comment, à contre-courant de ces trois courants, très divers mais qui vont tous dans le sens de la dissociation, une certaine famille d'esprits, depuis les débuts de la crise continûment jusqu'à nos jours, tenta, tant bien que mal, de maintenir l'esprit traditionnel de synthèse et d'équilibre entre nos trois sources.

Suivant très rapidement le cours de chacun de ces divers courants, je n'en tracerai le plus souvent qu'une esquisse, plus allusive que descriptive, pour m'arrêter davantage sur quelques figures soit plus expressives, soit moins connues, du point de vue qui me retient.

⁂

La ligne de fuite idéaliste ou : l'attrait de Platon et de la Foi

Symbole de la philosophie, pour la grande masse des Français et même — on se demande pourquoi ! — de l'esprit français, pour un grand nombre de nos concitoyens et pour la plupart des étrangers, **Descartes** (1596-1650) — on le sait par la thèse monumentale de Gilson — a reçu de ses maîtres les leçons d'une scolastique décadente entièrement nominaliste. Il se trouve ainsi que ce qu'on présente comme l'immense innovation d'un esprit génial, n'est en fait que la systématisation, fort clairement énoncée par un « cavalier français » bien élevé par les jésuites, de l'héritage d'Occam : d'un côté l'esprit pensant, de l'autre les corps et les choses dont on ne sait d'abord rien, puis, qu'ils sont étendus. « L'essence de l'âme — ou du moi — c'est la pensée, l'essence des corps, c'est l'étendue » : entre les deux, s'enfonce le gouffre de l'incompatibilité la plus absolue. Et c'est seulement par auto-analyse de la conscience, et de l'idée même du *Cogito* (« Je pense ») que, suivant une ressource anselmienne extrapolée, le philosophe, en son « poêle », tire assez péniblement la notion de son existence réelle. Certes Hegel sera fondé à trouver en Descartes le premier philosophe du Sujet et l'on est en droit de voir en lui le père de l'idéalisme *moderne*. Encore faudra-t-il à notre homme la caution de Dieu, seule substance — un Dieu autant postulé par la foi de l'individu, Descartes, que supputé par le philosophe engagé sur la voie de l'argument ontologique renouvelé d'Anselme —, pour assurer sa prise aussi bien contre les maléfices de quelque « malin génie », possible inventeur d'illusions, que contre le défaut radical d'harmonie entre le monde des corps et le ciel de la pensée, et tout d'abord de cohésion entre moi-corps et moi-pensée, mariés sous le régime de la liaison violente. Dieu reste le seul garant final de l'unité de l'univers, de la vérité de ma connaissance et même de la sûreté existentielle de mon moi-pensant.

Cependant, on peut observer que, par le fait même de la séparation complète entre la pensée et l'étendue, Descartes ouvrait aussi la voie, parallèlement, au mécanisme cosmique matérialiste le plus strict dans le domaine des corps étendus, qu'il abandonnait à l'hypothèse aventureuse des tourbillons, héritée des anciens Grecs. Par là, il assure également le premier relais prestigieux entre l'ancien nominalisme et le positivisme moderne. *Janus bifrons.*

Plus d'un siècle plus tard, Emmanuel **Kant** (1724-1804) est beaucoup plus radical. Prodige de connaissances et de réflexion, ce petit homme frêle aux yeux globuleux qui vit et pense à Königsberg (en solitaire, comme Rousseau qui l'a marqué) sous les derniers rois, la Révolution française et l'Empire, est en fait, en dépit des idées reçues par l'inculture colossale de la plupart des universitaires en matière de pensée médiévale, le dernier grand philosophe scolastique et sans doute le plus génial, le plus complet et le plus systématique des nominalistes. Sa problématique, son vocabulaire même semblent souvent comme mystérieusement ressourcés du Moyen Âge : concept et forme ; jugement, avec son sujet et son prédicat ; chose en-soi (*in se*) ; échelle traditionnelle des : sensibilité (*sensus*), intelligence (*Verstand, intellectus*) et raison (*Vernunft, ratio*) ; catégories et principes premiers ; distinction classique entre la Physique, la Métaphysique, la Morale, l'Esthétique, etc. Quant à son système, il suffit de l'embrasser d'un coup d'œil pour que s'impose son nominalisme massif et sans faille.

Ayant parcouru dès sa jeunesse le champ le plus vaste des terres connues du savoir — sciences, philosophie, théologie —, et produit une œuvre qui ne le satisfait pas, cet homme de rigueur et de foi s'embarque soudain pour une odyssée de trente années dont le but est la certitude de ses connaissances, comme de ses devoirs moraux et religieux. Aussi, après avoir envoyé, en frégate éclaireuse dès 1770, la *Dissertation de la forme et des principes du monde sensible et du monde intelligible,* sur la mer de sa réflexion critique, il lancera successivement ses trois grands vaisseaux : *Critique de la raison pure, de la raison pratique, du jugement ;* sans compter quelques caravelles : le *Fondement de la métaphysique des mœurs, la Religion dans les limites de la simple raison,* et les *Prolégomènes à toute métaphysique qui voudra se présenter comme science.* Ces titres mêmes sont significatifs et je ne les rappelle pas pour le seul plaisir de leur poésie abstraite : ils sont assez expressifs, en effet, de la volonté de certitude dans les champs du savoir et de l'agir, comme de la problématique et du vocabulaire scolastiques réinventés.

Mais, dès le départ de la *Critique de la raison pure,* c'est l'écueil ; ce navigateur solitaire cherche de toutes parts ses amers : il n'y en a pas. Pas de côte, pas de repère, pas de point fixe, pas même de soleil ou d'étoile pour le sextant. Sur la mer Critique il était parti reconnaître et assurer la configuration des terres autrefois conquises et voici qu'il n'y a plus rien de sûr. Et pourquoi ? Parce que toute science repose sur le jugement, et que le jugement met en rapport des concepts, et que ces concepts n'étant pas pour le nominaliste Kant prégnants de réalité objective, on ne peut faire confiance ni au jugement analytique ni au jugement synthétique a posteriori qui repose sur l'analyse ou sur l'expérience, mais au seul jugement synthétique a priori parce qu'il ne reflète que la structure même de notre esprit ; partant, c'est seulement une forme de notre esprit, nous voilà donc toujours embarqués, coupés de la terre.

Embarqués sur une mer rigoureuse et mouvante de formes. L'espace et le temps sont ainsi des formes a priori ou « intuitions pures » de notre sensibilité, comme tout ce qui nous « apparaît » par les sens et dont l'objectivité ne saurait être que « phénoménale », c'est-à-dire apparente, sans qu'on puisse rien préjuger du *noumène,* ou chose en soi, inconnu ou inconnaissable. Formes a priori, cela veut dire que sont des structures de notre intelligence ou entendement (*Verstand*) les catégories telles que pluralité, universel, possibilité (ou puissance), existence, causalité. On ne peut donc, sans postulat, les appliquer aux choses-en-soi dont la nature reste mystérieuse et inaccessible. Ce postulat est celui de « l'*aperception* transcendantale du moi », c'est-à-dire l'existence d'une sorte de forme a priori supérieure et universelle — conscience supra-individuelle —, dont, en quelque sorte, les formes a priori individuelles (intuitions de la sensibilité et catégories de l'entendement) ne sont que des réfractions, des participations ou des fonctions.

Voilà donc à quoi devra se limiter la connaissance scientifique du monde sensible. Mais si l'on monte au niveau suprasensible de la *raison* (*Vernunft*) que nous ne pouvons nous empêcher de gagner par besoin d'absolu, le brouillard s'épaissit, car les trois formes a priori de la raison ou idées pures — le monde comme réceptacle de tous les phénomènes du sens externe, l'âme comme réceptacle de tous les phénomènes du sens interne, Dieu enfin conçu comme cause suprême des deux premières — ne peuvent même plus s'appliquer à une expérience et sont donc vouées à la subjectivité pure.

Pointant alors sa proue et cinglant vers les mondes de la moralité, l'imposant et rassurant vaisseau *Critique de la raison pratique* va-t-il être plus heureux dans ses découvertes ? Oui et non. Non, parce qu'il est, lui aussi, sous les vents du nominalisme qui le privent de toute attache et repère à la terre du réel, contraint de voguer dans un monde fantomatique de formes qui — s'agissant de la volonté — s'appellent ici impératif catégorique et postulats de la raison pratique. L'impératif catégorique — c'est-à-dire ni maxime singulière ni impératif hypothétique — impose l'obligation morale dénuée de tout mobile utilitaire : « Agis pour la loi, parce que c'est la loi ; agis par respect pour ta personnalité ; agis de telle sorte que ta règle de vie puisse être érigée en règle universelle. » C'est, on le voit, une réinjection massive de *stoïcisme,* et l'on comprendra mieux pourquoi quand, avec l'esquisse de la ligne de fuite humaniste, on constatera l'importance de la renaissance stoïcienne à partir du XVIe siècle. Les postulats de la raison pratique fournissent alors les schémas obligés de la liberté, de l'immortalité de l'âme et de Dieu, Juge suprême.

Toutefois la Critique de la raison pratique apparaît davantage positive quand, se trouvant par force — car il faut agir, on ne peut différer, lanterner ni lantiponer — devant le mur des choses-en-soi, des réalités suprasensibles impénétrable à la raison pure, elle s'y heurte et le brise. Comment ? Par le recours dont nous avons vu la constance chez saint Augustin et ses descendants (dont le pré-nominaliste Duns Scot), et aussi chez les nominalistes : le recours et la ressource du vouloir et de son primat sur le connaître. C'est en somme, chez Kant comme chez ceux-là, la volonté qui l'emporte, car elle complète les informations de l'entendement. « Mon amour c'est mon poids », disait saint Augustin ; Kant, pour sa part, eût pu déclarer : « Mon devoir c'est mon poids. » L'homme est en pesanteur, en gravitation vers l'ordre de Dieu.

« Kantius autem genuit Fichte, Fichte genuit Schelling, Schelling autem genuit Hegel »... Avant même que ne meure, octogénaire, le professeur de Königsberg, **Hegel** (1770-1831) — disciple de Schelling, qui avait été disciple de Fichte lequel avait reçu l'héritage de Kant — franchissant le dernier pas, poussera à sa limite absolue l'idéalisme moderne. Avec lui et sa phénoménale *Phénoménologie de l'Esprit* la boucle est bouclée : il n'y a, si j'ose dire, plus de problème, parce qu'il n'y a plus de dualité « monde réel —

esprit connaissant » : « Toute réalité est raison, et le rationnel seul est réel. » Aphorisme fondamental qui m'a toujours donné envie d'ajouter, en guise de conclusion, celle de M. Achras, grand éleveur de polyèdres dans *Ubu :* « Et comme ça, voyez-vous bien, ça sera compris ! » Innocente plaisanterie qui n'eût certainement pas arraché un sourire à Jean Hyppolite quand, avec le feu de la passion, il nous dévoilait les arcanes magiques du maître de Iéna, Heidelberg et Berlin.

Étrange personnage que ce grand gaillard échevelé aux yeux exorbités de voyant, sans conteste le plus grand philosophe des temps modernes. Sorte de Platon *redivivus*, hanté comme lui par l'Unité. Pourtant, si, comme le vieux sage athénien, il en voit la source dans l'Idée, c'est l'Histoire et non plus le monde des apparences qui lui fournit le réactif provocateur à l'œuvre de l'Esprit. Pas n'importe quelle histoire ! On n'oublie pas de rappeler l'Europe bouleversée par les guerres napoléoniennes qui, en effet, impressionnèrent la recherche hégélienne sur les chaos de l'Histoire et l'Esprit unificateur ; mais on manque trop souvent à remarquer le choc initial et initiateur de sa réflexion sur l'histoire religieuse ancienne, relatée dans sa *Vie de Jésus* et dans *l'Esprit du christianisme et son destin*. Le thème général de cette réflexion le projette en plein cœur du sujet de mon essai, puisqu'il s'y agit de l'opposition entre la civilisation antique d'Athènes et de Rome et le christianisme, c'est-à-dire, pour être exact, l'esprit judéo-chrétien. Certes, son diagnostic n'est pas le mien, car il ne voit pas l'unité profonde — sous tension — que j'ai tenté de montrer, dans le christianisme, entre les trois sources. La cité antique, au contraire, lui apparaît comme une belle unité ou une harmonieuse totalité — entre le sujet et l'objet, la volonté individuelle et l'universel de connaissance — alors que, dans une perspective marquée de protestantisme et donc d'un plus vif éclat de l'âme juive, il perçoit essentiellement le christianisme comme rupture, irruption soudaine de la conscience décapante et brisante, contestataire et presque autodestructrice, dans la mesure où la foi chrétienne comporte conscience hostile de soi. Pour Hegel en quelque sorte, l'Antiquité, c'est l'Un sans la Conscience ; le christianisme, la Conscience sans l'Un.

La *Phénoménologie de l'Esprit* prétend surmonter l'antinomie. Et c'est en cela que Hegel n'est plus seulement l'héritier de Platon, mais aussi celui d'Héraclite et d'Aristote. A l'obsession de l'Un — qui n'est plus l'Idée objectivée de Platon, mais l'Esprit, seule réalité — s'applique l'obsession du devenir — qui n'est plus devenir de la Nature, comme chez Aristote, mais devenir de l'Esprit, unique réalité. La dialectique sous-tendant ce devenir ne peut donc plus être ni celle des Idées de Platon ni celle du changement d'Aristote, mais la célèbre triade empruntée à Fichte : thèse, antithèse, synthèse.

Il considère alors l'Esprit en lui-même (*Geist-an-sich*) ; et c'est la *Logique* occupée aux catégories, c'est-à-dire aux formes du devenir, qui permet finalement à l'Esprit de parvenir à la conscience de soi.

C'est à partir de là que l'Esprit s'extériorise en une espèce d'objectivation produisant la *Philosophie de la Nature* (l'ancienne Physique d'Aristote que, déjà, les bas scolastiques nommaient, eux aussi, mais en un tout autre sens, Philosophie de la Nature). On y trouve la Mécanique, la Physique et l'Organique, œuvre de l'Esprit « placé devant lui-même, dans son altérité » (*Geist für sich, in seinen Andersein*).

Le troisième temps voit s'opérer le retour de l'Esprit, en lui-même et placé devant lui-même, ou pour lui-même (*an und für sich*), retour dans la conscience : et c'est la *Philosophie de l'Esprit*. Celle-ci se développe à son tour en trois bonds : celui de la *Psychologie* où les étapes de la connaissance conduisent, par mille traverses contradictoires et toujours dialectiques, l'Esprit individuel à l'identification avec l'Esprit Universel. Deuxième bond, celui de la *Science de l'Esprit objectif*, où les diverses formes et le devenir de l'humanité universelle aboutissent à l'*État*, « réalisation suprême de l'Esprit objectif » (M. de Wulf), lent devenir des sociétés ; et l'on sait l'intérêt passionné que le philosophe de Heidelberg montra à l'État prussien. Ultime bond enfin, celui de la *Science de l'Esprit absolu*, appliquée au devenir de l'Esprit dans l'Art (ou contemplation de l'Esprit), la Religion (ou figuration symbolique de l'Esprit), la Philosophie (ou concept de l'Esprit).

Fascinant univers hégélien, exactement clos, mais sur la Totalité ; parfaitement rond, mais comme d'une sphère portant en elle-même son moteur dialectique ; massivement Un, mais de l'Unité du seul Esprit. Univers fatal et strictement déterminé que, pourtant, n'hésiteront pas à bousculer, et très vite, certains disciples aussi impies que fervents à l'égard du Maître — tels **Feuerbach** (1804-1872) et surtout **Marx** (1818-1883) qui, basculant cul par-dessus tête le splendide édifice, en prétendant, selon la fameuse formule, le « remettre sur ses pieds », passeront avec armes et bagages au matérialisme.

*

La ligne de fuite matérialiste et positiviste

Certains n'avaient point attendu cinq siècles après le schisme d'Occam, pour prendre délibérément, dans l'antinomie des universaux, le parti exclusif du concret singulier et matériel.

Dès le début du XVIe siècle, un esprit curieux, peu connu, **Telesius** (1508-1588), fonde le naturalisme de la Renaissance en renouvelant par une variation thématique la physique matérialiste des présocratiques : c'est le chaud et le froid qui font toutes choses. Le ciel est chaud, la terre est froide; tout être est mélangé de ces deux principes : la vie est un souffle d'air chaud. Simple non ? **Campanella** (1568-1639) — oui, le dominicain calabrais et fameux auteur de *la Cité du soleil* présentant pour la première fois un communisme matérialiste intégral — ne devait pourtant pas reculer devant ce simplisme de chauffagiste qu'il avait vaguement étoffé d'une espèce de métaphysique confuse; on comprend qu'il ait éprouvé avec l'Inquisition quelques difficultés, ce qui ne l'empêchera pas de finir tranquillement à Paris, pensionné par Richelieu. Ce n'est pas d'aujourd'hui, on le voit, que des frères prêcheurs divaguant et songe-creux flirtent à la fois avec le pouvoir et des vieilleries rapetassées.

Ah ! voici que l'on franchit un pas dans l'histoire rétro : avec **Gassendi** (1592-1655) on passe des éléments présocratiques à Démocrite et Épicure, leurs atomes et leurs tourbillons auxquels, par décence ou prudence, Gassendi surajoute, sans queue ni tête, rime ni raison, quelque vague spiritualisme. Homme bizarre, ennemi à la fois de Descartes et d'Aristote, et qui peut-être enseigna la philosophie à Molière, fait sans aucune importance au demeurant, puisque le génial Poquelin se moquait de tout, hormis son art ; et la philosophie gassendiste ne lui servira, comme le jargon de basse scolastique, qu'à quelques bonnes blagues de ses comédies. Il avait bien raison car Gassendi était un esprit de trente-sixième ordre que je n'épingle ici après Telesius et Campanella que pour illustrer cette significative curiosité : la crise nominaliste semble avoir, pour un temps chez certains, remis à zéro les montres philosophiques, et tout repart comme avant Platon.

A la vérité, le premier effet décidément positif de la crise nominaliste, dans sa ligne de fuite matérialiste, est dû à un grand seigneur anglais disgracié, François **Bacon de Verulam** (1561-1626). Sa disgrâce politique fut une grâce pour les sciences, car cet esprit solide et pragmatique occupa ses loisirs forcés à l'invention, bien avant Claude Bernard, de la méthode expérimentale. Certes sa philosophie proprement dite est courte et simpliste : pour lui tout est matière et combinaison nécessaire de matière. Du moins en tire-t-il le meilleur parti pour développer l'induction scientifique que n'ignoraient d'ailleurs pas les vieux scolastiques ; mais alors que ceux-ci, infidèles en esprit à Aristote, s'effondraient dans la confusion des degrés d'abstraction, qui, comme d'une échelle dont les premiers barreaux sont vermoulus, les précipitaient dans la logomachie, Bacon, lui, libéré (peut-être indûment, mais enfin, libéré) des préoccupations de l'Idée et du concept, des catégories et des causes, s'attache uniquement aux phénomènes matériels sensibles, dont il invente, en son *Novum Organon Scientiarum* — c'est-à-dire la *Nouvelle Logique des sciences* — les premières tables d'observation (présence, absence, variations d'un phénomène), fondant ainsi le futur développement des sciences modernes.

Les successeurs et continuateurs anglais de Bacon, aux XVIIe et XVIIIe siècles, Hobbes, Locke et Hume n'offrent en eux-mêmes, et moins encore pour mon propos, que peu d'intérêt ; car, n'ajoutant rien à l'invention expérimentale de Bacon, ils se contentent de ratiociner, assez abstraitement, sur le thème de la matière concrète : simples bornes balisant un long chemin.

C'est — si possible et c'est possible —, pis encore avec les « philosophes » français du XVIIIe siècle. La Mettrie et son

« homme-machine », d'Holbach et sa bible du matérialisme (*Système de la Nature*), Helvétius et sa morale du plaisir égoïste, d'Alembert et Diderot eux-mêmes avec leur hypocrite *Encyclopédie*, ne sont, en philosophie, que de petits esprits médiocres et bornés, cuisant avec rage le feu de leur rancœur, touillant avec frénésie, dans le chaudron de leurs ambitions, leur petite cuisine amère et rancie de bourgeois bornés se prenant pour de grands sorciers. Ils me font inéluctablement penser à ce leitmotiv d'un sketch de Fernand Raynaud : « Mais moi, j' suis pas un imbécile, pisque j' suis douanier ! » Ainsi ne sont-ils pas des imbéciles puisqu'ils sont « philosophes », revendiquant d'autant plus impérieusement l'étiquette qu'elle couvre une marchandise vaine et creuse qui est à la philosophie ce que la savate de M. Homais est au cothurne de Sophocle. Leur « sagesse » de pacotille se résout à peu près en aphorismes transcendants tels que : les nerfs font la pensée ; c'est la mécanique qui règle l'homme ; âme, liberté, Dieu sont des chimères ; la religion est un mal ; il faut jouir, car après « la farce est jouée » ; seul le « sentiment de l'honneur français » peut concilier l'égoïsme du plaisir individuel avec le bien social ; vive l'État athée, et bien sûr : écrasons l'Infâme. On n'est pas loin de « à bas la calotte ». Je n'en eusse même pas écrit, s'ils n'étaient, à leur manière, involontairement importants par l'influence qu'ils ont exercée sur la mentalité et les structures sociales, ainsi que surtout par l'origine épistémologique de leur mal.

Au milieu de cette médiocrité baveuse et bavarde, exception remarquable, Pierre **Bayle** (1647-1706), esprit libre, érudit prodigieux, auteur du fameux *Dictionnaire historique et critique*, illustre typiquement un cas de figure qui n'a jamais été totalement absent du paysage intellectuel et qui désormais, s'y répandra de plus en plus : c'est le recours à la double vérité avec cloisons étanches, dans l'esprit, entre le rationalisme appliqué à la matière et à la nature, et la foi dans les dogmes. C'est, en somme, Jérusalem religieuse et Athènes rationnelle se partageant une même maison où elles cohabitent sur deux étages sans communication : l'oratoire et le laboratoire.

Si le lignage matérialiste du nominalisme n'engendra jamais son Descartes — peut-être parce que l'homme du *cogito* portait déjà, nous l'avons vu, sous son masque idéaliste (*larvatus prodeo*) les traits et les espoirs du matérialisme — il trouva en revanche d'un seul coup son Kant et plus encore son Hegel en la personne d'**Auguste Comte** (1798-1857) qui, à quelque vingt ans près, était le contemporain et fut le frère ennemi du grand prêtre de l'idéalisme absolu : même vision des grands ensembles, même génie des larges fresques, même introduction — et même affrontement — de l'histoire, même obsession de l'Unité. En sens opposés évidemment.

Mais Comte n'était pas né de génération spontanée, et l'on suit aisément le fil qui le relie au matérialisme grossier dont je stigmatisais à l'instant l'inanité ; la fin du XVIIIe siècle, en effet, avait vu naître une seconde vague plus sérieuse, celle du sensualisme matérialiste portant les noms et les espoirs des Condorcet, Volney, Saint-Lambert, ceux de l'école médicale (Cabanis, Gall et Broussais, Bichat et Buchez), et plus encore ceux de Destutt de Tracy et Gerando ; de Saint-Simon, enfin, le petit arrière-cousin du grand mémorialiste. Tels sont ceux qui incarnèrent la transition entre la lourdeur des d'Holbach, Helvétius et autres Condillac, et le génie d'Auguste Comte. Outre qu'ils tendaient à affiner la doctrine en cherchant obstinément le passage entre la matière et ce qui semblait lui et leur échapper, ils vivaient intensément le thème mythique du Progrès perpétuel et c'est pourquoi mon maître Henri Gouhier, à propos de nombre d'entre eux, parle de « prépositivisme ».

Dès le début du siècle, déjà, l'abbé Charles-Irénée de Saint-Pierre (rien à voir avec Bernardin, l'homme au melon providentiel) prophétisait dans son *Projet de paix perpétuelle* (1713) : « A l'âge d'airain a succédé l'âge d'argent, nous touchons, pour ainsi dire, au commencement de l'âge d'or » — où l'on voit poindre les trois âges. Puis Condorcet, en son *Esquisse d'un tableau historique des progrès de l'esprit humain*, montrait cet esprit parvenu à sa neuvième époque, soumettant toutes les connaissances « au tribunal de la raison », et il y prévoyait déjà le bien-être des peuples par l'industrie. Quant à Saint-Simon, qui sera, avant leur brouille, le maître de Comte, on n'a pas oublié son optimisme industriel illuminé et le prophétisme socialiste de son *Nouveau christianisme*. La Révolution française surprit ces esprits qui avaient prévu un progrès sans heurts ; de fait, elle entraîna soit leur suicide (Condorcet) soit leur guillotinade (Lavoisier), soit encore leur incarcération (Saint-Simon et Destutt de Tracy) ou, dans les meilleurs des cas, leur prudente retraite (Cabanis) ou leur exil (Jean-Baptiste Say). Mais enfin, après coup, les survivants de la Révolution ou — c'est le cas d'Auguste Comte — les survenants se demandèrent comment terminer dans le bonheur l'œuvre de progrès, commencée dans les douleurs et le sang.

Tous les ingrédients du positivisme sont alors réunis que le génie de Comte va porter à son achèvement. Et l'on peut déjà remarquer la pointe paradoxale et osée que, comme chez Hegel, par le biais de l'Histoire et de son développement, Jérusalem pousse ainsi dans le camp de l'Athènes rationaliste.

Car pour le fondateur du positivisme qui, comme Hegel, les réconcilie et, plus outre, les fond, toute nature est histoire : « La philosophie d'Auguste Comte, note Gouhier, refusera toute opposition entre la nature et l'histoire : il est dans la nature de l'humanité de devenir histoire. » Et, comme chez Hegel toujours, ce devenir suit la dynamique dialectique d'une forme très structurée, trouvée un matin de mars 1822, après « une longue nuit de méditations continues »; c'est la fameuse loi des trois états : « Par la nature même de l'esprit humain, chaque branche de nos connaissances est nécessairement assujettie dans sa marche à passer successivement par trois états théoriques différents : l'état théologique ou fictif; l'état métaphysique ou abstrait; enfin l'état scientifique ou positif. »

En dépit de son nom, l'état théologique couvre tout l'avant-Jérusalem, l'avant-Athènes et l'avant-Rome, ainsi que Jérusalem elle-même, l'Athènes mystique et la Rome agricole et militaire, puisque cet état regroupe toutes les explications surnaturelles et personnelles — fétichistes, mythologiques, polythéistes et monothéistes — des phénomènes. L'état métaphysique, c'est l'essence même de l'Athènes du logos rationnel à la recherche des causes et des marchés, ainsi que de Rome juridique. L'âge positif, enfin, qui se borne aux lois assemblant les phénomènes et que Comte croit nouveau, n'est, dans le fait, que le produit d'un croisement entre l'Athènes de la logique matérialiste, la Jérusalem de l'Histoire et la Rome de l'Ordre.

Ces états de l'esprit et des sciences sont, en effet, aussi pour Comte des âges sociaux. Au premier correspond la prépondérance militaire des armes et des guerres, au second l'efflorescence juridique et commerciale, au troisième, l'épanouissement scientifique et industriel.

N'existent donc, en fait, que des choses et des phénomènes, qui ne peuvent être compris et unifiés que par et dans des lois produites par l'esprit humain, dont la fonction est précisément de découvrir l'unité cachée sous cet univers disparate en mouvement. C'est pourquoi la classification comtiste des sciences, à la fois génétique ou historique et logique, est, comme chez les anciens Grecs, un dégradé du général au particulier, du simple au complexe (les anciens eussent dit — mais telle n'est pas la mentalité comtiste — de l'universel au singulier ou de l'abstrait au concret) : lois mathématiques, astronomiques, physiques, chimiques, biologiques, sociales enfin, qui sont les plus ardues, puisque visant à percer l'homme lui-même dans sa réalité totale et vivante, et pour qui Comte crée la physique sociale ou sociologie.

Alors il n'est nullement besoin de recourir, comme on le fait trop souvent, à quelque aberration du cerveau ni même, plus qu'il n'en est besoin, au grand dérangement du cœur produit par l'amour platonique de Mme Clotilde de Vaux, pour expliquer que le froid et rigoureux polytechnicien du savoir humain soit devenu sur ses vieux jours le fondateur et le grand prêtre de la religion positiviste, avec ses autels et ses rites, ses espèces de prières et de sacrements transposés du catholicisme. Il y a là, bien au contraire, une logique profonde et rigoureuse. La révolution achevée du nouveau savoir ne peut être en effet que totale et totalitaire, elle engage l'homme à tous les niveaux, dans toutes ses activités et fonctions (n'oublions pas l'obsession organisatrice et unificatrice de Comte). L'être et l'agir sont aussi importants que le savoir. Or, qu'a dégagé la nouvelle perspective positiviste des sciences ? Ce que Comte lui-même nomme « l'admirable aphorisme à jamais fondamental » de Pascal, c'est-à-dire : « Toute la succession des hommes pendant la longue suite des siècles [...] comme un seul homme qui subsiste toujours et qui apprend continuellement .» S'il y a donc un Grand Être positif et transcendant, c'est bien l'Humanité en marche. Et la religion positiviste, nécessaire pour que tout l'homme-individu soit engagé dans la voie de la vérité, ne peut être — mais elle le doit — que cette religion de l'Humanité, avec son drapeau « sur un fond vert, couleur naturelle de l'espérance, propre aux emblèmes de l'avenir », et sa formule sacrée : « l'Amour pour principe, l'Ordre pour base et le Progrès pour but ».

L'Amour ? Oui, l'Amour sans quoi l'homme nouveau ne serait pas complet. Mais aussi, ne l'oublions pas, l'Amour pur, le pur amour dont peut-être, je le veux bien, Clotilde de Vaux fut pour Comte le révélateur — l'amour de détachement et de volonté à quoi nous avons vu, et verrons encore, incliner tous les grands esprits frappés de monisme et de nominalisme, tels Duns Scott, Kant et avant eux, saint Augustin. L'effort de volonté — ou du Pur Amour — l'emporte généralement sur la Raison en suppléant à ses insuffisances. « L'Amour pour principe » ou « mon Amour, c'est mon Poids » : c'est ici le moniste de la Matière qui parle en théologien et le moniste de l'Esprit, Augustin, qui s'exprime en physicien.

Théologien, et plus encore prophète messianique : ce pourrait être aussi, en dépit des apparences, le titre de l'homme qui unit Comte et Hegel, Karl **Marx** (1818-1883). Appliquant la dialectique hégélienne à l'être social industriel et politique qui polarisait aussi l'attention de Comte, il reste toutefois, comme Gassendi, marqué par le matérialisme le plus grossier de Démocrite et d'Épicure, auquel il avait consacré sa thèse. Le schéma est assez connu, sassé et ressassé, qui fait jaillir toute réalité des forces et structures de production : division du travail et lutte des classes ; superstructures juridiques, politiques et idéologiques ; contradictions internes du capitalisme surmontées par la dictature socialiste du prolétariat qui, collectivisant les moyens de production, engendrera la société communiste sans classes, sans patrie, sans État, l'Age d'or en somme, l'Homme réconcilié, élevé, unifié. J'allais dire : racheté. Car il est, inconsciente, une âme religieuse en Marx ; l'Homme à venir y fait figure d'un dieu dont le prolétariat tient place de Messie. Aussi est-il banal de remarquer la ferveur et même la structure religieuse de la militance et de l'appareil communiste. Banal aussi d'attribuer au décalage d'un pays, resté rural en ses profondeurs, les pataquès de la révolution russe de 1917. Mais on ne note guère que si Marx avait perçu une révolution du prolétariat *industriel,* c'est qu'il était porté par le même courant que Condorcet, Saint-Simon et Comte, identifiant l'âge moderne et l'industrie. La fusion toutefois des Trois Capitales se fait chez Marx autrement que chez Comte, selon un ordre et un dosage différents où le marxisme apparaît à cet égard plutôt comme un ferment hérétique judéo-chrétien, passé aux feux de la raison grecque et soumis aux cruelles rigueurs d'un impérieux ordre romain.

Ordre initiatique promulguant en langage ésotérique une vision psychocosmique du moi, du monde et de Dieu : tel est devenu chez **Freud** (1856-1939) ce qui n'était pour lui au départ qu'une simple tentative d'amélioration des cures psychiatriques. Cette dérive n'a pas eu lieu sans raison, car dès l'origine tout s'y trouvait en germe. Il y a, en effet, chez le praticien viennois, de l'interprétation pythiatique des rêves, du pilpoul talmudique et de la cosmologie mythologique ; mais l'essentiel demeure la tension dialectique entre les pulsions instinctives et vitales du *ça,* l'effort de libération du *moi* et la pression sociale du *sur-moi.* Il était donc logique, sinon fatal, que l'appareil réducteur du monisme freudien — monisme immatériellement matérialiste — fût appliqué non seulement à l'individu mais à la société ; de l'individu en sa découverte curative, il passe à l'humanité en son devenir découvert, de la psycho-ontogenèse à la psycho-phylogenèse. La petite histoire de cabinet où s'analyse la connaissance du sujet devient le cabinet de l'Histoire où se synthétise l'objet de toute connaissance. Prétention excessive, si l'on en juge par *Totem et Tabou* et *Moïse et le monothéisme,* mais le projet seul ici m'intéresse et non pas sa valeur. Les marxistes ne s'y sont pas trompés qui, plus lucides que certains chrétiens étourdis et peu sensibles à la réduction freudienne de la religion, ont très vite, en Freud et ses disciples, découvert l'hérésie petite-bourgeoise et la dangereuse concurrence.

Mais le serpent de l'histoire des idées non rarement se mord la queue. Un autre philosophe viennois et qui, comme Freud, adoptera l'Angleterre va, dans le même temps, revenant à la source occamiste presque pure, s'efforcer de démontrer que toutes ces belles constructions de l'esprit ne sont que du vent — *flatus vocis* eût-on dit au XIVe siècle — vu que toutes les expressions des questions et problèmes philosophiques reposent « sur un malentendu de la logique de notre langue », et que les actions logiques ne sont jamais que tautologiques, sans prise sur le réel, pures formes de l'esprit. A ces traits on aura reconnu **Wittgenstein** (1889-1951) et le « cercle viennois », qu'on qualifie généralement de néo-positivisme et qui, beaucoup plus justement, devrait être identifié comme néo-nominalisme. Tout l'effort de la pensée ne peut être que de clarifier les mots et « l'image logique des faits » qu'ils représentent comme si c'était un « état de choses ».

C'est, plus encore que les traces et séquelles de l'esprit freudien et sociologique, cette doctrine néo-nominaliste du cercle de Vienne qui est sous-jacente aux recherches et explications de Lévi-Strauss et d'une façon générale à ce qu'on a désigné sous le nom de **structuralisme.** La structure psycho-socio-ethnologique y est perçue comme décrivant tout ce qu'on peut dire d'un monde impénétrable et peut-être inexistant, sauf dans la mentalité confuse de l'observé et plus claire de l'observateur.

Tel est, pour l'essentiel, le monde dont nous avons hérité au terme des deux lignes de fuite issues, *dans le domaine de la connaissance,* de la crise nominaliste. Un monde que nous connaissons bien, notre monde, en proie au Progrès effréné, au développement forcené des Sciences positives, des Techniques qui les appliquent et des Industries qui les exploitent. C'est la ligne matérialiste qui, nettement, l'a emporté sur la ligne idéaliste, réfugiée dans quelques esprits de quelques universités. La connaissance n'est plus universelle, elle est brisée, morcelée, fragmentée et ne cesse de se répandre, en tous sens et sur toutes voies, par segmentation et scissiparité. Sitôt éclos, chaque fragment se concrétise techniquement dans une industrie de paix ou de guerre. Le monde ainsi devient de plus en plus fabriqué, et l'homme lui-même, en son corps et son esprit, n'échappe pas à cette universelle trituration prométhéenne qui lui fait entrevoir l'impossibilité de toute impossibilité.

Dans le même temps, les grandes forces religieuses se

sont tout naturellement éteintes ou mises en sommeil et la religiosité, irrépressible par nature, se déverse en tous sens : politique, sectes, cultes des arts et des « étoiles », culte de la vie et du corps.

La culture elle-même s'est, comme le reste, fatalement morcelée. Il n'y a plus *une* culture, et Jean Beaufret demandait à Heidegger ce qu'il convenait de faire pour retrouver un humanisme. Il est autant de cultures que de types de sciences et de sociétés.

Mais c'est aussi que nous n'avons encore suivi qu'un des nombreux couples, issus de la crise nominaliste : celui, fondamental il est vrai, des théories de la connaissance : idéaliste, matérialiste. Il nous reste à apercevoir quelques-uns des autres, les plus capitaux et en leurs points essentiels : l'Humanisme, l'anti-Humanisme et la Réforme religieuse; les mutations sociales et le remplacement de la Nature par l'Histoire (dont nous n'avons fait que constater l'irruption massive chez Hegel, Comte et Marx mais qui, bien sûr, n'avait pas surgi du néant).

⁂

Le recours à l'humanisme ou : les sources pour les sources

Aucun esprit averti ne met plus en doute la première Renaissance du XIIe siècle que j'ai évoquée au chapitre précédent, ce qui devrait entraîner la suppression de l'article emphatique — ou, plus précisément, apophatique — « *la* Renaissance » pour désigner les mouvements de culture au XVIe siècle, et son remplacement par l'expression plus exacte « la *seconde* Renaissance » car, on l'a vu, le XIIe avait connu une première résurgence des classiques grecs et latins venue irriguer et féconder les terres médiévales de l'esprit. Mais il n'est pas non plus douteux que le XIVe et le XVe siècle, sous l'effet premier du nominalisme, avaient asséché ces ressources et que la pensée s'était perdue dans les sables de la logomachie et du discours pour le discours. Rien peut-être n'illustre mieux ce déplorable et ridicule état qu'un des titres de livres biscornus de la librairie Saint-Victor, imaginés par la verve satirique et surréaliste de Rabelais : « *Utrum Chimera in vacuo bombi-*

nans possit comedere secundas intentiones. Et fuit debatuta per decem hebdomadas in concilio Constantiensi. » C'est-à-dire, s'il faut traduire ce latin à dessein culinaire (car la langue savante s'était abâtardie) et aussi transparent que peu comestible : « Est-ce qu'une chimère bourdonnant dans le vide peut se nourrir de secondes intentions [autrement dit : d'êtres de raison, sans existence réelle] ? Question qui fut, dix semaines durant, débattue au concile de Constance. »

C'est donc l'époque bénie des Laurent Valla et des Rodolphe Agricola, des Louis Vivès et des Pierre de la Ramée dit Ramus, des Érasme et des Lefèvre d'Étaples (et plus encore, ensuite, des Rabelais et des Montaigne); disons, de cette avant-pléiade d'humanistes bourrés de science et qui ont, grosso modo, vécu de 1450 à 1550, puisque je ne puis ici les individualiser, encore que la plupart d'entre eux le mériteraient. J'ai parlé de bénédiction parce que c'est une époque d'intense fermentation et d'ivresse. Mais, alors que la première Renaissance médiévale avait connu l'ivresse de la connaissance *par* les textes anciens *pour* la connaissance de la vérité, la seconde pratique l'ivresse des *textes pour les textes, des sources pour les sources.* Aussi, foin des traductions, il faut boire aux sources pures coulant dans leurs langues d'origine. C'est le temps heureux où il n'y a pas d'homme accompli — d'humanisme — sans la pratique approfondie des trois langues de notre culture : le latin, le grec et l'hébreu. Époque, donc, tout à fait extraordinaire et sans égale comme sans retour.

Mais elle n'est pas sans ambiguïté; car il en résulte généralement peu d'attrait pour la recherche de la vérité absolue, soit que la masse des connaissances acquises incline un Montaigne au « mol oreiller du doute » et au scepticisme cultivé; soit que la plupart des humanistes philologues, tels Agricola et Ramus, résolvent et dissolvent toutes leurs critiques et leurs réflexions dans ce qu'ils appellent une dialectique qui n'est, de fait, qu'une rhétorique ; soit enfin que les plus grands, tels Érasme et Rabelais, brassent, sans beaucoup de discernement ni de perspectives, tous les trésors des Trois Capitales mêlées entre elles comme si elles étaient dépourvues de toute spécificité propre.

Pour Érasme, la vraie et pure doctrine de la Bible et du Christ est au fond à peu près identique à la religion de Platon, de Cicéron et de Sénèque. Et, plus encore, Rabelais, mon cher Rabelais que je tiens pour le plus grand écrivain de toute la littérature française, illustre le plus complet confusionnisme. Revenir à l'Évangile lui plaît parce que c'est retourner à la profondeur et à la limpidité tant doctrinales que formelles d'une source quelle qu'elle soit, après avoir rompu les barrages de la fausse culture jargonnante ; mais Jésus ou Socrate, saint Paul ou Platon, voilà qui ne fait guère de différence. Lutter contre les vieilles structures de la vie religieuse ou de la dévotion populaire lui chaut, parce qu'elles ne sont pas raisonnables, pas humaines. Et s'il le fait au nom de l'Évangile, c'est que Rabelais trouve en lui sa foi théiste et une morale d'homme évolué. Au point que quand il lui arrive d'opposer l'Évangile aux Anciens ou aux Sarrasins, c'est (bien loin des Turcs de Luther !) la civilisation qu'il oppose à la barbarie, la raison à la déraison, ainsi que le faisaient déjà les Grecs et les Romains. Le premier livre de son *Gargantua* nous offre tout cela en raccourci. « " Lors (dit Grangousier) allez-vous-en pauvres gens [ce sont les pèlerins qu'il veut détourner de leur pèlerinage], au nom de Dieu le Créateur... Et dorénavant ne soyez faciles à ces otieux et inutiles voyages. Entretenez vos familles, travaillez chacun en sa vacation, instruisez vos enfants, et vivez comme vous enseigne le bon apôtre Paul "... Mais les pèlerins ne faisoient que soupirer et dire à Gargantua : " O que heureux est le pays qui a pour seigneur un tel homme ! Nous sommes plus édifiez et instruicts en ces propos qu'il nous a tenus qu'en tous les sermons que jamais nous fusrent preschez en notre ville. " C'est (dit Gargantua) ce que dit Platon, *Lib. V de Repub.*, que lors les Républiques seraient heureuses quand les roys philosopheroient, ou les philosophes régneroient. »

*

Humanisme, stoïcisme et nature contre humanisme, réforme et dé-nature

A partir de là, le mouvement renaissant va se ramifier en plusieurs directions, à la fois distinctes, parallèles et parfois conflictuelles. Une première est celle, déjà esquissée par Érasme et Rabelais, d'un humanisme moniste, réducteur, placé sous le signe du platonisme et plus encore de l'abondant ressourcement stoïcien qui va traverser tout le XVIe et le XVIIe siècle en se mêlant intimement au christianisme. C'est un humanisme de la nature humaine.

La nature est aussi un mot clef des poètes de la Pléiade et de la Renaissance ; mais c'est davantage encore la nature extérieure comme ordre du monde, source et réceptacle de toute vie.

A mi-chemin, ou plutôt en abstraction thématique, de ces deux natures, surgit la nature classique, qui est à la fois perfection, naturel et mesure. Elle exprime et rejoint le *kalos kagathos anêr* des Grecs. C'est celle de Boileau, Racine, La Fontaine, Molière, les quatre grands du XVIIe siècle. Et c'est aussi tout l'esprit classique français, glorifié en totalité, et en partie perpétué par Voltaire au siècle suivant. Nous n'y insisterons pas davantage.

Mais le retour aux sources, et en ce sens, une certaine forme d'humanisme conduiront aussi — paradoxalement et dans un climat de confusionnisme humaniste — à une dépréciation de la nature et à un abaissement de l'homme : alors Jérusalem et le christianisme retrouveront toute leur force oppositive à la sagesse grecque et à l'ordre romain. C'est le grand mouvement de la Réforme qui passe aussi bien par le révolté Luther et sa descendance protestante, que par le jansénisme et le génie solitaire de Pascal.

Une puissante, jaillissante, résurgence *stoïcienne* est d'abord venue très tôt renforcer, corriger — il faudrait presque dire : durcir et faire prendre — le courant de sagesse gréco-romaine qui n'avait pas cessé de se répandre par l'influence durable de Platon, Aristote et Cicéron. Le Hollandais humaniste **Juste Lipse** (Joost Lips de son vrai nom, ensuite latinisé, 1547-1606), qui pratique la valse-hésitation, courante à l'époque, entre la Réforme et le catholicisme, écrit déjà un traité tout stoïcien *De la constance,* et tente de mettre tout le monde d'accord par son essai *De la seule et unique religion.* Valse-hésitation, disais-je, et qui aujourd'hui nous semble bizarre, ridicule ou pusillanime : en fait, elle ne l'était pas ! Pour les humanistes en réalité — rappelons-nous Érasme et Rabelais — seul importait le retour aux sources, par-delà les débats théologiques. C'est ainsi que le grand **Melanchthon** (1497-1560) ami et appui de Luther, grand théologien réformé est également un grand humaniste. Commentateur et compilateur d'Aristote, mais en même temps ouvert aux courants platoniciens et stoïciens, il recevra après d'autres le titre de *praeceptor Germaniae,* éducateur de l'Allemagne.

Au début du XVIIe siècle — où un certain **Gouju** (qui est peut-être un pseudonyme) traduit le *Manuel d'Épictète* —, l'attrait exercé par le stoïcisme est encore si vigoureux qu'on en sent les effets jusque dans l'entretien de Pascal avec M. de Saci : par instants, on les croit tout près des stoïciens et puis, au moment où ils y assentiraient, ils se retirent et se refusent ; ils divergent, et en rejettent avec quelque hauteur les séductions, parce qu'ils se rappellent que c'est l'homme seul, l'homme réduit à ses propres forces qu'exalte et cultive le stoïcisme. Il y a là, dans les esprits, un curieux phénomène d'attraction-répulsion entre les Trois Capitales. Au point que l'abbé Bremond, dans sa monumentale *Histoire littéraire du sentiment religieux,* n'acceptera pas la qualification d'humanisme pour le courant d'esprits qui, — même s'ils étaient des humanistes, c'est-à-dire des lettrés ès antiquités : Melanchthon, Calvin, Pascal et tant d'autres —, n'adhéraient pas à l'optimisme fondamental et clos sur l'homme, issu pour l'essentiel de la renaissance stoïcienne. Bremond évoque l'enthousiasme de l'humaniste Ronsard pour les Indiens de l'Amérique nouvellement découverte et qui lui paraissaient comme des survivants de « l'âge doré » d'avant les livres parce que, n'ayant « pas écrit le *Manuel d'Épictète,* ils le vivaient, maîtres d'eux-mêmes, " capitaines de leurs âmes ", libres de s'épanouir à leur guise ». Tel est l'humaniste vrai. Et l'humaniste chrétien exaltera la Rédemption comme élévation à la divinité, non point le drame ni le péché originel. « *O felix culpa,* heureuse faute ! » Pour lui, c'est doublement vrai, face au pessimisme occamiste qui sera plus tard adopté et systématisé par Luther. Oui, pour l'humaniste vrai, la nature est forte et stable, consistante en soi et suffisante par soi : c'est Athènes et Rome. La faille, la faute, l'insuffisance (et déjà l'Histoire) viendront, sont venues, par Luther ramenant en force Jérusalem. Tout est à la fois présent et en combat dans cette époque extraordinaire de vivacité et d'affrontements.

Du reste, l'érudit capucin contemporain Julien Eymard d'Angers a consacré un grand recueil de plus de cinq cents pages à ses recherches sur *le Stoïcisme aux* XVI*e et* XVII*e siècles ;* il était lui-même, comme Bremond, très sensible à l'esprit humaniste-chrétien : « Nous devons faire nôtre, écrivait-il, tout ce qui est humain : rien d'humain, absolument rien ne doit nous être étranger, tout ce qui est humain doit être baptisé », et l'on peut suivre dans ses articles savants l'influence de Sénèque, Épictète, Marc Aurèle chez de très nombreux auteurs, aussi divers que Louis de Grenade (1505-1589), Augustin Stenco (1469-1549), le cardinal Paleotti écrivant en 1595 un *De bono senectutis (le Bien de la vieillesse)*, le jésuite italien Castori avec son *Institution civile chrétienne* (1622), les capucins français Zacharie de Lisieux, Léandre de Dijon et Sébastien de Senlis au XVIIe, précédés au XVIe par un autre capucin Jacques d'Autun ; Saint-Jure, les jésuites Garasse et Lescalopier au XVIIe ; l'oratorien Senault et le carme Léon de Saint-Jean, toujours au XVIIe ; et puis Guez de Balzac et même Descartes et François La Mothe le Vayer... On voit l'importance du courant.

Et comment s'en tirent les esprits chrétiens du temps ? En étant humanistes et chrétiens, ou bien en étant humanistes chrétiens. Du premier type, on peut en trouver jusque dans les rangs des réformés, avec Calvin et Melanchthon. Les autres sont considérés par Bremond comme seuls vraïs humanistes ou « humanistes-dévots », car « l'humaniste ne croit pas l'homme méprisable. Il prend toujours et cordialement le parti de notre nature », avec une « confiance inébranlable dans la bonté foncière de l'homme » et un radical optimisme : « L'humanisme est essentiellemment une tendance à la glorification de la nature humaine [...] Helléniste distingué, grand écrivain, Calvin nous humilie et nous accable, il désespère de nous ; il n'est donc pas humaniste. » Cette culture humaniste implique d'ailleurs une morale : « La vraie raison de la philosophie n'est point, nous dit Budé, la poursuite des jouissances trompeuses du savoir ou du nom frivole du bonheur, mais d'une vie droite, honnête, qui nous conduise à la gloire véritable. » C'est à nouveau le *kalos kagathos anêr* des Grecs. Mais alors il est bien évident que, pour des chrétiens, cette morale doit impliquer à son tour la religion ; c'est en effet le cas : « Ils ne conçoivent pas un pefectionnement moral qui ne soit en même temps religieux. Pour eux, la " science nouvelle " est sainte dans ses méthodes. A qui ne l'aborde pas d'un cœur et d'un esprit mystique, elle refuse ses plus beaux secrets. »

Voilà donc un univers massif qui sera celui de la nouvelle théologie jésuite des Maldonat, Ripalda, Lugo, Molina et autres, abordant tous les problèmes et mystères du point de vue de l'homme. Ce sera aussi, et encore plus clairement, l'univers des spirituels qui, tous ou presque tous, se délectent à la lecture de Platon...

C'est Louis Richeome qui se plaît à cueillir les fleurs de la création et, comme dit Bremond, à colorier l'album d'images que Dieu nous a donné. En réaction contre les subtilités des théologiens, il fait appel au bon sens et à la simplicité ; mais prône une morale bien païenne fondée sur l'honneur et sur la gloire, et tend parfois à l'idéalisme, à l'angélisme, voire au naturalisme semi-pélagien. Où sont les oppositions évangéliques ? Où est Jérusalem ?

C'est Le Moyne, qui juge tout chrétien le discours de Diotime, tandis que le Père Léon estime que « le passage n'est pas si malaisé de l'Académie de Platon à celle de la Crèche et du Calvaire ».

C'est François de Sales que son molinisme sépare de Port-Royal, Jean-Pierre Camus, partisan de l'amour pur, volontariste, naturaliste et platonisant comme tout un chacun. C'est Laurent de Paris qui adresse à l'homme des litanies quelque peu démesurées : « Compas et mesure de toutes choses [...] Amas et assemblage de toutes perfections [...] »

C'est le jésuite Hayneufne qui résume l'esprit janséniste en ces termes : « A quoi bon nous rompre la tête avec le naturel puisque nous sommes élevés dans un ordre tout surnaturel ? Ne nous citez donc personne, ou citez-nous toujours un saint Paul qui ne parle que d'un Jésus-Christ [...] Ne nous parlez donc plus de Socrate, ni de Platon, puisqu'ils ne sont pas canonisés ; ne nous parlez plus ni de la raison, ni de l'appétit, ni du naturel, ni des passions, puisque tout cela sent le profane et le païen. Il faut que nos écrits soient sacrés et que tout ce qui sortira de nos bouches et de nos plumes ne soit que mystique, que surnaturel, que divin, que grâce, qu'onction et qu'esprit. » Optique à laquelle il s'oppose et répond : « Voilà un discours qui semble favoriser entièrement la dévotion et qui cependant n'est capable que de la discréditer dans le monde et de faire passer cette sainte vertu qui s'accorde avec tout ce qui n'est point déraisonnable, pour une farouche et une sauvage dont personne ne voudrait s'approcher. »

Bien plus, ces humanistes chrétiens, devenus humanistes dévots, se donneront parfois les gants d'infliger, au nom de leur sagesse grecque, des leçons d'Évangile aux « évangélistes » qui prétendent rejeter ladite sagesse grecque au nom de l'Évangile ! Ainsi, Yves de Paris qui se trouve dans le droit fil de la trame humaniste, avec ses auteurs favoris : Platon, Plotin, Jamblique, Raymond Lulle, Ruysbroek, et son optimisme quant à la nature humaine (« Laissons donc ces lâches pensées de la misère de l'homme, laissons voir les excellences de sa nature »), livre aussi en une formule saisissante la clef de la synthèse : « Jésus-Christ est la véritable âme du monde et la forme universelle que donne la vie de la grâce. » C'est donc, comme dans l'alexandrinisme ou chez Scot, d'une humanité sauvée qu'il s'agit. Et l'on peut simplement dire que, dans le jeu de la dialectique évangélique, les humanistes dévots mettent l'accent sur l'aspect unitif et que peut-être, s'il est permis d'exprimer une réserve, ils sont en avance sur l'état eschatologique futur de l'humanité rachetée (qui fait, à l'inverse, gravement défaut chez Pascal et Luther) et ne sont, de ce fait, plus du tout sensibles aux oppositions présentes.

Dans le même sens, entendons encore le Père Germain Cortade, Dom Laurent Bénard, Jean Leporcq, Bonal, par exemple, reprocher aux théologiens en général, et plus précisément aux jansénistes, de se perdre dans les « abstractions quintessencielles d'une scolastique », dans les « arguties et sophistiqueries d'une dialectique » (Bénard), de ne pas assez « étudier paisiblement la théologie de la grâce dans le pur texte de l'Évangile » (Leporcq) ; Bonal, encore plus explicite, estime que l'esprit janséniste d'insécurité pessimiste émane des cogitations humaines et la basse scolastique, alors qu'il faut revenir au calme et réaliste optimisme de l'Évangile : « Il faut avouer que nous trouvons une si grande différence entre la parole des hommes et la parole de Dieu en toute matière et singulièrement en celle de la prédestination éternelle et de la grâce divine, que je n'entends jamais parler les hommes, je dis même les plus savants et les plus saints, pour si bien qu'ils s'expliquent, qu'ils ne m'embarrassent [...] Je n'entends jamais parler Dieu qu'il ne me soulage et ne m'assure. »

Voilà, au nom du Dieu judéo-chrétien, rejetés du côté du monde et de la raison les jansénistes qui, pourtant fourbissent des arguments identiques ! Ne se sont-ils pas faits, contre la scolastique, les champions d'un retour aux valeurs proprement chrétiennes de l'Évangile et de toute l'Écriture, se fondant sur leur interprétation traditionnelle et considérant comme sacrilège toute immixtion, dans la Révélation, des pensées humaines ? Celles-ci ont tout gâté, pour les jansénistes, en transformant l'esprit de pénitence, de voie étroite et d'insécurité de l'Évangile en un esprit de large et païen optimisme.

Cependant, les adversaires sont-ils de pleine bonne foi ? Rien ne permet d'en douter. En cet apparent chaos, ce sont les Trois Capitales qui s'affrontent, se disputent et se renvoient la balle : il faudra attendre ce que Bremond a joliment appelé l' « invasion mystique » pour voir ces divers courants, décantés de leurs scories philosophiques, donner avec les Bérulle, Condren, Olier, Vincent de Paul, la grande école française de spiritualité. Sans garder l'humanisme, cette école va réaliser l'harmonie entre les aspects oppositifs et unitifs des humanistes dévots et des jansénistes. Alors, on peut en définitive, ainsi que l'a fait M. Orcibal pour l'intégration du jansénisme dans l'école française, concevoir la synthèse, sur l'essentiel, de tous ces mouvements. Alors « l'anéantissement » qui vide d'elle-même la nature humaine pour la laisser s'emplir de Dieu, et l'ascèse qu'il requiert, prennent un sens aussi évangélique et judéo-chrétien que platonicien et stoïcien.

Mais auparavant, il aura fallu que s'exerce au plus fort la tension entre les Trois Capitales, et c'est ce qu'il faut chercher chez Luther, bien plus que chez d'autres réformateurs humanistes tels Melanchthon ou Zwingli, lui aussi marqué de naturalisme néo-platonicien et stoïcien.

*

Le retour aux sources et l'anti-humanisme réformiste ou : l'Histoire, déjà, contre la Nature

Nous savons de **Luther**, religieux augustinien (1483-1546) qu'il avait fait toutes ses études philosophiques et théologiques sous des maîtres résolument nominalistes, qui lui avaient ôté de l'esprit toute confiance en la valeur de connaissance des concepts, et par conséquent en la prégnance de réalité de toute essence, « quiddité » ou autre nature.

Le luthéranisme, comme esprit réformiste, participe de tout le mouvement de retour aux sources, notamment à l'Évangile : *Christum ex fontibus praedicare* (prêcher le Christ d'après les sources), préconisait aussi Érasme ; Luther se trouve ainsi en opposition de fond avec la scolastique, en laquelle il voit une substitution de l'homme à Dieu, de l'activité et des forces de l'homme à l'action et à la vertu de Dieu seul : il faut, pour lui, se placer dans l'optique divine et, pour cela, instituer une étude religieuse de l'Écriture.

La scolastique, c'est la philosophie, la philosophie naturelle, la science de l'homme ; elle ne peut parler des mêmes choses que la Révélation qui est la Parole de Dieu. Ainsi les mots, entre elles, ne peuvent-ils avoir aucun sens commun. Parce que la philosophie, c'est l'esprit païen, l'esprit de *nature* (au sens théologique, opposé à la grâce, comme au sens philosophique des essences). Or l'ordre évangélique, c'est ce qui résulte de la *vocation* (ou élévation surnaturelle) à l'exclusion de ce qui découle de la nature, ou de la (première) création. Et cela seul intéresse Luther, non ce qui est de l'homme. « Paul, écrit-il dans ses *Leçons sur Moïse,* nous a livré une dialectique très aiguë et très solide, quand il a distingué la naissance de la vocation. Où est la seule naissance, là est la mort : " parce que ce qui est né de la chair est chair " et " né non pas du sang ou du désir de l'homme, mais de Dieu ". C'est, en d'autres termes, ce que dit Paul : " Celui qui appelle ", c'est-à-dire cela requiert la

Parole de Dieu et sa Promesse. Il faut entendre, au-delà de la créature, celui qui veut régner et être Fils de Dieu, non pas comme un Dieu Créateur, mais comme un Dieu Appelant. Que si la première naissance suffisait, en quoi aurions-nous besoin de Dieu ? Les Turcs sont de très bonnes gens, savants et pieux [...]. Les Romains ont établi un code magnifique [...]. Mais tous ceux-ci ne sont rien d'autre que raison qui est née de la chair, homme et femme ; or la raison est tout à fait inutile et morte devant Dieu. Nul donc, qu'il soit papiste ou Turc, ou moine ou jurisconsulte ou médecin, ne sera sauvé. Car tout ce qu'il y a de plus beau et de plus utile sur terre, est en bloc condamné d'un mot : " C'est chair et gloire de chair. " Mais nous, nous avons l'Évangile, le baptême, les clefs, l'Écriture Sainte qui enseigne la mort et la damnation de l'homme dans le péché originel, et la nécessité de sa régénération par le Christ. »

Ainsi les philosophes ne connaissent-ils rien des choses parce qu'ils n'en considèrent que la *quiddité,* la nature ; ils étudient une « physio-logie », à l'opposé de la « théologie » qui, avec l'œil de Dieu, considère son dessein révélateur historique : « L'Apôtre [Paul], écrit Luther dans ses *Leçons sur l'Épître aux Romains,* forme, à propos de la réalité, une sagesse et une philosophie tout autres que les philosophes et les métaphysiciens. Car les philosophes noient à ce point leur regard dans la présence des choses qu'ils voient seulement leurs *quiddités et qualités,* tandis que l'Apôtre détourne nos yeux de la vision des choses présentes, de *leur essence et de leurs accidents* et les dirige sur ces mêmes choses *en tant qu'elles sont en devenir.* Il ne dit pas, en effet, " essence " ni " opération " de la créature ni encore " action " ou " passion " ou " mouvement " mais, usant d'un nouveau et étonnant vocable qui est théologique, il dit " attente de la créature ", en sorte que, par là même que l'esprit du fidèle entend parler de créature en attente, ce n'est plus sur la créature elle-même qu'il porte son attention et sa recherche, *c'est sur ce que la créature attend.* »

On voit donc ici l'intrusion de l'Histoire contre la Nature, et aussi qu'il est possible de poser deux équations luthériennes dialectiquement opposées : d'une part, la race pécheresse, race du Serpent et de Caïn, ou première création, monde charnel de la Nature et de la Loi, univers livré à la raison, à la philosophie, à la théologie scolastique, Église du diable et du pape aussi damnée que les Turcs; d'autre part, la Race Sainte d'Abel et de Jacob, appelée et recréée par le Verbe, animée par l'Esprit et la Foi, travaillée par une Histoire et en travail dans l'Histoire, soumise à l'Écriture et à l'Évangile, élaborant la vraie Théologie : c'est la Sainte Église de Dieu.

C'est pourquoi Luther se refuse à toute distinction entre les aspects des choses : vanité de la philosophie mais aussi refus de l'Absolu de Dieu. Il s'en explique crûment dans ses fameux *Tischreden (Propos de table)* où sa verve virulente se donne libre cours : « Quand il y en a qui vont dire : l'âme d'Abraham vit auprès de Dieu, mais son corps gît mort ici-bas, je dis que cette distinction est une ordure (*die Distinctio ist Dreck,* précise le texte original) et je veux la détruire. On doit dire : c'est tout Abraham qui vit, l'homme entier. Au lieu de me prendre un bout d'Abraham et de dire : c'est cela qui vit. Ainsi parlent les philosophes. » C'est pourquoi aussi, Luther se sent une vocation particulière : « Je crois devoir au Seigneur l'hommage d'aboyer contre la philosophie et de conduire à l'Écriture Sainte. »

L'Évangile ne saurait donc pour Luther être confronté à une quelconque sagesse humaine; le vice de la théologie scolastique est précisément pour lui d'être analytico-statique, de mesurer le mystère de Dieu au gabarit de la raison, de considérer les données de la Révélation qu'elle assume, en *quid,* sous un aspect essentiel. Alors que l'Évangile, comme toute l'Écriture, ne s'attache pas à la nature des choses comme telles, mais à leur rapport à Dieu, à ce que Dieu les voit et les fait être : les choses *deviennent* alors quelque chose de tout à fait autre, ainsi qu'on l'a vu dans le passage concernant *expectatio creaturae* (l'attente de la Création) une détermination actuelle et libre de tout être par Dieu.

Il suffit d'avoir aperçu les racines de ce grand arbre qu'est Luther pour comprendre que d'elles sortent ses caractères essentiels : son sens de l'absolu, son attitude intransigeante de « tout ou rien », son radicalisme foncier, son rejet de toute connaissance naturelle de Dieu et de tout usage de la raison dans l'ordre du salut.

Tels apparaissent quelques éléments de ce qu'on pourrait appeler l'« Ur-Luther » (et dont je dois l'impulsion originelle à des notes anciennes d'exposés du Père Congar qui n'en a pas, que je sache, à ce jour tiré publication) : c'est-à-dire la source de son esprit, la grande tendance qui indépendamment des déterminations dogmatiques subséquentes, a dirigé sa pensée. Ce Luther original, on voit bien par quoi il eût pu rester dans la communion de l'Église romaine ; on voit bien aussi ce qui a pu le faire saillir de l'unité évangélique.

Nul doute d'une part, en effet, que Luther n'ait porté, à un degré exceptionnellement élevé, l'opposition évangélique au monde et à ses raisons, la re-création de l'homme par la grâce du Christ et de l'Esprit, sa ré-forme (qui a donné, avec le terme d'**évangélisme,** son nom au mouvement, nom davantage marqué, il est vrai, par sa connotation, pourtant assez superficielle, de réforme des abus de l'Église, que par son sens profondément évangélique de renaissance) ; le dessein salvifique de Dieu et l'humanité en marche, par la foi et la grâce de l'Église, vers son salut définitif ; la dimension génétique et historique, qui en résulte pour la compréhension de l'Évangile. Tout cela dans un univers monolithique, excluant ce qui n'est pas de Dieu.

Or, Luther avait eu des prédécesseurs, tant dans l'opposition de Dieu, de la Foi et de l'Écriture au monde de la raison et à la raison du monde, que dans l'univers massif qui en résulte. Il suffit de mentionner ceux d'entre eux qui ont précisément pu l'imprégner : Augustin, Bernard Gerson et surtout Tauler, auprès desquels il a d'abord trompé sa faim et qui lui ont découvert la voie de la libération par l'Écriture ; Scot qui, sans l'avoir vraisemblablement influencé, a pu le préfigurer en quelques points théologiques : le volontarisme en effet et l'univocité de l'être niaient aussi tout monde qui ne fût pas chrétien. Tous ceux-là et tant d'autres ont su, de quelque façon, plus ou moins satisfaisante, conserver l'unité évangélique. Luther eût pu être — il l'est en un sens, — l'un de ces grands docteurs.

Mais nul doute non plus que, dans l'acuité même de ces perceptions luthériennes, ne se trouvent aussi des points de rupture avec les synthèses marquées, aux divers plans, dans l'Évangile, des Synoptiques comme de Paul. Et tout d'abord, on ne peut manquer de détecter cette espèce de marcionisme, par quoi Luther, beaucoup plus systématiquement que Paul même, rejette la Loi, toute la Loi dans le domaine du monde, celui de Satan : ce qui revient à ruiner tout un pan des murailles de la vieille Jérusalem. Or, on l'a vu, l'opposition évangélique à la Loi se faisait plutôt sur le mode d'un dépassement perfectif. En outre, ce rejet global de toute nature permet, peut-être à trop bon compte, une synthèse de l'homme christique ; et cela est vrai de l'opposition à la Loi comme de l'opposition à la Nature. Car l'Évangile portait dans son germe les principes de tous ces éléments, et, en définitive, c'est ne pas lui être pleinement fidèle que de ne pas en accepter la tension.

La grandeur de Luther a été, et restera, d'avoir « prophétisé » l'absolu de l'Évangile et du dessein de Dieu, d'avoir stigmatisé, dans les synthèses univoques trop faciles (qu'il connut par le courant mystique du Moyen Age finissant), des constructions trop humaines et trop aisées, et dans les élaborations de la scolastique nominaliste, de purs jeux de la raison ; son intérêt, unique, est de présenter une interprétation de l'Évangile qui, malgré les analogies avec beaucoup d'autres, n'est assimilable à aucune. Luther a exploré à fond la voie de la pure opposition au monde et à la raison, la faille de discontinuité radicale entre la création et la recréation. Il paraît inutile d'insister lourdement sur les conséquences anti-évangéliques de cet évangélisme, anti-évangélique par défaut, non seulement dans la dogmatique mais aussi dans la pratique : ayant lutté avec quelque raison contre les abus d'une Église « mondanisée », il en viendra à créer une Église politiquement césaropapiste, réactionnaire et conformiste, pleinement dévouée aux princes à qui il écrira lors de la révolte des paysans de 1525 : « Chers seigneurs, délivrez-nous, secourez-nous, ayez pitié des pauvres gens [que nous sommes...]. Sabrez, frappez, égorgez tant que vous pourrez. »

Luther méritait une plus totale fidélité au Sermon sur la Montagne. Mais, en bilan, cet homme exceptionnel, génial et truculent, cet esprit excessif et profond me paraît avoir démontré par l'absurde l'intime fusion des trois sources dans l'Évangile, et la nécessaire tension, dans le christianisme, entre les forces propres des Trois Capitales : puisqu'à trop purifier l'Évangile des virus d'Athènes et de Rome, il a fini par léser aussi Jérusalem et par affadir le sel judéo-chrétien. Il reste vrai toutefois qu'au point de départ, le luthéranisme et, pour l'essentiel, plus encore les mouvements protestants qui l'ont suivi devaient faire glisser le christianisme, sur l'axe des Trois Capitales, d'Athènes et de Rome vers Jérusalem, dans le sens d'une religion de l'Histoire et de la réalisation sociale, du Prophétisme et du Livre.

*

Il s'en faut de beaucoup que les aspects positifs de l'influence de la Réforme, par exemple la pratique de l'Écriture et notamment de l'Évangile, se soient fait jour immédiatement et d'une façon massive dans le monde catholique. La lecture même du Nouveau Testament, au témoignage d'un des « Messieurs de Port-Royal », **Lancelot**, n'était pas chose courante dans les écoles religieuses : « Pour le Nouveau Testament, j'avais été jusqu'à l'âge de vingt ans à Saint-Nicolas sans qu'on nous eût fait lire aucune ligne, au moins en particulier, et ils étaient si peu instruits là-dessus que l'un d'eux me dit un jour que l'*Introduction à la vie dévote* était plus utile à beaucoup de gens que l'Évangile. »

Une des particularités du mouvement janséniste fut de revenir aux sources scripturaires et patristiques, mais pas à l'Évangile plus particulièrement qu'au reste.

Avant même sa conversion, Blaise **Pascal** (1623-1662) fut, par son père Étienne Pascal, gagné aux idées des Messieurs, un bon chrétien habitué, nous dit sa sœur, à « méditer la Loi de Dieu jour et nuit », et à la considérer dans l'absolu avec une simplicité d'enfant. Pendant tout le temps où il est passionné de sciences, physique et géométrique, la révélation de l'Évangile lui apparaît uniquement sous son jour oppositif. C'est l'époque de la *Préface pour un traité du vide*, l'époque où Pascal rêve de la constitution, sous l'égide de la raison, d'une « science admirable » totalitaire, groupant autour du noyau mathématique toutes les sciences humaines et s'acheminant vers une connaissance de plus en plus parfaite à l'infini. Cet ensemble a pour objet la nature, il se réalise dans le temps par l'expérience et le raisonnement et ne cesse d'être en progrès à la suite de « l'humanité comme un seul homme ». En face, la théologie fondée sur l'Écriture et la Tradition, hors du temps, mais dans la durée, est située d'emblée dans l'infini, avec sa vérité donnée une fois pour toutes ; elle ne peut s'entendre que grâce à Dieu qui parle au cœur. C'est le grand renversement des valeurs, la pauvreté de l'esprit comme de la vie (Pascal sera passionné pour les pauvres), le refus des richesses du monde et de la science. Au renversement des objets, correspond un renversement des facultés et des critères ; la science humaine tendrait, en devenant « la science admirable », à parvenir, par un progrès indéfini, à une parfaite explication de la nature. Au contraire, la science de la foi ne voit le monde, la nature et l'homme que recréés, réformés. Cette réforme, qui fait de ceux qui sont petits et fous selon le monde les vrais sages et les véritables princes de l'esprit selon Dieu, suppose aussi que la superbe raison consente à ce qui est, *pour elle,* un « abêtissement », une certaine réduction à l'instinct, qui est la connaissance intuitive du cœur.

Les deux ordres se trouvent donc non seulement nettement distingués et délimités, mais radicalement opposés. L'un, où règnent l'homme et sa raison débridée, tend à la science universelle de la nature. L'autre, où règnent Dieu et le Christ, est contraire ; ses lettres de noblesse sont dans le passé, non dans l'avenir : « La seule science contre le sens commun et la nature des hommes est la seule qui ait toujours subsisté parmi les hommes » et sa faculté, ou son instrument, est la mémoire. Alors que l'homme raisonnable vise à l'état adulte, l'homme théologique est renvoyé, par la révélation évangélique, à l'enfance : « La Sagesse nous envoie à l'enfance : *nisi efficiamini sicut parvuli.* »

Toutefois, Pascal n'en reste pas à cette opposition presque aussi fortement marquée que chez Luther (et préparée chez lui également par un certain nominalisme partout visible, de même qu'elle est favorisée par un tempérament semblablement mystique, concret, et impétueux). En effet, dans son effort critique de connaissance, il ne peut s'arrêter à la raison physique, trop pragmatique et trop limitée, et, dans le même temps où il est touché de la grâce, il s'applique de toutes ses forces à la géométrie, « cette véritable science qui, par une préférence toute particulière, a l'avantage de ne rien enseigner qu'elle ne démontre ».

C'est alors qu'en y regardant de près, il découvre que les premiers principes de la géométrie sont — il les a dénombrés : il y en a vingt-deux — indémontrables, échappant par conséquent à la raison. D'où il suit que la géométrie *est presque* la seule des sciences humaines qui produise des démonstrations infaillibles, mais *presque* seulement, du fait de cette lésion de la pure raison dans son propre domaine : « d'où il paraît que les hommes sont dans une impuissance naturelle et immuable de traiter quelque science que ce soit dans un ordre absolument accompli ».

Le déçoit donc finalement la science admirable qui consisterait à tout définir et à tout démontrer et pour laquelle Pascal comptait précisément sur la géométrie : or, celle-ci ne définit ni ne démontre tout.

La raison elle-même, limitée dans l'exercice propre à son ordre, prend conscience que ce résidu irréductible à la démonstration lui vient de l'intuition du « cœur », le même qui « sent » Dieu. On retrouve donc d'un coup, en une double face — trace de la blessure de la chute et lien avec la foi —, une mystérieuse mais certaine connivence entre l'homme et Dieu, entre la nature et la grâce. Découvrant en elle-même (par la réflexion sur la méthode géométrique et la géométrie des infinis) la contradiction, la « médiocrité », l'« entre-deux », le clair-obscur, la raison trouve dans l'Évangile une correspondance profonde : « par ses propres armes, elle est vaincue » ; le « raisonnement bien conduit » porte à croire, « quoiqu'il les faille croire sans l'aide du raisonnement », beaucoup de choses que les adversaires disent contraires à la religion, et cela en les démontrant conformes aux principes mêmes de la raison. C'est finalement sa « dernière démarche » : « reconnaître qu'il y a une infinité de choses qui la surpassent » et qu'« il n'y a rien de si conforme à la raison que ce désaveu de la raison ». C'est ainsi que, d'une certaine façon, cette dernière démarche aboutit à supprimer, au plan supérieur, l'antinomie due au renversement évangélique.

C'est pourquoi l'on trouve, chez Pascal, un balancement perpétuel entre les deux dialectiques, oppositive et unitive : « Si on soumet tout à la raison, notre religion n'aura rien de mystérieux et de surnaturel. Si on choque les principes de la raison, notre religion sera absurde et ridicule » ; et un clair-obscur qui ne supprime ni l'incapacité foncière où est la raison d'accéder à Dieu, ni la folie de la Croix ou renversement évangélique : « Qui blâmera donc les chrétiens de ne pouvoir rendre raison de leur créance, eux qui professent une religion dont ils ne peuvent rendre raison ? Ils déclarent, en l'exposant au monde, que c'est une sottise, *stultitiam :* et puis, vous vous plaignez de ce qu'ils ne la prouvent pas » ; clair-obscur toutefois qui, par la conformité relative de la raison à la blessure du péché et de sa soumission au cœur, permet le pari sur Dieu et Jésus ; pari qui est une vraie preuve dans la mesure même où elle est petite et tragiquement insuffisante, comme l'humaine raison elle-même ; en cela, écrit le cardinal Journet, « le fragment sur le pari dépasse le pari et s'élève jusqu'à la vérité évangélique ».

On voit donc que, partageant dans une certaine mesure avec Luther les mêmes tendances et un nominalisme qui débouchent sur l'absolue indicibilité du mystère et sur l'opposition au monde et à la raison, Pascal va peut-être plus loin que le réformateur, en convertissant la raison et en évoquant une synthèse qui englobe les oppositions sans les détruire. C'est la méditation des trois ordres où Jésus, certes, n'est rien dans l'ordre de la puissance humaine ni dans celui de la sagesse humaine (c'est-à-dire dans l'ordre du monde), mais est tout dans celui de la grâce : « Oh, qu'il est venu en grande pompe et en une prodigieuse magnificence, aux yeux du cœur, qui voient la Sagesse ! » En cela aussi Pascal paraît plus fidèle que Luther à l'esprit de l'Évangile.

Curieux homme que Pascal, esprit prodigieux. L'un des plus grands écrivains de notre langue, l'un de ses plus vifs polémistes, l'un de ses plus profonds moralistes. Avec cela, mathématicien et physicien inventif, découvreur de nouveaux chemins, précurseur de la science appliquée et de la technologie, avant-coureur de la statistique et de l'informatique. « Cet effrayant génie », a dit de lui Chateaubriand, et il est vrai qu'une telle variété de dons poussés à de telles extrémités donne le vertige. Avec une justesse des plus aiguës, Sainte-Beuve aussi a noté de lui qu'il « dépasse et déborde de toutes parts ».

C'est ce dépassement, ce sont ces débordements qui m'intéressent ici. Pascal rêvait d'une « science admirable » d'essence mathématique, et qui eût été une sorte d'idéalisme géométrique absolu, à mi-chemin peut-être de Spinoza et de Hegel. Mais, butant sur le mur des postulats indémontrables, il s'en dégoûte et se retourne vers l'expérimentalisme physique, où il égale et dépasse Bacon. Puis c'est la « nuit de feu », qui déchire les voiles d'obscurité : « Dieu d'Abraham, d'Isaac et de Jacob, non pas des philosophes et des savants [...] Jésus-Christ. » En un éclair, Jérusalem pénètre et triomphe dans les remparts d'Athènes et de Rome ; non pas sur leurs ruines, car elles s'appellent et se répondent : si l'homme est, par essence, blessé et sa raison voilée, sa posture naturelle n'est pas d'être debout, mais à genoux : « Taisez-vous, raison imbécile. » Du coup, l'irrationnel est le comble de la rationalité, l'intuition du « cœur » le sommet de la connaissance, et la foi le Tout de tout être et de toutes choses. Du même coup, « l'humanité comme un seul homme » qu'admirera tant Auguste Comte n'est plus le Progrès perpétuel et orgueilleux, mais vain, d'une raison incapable d'une telle Histoire ; c'est l'Histoire du Salut, c'est-à-dire la récapitulation de tout être et de toutes choses dans le Christ, qu'Athènes et Rome doivent servir à genoux, en ses pauvres et en ses saints.

*
**

Les mutations de société et la laïcisation de l'Histoire

La crise nominaliste n'a donc nullement tari le flux des sources capitales ; elle en a seulement réglé autrement le cours et le débit, et c'est ainsi que par le jeu diversement réglé, en majeures ou en mineures, des forces et tensions entre l'âme prophétique et « historique » de Jérusalem, le logos rationnel et l'éros mystique d'Athènes, l'ordre pragmatique et solide de Rome, sont apparus les mouvements idéalistes et matérialistes, humanistes et anti-humanistes, les théologies mystiques et celles de la Réforme, l'essor des sciences et des techniques, la prépondérance de l'Histoire sur la Nature.

Un fait est certain : l'équilibre, massif et nuancé à la fois, de l'univers mental médiéval était rompu, le miroir harmonieux du monde, brisé. Beaucoup — la majorité écrasante des esprits depuis le XVIe siècle jusqu'à nos jours — préfèrent les morceaux. Je n'en suis pas et je ne les suis pas — je dirai pourquoi — mais je reconnais avec eux, mieux qu'eux peut-être, l'extravagante richesse et la folle beauté des fruits de la rupture ; en ceux-ci je reconnais et je goûte les fruits juteux de nos Trois Capitales.

Cependant, ce qui affectait les esprits ne pouvait manquer de toucher les sociétés (je ne me battrai pas sur la question, en fin de compte assez vaine, du sens et de l'antériorité de la causalité entre les phénomènes intellectuels, économiques, politiques, sociaux ou religieux). Ce qui est sûr, c'est que, dès le XVe et le XVIe siècle, la chrétienté éclate, les religions s'opposent, les nations s'affirment. L'inquiétude et la crise sont beaucoup plus gravement ressenties que celle du millénarisme dont on a sans doute exagéré la portée et dont certains affirment aujourd'hui un peu vite qu'elle a été totalement inventée après coup. Il survient comme une espèce d'atomisation qui ne s'arrêtera plus et amènera par la suite ce qu'on appellera l'éveil des nationalités, atomisation qui ne cesse, de nos jours encore, de se poursuivre en s'amplifiant. A la vérité, il n'y a plus d'homme, ou, plus précisément, l'homme n'étant plus *une* nature devient histoire et culture, c'est-à-dire plusieurs histoires et plusieurs cultures.

Cette hégémonie de l'Histoire, observée chez Hegel, Comte et Marx, nous l'avons vue jaillir auparavant de l'esprit religieux de Ré-forme, chez Luther et Pascal.

Le maillon manquant, entre une Histoire essentielle (car elle remplace l'essence) demeurant religieuse et sacrée, et l'Histoire existentielle et de fonction laïque qui imprègne l'humanité d'aujourd'hui, est fourni par Jean-Jacques Rousseau, le seul philosophe — et avec quel art coulant de la plume et quel génie naturel de la pensée ! — au siècle dit des « philosophes » et des « Lumières ».

Rousseau (1712-1778) a d'abord été fortement marqué par ses expériences religieuses protestante et catholique. Puis il s'engage, en un monde tumultueux, sur sa voie de promeneur solitaire.

Le philosophe genevois marque alors les dernières hésitations de la pensée moderne sur la transcendance absolue de l'Évangile. Instruisant son *Émile,* il commence par lui dire qu'il ne sait que penser de la Révélation et qu'il « reste sur ce point dans un doute respectueux ». Toutefois il semble craindre d'être allé trop loin et s'épanche aussitôt en une longue et célèbre tirade; écoutons prêcher notre vicaire savoyard :

« Je vous avoue aussi que la majesté des Écritures m'étonne, que la sainteté de l'Évangile parle à mon cœur. Voyez les livres des philosophes avec toute leur pompe : qu'ils sont petits près de celui-là ! Se peut-il qu'un livre à la fois si sublime et si simple soit l'ouvrage des hommes ? Se peut-il que celui dont il fait l'histoire ne soit qu'un homme lui-même ? Est-ce le ton d'un enthousiasme ou d'un ambitieux sectaire ? Quelle douceur, quelle pureté dans ses mœurs ! Quelle grâce touchante dans ses instructions ! Quelle élévation dans ses maximes ! Quelle profonde sagesse dans ses discours ! Quelle présence d'esprit, quelle finesse et quelle justesse dans ses réponses ! Quel empire sur ses passions ! Où est l'homme, où est le sage qui sait agir, souffrir, et mourir sans faiblesse et sans ostentation ? Quand Platon peint son juste imaginaire couvert de tout l'opprobre du crime et digne de tous les prix de la vertu, il peint trait pour trait Jésus-Christ : la ressemblance est si frappante, que tous les Pères l'ont sentie, et qu'il n'est pas possible de s'y tromper. Quels préjugés, quel aveuglement ne faut-il point avoir pour oser comparer le fils de Sophronisque au fils de Marie ? Quelle distance de l'un à l'autre ! Socrate, mourant sans douleur, sans ignominie, soutient aisément jusqu'au bout son personnage; et si cette facile mort n'eût honoré sa vie, on douterait si Socrate, avec tout son esprit fut autre chose qu'un sophiste. Il inventa, dit-on, la morale : d'autres avant lui l'avaient mise en pratique; il ne fit que dire ce qu'ils avaient fait, il ne fit que mettre en leçons leurs exemples. Aristide avait été juste avant que Socrate eût dit ce que c'était que justice; Léonidas était mort pour son pays avant que Socrate eût fait un devoir d'aimer la patrie; Sparte était sobre avant que Socrate eût loué la sobriété; avant qu'il eût défini la vertu, la Grèce abondait en hommes vertueux. Mais où Jésus avait-il pris chez les siens cette morale élevée et pure dont lui seul a donné les leçons et l'exemple ? Du sein du plus furieux fanatisme la plus haute sagesse se fit entendre; et la simplicité des plus héroïques vertus honora le plus vil de tous les peuples. La mort de Socrate, philosophant tranquillement avec ses amis, est la plus belle qu'on puisse désirer; celle de Jésus expirant dans les tourments, injurié, raillé, maudit de tout un peuple, est la plus horrible qu'on puisse craindre. Socrate, prenant la coupe empoisonnée, bénit celui qui la lui présente et qui pleure; Jésus, au milieu d'un supplice affreux, prie pour ses bourreaux acharnés. Oui, si la vie et la mort de Socrate sont d'un sage, la vie et la mort de Jésus sont d'un Dieu. Dirons-nous que l'histoire de l'Évangile est inventée à plaisir ? Mon ami, ce n'est pas ainsi qu'on invente; et les faits de Socrate, dont personne ne doute, sont moins attestés que ceux de Jésus-Christ. Au fond, c'est reculer la difficulté sans la détruire; il serait plus inconcevable que plusieurs hommes d'accord eussent fabriqué ce livre, qu'il ne l'est qu'un seul en ait fourni le sujet. Jamais les auteurs juifs n'eussent trouvé ni ce ton ni cette morale ; et l'Évangile a des caractères de vérité si grands, si frappants, si parfaitement inimitables que l'inventeur en serait plus étonnant que le héros. Avec tout cela, ce même Évangile est plein de choses incroyables, de choses qui répugnent à la raison [...] Que faire au milieu de toutes ces contradictions ? Être toujours modeste et circonspect, mon enfant ; respecter en silence ce qu'on ne saurait ni rejeter, ni comprendre, et s'humilier devant le grand Être qui seul sait la vérité. »

Tout y est : l'Évangile qui parle au cœur ; l'opposition (excessive au demeurant, injuste et mal située) à l'Ancien Testament qu'il défigure et noie dans une absurde vague d'antisémitisme ; le dépassement des philosophes, mais dans leur ligne (il y a même une allusion aux Pères alexandrins), peut-être la foi que Jésus est Dieu ; enfin, l'humble silence de la raison dépassée ; le tout, débouchant sur le grand Être.

Le doute sur la Révélation et la force même de la répugnance de la raison suffiraient à faire pressentir que ce n'est finalement pas du côté du paradoxe évangélique mais du côté de la raison que penchera notre philosophe ; d'autres textes sont à cet égard plus clairs. Ainsi, une lettre du 15 mars 1758 au pasteur Vernes : « Nul homme au monde ne respecte plus que moi l'Évangile ; c'est à mon gré le plus sublime de tous les livres. Mais enfin c'est un livre, un livre ignoré des trois quarts du genre humain [...] Non, mon digne ami, ce n'est point sur quelques feuilles éparses qu'il faut aller chercher la loi de Dieu, mais dans le cœur de l'homme, où sa main daigna l'écrire. »

Surtout une autre lettre, à Christophe de Beaumont, donne des précisions sur la piste à suivre. Rousseau, après s'y être déclaré chrétien « selon la doctrine de l'Évangile », « non comme un disciple des prêtres, mais comme un disciple de Jésus-Christ », s'insurgeant contre « toutes les subtilités de doctrines, tous ces importants galimatias dont les pharisiens embrouillent nos devoirs et offusquent notre foi », protestant de son attachement indéfectible au précepte d'amour, récusant apparemment l'autorité des hommes, laisse finalement percer sa vraie pensée en trois membres de phrases séparés, où il se déclare « très convaincu des *vérités essentielles* au christianisme », « heureux d'être né dans *la religion la plus raisonnable* », prenant « l'Écriture *et la raison* pour les uniques règles de sa croyance ». Cela revient à considérer que les vérités essentielles au christianisme sont pour lui celles qui se trouvent conformes à la raison, et que l'Évangile n'interviendra dans sa pensée que soumis à la raison et l'alimentant.

C'est ce que l'on constate, en effet, à considérer de près la pensée de ce grand philosophe, qui n'est nullement un sentimental maniaque de sauvagerie, amoureux exclusif de la nature, et uniquement ambitieux de faire marcher l'homme à quatre pattes, ainsi qu'on s'en forme encore trop souvent l'image à la suite des sottes calomnies de Voltaire, ce brillant touche-à-tout.

Rousseau avait conservé de ses aventures religieuses une bonne culture dans les sciences sacrées où il avait beaucoup lu et l'on connaît même assez bien sa bibliothèque. La notion d'opposition évangélique et celle de renaissance, supprimant cette opposition pour la rétablir à un autre plan, l'ont beaucoup marqué. Mais, quoiqu'il ait pratiqué le texte évangélique, c'est peut-être plus chez des théologiens décadents qu'il en a trouvé la transcription schématique qu'il va lui-même démarquer. Il était de fait courant, en théologie baroque, de distinguer trois états de l'homme ; l'état de *nature pure,* sorte d'abstraction d'un animal raisonnable non appelé à la participation trinitaire, et à laquelle certains théologiens, désavoués par la saine tradition, ont prêté une réalité historique aux débuts de l'humanité ; l'état de *nature élevée* par la grâce à la communication de la vie trinitaire, mais bientôt tombée dans la chute du péché originel ; l'état, enfin, de *nature élevée, tombée et relevée,* qui est notre état, marqué à la fois des stigmates de la chute et des dons surnaturels (mais non préternaturels) de la grâce.

Or, le schéma de l'anthropologie rousseauiste, tel qu'il est défini dans le *Discours sur l'origine de l'inégalité* et dans le *Contrat social,* sa suite logique, épouse très exactement celui-là. L'homme, à *l'état de nature* est une brute, une brute bonne sans doute mais physiquement, au sens où le pain est bon, ce qui ne veut pas dire vertueux. Une brute heureuse telle quelle, dénuée de raison ; quelque animal, un singe supérieur, solitaire et sans propriété, n'ayant d'amorce d'humanité qu'un certain sentiment, physiologique, de pitié ; libre, mais d'une liberté de non-détermination, car soumis à toutes les nécessités et duretés de son état purement physique.

Le passage à l'état « civil », c'est-à-dire à la vie en société, se traduit par un complet renversement : alors qu'il était libre, il est « dans les fers ». Égal à tous malgré les inégalités physiques qu'il ne ressentait pas puisqu'elles étaient « naturelles », il est maintenant soumis aux pires inégalités sociales dont il souffre cruellement ; alors qu'il était « pitoyable », il devient méchant : à l'état de nature, l'homme était un loup de steppe qui ne recherchait pas la compagnie de ses semblables ; à l'état civil, il est devenu un loup pour l'homme, pervers et cruel ; il n'avait rien en propre, et la propriété qu'il connaît maintenant est une source de discorde. La cause apparente de ce bouleversement est la vie sociale et sa dimension coextensive, l'exercice de la raison avec leurs fruits communs de sciences, lettres et arts.

Faut-il donc, suivant le dessein que Voltaire prête à Rousseau, partir en guerre contre *la* société et *la* raison ? Non point, car tant bien que mal et plutôt mal que bien, l'état civil marque (sans jeu de mots) la naissance de l'*homme,* ancien animal supérieur, se *dépassant* lui-même, s'opposant à son système de valeurs précédentes. Ainsi devient-il autre : c'est l'élévation à la vie humaine qui suppose un *renversement,* une « aliénation ».

Mais ce renversement s'est mal passé. Si l'état de nature de Jean-Jacques correspond à l'état théologique de nature pure, simple abstraction, l'état civil, lui, est la transposition de l'état de nature *élevée* (avec ce qu'il comporte de naissance à une autre vie et de renversement des valeurs), mais *tombée.* L'état civil est à la fois élévation et chute, parce qu'il s'est fait dans le désordre, sans que chacun prenne clairement conscience de l'abnégation qu'il devait consentir de sa volonté propre pour la remettre à la volonté commune, celle de l'État ; cette abnégation faite — c'est le contrat social — renversera d'une façon consciente et organisée l'état de nature et fera passer l'homme à l'état vraiment social, (équivalent rousseauiste de l'état de nature élevée — tombée et *rachetée* ou *relevée*) ; il y retrouvera, avec une droite raison, la vertu, des mœurs pures, la liberté vraie dans l'égalité et dans l'amour (où Rousseau retrouve ce qui est pour lui le noyau de l'Évangile). Cet amour fraternel c'est le prolongement, l'accomplissement, aussi bien que le renversement, de la pitié naturelle ; de même, l'égalité des citoyens et leur liberté, par rapport à l'égalité et à la liberté purement négatives et physiques de l'état de nature.

En attendant cette re-naissance, tout comme le chrétien, selon l'Évangile, doit, avant que ne soit accompli le royaume, s'opposer au « monde », Rousseau s'oppose à cette fausse société, à cet agrégat perverti que sont les sociétés modernes.

On retrouve donc les tensions et les synthèses évangéliques mais on voit dans quel état ! Il n'y a plus, finalement, que l'homme, le vague déisme sentimental de Jean-Jacques ne faisant pas corps avec la doctrine, mais figurant plutôt un organe témoin qui disparaîtra rapidement. Ce déisme sera remplacé par la société, la vraie, celle du contrat social. C'est la laïcisation de l'Évangile ou, en termes plus précis et comtistes, son passage à l'état positif. C'est le début de l'humanisme athée du monde moderne : tout l'essentiel des systèmes philosophiques d'Auguste Comte et de sa filiation de sociologistes, ainsi que de Karl Marx, se trouve, en germe, dans le *Discours sur l'origine de l'inégalité* et le *Contrat social.* Il est curieux de noter que c'est essentiellement un avatar du message évangélique qui lui a donné naissance. Certes l'Évangile n'a pas inventé la dialectique, et l'on trouvait même beaucoup plus d'apparat dialectique extérieur dans les philosophies grecques que dans la Sainte Page. Mais, avec une grande simplicité, celle-ci raconte une histoire et présente une doctrine, histoire et doctrine de salut qui, loin d'être tout unies, sont pleines de heurts, de ruptures, d'oppositions, finalement résolus à la Parousie. Histoire et doctrine tellement signifiantes que, même quand l'homme veut par lui-même construire son histoire et sa doctrine de salut, c'est au fond de l'Évangile qu'il va puiser.

Il est plus important encore d'observer que, ce faisant, Rousseau mutilait gravement Jérusalem, tout en lui empruntant son virus historique, et lui imprimait un schéma emprunté à l'éros mystérique d'Athènes, plus qu'à son logos rationnel.

*
**

La Tradition réaliste ou : le fil ténu et continu

Au milieu d'une si puissante explosion de la pensée et de la civilisation, il est tout à fait étonnant que la tradition réaliste, issue de la synthèse thomiste, se soit maintenue ; et pourtant, vaille que vaille, ce fut le cas ! Cette permanence permit, pour une part importante, à l'Église catholique de sauvegarder, sinon son influence, du moins la cohérence intellectuelle de ses cadres jusque vers le milieu du XXᵉ siècle où l'explosion devait, eux aussi, les atomiser... C'est — comme la plupart des noms que je vais brièvement évoquer — un phénomène connu des seuls spécialistes, de plus en plus rares au demeurant, mais qui n'en reste pas moins important pour l'histoire des idées et des institutions.

A la charnière du XVᵉ et du XVIᵉ siècle, se manifestaient déjà, en Italie, des esprits remarquables tels que Sylvestre de Ferrare et surtout le dominicain Thomas de Vio, dit **Cajetan** (1468-1534), qui fut cardinal-légat du pape en Allemagne et tenta en vain d'amener Luther à composer. Ces hommes laissèrent des œuvres immenses de commentaires ingénieux et fidèles d'Aristote et de saint Thomas qui devaient exercer une influence considérable durant quatre siècles sur les intellectuels ecclésiastiques.

Un peu plus tard, au XVIᵉ siècle et à la jonction du XVIᵉ et du XVIIᵉ siècle, c'est l'Espagne florissante et puissante de Charles Quint et de Philippe II qui favorise l'éclosion d'écoles de pensées brillantes : chez les dominicains d'abord, avec Victoria, Canus, Bannez et surtout **Jean de Saint-Thomas** (1586-1644) qui, trois siècles plus tard, sera cher au cœur de Jacques et Raïssa Maritain. Les jésuites eux-mêmes — pourtant issus de l'esprit nouveau, ni moines ni mendiants, mais soldats solidement organisés en Compagnie dans l'Europe bouleversée, et plus aptes à la conquête des nouveaux territoires du monde et de l'esprit que sensibles à la permanence des restes de la chrétienté — les jésuites espagnols, notamment en leur collège de **Coïmbre,** développèrent un immense commentaire d'Aristote. Un de ces jésuites, **Suarez** (1548-1617), mérite une mention particulière parce qu'avec son génie propre il tenta une synthèse originale où, sur un fond aristotélo-thomiste, la pensée métaphysique est tirée davantage vers l'Athènes mystique de Platon et de Plotin (avec les thèses de la distinction réelle de l'essence et de l'existence, la possibilité d'existence d'une matière première séparée de toute forme, la connaissance du concret singulier par une intuition de l'esprit), tandis que la pensée morale et politique est nettement attirée par Jérusalem : c'est, en effet, Suarez encore qui, le premier dans les temps modernes — et en tout cas avant **Grotius** (1585-1645) l'inventeur du droit naturel et du contrat social — émit, dans son traité *Des lois*, la thèse alors audacieuse que la source de l'autorité se trouve non dans le droit divin, mais dans le consentement du peuple.

Au siècle suivant, le XVIIe, ce sont les carmes de Salamanque, issus de la réforme thérésienne, qui prennent le relais et assurent, par d'imposants travaux de commentaires, la permanence du réalisme d'Aristote et de saint Thomas. Cette tradition retrouvera, à partir de la fin du XIXe siècle, un nouveau lustre grâce au pape Pecci (Léon XIII). Cet esprit ferme, habile et audacieux qui ne devait pas hésiter à recommander aux catholiques de France le ralliement à la République, avait aussi, par son encyclique *Aeterni Patris* (1879), restauré la philosophie traditionnelle dans l'Église romaine, pour une nouvelle floraison où brillèrent les noms de Désiré Mercier, le fameux cardinal courageux de Malines, et de Maurice de Wulf en Belgique ; en France, ce furent ceux de Mandonnet, Garrigou-Lagrange, Gardeil, Hugon, Gilson et Maritain ; (si bizarre que cela puisse nous paraître de nos jours — où seul, à peu près, Claude Tresmontant s'efforce avec talent de ranimer la flamme —, ce sont ces maîtres qui formèrent, en leur jeunesse, les Pères Chenu et Congar qui, depuis, ont vogué vers d'autres horizons).

Le même esprit, il est vrai, et les mêmes esprits avaient aussi animé la pensée de Paul **Claudel** dont beaucoup ignorent que, dans son génie littéraire propre, il était un philosophe et un théologien thomiste averti, connaissant la *Somme* sur le bout des doigts. Je vois, comme il le faisait lui-même, une corrélation d'essence entre cette inspiration et la richesse tendue de l'univers claudélien. S'il y a un poète des Trois Capitales, c'est bien lui : arraché entre l'*éros* et l'*agapê*, le désir fou, sans limites, et le don libre et gratuit ; tendu entre la chair et l'esprit ; partagé entre le Sol et le Verbe. Pleinement romain, les pieds dans la glaise et la bouche charnelle, mâchant et triturant les mots paysans, comme son ami le grand Ramuz. Parfaitement grec par l'éros mystique et lyrique qui renouvelle Pindare dans ses Cinq grandes Odes, et les tragiques grecs dans son Théâtre ; mais aussi par la raison logique qui explique et tempère. Suprêmement juif enfin, par le prophétisme du Verbe et une inaltérable soif d'absolu et de salut.

Trois siècles avant lui, un homme qu'on n'a pas coutume de voir sous ce jour, avait dans son registre propre, illustré cette même tension, cette même plénitude, ce même équilibre. C'était l'aigle de Meaux, le confesseur extraordinaire de Louis XIV, **Bossuet** (1627-1704).

Ce n'est pas seulement, ni tellement, l'orateur sacré que je vais évoquer ici, bien qu'il ait magnifiquement renouvelé l'esprit et illustré la période nombreuse de l'éloquence cicéronienne. C'est surtout l'homme de doctrine, formé aux leçons du thomisme le plus pur, et qui reste très attentif aux tensions comme aux équilibres des inspirations fondamentales de l'Évangile, en se montrant d'abord beaucoup plus sensible qu'on eût pu l'imaginer aux oppositions. Ainsi, ayant à composer pour le Dauphin un *Abrégé de la morale d'Aristote,* ce n'est pas sans quelque méfiance qu'il s'y livre, car, écrit-il, « il n'y a de vraie morale que la chrétienne, et nous aurions tort de chercher ailleurs ce que nous avons si abondamment dans l'Évangile. Néanmoins, comme on a coutume d'enseigner dans les écoles la morale d'Aristote, et qu'elle contient en effet de bonnes choses, il sera utile de l'examiner », mais en la critiquant par comparaison avec la morale chrétienne. Ainsi de la magnanimité : « Celui qui entreprendrait les grandes choses, se croyant incapable de les achever par lui-même, mais espérant tout de la puissance divine, serait le véritable magnanime qu'Aristote ne connaît pas, et que Jésus-Christ seul nous a fait connaître. » Quant au commandement de l'amour, « il semble qu'Aristote a aperçu quelque chose de ce précepte de l'Évangile : Tu aimeras ton prochain comme toi-même ; mais l'Évangile nous donne cette loi comme règle de l'amour que nous devons à tous les hommes, et Aristote ne le donne qu'à l'amitié particulière. »

Le *Discours de l'histoire universelle* lui fournit l'occasion de marquer plus fortement encore cette opposition ; après avoir montré la transcendance du « Dieu qu'ont toujours servi les Hébreux et les chrétiens » sur les idoles vicieuses des païens, la cause première des philosophes et leur démiurge, il va plus loin et recoupe à peu près Luther en opposant à l'explication causale et physique des philosophes la vue théocentrique de la Bible apparemment absurde quoique soumise au dessein de Dieu : « L'Écriture nous a fait entendre que les éléments sont stériles si la Parole de Dieu ne les rend féconds [...] Ceux qui voient les plantes prendre leur naissance et leur accroissement par la chaleur du soleil, pourraient croire qu'il en est le créateur. Mais l'Écriture nous fait voir la Terre revêtue d'herbes et de toutes sortes de plantes avant que le soleil ait été créé, afin que nous concevions que tout dépend de Dieu seul [...] Enfin le récit de la création, tel qu'il est fait par Moïse, nous découvre le grand secret de la véritable philosophie, qu'en Dieu seul réside la fécondité et la puissance absolue [...] »

Est-ce à dire que l'Évangile n'a rien apporté de plus que la continuation de l'Ancien Testament ? Non, car pour Bossuet, d'une part, les Juifs mêlèrent dans la religion des superstitions indignes de Dieu et d'autre part, « à ces maux, se joignit un plus grand mal, l'orgueil de la présomption ; mais une présomption qui allait à s'attribuer à soi-même le don de Dieu » au point que « ils se croyaient saints par nature et non par grâce ».

C'est le moment où le Christ est envoyé « pour rétablir le royaume dans la maison de David, d'une manière plus haute que les Juifs charnels ne l'entendaient, et pour prêcher la doctrine que Dieu avait résolu de faire annoncer à tout l'Univers ».

En opposition à la Nature comme à la Loi, c'est la folie de la Croix, où, après avoir rappelé les grands textes de saint Paul aux Corinthiens, Bossuet retrouve l'opposition réformiste, de Luther et de Pascal, entre la création et la re-création : « Nouveau et admirable dessein de la divine Providence ! Dieu avait introduit l'homme dans le monde où, de quelque côté qu'il tournât les yeux, la sagesse du Créateur reluisait dans la grandeur, dans la richesse, et dans la disposition d'un si bel ouvrage. L'homme cependant l'a méconnu : les créatures qui se présentaient pour élever notre esprit plus haut l'ont arrêté ; l'homme aveugle et abruti les a servies ; et non content d'adorer l'œuvre des mains de Dieu, il a adoré l'œuvre de ses propres mains. Des fables, plus ridicules que celles que l'on conte aux enfants, ont fait sa religion ; il a oublié sa raison : Dieu la lui veut faire oublier d'une autre sorte. Un ouvrage dont il entendait la sagesse ne l'a point touché ; un autre ouvrage lui est présenté, où son raisonnement se perd, et où tout lui paraît folie : c'est la Croix de Jésus-Christ. Ce n'est point en raisonnant qu'on entend ce mystère, c'est en captivant son intelligence sous l'obéissance de la foi, c'est en détruisant les raisonnements humains et toute hauteur qui s'élève contre la science de Dieu. En effet, que comprenons-nous dans ce mystère où le Seigneur de gloire est chargé d'opprobres ; où la sagesse divine est traitée de folie [...] ? »

Les oppositions sont donc fortement marquées : de la Jérusalem de la Loi et de l'élection d'un peuple à la Jérusalem de la Foi, de la folie et de la vocation universelle ; de la folie de la Croix à la sagesse des Grecs. Mais Bossuet ne serait pas dans la tradition réaliste de la synthèse thomiste, s'il n'admettait aussi la portée du logos grec ; ainsi, dans son *Élévation sur l'Épiphanie* exhorte-t-il les sages : « Philosophes de nos jours, de quelque rang que vous soyez, ou observateurs des astres, ou contemplateurs de la nature inférieure, et attachés à ce qu'on appelle Physique ou occupés des sciences abstraites qu'on appelle mathématiques, où la vérité semble présider plus que dans les autres : je ne veux pas dire que vous n'ayez de dignes objets de vos pensées ; car de vérité en vérité, vous pouvez aller jusqu'à Dieu. »

Outre les tensions dialectiques entre les Trois Capitales, l'aigle de Meaux a conservé aussi l'esprit de fusion et de synthèse. Et c'est peut-être dans son *Élévation* sur le mystère de Dieu exprimé dans les premiers mots, très « grecs », de l'Évangile de Jean (« Au commencement était le Verbe [...] ») que son vol se fait plus sublime, ses yeux plus éblouis, sa phrase altière plus balbutiante et plus palpitante : « Où suis-je ? Que vois-je ? Qu'entends-je ? Tais-toi ma raison : et sans raison, sans discours, sans images tirées des sens, sans paroles formées par la langue, sans les secours d'un air battu ou d'une imagination agitée, sans trouble, sans effort humain : disons au-dedans, disons par la foi, avec un entendement mais captivé et assujetti : *au commencement,* sans commencement, avant tout commencement, au-dessus de tout commencement, était celui qui est et qui subsiste toujours : le *Verbe,* la parole, la pensée éternelle et substantielle de Dieu... Ah ! Je me perds, je n'en puis plus : je ne puis plus dire qu'Amen, il est ainsi ; mon cœur dit : il est ainsi : Amen. Quel silence ! Quelle admiration ! Quel étonnement ! Quelle nouvelle lumière ! Mais quelle ignorance ! Je ne vois rien et je vois tout. Je vois ce Dieu qui était au commencement, qui subsistait dans le sein de Dieu ; et je ne le vois pas. *Amen. Il est ainsi.* Voilà tout ce qui me reste de tout le discours que je viens de faire, un simple et irrévocable acquiescement par amour à la vérité que la foi me montre. Amen, Amen, Amen. Encore une fois Amen. A jamais Amen ! »

*

La Tradition discontinue ou : les épousailles du siècle

Amen ! oui, car, après Bossuet, il n'y aura plus que l'inattendu, tardif et glorieux *floruit* de Claudel pour illustrer la tradition réaliste, par ailleurs confinée d'habitude dans les séminaires et les sacristies.

Pour le reste, c'est-à-dire en fait pour l'essentiel, l'Église, les Églises — qui fournissaient pourtant, auparavant et depuis la prédication évangélique, le plus sûr creuset de fusion des Trois Capitales — vont, à partir de la crise nominaliste et de la Renaissance, commencer à suivre la voie ou les voies de plus forte pente et à « épouser le siècle » : ces voies et ces siècles étaient dès lors, je le rappelle, celles et ceux d'une hellénisation massive de la pensée, dans des sens mystique ou rationaliste, idéaliste ou matérialiste.

Elles ne le feront d'abord pas officiellement, mais par l'entremise de quelques-uns de leurs fidèles les plus éminents et les plus indépendants, voire marginaux. Dès le XVe siècle, le cardinal **Nicolas de Cuse** (1401-1464), docte et original docteur *de la docte ignorance,* a bien du mal à se défendre d'une sorte de panthéisme néo-platonicien où les choses sont des « théophanies » ou apparences de Dieu.

Au XVIIe siècle, un trio fameux illustre à merveille cette irruption souveraine de la source grecque dans la pensée judéo-chrétienne. Fameux et curieux : un Juif indépendant et génial chassé de sa communauté, un catholique oratorien pieux et un peu farfelu, un luthérien fidèle, puits de science universelle. Exacts contemporains (à quelques mois ou années près) de Louis XIV, sauf le premier qui mourut très jeune, à 35 ans. On aura bien sûr reconnu Spinoza, Malebranche et Leibniz. Or, aucun de ces trois grands n'échappe finalement à l'attraction plus ou moins panthéisante d'un certain platonisme ou néo-platonisme, direct ou inversé. Néo-platonisme mué en panthéisme absolu (et peut-être athée !), chez **Spinoza** (1632-1677) où la seule substance existante, Dieu ou « Nature naturante », nous apparaît sous la vêture infiniment variée, matérielle ou immatérielle, de la « nature naturée » déroulant, en nous et autour de nous, ses modes d'étendue et de pensée, selon un processus mathématiquement nécessaire, *more geometrico*.

Platonisme certain, en tendance, chez **Malebranche** (1638-1715) qui, disciple de Descartes, le tire fortement vers Augustin et le maître de l'Académie, par sa théorie de l'« occasionnalisme » : aucune idée, même celle de corps, ne pouvant nous venir du corps, toute idée vient de Dieu ; c'est en lui, « Raison universelle » et « Lieu des esprits », que nous voyons toutes choses.

Quant à **Leibniz** (1646-1716), c'est un monde et, en dépit des brocards de cet animal de Voltaire, le meilleur des mondes et le plus excellent des hommes. Avec cela, le plus époustouflant des esprits : de la race des Aristote, des Albert le Grand, des Pascal, il a touché à tout avec maîtrise et il sait tout. Mathématicien et historien, juriste et théologien, diplomate et philosophe, il connaît et pratique l'Europe entière des cours et des esprits : c'est sûrement le dernier des grands philosophes à avoir pu et su amasser et dominer un savoir encyclopédique. Il sera même le premier des œcuménistes puisque, avec Bossuet et le ministre Pelisson, il tient conciliabules pour réduire et surmonter en vain la division des Églises. Mais sa pensée, sans conteste puissante et obsédée par l'unité, paraît cependant constamment balancée entre une sorte de rigoureux rationalisme déterministe et spiritualiste, et une espèce de mysticisme néo-platonicien avec ses dégoulinades de « monades » ou petits monde clos, émanations de *la* Monade — Dieu.

*

On voit assez, je pense, pourquoi j'ai placé ces réflexions terminales sous le signe de la « tradition discontinue » : c'est que quelque chose passe des eaux mêlées du christianisme, mais, contrairement à la tradition réaliste, quelque chose seulement, non point toutes les forces des Trois Capitales en tension. Sous l'effet de la tendance dominante du moment, s'opère une sorte de réduction.

Ainsi, après la bourrasque de la Révolution tandis que résonnent pour le nouveau Concordat napoléonien les cloches de Notre-Dame, le *Génie du christianisme* paraît en librairie, qui, faisant abstraction de la cassure, prétendait rétablir une idiosyncrasie naturelle entre l'Évangile et le monde. Et en quel sens, sinon dans celui d'une sorte d'humanisme grec du *kalos kagathos anêr?* Humanisme sentimental et esthétique, d'intention vaguement chrétienne, évacuant toute opposition réelle et faisant valoir l'éminente convenance existant entre l'homme, la nature, les arts et les lettres d'une part, et l'Évangile d'autre part. Le nouvel apologète s'en explique lui-même assez clairement, qui de sa plus belle plume écrit : « On avait séduit le monde en lui disant que le christianisme était un culte né au sein de la barbarie, absurde dans ses dogmes, ridicule dans ses cérémonies, ennemi des arts et des lettres, de la raison et de la beauté ; un culte qui n'avait fait que verser le sang, enchaîner les hommes et retarder le bonheur et les lumières du genre humain; on devait donc chercher à prouver, au contraire, que, de toutes les religions qui ont jamais existé, la religion chrétienne est la plus poétique, la plus humaine, la plus favorable à la liberté, aux arts et aux lettres; que le monde moderne lui doit tout, depuis l'agriculture jusqu'aux temples bâtis par Michel-Ange et décorés par Raphaël. On devait montrer qu'il n'y a rien de plus divin que sa morale, rien de plus aimable, de plus pompeux que ses dogmes, sa doctrine et son culte : on devait dire qu'elle favorise le génie, épure le goût, développe les passions vertueuses, donne de la vigueur à la pensée, offre des formes nobles à l'écrivain, et des moules parfaits à l'artiste ; qu'il n'y a point de honte à croire avec Newton et Bossuet, Pascal et Racine ; enfin il fallait appeler tous les enchantements de l'imagination et tous les intérêts du cœur au secours de cette même religion contre laquelle on les avait armés. »

A la même époque, mais dans un sens opposé, l'école traditionaliste fondée par **Bonald** (1754-1840) tente en vain de ramener violemment le christianisme et toute civilisation du côté judéo-chrétien de Jérusalem : toute idée, toute vérité ne peut venir que de la Révélation ; c'est Dieu même qui apprit à l'homme à parler et lui révéla les seules vérités qu'il faut, depuis, transmettre de génération en génération par la *tradition* d'une société chrétienne. Joseph de Maistre, Lacordaire, Montalembert, plus tard Ballanche, Bautain, Bonnety illustreront ce mouvement réactionnaire, et des plus démodés de nos jours en dépit de ses étranges et fulgurants talents, auxquels il faudrait rattacher ceux du considérable écrivain **Barbey d'Aurevilly** et du coruscant Léon **Bloy.** Sans oublier le Breton têtu Lamennais, d'abord disciple de Bonald avant d'en inverser le signe pour tomber dans une sorte de socialisme panthéiste.

*
**

Ceux-là du moins ramaient à contre-courant, mais, de même que le second Lamennais finit par retomber dans le flux ambiant, c'est la loi de la plus forte pente et l'esprit réducteur d'épousailles du siècle qui emportèrent ensuite vers le kantisme et le néo-kantisme la plupart des grands esprits chrétiens du XIXe siècle, de Renouvier (1815-1903) au Père oratorien Laberthonnière qui mourut en 1932, en passant par Lachelier, Brochard et Boutroux.

Plus tard, le regain d'intérêt pour Hegel devait conduire notre contemporain, le jésuite Fessard, à risquer une réflexion hégélienne sur le christianisme, tandis que la grande masse, cédant au chant des sirènes en vogue sur la vague, s'efforce à des lectures marxistes ou structuralistes des Évangiles, ou à quelque décryptage freudien des mystères chrétiens. Tout cela au nom de l'Incarnation : quand précisément, je crois l'avoir montré, le Verbe chrétien est né *judéo-gréco-romain*, et qu'on ne peut donc, sans l'altérer, ni lui retirer, ni pousser trop loin aucune de ses forces constitutives en tension.

Il y avait eu entre-temps, il est vrai, l'intéressant effort de **Bergson** (1859-1941) pour surmonter à la fois le formalisme kantien et le positivisme matérialiste. S'il lui manquait le réalisme romain, sa réflexion sur les sciences et sur le devenir est bien grecque, et son aspiration à l'« ouvert », c'est-à-dire au libre dépassement et au don gratuit, se situe dans la droite ligne de la Révélation judéo-chrétienne que d'ailleurs, on le sait, il finit par reconnaître pour sienne.

Son œuvre demeure importante et son influence fut, on s'en souvient, étendue, quand même on n'en retiendrait que le microcosme proustien — fragile et mouvant, subtil et délicat, innocent et vénéneux —, et le torrentueux univers de **Péguy**, ardent et emporté, violent, intarissable ; Péguy qui, de surcroît, tenait de ses origines paysannes un sens romain de l'enracinement dont j'ai déjà parlé. Mais ces deux fruits littéraires, remarquables certes, de la pensée bergsonienne sont passés en tant que tels, même s'ils demeurent pour toujours au Panthéon littéraire. Aujourd'hui, de l'œuvre et de l'influence de Bergson, il ne reste rien.

Il faut avoir la lucidité de le voir, et le courage de l'avouer : de nos jours, soit dans la tradition continue du réalisme, soit dans la tradition discontinue, il n'y a plus, qui compte, de pensée ni d'œuvre chrétiennes. De plus, les structures institutionnelles s'effondrent.

Et, s'il est vrai, comme je le pense, comme j'espère l'avoir montré, que le christianisme est le véritable et unique creuset de fusion des trois origines en leur variété, en leur complémentarité, en leur tension, alors on peut craindre, et je le crains, que notre civilisation des Trois Capitales ne soit gravement en danger.

CONCLUSION

POUR UN NOUVEAU MOYEN ÂGE ?

Parvenu au terme de cet itinéraire de l'Esprit de l'Occident qui était aussi — et peut-être d'abord — un pèlerinage de mon esprit, j'ai conscience qu'il aura semblé long parfois aux uns, en dépit de raccourcis que d'autres regretteront. Je ne veux pas m'étendre davantage, ni moins encore m'emballer en un galop final et faisant feu des quatre fers. J'ai souhaité faire œuvre utile et sereine de réflexion, excitante pour l'esprit, propre à nourrir la cogitation comme à ouvrir la discussion, et j'entends qu'elle le reste. J'ai pu montrer ailleurs quelque inclination à la polémique, dont ce n'est pas ici le lieu. Parce que c'est un lieu consacré à l'esprit des Trois Capitales, et qu'on ne hausse pas la voix à la colère ni n'abaisse le ton à l'invective dans les lieux ainsi réservés.

Je voudrais seulement ajouter quelques mots qui me paraissent de bon sens. Et d'abord, quand on dispose d'un tel héritage, il me semble qu'on doit y regarder à deux fois avant de l'amoindrir ou de le brader, mais qu'il n'est pas besoin d'être très perspicace pour au moins ne pas le mépriser. On doit bien réfléchir avant de rêver aux Celtes, aux Germains, aux Indiens, aux Papous comme maîtres à vivre et à penser. Mais il n'est pas besoin de beaucoup réfléchir pour ne pas condamner — comme le Mal et l'Erreur, le Fascisme et le Racisme, le Nazisme et, en bref, la Bête de l'Apocalypse — l'une ou l'autre, Jérusalem, Athènes ou Rome, de nos Trois Capitales.

Cela dit, les problèmes, il est vrai, commencent avec leurs rapports, c'est-à-dire la synergie de leurs forces différemment dosées, réparties, accentuées, et il est capital, en effet, d'y regarder de près. Mais j'ai montré, me semble-t-il, qu'il en avait toujours été ainsi, c'est-à-dire que les dosages n'avaient cessé de varier.

Toutefois, je crois avoir aussi établi que, plus la tension des composantes était complète, plus la fusion des données complémentaires et même contradictoires parfaite, plus, en conséquence, étaient heureuses et fécondes la pensée et la civilisation qui en résultaient.

Or, on peut observer, de nos jours, dans l'Église comme dans l'État, dans la république des lettres comme dans les enceintes du pouvoir, chez les guides comme dans les foules, une tendance préoccupante et dangereuse aux glissements, voire aux exclusions.

*

La première chose que je voudrais dire c'est, *aux hommes d'Église d'abord,* qu'il est vain et mortel de prétendre évangéliser l'Évangile, c'est-à-dire le purifier de tout ce qui ne serait pas l'Évangile à l'état pur, afin de recueillir je ne sais quel ferment, ou virus, à part des Trois Capitales, sans judaïsme, sans hellénisme, ou sans romanité. Essoufflante et sans proie, cette course à l'essence pure comme après un fantôme de chimère. Évanescente et suicidaire, cette alchimie qui ne laisserait bientôt au creux des mains qu'un peu de pieuse poussière. Car, par sa naissance et par ses développements, l'Évangile chrétien est, essentiellement et existentiellement, judéo-gréco-romain. Il est porteur et facteur de notre civilisation, intimement lié à elle. On ne peut détruire l'une sans toucher à l'autre.

C'est pourquoi je souhaiterais aussi suggérer *aux hommes de lettres* de ne pas abaisser leur enthousiasme pour l'une de nos Capitales de l'esprit jusqu'au mépris ou à la destruction des autres, en prétendant réserver le Bien à l'un des apports et rattacher les autres au Mal ; quand, au contraire, pour leur meilleur et pour leur pire, notre culture et notre civilisation furent, d'emblée, mêlées, dès avant l'an zéro de notre ère.

Aussi oserait-on espérer enfin des *hommes d'État* qu'ils s'intéressent un peu plus à notre triple héritage, à l'enseignement de sa culture et à la perpétuation de ses valeurs.

*

Le second — et dernier — ordre de propos que je souhaite ajouter concerne également tous ceux-là que j'ai dits, pour qu'ils prennent garde aux ripages, aux exclusivismes et aux évacuations, car notre trésor est de synthèse.

Or, il ne fait de doute pour personne que nous vivons aujourd'hui dans une société de l'excès et du déséquilibre. Il ne se passe pas de jour que quelqu'un pour son compte ne s'interroge en prêchant pour son saint. Une seule proposition pourrait, en somme, faire l'unanimité — avant qu'on ne se divise à nouveau sur son exégèse —, c'est celle que j'entendis un jour tomber de la bouche naïve d'un homme simple et sage des montagnes savoyardes, inconscient de la profonde drôlerie de ses mots : « Si ça continue, ça pourra pas durer. »

Excès informatiques qui font craindre la mise en carte universelle de l'humanité ; excès acoustiques qui la tuent, corps et âme, par le bruit ; excès biologiques qui la triturent et la tripatouillent en tous sens ; excès médicaux et thérapeutiques qui visent, à volonté, la survie à tout prix et la mort à tout va ; excès physiques, excès chimiques qui font hésiter entre la panique de l'embrasement cosmique, la terreur de l'empoisonnement et la fascination de l'horreur ; excès sociaux qui, par l'appât prometteur de la sécurité, guident l'homme vers des ghettos confortables aux murs invisibles et des camps lâches sans frontières.

Ces excès, c'est d'abord de toute évidence Athènes divisée contre elle-même, l'Athènes, de l'*hybris* contre l'Athènes de l'*ouden agan,* c'est-à-dire du *rien de trop :* l'Athènes du *logos* rationnel, d'une science purement matérielle, contre l'Athènes de l'*éros* mystique et du *logos* métaphysique.

Mais c'est aussi bien Rome contre Rome : la Rome pragmatique des techniques, la Rome affolée des licences contre la Rome de l'ordre et de l'enracinement. C'est enfin Jérusalem opposée à elle-même : la Jérusalem de l'Histoire et du Progrès perpétuel contre celle de l'Âme et de la dévotion à l'Unique. Et si Jérusalem n'est plus là pour lui donner le « supplément d'âme » dont parlait Bergson, que restera-t-il du Progrès ?

Il n'est pas jusqu'aux phénomènes d'apparence plus

simple qui ne recèlent leur ambiguïté. Ainsi de notre attitude contemporaine à l'égard de la chair, débridée de toute gêne et de tout refoulement. Massivement, c'est d'abord évidemment l'optimisme hébreu de la génération et le lyrisme grec de la chair contre la pointe mazdéenne du judéo-christianisme. Mais, par ses excès mêmes, c'est finalement l'âme juive aussi bien que la raison et la mystique grecques qui sont atteintes. Et quand on en arrive à la légalisation de l'avortement, et bientôt à l'euthanasie, c'est carrément la victoire tardive de Sparte et de la barbarie contre Athènes, Rome et Jérusalem.

Des analyses identiques ou semblables pourraient être proposées de la situation actuelle de notre civilisation sur d'autres axes de coordonnées : elle privilégie excessivement les sciences au détriment des lettres, de la morale et de la philosophie ; elle valorise abusivement, et jusqu'à l'absolu, la liberté, les libertés et même les libertarités — c'est-à-dire les libertés devenues folles — contre l'ordre, à peu près taxé de Mal ; elle s'étale, s'allonge et s'alanguit sur un monde sans relief, étiré en un « progrès » indéfini, réduit à des rapports — ou des non-rapports — entre des lois, des faits, des individus, contre toute référence à la Transcendance et à l'Absolu : c'est ce que les théologiens appellent le triomphe de l'Horizontalité sur la Verticalité.

*

Compte tenu de ce qu'au long de mon itinéraire j'ai dit du rôle privilégié de l'Église — puis des Églises — en tant que creuset des Trois Capitales, compte tenu aussi de mon passé de boutefeu, à gauche puis à droite, on ne s'étonnera pas que, non pas avec détachement mais cette fois dans le calme des mots et l'horizon des vues, je touche d'un peu plus près à la responsabilité des théologiens, précisément, et des Églises dans la crise actuelle.

Au terme de ma réflexion conjointe sur l'Église et les Trois Capitales, je suis parvenu à la conclusion que le *christianisme total* — comme s'il était une réalité trop riche d'apports et un équilibre trop instable dans ses tensions — *s'est trouvé presque fatalement écartelé entre ses composantes naturelles,* et notamment entre ses deux pôles : orthodoxe et protestant. De sorte qu'il faudrait, en fait, considérer trois niveaux dans l'ordre des causes qui conduisirent à la déchirure de la Tunique sans couture.

Au premier niveau, le plus superficiel, les causes sociopolitiques sont bien connues : la rivalité entre Rome et Constantinople dans la succession à l'Empire a cherché, dès Arius au IVe siècle, des raisons dogmatiques qui se trouvèrent plus sûrement avec Photius au IXe siècle ; enfin au XIe avec Michel Cérulaire fut consommé le schisme, à partir de quoi il y eut, définitivement, des Églises orthodoxes à côté de l'Église romaine. De façon analogue, l'opposition des princes allemands à l'Empereur, la fermentation sociale et l'éveil des nationalités fournirent à Luther le substrat politique de sa Réforme, tandis que les réflexes insulaires et les desseins à la fois isolationnistes et impérialistes du roi Henri VIII et de Cromwell conditionnèrent en partie la révolte anglicane.

Au second niveau, les raisons dogmatiques sont déjà beaucoup plus significatives, qui pourtant ne me retiendront pas ici, puisqu'elles ne sont en fait que la justification rationnelle ou l'occasion des ruptures politiques, au-dessus d'elles, et — au-dessous dans le tréfonds des courants et des âmes —, des tensions précisément, obscures et éclatantes à la fois, entre les Trois Capitales, tensions constitutives du christianisme total et sans lesquelles ni les ruptures politiques, ni les ratiocinations doctrinales n'auraient produit aucun effet institutionnel.

Au troisième niveau, le plus profond et le plus fécond, l'Orthodoxie — en tant qu' « école de christianisme » en quelque sorte, un peu comme on parle d'écoles de spiritualité — est constituée par son attention particulière aux valeurs de Transcendance absolue du Dieu Unique et Ineffable de Jérusalem, de mystérisme cosmique d'Athènes, et d'enracinement au sol national caractéristique de Rome. Toute la théologie, toute la liturgie, toute la vie de l'Orthodoxie découlent de cette triple source ou, plus précisément, de ce triple choix dans chacune d'entre elles. Qu'on songe à la place sans égale qui y est faite à la contemplation et à la prière ; au mystère et au sens du sacré qui imprègnent ses célébrations (avec l'iconostase séparant les fidèles des ministres et leur cachant les péripéties les plus augustes) ; à l'espèce d'indifférentisme politique aussi, lié paradoxalement à un sens profond de l'enracinement national, en vertu de quoi les Églises orthodoxes se sont toujours remarquablement accommodées de tous les régimes — communistes et athées compris —, tout en conservant toujours les sentiments et l'expression du plus ardent nationalisme : « On demeure toujours libre dans le Christ, même si l'on est victime de l'oppression, répondait récemment un théologien roumain à un journaliste occidental. La vie spirituelle, la pensée chrétienne peuvent se développer dans n'importe quelle situation. » C'est ce témoin qui exaltait aussi devant son interlocuteur les valeurs d'enracinement de l'Église dans sa terre nationale, en même temps que sa « vocation d'icône, d'image et de signe du royaume de Dieu ».

A l'inverse exact, le pôle protestant du christianisme total, au-delà des épisodes plus ou moins superficiels, tient sa consistance d'un retour certain — que nous avons pu déjà identifier en tel ou tel détour de notre enquête — à l'esprit du judaïsme originel. Il y aurait une thèse passionnante à écrire, et que je signale à quelque jeune esprit ambitieux et curieux, sur le protestantisme comme retour en profondeur au judaïsme ; thèse aux dimensions à la fois théologique et historique, sociologique et politique. Religion du Livre et de l'Histoire, du progrès et de l'incarnation sociale, du dépouillement liturgique et de la morale personnelle, du Dieu Terrible et de l'attention à autrui : quelle religion est-ce ? La juive ou la protestante ?

La confession romaine, elle — avec un bonheur inégal et une grande diversité de sensibilités et d'écoles, réfléchissant la variété des dosages —, s'efforçait depuis des siècles de maintenir l'équilibre de tensions entre toutes les forces et la cohésion catholique, c'est-à-dire universelle : d'un « univers » psychologique plus encore que géographique, métaphysique beaucoup plus que physique.

Sur ces entrefaites, dans la première moitié de notre siècle et par l'effet des mêmes ferments, souvent avec les mêmes hommes sont apparus les bouillonnements — intellectuels, apostoliques, spirituels — qui ont produit, en parallèles, la poussée de l'œcuménisme et l'explosion du concile Vatican II. Du concile lui-même — ou plus exactement de sa portée à terme — on ne peut guère encore parler, car c'est une loi quasi générale qu'un concile ne porte qu'assez tard ses vrais fruits, après une période assez longue de confusion et de tâtonnements ; on peut seulement en dire que sa réunion fut un événement de portée incalculable et ses Constitutions des œuvres, en elles-mêmes, prodigieuses de richesse et d'invention, dans le renouvellement de la Tradition.

L'œcuménisme, en revanche, est assez ancien déjà pour qu'on puisse discerner les grandes lignes de son évolution et juger la qualité de ses effets. Il y eut d'abord un premier âge, en quelque sorte catacombal, avec les grands précurseurs, Halifax, Portal, Pouget et leurs émules, dont Congar, qui assurèrent la relève jusqu'aux abords de la Première Guerre mondiale : on n'osait pas trop y croire et pourtant on débordait d'enthousiasme, on mariait étroitement l'audace, la rigueur doctrinale et la prière.

Le second âge, celui des années 50, et dont nous ne sommes pas encore sortis, mériterait assez la référence allusive au triomphalisme constantinien : tout à coup tout paraissait possible, ça y était, c'était fait ou tout comme. Alors se bousculent, dans le plus grand désordre, les réductions et confusions doctrinales, les inter-communions abusives, les initiatives anarchiques. Chacun prend ses désirs pour des réalités et sa petite idée de café de l'Église, pour vérité évidente et féconde. Le bilan est, au total, assez décevant : il est vrai toutefois que, d'Église à Église, on a appris à se connaître et qu'on n'est plus, les uns pour les autres, des diables.

En revanche — et là, les résultats du second âge de l'œcuménisme viennent croiser et renforcer les effets de la première vague, *qui n'est pas la bonne,* de l'après-Concile —, le compte paraît assez négatif pour l'Église romaine qui, au lieu de s'enrichir des valeurs traditionnelles de l'Orthodoxie et de la Réforme en leur apportant les siennes propres, dont son équilibre de tensions, s'est jusqu'à présent surtout appauvrie en se laissant glisser, au long de l'axe « Orthodoxie-protestantisme », vers le protestantisme. Or le christianisme total — ou, si l'on préfère, l'*Una Sancta,* l'Église universelle — n'a pas besoin d'une autre Église plus ou moins protestante : il y en a en suffisance.

Je pense donc que nous allons entrer, qu'à vrai dire nous sommes déjà en train d'entrer, avec les meilleurs et les plus lucides des œcuménistes (je pense, par exemple, à la prudente sagesse des gens de Taizé), dans un troisième âge de l'œcuménisme, celui du réalisme : où, au lieu de se déchirer entre eux, suivant leurs tendances, soit d'Église à Église, soit à l'intérieur même d'une Église (ainsi que le font encore les progressistes et les traditionalistes dans l'Église romaine), les chrétiens devront prendre une conscience précise de leurs propres valeurs pour les approfondir, en découvrir la portée et les limites, avec les limites et la portée des valeurs des autres. Au risque de découvrir que leur vraie place n'est pas dans leur Église d'origine : combien de traditionalistes, s'ils prenaient claire conscience de leurs aspirations, seraient plus à l'aise dans l'Orthodoxie; combien de progressistes, à la même condition, dans le protestantisme ! C'est bien là le signe que le monde chrétien n'est pas mûr encore pour l'Unité visible, mais qu'il doit d'abord passer par une période de coexistence pacifique et d'enrichissement mutuel.

Autrement, se joue le jeu idiot et stérile où chacun perd ses billes. J'y ai fait allusion à propos de la situation actuelle de l'Église qui est mienne : l'Église romaine *de France.* Je ne prétends nullement, avec quelques illuminés, qu'elle soit devenue protestante. Je constate seulement, avec n'importe quel observateur impartial, chrétien ou non, qu'elle a *glissé vers* le protestantisme. Elle y a certes gagné une meilleure appréciation de l'Écriture et de la valeur de l'engagement temporel (dont elle ne sait pas toujours éviter les pièges). Mais elle y a aussi beaucoup perdu dans l'ordre du mystère, de la contemplation, de la splendeur liturgique; et surtout, surtout, dans l'ordre de l'équilibre.

L'exemple — à vrai dire central — de la Messe suffit à le montrer. La Messe romaine se situait à mi-chemin entre le long, splendide, mystérieux, implorant, contemplatif office eucharistique orthodoxe, et le culte protestant essentiellement voué à la Parole de l'Écriture. Qui, de bonne foi, peut nier que les changements ne se soient faits dans le sens « protestant » : rapports de temps en faveur de la Parole, rapports de lieux en faveur de la table proche de l'assemblée; rapports de gestes, d'habits et de rites en faveur d'une sobriété un peu froide et sèche, rapports de doctrine en faveur du moralisme social des prêches. Je pose alors une simple question : pourquoi ? Pourquoi dans ce sens et pas dans l'autre ? On peut, il est vrai, me répondre : l'Église romaine avait déjà — a toujours — des liturgies catholiques dites de rite oriental de type orthodoxe. C'est juste. Mais alors pourquoi n'avoir pas, *à la fois,* créé ces messes nouvelles et conservé les anciennes ? D'autant que — et c'est plus grave — on n'a pas assez pris garde que l'homme n'étant pas un pur esprit, la liturgie, ses paroles et ses gestes, prennent, *dans le fait,* dans les profondeurs du psychisme, une portée dogmatique. Il n'est donc pas étonnant que, pour la grande masse des catholiques (si l'on peut dire, car elle n'existe plus guère !), la proscription des agenouillements, la banalisation des rites, la communion dans la main (que, pour ma part, je révère), entraînent quasi fatalement la perte du sens du sacré et blessent souvent la foi en la présence réelle. Ayant présenté à peu près ces remarques à un célèbre théologien ami — l'un des grands « symboles » de notre Église de France et que je ne puis nommer car il s'agissait d'échange de lettres personnelles —, j'en ai reçu cette réponse : « Je ne nie pas qu'il y ait une tendance à diminuer la valeur de " sacrifice " de la Messe, et même sa valeur de " présence réelle " ; on privilégie la communion fraternelle. Ce n'est pas la faute du mouvement liturgique. C'est, comme à peu près toutes les malfaçons actuelles, un effet du mouvement culturel et de la mutation sociale. Les hommes s'intéressent à eux-mêmes et à l'horizontal. » Mais si, cher Père, c'est la faute du mouvement liturgique ! Car s'il est exact — et il est exact — que les hommes d'aujourd'hui s'intéressent exclusivement à eux-mêmes et à l'horizontal, alors raison de plus pour un chrétien, héritier des *Trois* Capitales, de leur rappeler, et concrètement et doctrinalement, et liturgiquement, la verticale !

Non. A vrai dire — et je le dis dans la tranquillité car, je le répète, je ne pense nullement que le véritable œcuménisme ni les vrais fruits du concile se trouvent engagés dans ces aberrations — un vent de furieuse folie a soufflé, et souffle encore, passagèrement, d'obscurs nuages sur l'Église romaine *autour* du concile. J'ai pu le vérifier, avec une acuité un peu douloureuse quand un homme que je vénère comme un maître, que j'aime comme un ami véritable — et qui restera toujours pour moi, quoi qu'il arrive, en dépit de nos dissentiments de plus en plus marqués, *le* vieux maître et ami —, voulut bien rendre longuement compte d'un de mes précédents essais où, m'accrochant avec quelque violence à la sonnette d'alarme, je criais, avec certains excès de gueule, qu'il y avait pour l'Église « péril en la demeure ». Or, pour l'essentiel, que me répondait-il ? Ceci : « Dieu parle aujourd'hui, et le monde est le lieu de la Parole, si difficile qu'en soient les discernements [...] L'économie chrétienne se réalise dans une incarnation continue, à partir de l'événement fondateur, et nous ne la pouvons enclore dans une " civilisation chrétienne ". L'Évangile porte en lui de rigoureuses requêtes de vérité, de justice, de droit, de liberté, qui constituent une civilisation ; mais il n'est pas une civilisation, dont le premier acte serait de " vomir le monde " pour garder précieusement tout ce qui peut demeurer du temps de la chrétienté [...] La foi ne saisit l'éternel que dans le déroulement du temps, puisque Dieu est précisément venu dans le temps, et y demeure pour tenir communion avec l'homme [...] On permettra à un historien de se complaire dans cette historicité de Dieu [...] »

Certes ! Et combien, cher Père Chenu, ai-je profité de vos leçons, puisque *toute ma foi* au mystère chrétien est *historique,* marquée dans le temps. Je ne crois pas du tout que Dieu se soit incarné par hasard dans un petit canton *juif, hellénisé* de l'Empire *romain.* Je pense donc que le christianisme est essentiellement judéo-gréco-romain, et je crois tellement en l'Incarnation que la foi chrétienne est, à mes yeux, inséparable de cette civilisation de fusion des Trois Capitales et d'équilibre de tensions entre elles. Si donc Dieu parle aujourd'hui dans le monde d'aujourd'hui, Il ne peut dire n'importe quoi pour plaire, ou alors ce n'est pas notre Dieu. Il ne peut, comme Il l'a fait déjà en Palestine voici vingt siècles, que condamner toutes les aberrations d'un monde qui sont, bel et bien, des aberrations de civilisation. Et Dieu sait s'il y en a ! Ou alors la vocation de l'Église serait-elle de bénir ce que son Dieu a condamné, condamne et condamnera pour l'éternité ? Condamnation qu'Il a scellée du sceau de la Croix trempé à l'encre de Son Sang.

*

Je ne doute pas que l'explication de bien des hésitations et des erreurs, dans le monde des théologiens, même des plus éminents, comme chez les autres, tienne à l'ignorance ou à la sous-estimation de la crise nominaliste et de ses conséquences fastes *et néfastes*. J'y ai, quant à moi, suffisamment insisté pour avoir besoin d'y revenir autrement que pour la rappeler : c'est la clef de nos succès actuels les plus enivrants mais aussi de nos échecs les plus cuisants et de nos angoisses les plus torturantes. Elle a détruit la notion de *Nature*, au profit de la seule *Histoire*. Elle a raréfié l'air autour des Idées, épaissi la matière autour des objets concrets. Or, il ne peut y avoir d'harmonie au sein de notre civilisation des Trois Capitales sans Nature immergée dans l'Histoire, sans Idées issues du réel concret. L'état absolu de notre civilisation n'advient pas dans l'exclusion, mais dans la synergie. Elle ne s'exprime pas dans le *ou bien... ou bien*, mais dans le *et... et*.

*

Car, c'est à cette synergie que, pour me résumer, je veux revenir.

Notre civilisation occidentale — celle qui, pour le meilleur et pour le pire, a conquis sur les autres les esprits et les mondes, et l'espace et le temps ; celle qui, après avoir élevé les cathédrales, élucubré les Sommes et édicté les Lois, fit naguère éclater la bombe H, rouler au ciel les spoutniks et décider les plans ; celle qui, de nos jours encore, porte Brejnev, avec Singer et Mère Térésa —, notre civilisation est, de toute évidence, fille unique aux mille visages des Trois Grandes Capitales de notre culture méditerranéenne : Jérusalem, Athènes et Rome.

De Jérusalem avant tout elle tient son âme juive : avec la foi au Dieu Unique, la force du refus prophétique et de la contestation des pouvoirs, l'ouverture infinie, le sens du déracinement et le goût du dépassement.

D'Athènes elle a reçu sa raison grecque dialectique : avec le goût de l'éros mystique, le sens inné de la divinité diffuse, l'appétit de la mesure, de l'équilibre et de la beauté, une soif insatiable de connaissances, toujours inassouvie en dépit d'une prodigieuse et durable effusion d'arts et de philosophies, de sciences et de techniques.

De Rome enfin — Rome ou l'incarnation — elle a pris le corps : peuple — et jusque dans sa langue — de paysans, de soldats, de juristes, Rome a porté dans le monde l'âme juive et la raison grecque, non sans leur apporter — valeurs contradictoires et complémentaires — physiques et institutionnelles, de glaiseuses racines.

Il faut encore observer que, si, certes, chacune de ces Trois Capitales a dû d'abord éprouver — respectivement aux xe, ve et Ier siècles av. J.-C. — la saveur de sa sève en sa pureté, c'est en leur fusion postérieure, en leurs rapports conflictuels et complétifs, qu'elles produisirent leurs fruits de civilisation les plus durables et les plus universels. La Palestine du Christ était une colonie romaine, profondément hellénisée dans sa culture et dans sa langue ; et plus encore la Diaspora judaïque. Les fruits d'Athènes *pour le monde* n'ont jamais été plus abondants ni plus vigoureux, même si moins purs, qu'une fois mûris sur les greffes puissantes de l'Empire, et gonflés du suc antinomique judéo-chrétien. Rome elle-même n'a trouvé tout son sens que quand, moins dure mais non moins drue, elle sut n'être que matière charnelle pour les empreintes de l'Esprit.

Ensuite, au fil des époques (du Moyen Âge à nos jours) et au gré des tempéraments, le débit de chacune des trois sources originelles devait varier sans pourtant jamais interrompre le flux global et la fusion des eaux mêlées qui se retrouvent, en proportions différentes, dans tous nos courants de pensée, de Thomas d'Aquin à Karl Marx, en passant par Descartes et Kant, Comte et Hegel, comme chez tous nos grands écrivains, de Rabelais à Paul Claudel, en passant par Racine, Molière et les autres... Il en fut de même dans les arts.

*

Mais survient aujourd'hui l'un de ces curieux phénomènes cycliques de contestation radicale et qui pourrait, une fois encore, préparer le meilleur ou le pire.

D'un côté : des esprits inquiets, renouvelant en les corrigeant à la fois Nietzsche et Maurras, frappés des apories auxquelles se trouve affronté notre destin, alarmés par l'état de décomposition de notre société dont on pourrait dénoncer — hommes ou causes — les responsables, cherchent le salut dans la purge du « venin » judéo-chrétien, et dans la quête parallèle des valeurs religieuses, morales, politiques du paganisme grec ou romain, voire celte ou germain. C'est, à mes yeux, le sens profond d'œuvres toutes fraîches telles que *le Grand Soleil* de Jean Cau ou, plus encore, le *Comment peut-on être païen ?* d'Alain de Benoist dont certains ont sous-estimé le poids et la signification. Reconnaissons cependant qu'il y a maldonne et qu'en dépit de précautions surtout oratoires, Benoist confond souvent judaïsme et christianisme, christianisme et évangélisme, Évangile et monothéisme du Bassin méditerranéen revu par Spengler. Rappelons aussi que le judaïsme ne l'a pas attendu pour se fondre à la pensée grecque, en bien des points de l'espace-temps, ou la fondre à lui ; ni le christianisme, pour baptiser les sources sacrées des Celtes, canoniser leurs elfes ou leurs fées, coloniser les mythes et les dieux gréco-romains, intégrer les philosophies de Platon, d'Aristote et de la Stoa. Acagnardé dans sa bibliothèque aux quarante mille volumes, Benoist devrait y relire, en vrac, saint Thomas, Bremond, Gilson, Maritain, Gouhier, les savants ouvrages tout récents de Julien Eymard d'Angers sur le stoïcisme chrétien aux XVIe et XVIIe siècles ; et plus nettement reconnaître que les Eckhart, les Suso, les Tauler, tous ces mystiques rhénans qui lui sont, comme « païens » marqués de néo-platonisme, aussi chers qu'à Louis Pauwels, sont, après tout, aussi et peut-être d'abord des mystiques chrétiens. En bref, à mes yeux, Alain de Benoist n'a pas réellement percé l'essence du christianisme, *Das Wesen des Christentum's,* comme disait Harnack.

Mais il est vrai aussi que ses erreurs et ses manques sont d'abord celles et ceux de chrétiens d'aujourd'hui, superficiels et infidèles au point de réduire avant lui — tout prêt pour la caricature — le christianisme à quelque vague évangélisme rousseauiste ou moderniste, social et humanitaire. C'est pourquoi son ouvrage, trop lourd, indigeste un peu parce que mal digéré en son érudition, et aussi, dans sa portée, trop léger, reste pourtant pour nous, au sens fort, « excitant » car apte à en réveiller quelques-uns, s'ils ne sont morts déjà.

A l'inverse et dans le même temps, d'autres non moins récents témoins, non moins brillants, déposent exactement le contraire : « Ce pelé, ce galeux d'où nous vient tout le mal », c'est, à les entendre, l'âne ; l'âne porteur des reliques d'Athènes et de Rome, de leur dialectique aérienne trop subtile ou de leur pesanteur terrienne trop crasse. Vive Jérusalem ! Ayant tout à coup déchiffré le « Testament de Dieu », redécouvert soudain sur le tard la Bible dont nous vivons depuis deux ou trois mille ans, Bernard-Henri Lévy en est à juste titre tout émerveillé. Du coup, il voue aux gémonies l' « Idéologie française » suspecte à ses yeux d'excessif attachement soit à des concepts trop creux, soit plutôt à ces racines trop pesantes que sont la patrie et la race, le sol et le sang : toujours à l'exact opposite d'Alain de Benoist, Lévy, brillantissime en sa facture mais trop léger dans son information, est des plus lourds en ses conclusions.

Bientôt cependant, Guy Scarpetta lui fait écho en illustrant, par le cas suggestif du cosmopolitisme, les vertus idéales du déracinement pur, face à tous les rustauds culterreux culturels du terroir. Peu auparavant, de son côté, à sa façon — minutieuse et tatillonne —, notre Grand Équarrisseur des lettres, Henri Guillemin, avait désossé Charles Péguy : dix ans de travail pour trouver ce que nul péguyste n'ignorait, savoir que Péguy fut charnel *et* spirituel, antidreyfusard politique *et* dreyfusard mystique, enraciné *et* déraciné, patriote français *et* socialiste universel, cela *et* toujours ceci, mais en effet, cela peut-être un peu plus (ou plus profondément) que ceci, bref : légitime et digne héritier de Rome et d'Athènes (cela), tant et plus que de Jérusalem (ceci). Cette plaie à son côté, cette tension ressentie, cet écartèlement éprouvé entre les contraires font toute sa grandeur, toute sa valeur d'écrivain français, d'écrivain chrétien. C'est pourtant aussi ce qui, un peu, en détourne notre critique : « J'étais péguyste, dit-il au *Matin*, je le prenais pour un catholique de gauche. » Dépité, on le sent presque dégoûté, prêt à mettre Péguy « au cabinet » avec les œuvres du deuxième rayon.

On peut, certes, à bon droit, taxer mes esquisses de caricatures, mais non point d'ironie : toutes ces œuvres neuves que j'ai au passage épinglées, sincèrement, je les crois importantes, et, prises d'une certaine façon, porteuses de vérités fécondes. Leur confluence, en tout cas, ou leur intersection dans le temps de quelques semaines, désignent un phénomène de société.

D'autant que, simultanément, on pourrait, en parallèle, tirer les mêmes traits des tensions identiques les plus actuelles dans l'Église comme dans l'État. (Tensions renforcées récemment encore par les élections.)

De la droite à la gauche, en effet, se sont affrontées les valeurs, complémentaires et opposées, d'enracinement et de déracinement, de tradition et de progrès, d'ordre et de justice, de libéralisme et de libertarités, de patrie charnelle et de mission idéale, d'égoïste réalisme et de folle générosité.

Des traditionalistes aux progressistes, c'est, dans l'Église, la discorde infligée à ma Mère immortelle — vieille femme éperdue de fatigue entre les murs d'un interminable couloir —, c'est aussi son hésitation pathétique, sa périlleuse oscillation entre protestantisme et orthodoxie.

Partout et en tous ces conflits, ce sont aujourd'hui les Trois Capitales qui se déchirent entre elles, quand leur vocation est de s'étreindre : de s'affronter et de s'étreindre dans le beau geste du lutteur et de l'amour.

*

Pour annoncer l'enjeu et chercher l'issue de ce débat omniprésent et lancinant, j'ai scandé ces lignes sur le leitmotiv du meilleur ou du pire : ces querelles, en effet, peuvent être bénéfiques ou désastreuses.

Ce sera, je crois, le meilleur si la force, même virulente, des oppositions en jeu nous aide, comme aux XIIIe et XVIe siècles, à redécouvrir, avec la force spécifique de nos si diverses valeurs, leur opposition nécessaire autant que leur composition. La saveur originelle, en somme, des mille ingrédients de notre cuisine culturelle d'Occident ; nouvelle droite ou nouveaux philosophes ? nouvelle cuisine ou cuisine d'autrefois ? Cuisine du marché, en tout cas, toute fraîche et pourtant vénérable, cuisine éternelle de l'esprit français.

Le pire, en revanche, viendrait, me semble-t-il, même sans violences, même sans insultes (qui déjà volent de toutes parts, et bas, par couples insanes : « facho-démago, raciste-débile », etc.), le pire viendrait de l'opposition mutilante, stérile et têtue à jamais, même si courtoise toujours. Il n'est pas vrai qu'il faille détruire les murs sacrés de Jérusalem et leur héritage pour mieux connaître et aimer Athènes ou Rome ; ni renier ou ruiner celle-ci pour hériter plus exactement de celle-là ou en profiter davantage.

Condamnés, par l'Histoire et peut-être la vérité de l'Homme, à la tension entre ces archétypes contraires, nous pouvons préférer, nous ne devons pas exclure.

Aujourd'hui, si nous manquons la présente chance de notre impatient destin, la France est morte, l'Europe un tombeau vide, et l'Occident perdu.

Avec lui, avec nous, l'Homme peut-être ?

GRATITUDE ET RECONNAISSANCES

Sans la clairvoyante intuition de Françoise Verny, ce livre n'aurait pas vu le jour ; c'est elle qui m'en a accouché, l'extrayant de projets plus contingents, le tirant de limbes où il était enfoui et me restait caché par l'effet même de son évidence, à mes yeux éblouissante ; témoin actif de son élaboration, Françoise a favorisé de son écho, encouragé de sa confiance un dessein dont l'ampleur et le poids un peu déraisonnables m'eussent, sans cela, promptement écrasé. C'est donc son nom qui doit ouvrir l'article final de la gratitude du cœur et des reconnaissances de l'esprit.

Avant elle, cet essai doit tout à peu de gens qui ont marqué la formation de ma vie et qui ne feraient pas une bibliographie.

Mes parents, d'abord, Juliette et Henri, qui a leur manière simple et concrète mais exigeante, m'ont donné par l'exemple le sens, inconscient encore mais vivant, des Trois Capitales. Puis, mes premiers maîtres de Châlons et de Champagne qui m'enseignèrent les « belles-lettres » françaises, grecques et latines, les rudiments de la philosophie et de la théologie, les éléments de l'Écriture sainte, tout en m'inculquant les principes, les méthodes et les lois de la vie sociale, morale et spirituelle ; parmi ces prêtres du Seigneur, de la culture et de l'ascèse, ma mémoire reconnaissante retrouve aujourd'hui l'impatient Argonnais Joseph Appert, le placide Champenois Louis Pérardel, l'imprévisible et malicieux Paul Becq, le délicat et fin Maurice Hérard, le doux impétueux Louis Rousselot, l'élégant et exigeant artiste Max Lécossois, le colossal François-Xavier Maquart : ils n'ont, je pense, sauf le dernier, rien écrit.

Sur les sept collines de Rome, j'ai cueilli les fruits juteux de quelques grands arbres de l'esprit entre lesquels je distingue encore les jésuites Timothée Zapelena, Émile Mocsy, Charles Boyer, et Paul Dezza (qui vient d'être, par Jean-Paul II, placé à la tête de la Compagnie de Jésus) : quatre professeurs, entre autres, de quatre nations, en cette université pontificale internationale qu'était la Grégorienne. En dehors d'elle, j'eus aussi la chance de bénéficier des leçons familières et improvisées du pétulant Réginald Garrigou-Lagrange et du prudent Thomas Gagnebet. Tous ceux-là ont produit une œuvre plus ou moins importante, mais surtout technique et ardue, et réservée aux spécialistes.

De retour en France, deux tables appétissantes me furent abondamment servies : celle des « frères prêcheurs » de Paris, celle de la Sorbonne. De la première, me restent en bouche la riche saveur et le goût âpre des recherches ecclésiologiques et traditionnelles copieuses d'Yves Congar, des incisives liaisons médiévales de Marie-Dominique Chenu, ainsi que le parfum entêtant des épices spirituelles de Bernard-Marie Chevignard et de Pie-Raymond Regamey.

Quant à la seconde, j'ai profité surtout des apports de Jean Hyppolite (sur Hegel et Rousseau) et de Jean Wahl (sur l'ensemble des philosophes) ; mais plus encore de l'enseignement métaphysique critique d'Albert Sandoz et des parfaites enquêtes historiques d'Henri Gouhier sur tous les grands courants religieux et philosophiques du XVIIe au XXe siècle : je tire quelque fierté d'avoir été guidé par lui dans mon premier travail de recherche personnelle sur Pascal.

Par la suite, diverses rencontres ont exercé, peu ou prou, sur moi une influence touchant à l'objet de ce livre. Enseignant quelques années avec André Charlier, ce grand pédagogue qui a marqué des générations de jeunes gens m'a frappé moi aussi par sa rigueur humaniste et par son goût éclairé pour les baroques et les classiques, par sa détestation des décadences et par sa passion pour la culture française. Œuvrant, de longues années durant, avec Daniel Rops, j'eus le plaisir de recueillir de lui, avec son amitié, des méthodes de travail, des confidences et des questions sur nos problèmes de civilisation qui, en mon esprit, ont longuement fermenté.

Les hasards de la vie des affaires, à quoi est contraint l'écrivain peu répandu que je suis, m'ont mis en rapport avec maints esprits curieux et cultivés, sages et entreprenants, qui, sans le savoir, contribuèrent au mûrissement de ma pensée : d'entre eux, je veux distinguer un des hommes les plus merveilleux de ce temps, héros de légende et homme public d'un honneur intraitable, mais aussi mémorialiste brillant, humaniste consommé et causeur étincelant, je veux dire Pierre Guilain de Benouville ; de trop rares et trop brèves entrevues m'ont chaque fois laissé sous son charme et dans le regret ingénu de ne pas être par la chair le cadet que je crois être, de loin, par le cœur.

Enfin, depuis plus de quarante ans je jouis de l'amitié fidèle d'un des hommes les plus fins, les plus drôles et les plus cultivés qui soient, l'écrivain québécois Jean Éthier-Blais dont la conversation m'est un régal toujours et souvent un enrichissement.

*

Tels sont, à peu près, les agents du lent mûrissement qui, avec d'innombrables lectures répandues sur plus de quarante ans et impossibles à repérer, aboutit à l'essai qu'on vient de lire et qui fut écrit sans autre préparation particulière, comme sans dossiers préalables. Livre de culture générale, composé, comme dit Herriot, après avoir tout oublié, hormis, ajouterai-je, ce que retient le cœur.

Il eût donc été aussi vain que ridicule de jouer au pédant pour satisfaire quelques cuistres, en fabriquant, après coup, une bibliographie artificielle autant que fluviale. Le lecteur mis en appétit trouvera aisément les grandes collections et les grands auteurs d'histoire, de philosophie, de théologie ; plus simplement encore les grands écrivains de la Bible, de la Grèce, de Rome, du christianisme et de notre France. Sans hésiter, et pour les mêmes raisons, j'ai décidé d'emblée de ne pas surcharger les bas de pages, par les indications précises d'origine des citations auxquelles j'ai parfois recours. Un essai n'est pas une thèse et, l'attribution d'auteur une fois établie clairement dans le corps du texte, il est, m'a-t-il semblé, indifférent à mon lecteur de savoir que telle phrase est tirée de telle œuvre, telle édition, telle traduction, en telle ville et telle année, page tant, colonne tant de la Migne, de la Teubner ou de la Budé. Érudit, mon lecteur n'en a pas besoin ; inculte, il s'en moque. On n'était pas si pesant autrefois.

Quant à moi, rédigeant au fil de la plume, je me contentais de vérifier — ou de retrouver — quelques dates, et faits précis, en consultant les ouvrages de référence habituels tels que le Moreri, le *Dictionnaire de théologie catholique*, le *Dictionnaire d'archéologie chrétienne et de liturgie*, ou même tout simplement l'inappréciable Robert.

Toutefois, me méfiant de ma mémoire, je choisis pour chaque chapitre, un guide sûr, de préférence sommaire ou scolaire, afin d'éviter de passer outre, par inadvertance, à un fait ou à un homme d'importance. Mes choix devaient être conscients, non pas involontaires. Bien que les ayant nettement indiqués dans le fil de mon discours, j'ai à cœur de leur rendre ici l'hommage de ma reconnaissance.

S'agissant de Jérusalem, quoique ayant beaucoup pratiqué dans le passé les classiques *Histoire d'Israël* de Ricciotti et de Daniel Rops, bien qu'appréciant grandement l'*Histoire du Peuple juif* du rabbin Josy Eisenberg, j'ai préféré user de la petite *Histoire du peuple juif* de Cecil Roth, récemment rééditée chez Stock, parce que, composée par un Juif, elle est brève et systématique. Sur le même sujet, je tiens, en passant, à prévenir une critique qui me paraîtrait injuste : si le chapitre consacré à Jérusalem est sensiblement plus court que les deux suivants ce n'est pas que je juge cette capitale de l'esprit moins importante que les deux autres, je l'ai assez montré, je pense. Plus naturellement et tout simplement c'est que — pour moi qui suis chrétien et non pas juif en dépit de mon attachement viscéral à Israël — le judaïsme, *en tout cas le mien*, se poursuit *dans et par* le christianisme ; c'est donc lui, au total, qui occupe dans mon livre la plus grande place.

Sur Athènes, mon aide-mémoire fut *l'Aventure grecque* de Pierre Lévêque, professeur à l'université de Besançon ; éditée chez

Armand Colin dans la collection « Destins du Monde » dirigée par Lucien Fèvre et Fernand Braudel, cette œuvre magistrale n'est, quoique destinée sans doute aux étudiants, certes ni scolaire ni sommaire. C'est une fresque grandiose et copieusement documentée ; si je l'ai néanmoins retenue c'est que je l'avais, bien auparavant, repérée, compulsée et admirée dans la bibliothèque d'une de mes filles, khâgneuse.

Pour Rome, l'affaire était simple et claire : il n'était que de me souvenir des temps lointains où j'enseignais le latin et de l'aide irremplaçable que m'apportait alors le remarquable petit *Guide romain antique* de Georges Hacquard avec la collaboration de Dautry et Maisoni, édité chez Hachette. Son secours à nouveau ne me manqua pas ici.

Dans les quatre derniers chapitres, j'ai eu surtout recours à mes propres travaux passés, édités ou non, ainsi que, épisodiquement, aux *Études sur l'histoire des idées en France* de mon vieux maître Henri Gouhier (chez Vrin).

Néanmoins, s'agissant de la philosophie, j'ai voulu, du premier au dernier chapitre, éviter l'effet désastreux des trous de mites de l'oubli ou du sectarisme, et pour cela, ne pas me fier entièrement à mon acquis d'ancien professeur en la matière ; j'ai donc là aussi usé d'un aide-mémoire. Abondamment déjà nourri de Gilson et de Maritain, de Bréhier, Chenu et Gouhier, j'ai choisi ici un réactif plus extérieur à moi-même, préférant confronter mes souvenirs et raviver mes connaissances au contact d'un excellent historien, peu connu en France et plus scolaire, mais solide et bien informé et qui m'était totalement étranger, Maurice de Wulf, dont j'ai feuilleté le *Précis d'histoire de la philosophie* édité à Louvain en 1920.

*

Pour solder ma ligne débitrice, il me reste à remercier ceux qui m'ont assisté dans la fastidieuse mise au point finale du manuscrit.

Patrick Korrigan, qui dissipe avec moi dans les affaires son goût de l'écriture, m'a aidé à discerner l'essentiel de mon introduction qui s'étalait d'abord dans les jouissances bavardes et les excès farfelus d'une écriture baroque.

L'oratorien humaniste Auguste Piédagnel qui, au terme d'une vie vouée à l'enseignement classique consacre ses veilles à l'édition savante de saint Jean Chrysostome, a bien voulu relire mon texte, page à page et ligne à ligne, comme une copie harassante de mauvais élève têtu. Sa culture exacte m'a été précieuse.

Enfin, Jeanne Charpentier a réussi à m'étonner : d'une aussi jeune (et d'ailleurs charmante) personne, je n'attendais pas un tel savoir-faire ni une pareille attention, une telle habileté ni une aussi parfaite maîtrise. Elle m'a confondu, m'évitant bien des maladresses et presque autant de bourdes. Elle aussi, qui sans doute par l'âge pourrait être ma fille, m'a donné le sentiment, au demeurant salutaire, de comparaître devant un redoutable prof!

Et pourtant, je n'ai pas toujours — tant s'en faut! — suivi leurs avis. A mes risques et périls, car il faut décider et ce n'est pas toujours la raison qui l'emporte.

*

Ce qui, du même coup, m'introduit en l'esprit l'idée d'évidence que, pour régler les dettes de mes reconnaissances et m'acquitter de mon devoir de gratitude, j'ai cité trop de noms, illustres, notoires, ou obscurs — quoique, sans doute, trop peu nombreux en regard du réel — pour ne pas me garder, les défendre surtout, du soupçon de protectorat.

Il faut donc que soit bien entendu ce qui va sans dire — et mieux encore en le disant : le meilleur de cette œuvre leur revient et ses imperfections sont miennes.

*

Dernière nommée — mais première dans l'intention — ma femme, Catherine Dimier, est, depuis 1951, celle sans qui rien de ce que je suis, rien de ce que je fais, ne pourrait être. De plus, avec nos enfants Lazare et Anne, Véronique et Marie-Salomé — auxquels s'était joint Christophe Abensour — elle m'a aidé à surmonter l'épreuve de l'Index.

Jean-Marie Paupert.
Décembre 1981.

INDEX

des principaux noms propres (de personnes, de lieux et de peuples) ainsi que de quelques noms communs de notions et de thèmes

Les chiffres figurant en caractères gras indiquent la ou les pages où le mot désigné est plus particulièrement traité.

A

B

C

F

M

N

TABLE DES MATIÈRES

INTRODUCTION
UN CONSTAT D'HÉRITAGE

PREMIÈRE PARTIE
LES TROIS SOURCES PURES VERS LA MARÉE CHRÉTIENNE

Achevé d'imprimer en février 1982
sur presse CAMERON,
dans les ateliers de la S.E.P.C.
à Saint-Amand-Montrond (Cher)
pour le compte des éditions Grasset
61, rue des Saints-Pères, 75006 Paris

N° d'Édition : 5748. N° d'Impression ; 2556-1646.
Dépôt légal : février 1982.

Imprimé en France

ISBN 2-246-27831-7